Wolfgang Braunfels · Mittelalterliche Stadtbaukunst in der Toskana

W0248555

Gebr. Mann studio-Reihe

35.– /B
4/8c

WOLFGANG BRAUNFELS

Mittelalterliche Stadtbaukunst in der Toskana

GEBR. MANN VERLAG · BERLIN

CIP-Kurztitelaufnahme der Deutschen Bibliothek

Braunfels, Wolfgang:
Mittelalterliche Stadtbaukunst in der Toskana /
Wolfgang Braunfels. – 5. Aufl., unveränd. Nachdr. d. 4. Aufl. –
Berlin: Mann, 1982
(Gebr.-Mann-Studio-Reihe)
ISBN 3-7861-1255-X

5. Auflage 1982
Unveränderter Nachdruck der 4. Auflage

Copyright © 1953 by Gebr. Mann Verlag · Berlin
Alle Rechte vorbehalten
Gesamtherstellung: Aschendorff · Münster
Printed in Germany · ISBN 3-7861-1255-X

VORWORT

Die Vorarbeiten zu diesem Buch wurden 1938/39 in den Archiven von Florenz und Siena begonnen. Dem Verfasser schwebte damals eine systematische Bearbeitung aller das allgemeine Bauwesen betreffenden Bestimmungen in den toskanischen Städten vom 13. bis zum 15. Jahrhundert vor. Der Krieg hat die Arbeit unterbrochen. Nur als ein Fragment des ursprünglich geplanten konnte das Buch 1949 der philosophischen Fakultät der Universität Köln als Habilitationsschrift vorgelegt werden. Daß es zuletzt doch noch, wenn auch in engerem Rahmen, zum Abschluß gebracht werden konnte, ermöglichte dem Verfasser ein Stipendium der Notgemeinschaft der deutschen Wissenschaft, das ihn 1950/51 erneut auf ein Jahr an den alten Arbeitsplatz führte.

Dankbar erinnert er sich der Förderung und des Rats durch amtliche Stellen und Fachgenossen. Bereitwillig stellten die italienischen Archive und Bibliotheken ihre Schätze zur Verfügung. Dank gebührt den Direktoren des Sieneser und Florentiner Staatsarchivs, dem Direktor des Kunsthistorischen Instituts in Florenz, der Direktorin der Biblioteca Comunale in Florenz, vorzüglich auch Bernard Berenson, der in guten wie schlechten Zeiten seine Bibliothek der Forschung geöffnet hielt. Der Direktor des Topographischen Museums in Florenz, P. Aranguren, hatte die große Freundlichkeit, die dem Text beigegebenen Pläne teilweise nach Angaben des Verfassers besonders für dieses Buch zu zeichnen. Prof. Dr. Hans Kauffmann hat durch Rat und Bestätigung die Arbeit in hohem Maße gefördert, Dr. Joseph Gießen die Korrekturfahnen durchgesehen. Unvergessen sei auch der Anteil des Verlegers Dr. Otto Hartmann, der kurz vor seinem Tode durch die Übernahme dieses Buches in den Verlag Gebr. Mann dem Werk den schönen äußeren Rahmen gesichert hat.

Köln, im Juni 1952 — Wolfgang Braunfels

VORWORT ZUR 4. AUFLAGE

Ein Werk, das vor einem Menschenalter geschrieben wurde und dessen Notwendigkeit sich dem Verfasser vor mehr als vierzig Jahren aufdrängte, bedarf entweder einer Neubearbeitung oder muß in seiner ursprünglichen Gestalt wiedererscheinen. Denn sowohl Autor wie Forschungsstil haben sich inzwischen verändert. Andere Erkenntnisziele und Methoden beherrschen die Diskussion. Dabei hat die Aktualität dieser Nachweise in dem zersiedelten Land und seinen durch den Tourismus gedemütigten Städten eher noch zugenommen.

Wir haben uns für den unveränderten Abdruck entschieden. Lediglich wenige Druck- und Sachfehler wurden berichtigt. Sechzehn neue Abbildungen sind hinzugekommen. Ein Nachwort versucht den Weg zu kennzeichnen, den die Forschung seither gegangen ist. Es lieferte zugleich die Gelegenheit, einzelne Darlegungen zu präzisieren, deren Mängel zum Teil die Kritik hervorgehoben hat, zum Teil die neue Forschungslage zu Tage förderte. Mit Genugtuung merkt der Verfasser an, daß sie an keiner Stelle den Grundgedanken relativiert haben: Die Abhängigkeit jeder vollkommenen monumentalen Gruppe von ästhetischen Zielsetzungen, die aus ideologischen Voraussetzungen erwachsen waren und in juristischen Bestimmungen dokumentiert vorliegen.

München, im September 1979 W. B.

INHALT

VI. KAPITEL

ANHANG

EINLEITUNG

Die edle Schönheit und die hohe Ordnung der Städte des Mittelalters sind zu keinem Zeitpunkt ihrer Geschichte verkannt worden. Die Chronisten des 13. und 14. Jahrhunderts heben sie ebenso hervor wie die Historiker des 15. und 16., die Reisebeschreibungen des 17. und 18. Jahrhunderts und die Kunstgeschichtswerke unserer Zeit. Malespini, Villani, Marchionne di Coppo Stefani nennen Florenz eine unvergleichlich schöne Stadt. Sercambi singt das Lob von Lucca, Maragone von Pisa, Agnolo di Tura von Siena, und die Geschichtsschreiber aller anderen Städte schließen sich an. Dino Compagni berichtet schon gegen 1310 davon, daß Fremde von nah und fern um seiner Schönheit willen Florenz besuchen. Seither sind die Stimmen zum Lob der mittelalterlichen Städte nicht mehr verstummt. Ihre monumentalen Gruppen, die Domplätze von Pisa, Florenz und Siena, die Piazza della Signoria und der Sieneser Campo gehören zu den größten Gemeinschaftswerken, die die Geschichte kennt, vergleichbar den griechischen Tempelburgen, den römischen Foren, den französischen Kathedralen. Von der Schönheit dieser Gruppen haben die Zeitgenossen Dantes ebenso gern und fast ebenso oft gesprochen wie jede spätere Generation.

Die Städte des Mittelalters sind Kunstwerke. Man muß das Gesetz ihrer Bildung in gleicher Weise zu verstehen suchen wie das eines einzelnen Palastes, einer Skulptur, einer Tafel. Lassen sich Gestaltungen, in denen sich Werke aus verschiedenen Jahrhunderten, ja Natur und Kunst dem offenkundig Notwendigen verbinden, als bewußte Taten des Geistes begreifen? Sind die monumentalen Gruppen, in denen sich die wichtigsten Bauten dieser Städte zu einer steinernen Wirklichkeit zusammenschließen, nicht Kinder einer jugendfrischeren Generation, die kraftvoll und unbewußt schuf? Am Anfang dieses Buches muß eine Frage stehen. In jedem seiner Kapitel wird sie uns wieder beschäftigen. Es ist die Frage nach den bewußten Zielsetzungen aller jener, die zum Bau der Städte beigetragen haben. Hat man gewollt und in seiner ganzen Bedeutung erkannt, was hier verwirklicht wurde? Was war Planung, was Wachstum?

Die Forschungen zur neueren Stadtbaukunst werden bis in die jüngste Zeit hinein durch die Herkunft ihrer Untersuchungen aus zwei verschiedenartigen älteren Disziplinen bestimmt. Seit der Antike kennt man die geographische Behandlung der Städte, für die sich auch in mittelalterlichen Stadtbeschreibungen und Atlanten viele Belege fanden. Seit dem 19. Jahrhundert hat man versucht, diese Städtekunde, die man in Frankreich mit besserem Namen »urbanisme«, in Italien »urbanistica« nennt, in ein System zu bringen. Das ungeheure Material der Stadtformen wurde nach Arten und Gattungen geordnet, die Wachstumsgeschichte oder Biologie der Städte aus ethnographischen oder politischen, aus militärischen, soziologischen, religiösen Voraussetzungen verständlich gemacht. Von diesem, der Geisteshaltung des Jahrhunderts Darwins angemessenen, evolutiven Blickpunkt aus erscheint die Stadt als ein niedriges, weit ausgedehntes Gebilde, das sich gleich einem Gewächs in das offene Land hinaus verzweigt, und zu dessen Wiedergabe die Landkarte oder der Stadtplan die einzig denkbaren Abstraktionen bilden.

Als ein Sondertypus neben den »gewachsenen« Städten wurden die nach einheitlichem Plan »gebauten« hervorgehoben. Diesen Neugründungen hat sich jene zweite Disziplin fast ausschließlich zugewandt und ihre Gedanken in den Lehrbüchern der praktischen Stadtbaukunst oder den Plananweisungen für Idealstädte niedergelegt. Seit Filarete gehört die Aufstellung solcher Idealpläne zu den beliebtesten Männerspielen, bei denen sich Fürsten wie Baumeister in gleicher Weise delektierten. Zuweilen gelang es – namentlich im Zeitalter des Absolutismus –, die praktische Gestaltung einer Stadt zu beeinflussen. Auch erkannte man bald, daß nicht nur die Antike und ihre Renaissancen Idealstädte begründet haben, sondern ebenso Bischöfe und Fürsten des Mittelalters. In der Toskana selbst haben die Stadtrepubliken kleine Städte zur Sicherung und Beherrschung ihres Landgebietes nach einem einheitlichen Plan erbauen lassen. Mit diesen Neugründungen, den »castelli«, von denen das ganze Land übersät war, hat man sich wiederholt beschäftigt. Wir werden diese Arbeiten noch oft zu nennen haben. Meist sah man in jenen neuen Städten Vorläufer der idealeren Phantasiegebilde, die den Baumeistern der Renaissance vorgeschwebt haben. Wie diese waren sie völlig regelmäßig gebaut. Doch schienen weniger ästhetische als vielmehr rechtliche und militärische Erwägungen die Gestaltung bestimmt zu haben. Wir müssen daran erinnern, daß die regelmäßig gebauten Städte der Neuen Welt keine Kunstwerke sind, vielmehr unorganischen Wucherungen gleichen, die die Landschaft in den Fesseln ihrer rechtwinkeligen Straßenzüge halten, während in den unregelmäßigen Städten des Mittelalters ein geheimeres Gestaltungsprinzip den Eindruck friedvoller Ordnung vermittelt.

Aus der biologischen Beschreibung der Geburt, der Entwicklung und des Untergangs der Städte entstand die Auffassung, daß namentlich die mittelalterlichen Gemeinwesen ihre Schönheit dem unbewußten, aber sicheren Empfinden ihrer Bewohner für das Angemessene und das Gefällige von Fall zu

Fall zu verdanken haben, nicht jedoch artikulierten ästhetischen Zielsetzungen. »Die italienische Renaissance hat zum erstenmal wieder seit den Tagen der Antike die Stadt als Kunstwerk in den Bereich ihrer Phantasie gezogen und zu einem ihrer Ideale erhoben. Nicht als ob die mittelalterliche Stadt im Süden und Norden nicht auch ihre Reize und Schönheiten gehabt hätte, aber diese entstanden in den unregelmäßigen Anlagen durch allmähliches Wachstum, indem ein sicherer Instinkt in jedem Fall zu beurteilen wußte, was an die betreffende Stelle hingehört und in dem gegebenen oder geplanten Zusammenhang seine Wirkung tut«, schreibt Werner Weisbach 1922 in einem Buch über die italienische Stadt der Renaissance. A. E. Brinckmann formuliert den gleichen Gedanken in »Platz und Monument« noch genauer: »Das sich langsam bildende Gewächs der gotischen Stadt zeigt weder in Deutschland, noch Frankreich, noch Italien das Bestreben, sich klar zu gestalten. Die engen unregelmäßigen Straßenführungen und Plätze sind nicht das Produkt eines bestimmten künstlerischen Systems. Ihre Gestaltung ist durch die langsame Entwicklung, durch die Arbeit von Generationen ohne leitenden Einzelwillen bedingt. Sie stellt nicht so sehr eine künstlerische Gesinnung wie soziale Energien und ökonomische Verhältnisse dar«. Wo immer man namentlich in Italien schon im 13. und 14. Jahrhundert auf großzügige und planmäßige Anlagen stieß, glaubte man in ihnen Vorläufer jener idealeren Phantasiegebilde zu erkennen, die seit der Renaissance sich mit dem Begriff der Stadtbaukunst verbanden.

Es hat sich in den Geisteswissenschaften immer als bedenklich und oft als irreführend erwiesen, die Vollendung eines Gebildes aus der Instinktsicherheit seines Schöpfers zu erklären. Regelmäßig ändert sich der Eindruck, sobald man einen Schritt näher an das Objekt herantritt. Vor das romantische Bild, das eine aufgeklärte Naturgeschichte von einer mittelalterlichen Stadt vor unseren Augen entstehen ließ, schiebt sich das schärfere einer Kunstgeschichte, die immer und überall bestrebt bleibt, die Formen und Wege der geistigen Aktivität des schöpferischen Menschen aufzuspüren. Man wird sich bewußt, daß in jener älteren Auffassung von den gewachsenen Städten des Mittelalters im Gegensatz zu den gebauten der Neuzeit sich noch jene klassizistische Kunstauffassung verbirgt, die bis an die Schwelle des vergangenen Jahrhunderts unsere Vorstellung beherrscht hat. Damals konnte auch noch die Kathedrale als ein gewachsener Bau gelten, der sich nach einem zwingenden Gesetz gleichsam selbsttätig entfaltete. Inzwischen ist die Geschichte der geistigen und auch der ästhetischen Voraussetzungen, aus denen sich diese Vorstellung herangebildet hat, von verschiedenen Blickpunkten aus behandelt worden. Für die Geschichte der Stadtbaukunst bleibt fast alles nachzutragen.

Ein zweites kommt hinzu. Nahezu sämtliche großen Städte Italiens treten uns an der Schwelle des Mittelalters als schon bestehende Gebilde entgegen.

Keine ist zu einem für uns historisch faßbaren Zeitpunkt als eine regelmäßige Neugründung geplant oder gar vollendet worden. Von den kleineren Städten, die das Mittelalter tatsächlich nach einem einheitlichen Plan erbaute, hat keine großen Erfolg gehabt. Viele sind bald wieder untergegangen, andere blieben unfrei und bedeutungslos, wieder andere haben sich später fast völlig verändert. Wir stehen vor einer anderen Situation als in Deutschland, in Flandern oder dem nördlichen Frankreich, wo eine große Anzahl ottonischer, salischer oder staufischer Neugründungen den Versuch einer Formgeschichte der Stadtbildungen rechtfertigen könnte. Wer immer nach dem Untergang des Römerreiches in Mailand oder Bologna, Pisa oder Florenz, Rom oder Neapel gebaut hat, mußte an Gegebenes anknüpfen. Am Anfang der Stadtbaukunst, soweit sie sich in diesen Städten manifestiert hat, steht wenigstens seit dem Mittelalter nicht ein Idealplan und ebensowenig ein unbewußtes Wachstumsgesetz, sondern das Bestreben, von einem stets veränderten Gesichtspunkt aus eine ungestalt erscheinende Ansammlung von Häusern zu gliedern, in einem bestehenden Chaos Ordnung zu schaffen.

Dabei bleiben die Bemühungen der Bürger, durch Umgestaltung, Erweiterung, Neubauten auch die schon bestehenden Baugruppen in einen veränderten Zusammenhang einzugliedern, von dem sich stets wandelnden Idealbild einer guten, schönen und festen Stadt abhängig, zuletzt auch von der Vorstellung, die man sich von ihrem geistigen Wesen und ihrer höheren Bestimmung machte. Wie die bauliche Gestaltung einer modernen Stadt durch die Auffassung bedingt wird, die wir von der Bedeutung des Verkehrs und der Hygiene gewonnen haben, von dem, was zeitgemäß und wirtschaftlich notwendig ist, von der Bedeutung politischer Repräsentation und kultureller Werbung, ebenso lassen sich für die mittelalterlichen Jahrhunderte die Gesichtspunkte aufweisen, von denen man sich von Fall zu Fall leiten ließ. Dabei behielt man damals in weit größerem Maße als heute bei jeder einzelnen Maßnahme das Ganze im Auge. Denn wie immer die Stadt als ein Werk der Jahrhunderte sich de facto gebildet hat, die Vorstellung sah in ihr zu jedem Zeitpunkt ein einheitlich errichtetes, hochaufragendes Bauwerk, in dessen planvoller Gestaltung sich ein hoher und idealer Gedanke spiegelt. Ein solcher Gedanke – es ist niemals der gleiche – bestimmte nacheinander die baulichen Maßnahmen der Bischöfe, der freien Kommunen, der späteren Tyrannen und der Fürsten. Seine Kenntnis gestattet auch dort, wo nur ein einziges Haus erhalten ist, vielleicht auch nur eines vollendet wurde, seinen städtebaulichen Sinn zu erschließen. Denn es liegt auf der Hand: die ideale Gestaltung wurde niemals erreicht. Die Geschichte der Stadtbaukunst ist die Geschichte unserer guten Vorsätze, die nie ganz verwirklicht wurden.

Eine solche von dem geistigen Idealbild der Stadt ausgehende Betrachtungsweise erfreut sich eines besonderen methodischen Vorzugs. Wir kennen dieses Idealbild der Civitas aus dem Schrifttum. Das lateinische Mittelalter hat viel über das Wesen einer Stadt nachgedacht. Man glaubt durch sie den Rahmen und den Schauplatz eines gottgefälligen und sinnvoll geordneten Lebens zu schaffen. Seit dem Ende des 12. Jahrhunderts, reichhaltiger dann im 13. und überreich im 14. fließt uns noch eine weitere, die Baukunst unmittelbar betreffende Quelle zu. Es sind die Stadtstatuten, auf die jahraus, jahrein jeder Podestà einer italienischen Kommune vereidigt wurde. Sie spiegeln in überaus zahlreichen Rubriken die öffentliche Baupflege der Stadt. Sie beweisen, daß sich die Kommunalbehörden mindestens seit der Mitte des 13. Jahrhunderts bis in alle Einzelheiten hinein mit den öffentlichen und den privaten Bauten beschäftigt haben. Sie verdeutlichen die Gesichtspunkte, durch die sie sich bei ihren Maßnahmen leiten ließen. Sie sind die wichtigste Quelle zum mittelalterlichen Bauwesen Italiens überhaupt und als solche nur selten beachtet, niemals vor 1950 eingehend benutzt worden.

Diese Statuten selbst – das älteste vollständige von Siena ist von 1262, von Florenz von 1321, Reste solcher Sammlungen für Pisa, Pistoia, Lucca reichen bis in die Mitte des 12. Jahrhunderts zurück – stellen ihrerseits wiederum nur die Zusammenfassungen der Beschlüsse und Überlegungen der Stadtregierungen dar. Die meisten Bestimmungen sind uns in mehreren Vorformen greifbar, ehe sie in den Statuten in ihrer endgültigen Fassung auftreten. In Florenz gehen ihnen die Stadtratsprotokolle (consulte), die Stadtratsempfehlungen (consigli) und die Stadtratsbeschlüsse (provisiones) voraus – verschiedene Namen zuletzt für die gleiche Urkunde –, die seit 1284 bis zum Ende der Republik nahezu lückenlos erhalten sind. Sie enthalten in großer Zahl Eingaben, Überlegungen, Verordnungen zum Bauwesen der Stadt. Fast noch reichhaltigere Schätze als das Florentiner Staatsarchiv bergen die Sieneser Archive, und was wir in den beiden Hauptstädten beobachten können, wird von ähnlich lautenden Bestimmungen aus Lucca, Pisa, Pistoia, Arezzo, ja selbst aus kleineren und kleinsten Städten wie Volterra, San Gimignano, Cortona, Prato, ja Montalcino oder Radicofani bestätigt. Es gab in allen diesen Städten seit dem 13. Jahrhundert eine hochentwickelte Baugesetzgebung. Fast für jede Frage und fast für jedes Jahrzehnt lassen sich aus mehreren Orten Nachrichten beibringen, die nicht nur das stetige Bestreben der Kommunalverwaltung nach einer besseren Ordnung und einer schöneren Gestaltung ihres Gemeinwesens belegen, sondern auch den Wandel der Gesinnung im Laufe der Jahrhunderte verdeutlichen.

Viele dieser Nachrichten sind bekannt. Schon die topographische Literatur des 16. und 17. Jahrhunderts konnte sich auf ein sorgfältiges Quellenstudium stützen. Anderes wurde seit dem 19. Jahrhundert im Dienste der Erforschung eines Künstlers oder eines Bauwerks erschlossen. Das meiste Material förderten die Stadtgeschichten zutage. Die Lokalforschung blieb stetig bemüht, diesen Schatz von Nachrichten und Informationen zu mehren. Auch die Stadtstatuten sind in den vergangenen achtzig Jahren zum großen Teil veröffentlicht worden (siehe ihre Zusammenstellung im Anhang). Allein die Fragen, die man an diese Quellen richtete, bezogen sich in der Regel auf den Einzelfall. Sie dienten der Erforschung der Baugeschichte eines Palastes oder einer Kirche, der Bestimmung des Lebenswerks eines Künstlers, seltener der Klärung der Topographie der Städte selbst. Fast nie hat man versucht, aus der Formulierung eines Antrags, der Begründung einer Verordnung, aus ihrem Zeitpunkt, ihrem Zweck, ja ihrem Tonfall die allgemeinere Anschauung zu erschließen, jenes Stück Leben, das sich auch hinter der nüchternsten Urkunde verbergen kann. Um dieses Allgemeinere geht es hier vor allem.

Es ist im Folgenden nicht beabsichtigt, die Baugeschichte einiger mittelalterlicher Städte zu schreiben – wenngleich auch ihre Entwicklung nachgezeichnet werden soll. Wir fragen nicht nach dem Zeitpunkt oder dem Meister, an dem und durch den eine Mauer gezogen, eine Straße angelegt, ein Platz dem Häusermeer abgerungen wurden, nicht nach der Geschichte eines Palastes oder einer Kirche, eines Brunnens oder einer Brücke. Wir fragen nach den Gesichtspunkten, von denen sich die Stadtverwaltung in einem gegebenen Moment leiten ließ, nach der Geschichte dieser Gesichtspunkte, ihrem Wandel, ihrem Werden und Vergehen, nach den höheren Notwendigkeiten, aus denen die Mauern und Dome, die Straßen und Plätze, die Paläste und die Kaufhallen gestaltet wurden.

Wenn es dabei vor allem die großen Städte der Toskana sind, die wir ins Auge gefaßt haben, so hat das zunächst einen äußeren und vielleicht persönlichen Grund. Der Verfasser gesteht, daß er, abgesehen von Venedig, dem Wunder der mittelalterlichen Stadtbaukunst, in Italien keine Städte kennt, die sich mit dem alten Florenz und mit Siena vergleichen ließen. Zudem gibt es in keiner anderen Landschaft Städte, über deren Baugeschichte uns die Quellen mit gleicher Zuverlässigkeit und ebenso reichhaltig unterrichten. Zugrunde liegt freilich die Überzeugung, daß, was für Pisa und Lucca, Pistoia und Volterra gesagt werden kann, in verwandter Weise für das ganze Abendland gilt, unter gewissen Voraussetzungen ebenso für die deutschen und französischen Städte wie für die Stadtstaaten Italiens. Die Reichhaltigkeit der Florentiner und Siener Archive ist kein Zufall. In dem gleichen Maße, wie Siena ein bedeutenderes Werk der Stadtbaukunst ist als etwa Pistoia oder Arezzo, in dem gleichen Maße hat sich dort auch die Stadtverwaltung mit mehr und größerem Nachdruck um die bauliche Gestaltung des ganzen Gemeinwesens bemüht. Siena und Florenz sind nicht zwei Beispiele unter vielen, sie sind Vorbilder, Exempla, Höhepunkte der Entwicklung.

Die zeitliche Begrenzung ergab der Gang der Untersuchung selbst. Sie ist gewissermaßen ein erstes Ergebnis, das hier vorausgenommen wird. Der Regierung der Städte in einer ersten Epoche durch den Bischof und die Konsuln, in der zweiten durch den Podestà und die Zünfte, in der dritten durch eine machtvolle Familie oder einen Fürsten entsprechen ebensoviele Perioden in der Geschichte der Stadtbaukunst. In der Frühzeit, das ist bis zum Ende des 12. Jahrhunderts, kümmerten sich die Behörden des Stadtstaates nur um jene Bauten, die der Sicherheit und dem Heil der Seele dienen, also um die Mauern und die Kirchen. Erst seit dem 13. Jahrhundert rückt das gesamte Stadtgebiet als der Wohn- und Lebensraum des Volkes in den Blickpunkt der Behörden. Man beginnt sich für Straßen und Plätze, für öffentliche Brunnen, Brücken, Stadtpaläste zu interessieren. Die privaten Hoheitsbereiche der Barone, die sich Burgen mit Höfen und Vorwerken und eigenen Kirchen innerhalb der Mauern der Stadt errichtet haben, werden der öffentlichen Ordnung unterstellt, die Klosterbezirke dem Gesamtgefüge eingeordnet. Alles Bauen wird von der Genehmigung der Behörde abhängig. Man sucht die Bedürfnisse der kirchlichen und staatlichen Macht mit den privaten Belangen in Einklang zu bringen. Nicht mehr die Sicherheit des Gemeinwesens, seine Ordnung wird nunmehr zum beherrschenden Prinzip. Diese zweite Epoche wird zu Beginn des 15. Jahrhunderts durch eine letzte abgelöst. Das private Element tritt erneut in den Vordergrund. Beherrschten bisher die monumentalen Gruppen um Dom und Stadtpalast das Bild, so sucht nunmehr der einzelne, und sei es der Fürst, sein Haus, den Palast oder das Schloß zur Wirkung zu bringen.

Nimmt man Florenz als Beispiel, so gehört der ersten Epoche nur das Baptisterium im Kranz der romanischen Pfarrkirchen an. Ihnen beigeordnet, noch nicht sie umschließend, erbaute man den ersten, auf den römischen Fundamenten der alten Stadtmauer wiedererstandenen Mauerring. Die zweite hat dann mit dem neuen Dom, dem Palazzo Vecchio und der Loggia dei Lanzi, mit Or San Michele und dem Bargello, mit den großen Predigerkirchen, der Erneuerung der vier Arnobrücken, vielen der wichtigsten Straßen und Plätze und dem dritten Mauerring einen wohl abgewogenen, in sich geschlossenen baulichen Organismus geschaffen, der bis auf den heutigen Tag Gestalt und Charakter der Stadt bestimmt. Zu der dritten rechnen die großen Paläste der Medici, Pitti, Strozzi, die mit ihrem Anspruch und mit ihrer Größe die Geschlossenheit des Stadtbildes eher mindern als mehren.

Pisa gehört mit seinen bedeutendsten Bauwerken, der Domgruppe, den Pfarrkirchen und der Stadtmauer noch durchaus der ersten Epoche an. Auch in Lucca zählen nur Kirchen und Mauern. Siena hat sich zu dem einheitlichsten Werk der zweiten Phase entwickelt. Alles Wichtige ist im 13. und 14. Jahrhundert entstanden, und auch das 15. blieb dort noch in vielen Bauwerken den alten Prinzipien treu. Das kleine Pienza ist innerhalb der Toskana das einzige Beispiel für die dritte Epoche, die mit den römischen Plätzen ihre Meisterwerke schaffen sollte. Wir werden diese drei Zeitalter nach ihren Idealen kennzeichnen, der Sicherheit, der Ordnung und der Wirkung.

Will man diesen Begriffen die herkömmlichen Stilbezeichnungen zugesellen, so müßte man von der romanischen Stadt, der Stadt der Gotik und jener der Renaissance sprechen. Auch die Dome wurden in romanischer Zeit festen Burgen verglichen, in gotischer als ein Abbild der höheren und idealen Ordnung verstanden und in der Renaissance und dem Barock als ein seiner Wirkung sicherer Festraum, ja als »theatrum sacrum« bezeichnet. Eine Burg und ein Organismus können auch die Städte genannt werden; als ein theatrum hat der Barock selbst seine Plätze gepriesen.

In der Baugeschichte der Städte lassen sich die Epochen nicht scharf trennen. Alles ist zu allen Zeiten möglich. Nirgends trifft man in Italien auf jungfräulichen Boden, dem ganz neuartige Gewächse entsprießen, und der Schatten der großen Vergangenheit verknüpft die Jahrhunderte. Alles Große fügt sich überall zu einem Ganzen zusammen. Wir haben es mit Variationen auf ein Thema zu tun, das man nie ganz aus den Ohren verloren hatte. Auf Sicherheit war man in jedem Jahrhundert bedacht. Ordnung wurde immer angestrebt. Leo Battista Alberti, dessen ganzes Streben auf die Erneuerung einer nach ästhetischen Normen gegliederten Baukunst zielte, hat zugleich sie gefordert: »Denn fehlt die Ordnung, so wird es füglich nichts geben, das sich als zweckmäßig, gefällig oder wertvoll erwiese.« Wir haben im Folgenden viel Mühe darauf verwandt, Belege dafür beizubringen, daß nachweislich seit dem 13. Jahrhundert man die Wirkung des Einzelwerkes wohl zu schätzen wußte. Es läßt sich zeigen, daß auch damals kleinere Gebäude eingerissen wurden, damit größere und bedeutsamere besser zur Geltung kommen konnten. Sicherheit, Ordnung und Wirkung schließen sich nicht aus. In der Entwicklung der italienischen Stadt vom 11. bis zum 16. Jahrhundert negieren die späteren Phasen die früheren nur selten. Es ist eine Frage der Akzente. Das Zeitalter, dessen Stadtbaukunst wir unter dem Begriff der Sicherheit zu begreifen suchen, hat so zarte und zuchtvolle Werke wie das Florentiner Baptisterium und den Dom von Pisa geschaffen. Das Jahrhundert Brunelleschis vermochte die völlig gleichmäßig gestaltete Stadt zu einem ihrer Ideale zu erheben. Und immer hat man in Italien Bauwerke »schön« genannt.

Doch nur in gotischer Zeit waren die Städte der Toskana freie Kommunen. Nur während jener großen Jahrhunderte hat das Volk wenigstens in seinen oberen Klassen an allen Fragen der Baugestaltung teilgenommen. Nur damals entstanden echte Gemeinschaftswerke, die die Vorstellung des Volkes in gleicher Weise wie alle seine Fähigkeiten und Kräfte in ihren Bann zogen. Früher mußte einer für alle planen und sorgen. Später dachte jeder vor allem an sich. Am Glanz und Aufwand der Fürstenschlösser ermaß das Volk die Macht und Größe des Herrschers. Zu keiner Zeit hat sich die öffentliche Anteilnahme an den großen Dom- und Palastbauten als fruchtbarer erwiesen als im Dugento und im Trecento. Niemals war das Kunsturteil der Menge schärfer, offener, treffender. Nichts blieb unbestimmt, wenig selbst den größten Künstlern frei überlassen. Unumschränkt herrschte die Kommune über das ganze Bauwesen der Stadt und war zugleich doch eine Gemeinschaft, in der und durch die viele ihre Gedanken und Wünsche verwirklicht glaubten. Das Zeitalter der fast uneingeschränkten kommunalen Bauhoheit war eine Blütezeit der Stadtbaukunst. Das Prinzip der Ordnung erwies sich als fruchtbarer als das der Sicherheit, das ihm vorausging, und wenigstens in der Toskana auch als das der Wirkung, das ihm folgen sollte. Der ideale Ordnungsgedanke verleiht dem Baugeschehen im 13. und 14. Jahrhundert eine allgemeinhistorische Bedeutung, wie es sie niemals mehr bis zum heutigen Tag in diesen Städten besessen hat.

I. KAPITEL

DIE STADTSTAATEN DER TOSKANA

Die Idee der Civitas.

Neben Imperium und Ecclesia, den Ordnungsmächten des mittelalterlichen Denkens, lebt als ein dritter Begriff der der Civitas in der Vorstellung der Nationen, Stadt und Staat zugleich. Er ist älter und tiefer verwurzelt in der Geschichte Italiens als die beiden anderen. Bevor das Imperium Romanum entstand, bevor die römische Kirche sich zur bestimmenden Macht des Abendlandes erhob, war die Stadt Rom erbaut worden, und sie galt den Jahrhunderten als Monument der Ordnung, des Rechts und der Macht. »Ab urbe condita« zählten die Alten. Mit dem Bau einer Stadt begann für sie das geschichtliche Leben. Ehe man vor dem Kreuz in die Knie sank, war die Statue der Roma das Sinnbild der Ordnung auf Erden. Mit dem Begriff der Stadt im italienischen Mittelalter, ihrer Idee, ihrer Bedeutung, ihrem Wesen und ihrer Geschichte müssen wir uns beschäftigen, bevor wir von den Bauten handeln.

In der Geschichte der italienischen Städte spiegelt sich in bedeutsamer Weise die fort- und nachlebende Antike. Die Stadt ist ein antiker Begriff. Ihre Gestalt wird durch Lebensformen bedingt, die sich in der Antike ausgebildet haben. Die politischen Vorstellungen des Mittelalters sind von Gedanken abhängig, die man bei spätantiken Autoren formuliert fand. Antike Ideen waren es, nach denen auch die mittelalterliche Wirklichkeit sich umzugestalten bestrebt war. Die Geschichte der Idee der Stadt in jenen dunklen und doch so erleuchteten Jahrhunderten zwischen Augustinus und Thomas muß bekannt sein, will man den Sinn und die Aufgaben ihrer Bauten verstehen. In unserem Fall kommt hinzu, daß viele toskanische Städte als komplexe Organismen fortbestanden. Nicht alle Einrichtungen des öffentlichen Lebens, die aus der römischen Kaiserzeit stammen, sind in den Stürmen der Völkerwanderung untergegangen. Anderes bewahrten die Enzyklopädien, die Chroniken, die Stadtbeschreibungen vor dem Vergessen. Wieder anderes lebte als Bild in der Erinnerung fort. Solange das Lateinische die Sprache der führenden Schichten blieb, war auch das Dasein des Volkes durchdrungen von antiken Überlieferungen.

Man kann die Geschichte Italiens vom Ende des weströmischen Reiches bis an die Schwelle der Renaissance als den Einbruch fremder Völker und fremder Lebensformen in einen älteren Kulturbereich auffassen, von dem sie dann allmählich im Laufe der Jahrhunderte teils aufgesaugt, teils wieder verdrängt wurden. Es ist dies ein Vorgang, der sich auf sehr verschiedenen Gebieten des politischen und wirtschaftlichen Lebens nachweisen ließe und vielfach auch nachgewiesen worden ist[1]. Die Eroberer wechseln. Auf Goten und Byzantiner folgen Langobarden, Franken und Sarazenen. Die Normannen fassen im Süden Fuß. Die Kaiser von Karl dem Großen bis Heinrich VII., von 800 bis 1313, bleiben bestrebt, die ganze Halbinsel zu beherrschen. Hinter den Mauern ihrer Städte sucht die eingesessene Bevölkerung Schutz. Den germanischen Eindringlingen gegenüber stellen sie den Hort der italienischen Lebensformen dar. Sie bleiben die ruhenden Pole im Völkersturm der Jahrhunderte. Von Theoderich bis hin zu den Ottonen und Staufern nennt man fremde Namen, wenn man von der Geschichte der Apenninhalbinsel spricht. Die Historiker aber, die an Italien dachten, begannen ihre Studien in den Archiven der Städte. Der deutsche Beitrag war die Geschichte der Stadt Rom von Gregorovius, Davidsohns Geschichte von Florenz und die Geschichte Venedigs von Kretschmayr. Auch Carl Hegels, Alfred Dorens und Fedor Schneiders Namen müßten hier genannt werden. Ein Mosaik aus Stadtgeschichten ist zuletzt das Ganze geworden. Die meisten Städte jedoch waren antiken Ursprungs. Sie bewahrten mit ihren antiken Mauern, Toren, Straßen, Märkten, Bogenhallen, Brunnen und sogar Tempeln, aus denen man Kirchen gemacht hatte, antike Lebensformen. Sie bewahrten Elemente des römischen Rechts, schützten die römische Kirche, erhielten römische Verwaltungsnormen oder glaubten sie zu erhalten. Denn auch dort, wo man weitgehend Neues schuf, wollte man es den Römern verdanken. Die Geschichte und die Legende Roms standen in gleicher Weise als ein Idealbild vor Augen. Dem Eigenen gab man, sobald es als wichtig und wertvoll erkannt wurde, einen römischen Namen. Alles Fremde galt dann als schlecht, und »lombardisch«, »byzantinisch«, »gotisch« wurden Synonyma des Gemeinen, Unedlen, Geschmacklosen. Das soziale Gefüge, die politischen Begriffe, die staatsrechtlichen Gedanken der Spätantike lebten in den Städten fort, wandelten sich im Laufe der Jahrhunderte und treten, wenn auch in veränderter Form, mit den ältesten Nachrichten über eine eigene Entwicklung in den Städten der Lombardei,

1. Diese Auffassung am entschiedensten bei H. Pirenne, Geburt des Abendlandes, Leipzig 1941. Vgl. auch Walter Goetz, Italien im Mittelalter, Stuttgart 1942, namentlich die Abschnitte: Das Werden des italienischen Nationalgefühls und Die Entstehung der italienischen Nationalität. Für Florenz und die Toskana im besonderen: Nicola Ottokar, Studi Communali e Fiorentini, Firenze 1948.

der Toskana, den Hafenplätzen der tyrrhenischen und der adriatischen Küste, ja Roms selbst erneut zutage. Die Worte: civitas, municipium, consul, legatus, tribunus, senatus und viele andere finden sich wieder. Populus, und mit dem Wort der Begriff des Volkes, steht am Anfang allen politischen Denkens. Cives, der Bürger, gilt immer und überall als eine durch eine besondere Rechtsordnung geschützte Persönlichkeit. Auch Worte können die Geschichte lenken. Das römische Sprachgut und die römischen Steine erweisen sich in verwandter Weise als mächtig. In den Mauern, die die Römer bauten oder von denen man glaubte, daß sie die Römer gebaut haben, wuchsen die Italiener des Mittelalters auf. An den Begriffen, von denen man glaubte, daß sie ihren genauen Sinn seit den Tagen Ciceros nicht verändert hätten, formte sich ihr Denken. Wie in dem Baptisterium von Florenz römische Säulen in den Dienst eines mittelalterlichen Bauwerks gestellt sind, ähnlich mußten die alten Worte sich dem Geist eines neuen Herrn dienstbar erweisen. Wenn vieles auch dem gesamten Abendland gemeinsam ist, in Italien zeigt es sich reiner, ungestörter und tritt mit dem erwachenden Selbstbewußtsein dem Volk und seinen Chronisten deutlich vor Augen.

Stadt und Land.

Nach Landbesitz strebten die Germanen. Neuen »Lebensraum« fordernd, treten sie mit den Cimbern und Teutonen in die Geschichte ein. Städtische Mauern waren die Hindernisse, an denen sich ihre Stürme brachen. Wem sie sich öffneten, der wurde zum Städter, wurde ein Italiener. Ein tiefes Mißverständnis erzeugte tragische Verflechtungen: noch die staufischen Kaiser wollten und konnten den Begriff der Stadt als politische Rechtsnorm nicht anerkennen. Frevelhafte Rebellion war ihnen jede Form der Selbstverteidigung. Mangelnde Ehrerbietung der Städte ihrer Person oder ihren Abgesandten gegenüber empfanden sie als Sakrileg. Eine Schmach für den Namen des Kaisers nennen selbst die Historiker des 19. Jahrhunderts die Billigung der städtischen Sonderrechte, die man meist nur zögernd gewährte und sich teuer bezahlen ließ.

Vom Lande her herrschten die Kaiser. Aus dem Lande zogen sie ihre Kraft. Der landbesitzende Adel leistete ihnen Gefolgschaft. In San Miniato al Tedesco, einer Burg unweit Empoli, deren letzten Turm ein deutscher Leutnant 1944 sprengte, hielten sie oder ihre Stellvertreter Gericht über Toskana. Ein Dorn im Auge waren ihnen die Stadtstaaten, Wunden in ihrem Reich. Am liebsten hätten sie sie von Grund auf zerstört, und, wie Friedrich Barbarossa es in Mailand versuchte, über ihren Mauern den Pflug gezogen, um sie so dem Imperium erneut einzuverleiben. Man wollte nicht anerkennen, daß in der Civitas selbst eine gottgewollte Staatsform verwirklicht sei. Wo die Kaiser

Städte gründeten oder förderten, sahen sie in ihnen doch nie mehr als eine befestigte Siedlung, ein wirtschaftliches Zentrum, einen militärischen Stützpunkt. Aber die Italiener waren in einem höheren Sinne Städter. Städtisch ist ihre Zivilisation, wenn immer sie italienisch ist. Dante, dessen Vorstellungs- und Begriffswelt aus dem Leben in einer Stadt erwachsen ist – Hölle und Himmel sind zuletzt Städte –, starb in der Verbannung, auch weil er Kirche und Kaiser über die Stadt gestellt hatte.

Schon die Langobarden hatten die Städte nicht verstanden. Sie galten ihnen lediglich als dichter besiedelte Teile ihrer Grafschaften. Das Feudalsystem hat im 9. und 10. Jahrhundert die Einheit der »civitas romana« zerstört, die bekanntlich die Stadt und ihr Gebiet, den späteren »contado« zusammenschloß. Die Städte waren den Germanen integrale Teile ihres Landbesitzes. Sogar den militärischen Wert ihrer Mauern haben sie zuweilen verkannt oder wollten ihn verkennen. Außerhalb der Städte erbauten sie Wachttürme, die sogenannten »gardinghi«, durch die sie das Land beherrschten[2]. Den gleichen Zweck erfüllten noch die Schlösser der Hohenstaufen und die Zwingburgen der Feudalgrafen, die sich um den Kaiser stets von neuem sammelten. Noch nach Jahrhunderten waren die Begriffe Schloßherr und Lombardo synonym. Selbst die Kaiser sicherten zuweilen den Städten als ein besonderes Privileg zu, ihre eigene Hofhaltung vor die Mauern zu verlegen und außerhalb der Stadt ihre Pfalzen zu erbauen[3]. Die Regierung vom Lande her und aus Burgen herab entspricht germanischen Vorstellungen. Das Ziel der fremden Eroberer war die Verländlichung der Stadt. Sogar in Florenz stand wie vor allen Hauptkirchen der langobardischen Toskana eine Gerichtsulme nicht weit von der Stelle, wo heute das Kreuz des heiligen Zenobius steht, zwischen dem Baptisterium und dem alten Stadttor als Sinnbild der Herrschaft vom Lande[4]. Andererseits konnte die imperiale Idee in Italien keine sehr tiefen Wurzeln schlagen. Allen, die ihr anhingen, und es waren mit Dante viele der Größten, war ein romantischer Wesenszug eigen. Die italienischen Bürger, voran die Florentiner, wurden in ihrem Handeln von einem nüchternen Realismus bestimmt, der an solche weltumspannenden Ordnungsmächte schwer glauben konnte. Gefolgschaftstreue, Lehensband, Königtum und Kaiserrecht galten in den Städten der Toskana schon im 12. Jahrhundert

2. Davidsohn, Gesch. v. Florenz, I, 69.

3. Davidsohn, Forsch. I, 61. Dort Hinweis auf Annales Ptolemaii Lucenses ab anno 1061 ad annum 1303. Anno MLXXX. Ut habetur in registro Lucensis cumunitatis Henricus imperator concessit Lucensibus privilegium de regali sive imperiali palatio non aedificando in civitate, nec de castro construendo imperiali intra sex milliaria. Vgl. Ficker, Forsch. IV, 124 f.

4. Es wird sich um die gleiche Ulme gehandelt haben, deren vertrockneter Stamm nach G. Villani, I, 62 bei der Translation der Gebeine des heiligen Zenobius zu grünen begann, eine Legende, in der sich der Wechsel der Symbolkraft von der Ulme auf die Säule spiegelt, von einem germanischen auf ein antikes Sinnzeichen, das man alsbald an Stelle der Ulme errichtet hat.

als Begriffe ohne echten Realsinn. Mit Geld suchte man die Ansprüche abzufinden, die landfremde Eroberer aus ihnen abgeleitet hatten.

Wörtlich übernahm das Mittelalter die römische Definition der Stadt: *civitas nihil aliud est quam hominum multitudo societatis vinculo adunata.* So hatte Augustinus bei Cicero sinngemäß abgeschrieben[5]. Die Stadt oder der Staat ist die Vereinigung einer Anzahl Menschen durch das Band einer Gesellschaftsordnung, könnte man die Stelle übersetzen. Isidor von Sevilla im 7. Jahrhundert[6], Hrabanus Maurus im 9.[7] und Brunetto Latini im 13.[8] haben sie übernommen. Für die beiden älteren Enzyklopädisten gliedert sich die menschliche Gesellschaft in Familien, Völker und Städte. Nach Hrabanus bedeutet die Stadt zugleich in einem höheren Bezug Kirche und Gemeinschaft der Heiligen[9]. Realsinn und Symbolsinn überlagern sich. Die Würde einer »civitas« bedingt staatliche Unabhängigkeit und innere Freiheit. Das unterscheidet sie nach dem gleichen Autor von den unbefestigten Dörfern und Marktflecken, wie auch von den befestigten Kastellen, die man in Italien treffend als »terra murata«, als ummauerte Flecken, bezeichnet hat. Es waren städtische Siedlungen ohne die städtischen Rechte. Sie sind wiederum nach dem berühmten Fuldaer Abt durch »die Zusammenkunft gemeiner Menschen« entstanden, besitzen keine höhere Ordnung und bedürfen der Abhängigkeit von einer größeren Stadt, nicht also von einem Fürsten[10]. Von den Bürgern heißt es dann weiter: Cives vocati, quod in unum coeuntes vivant, ut vita communis et ornatior fiat et tutior[11]. Das gemeinsame Leben ist ein Begriff, den wir nur noch im klösterlichen Bereich kennen. Hier ist er als Kennzeichen der Städter hervorgehoben. Im 16. und 17. Jahrhundert sollte man in Florenz umgekehrt die großen Klosterkomplexe von Santa Croce und San Lorenzo wegen der hohen Ordnung ihrer baulichen Gestaltung einer Stadt vergleichen[12]. Stadt und Kloster galten dem Mittelalter als verwandte Versuche, durch ein geordnetes Gemeinschaftsleben der Not der Zeit und den Gefahren des Jahrhunderts zu begegnen. Beide spiegeln himmliche Ordnungen, das Kloster das Paradies[13], die Stadt die himmlische Stadt und das ewige Jerusalem. »Queste nome e questi nomi di quagiu, sono ritratti pur da quelle cose di sopra. Città (civitas) tanto suona come amore (caritas), e per

5. Civitas Dei, Cap. 8.

6. Etymologiarum Lib. XV, cap. II; Migne, P. L. 82, p. 535.

7. De Universo, Lib. XIV, cap. I; Migne, P. L. 111, p. 375.

8. Tesoro, Lib. IX, cap. II, Ed. Caiter, Bologna 1878–1883, IV, 277.

9. De Universo, op. cit. p. 375. Über die Stadt als Sinnbild der Kirche vgl. G. Bandmann, Mittelalterliche Architektur als Bedeutungsträger, Berlin 1951, p. 85 ff.

10. Ebd., p. 383: Vici et castella et pagi sunt quae nulla dignitate civitatis honorantur sed vulgari hominum conventu incoluntur, et propter parvitatem sui majori civitati attribuuntur.

11. Ebd., Lib. XVI, cap. II, p. 451.

12. Richa, VI, 18.

13. V. Mortet, Recueil de Textes, Paris 1911, p. 343 ff.

amore s'èdificano le cittade, perocchè si dilettano le gente di stare insieme«, sagt Fra Giordano da Rivalto 1304 in einer seiner berühmten Predigten in Santa Maria Novella[14].

Nach Hrabanus sind die Vorteile der Stadt die größere Sicherheit und die »Geschmücktheit des Lebens«, womit treffend die Annehmlichkeiten und die Güter der Zivilisation umschrieben sind, ein Begriff, der in der italienischen Sprache als den städtischen Tätigkeiten zugeordnet unserem Wort Kultur genau entspricht, das bekanntlich vom Landbau kommt. Es ist bezeichnend, daß, während in den Enzyklopädien des Mittelalters, soweit sie von Isidor von Sevilla abhängig sind, unter dem Stichwort »de Regnis« die militärischen Begriffe behandelt werden, unter »de civibus« als dem nächstfolgenden Kapitel bürgerliche Verwaltung und Gesetzgebung besprochen sind. Mit den Königreichen verband die Vorstellung den Gedanken an militärische Macht, mit dem der »civitas« jenen an Ordnung und friedliche Verwaltung. Der Begriff des Volkes (populus) als einer sich selbst regierenden Gemeinschaft wird hier genannt und von der Masse, dem gemeinen Haufen (plebs) unterschieden, dem keine ordnende Kraft innewohnt[15]. Das jus civilis wird als der civitas zugehörig vom jus militaris und jus naturalis unterschieden.

Während in Deutschland und Frankreich die antiken Begriffe von jüngeren, aus dem Feudalismus sich herleitenden Bräuchen überlagert werden, leben sie in Italien in der Vorstellung fort und treten mit den ersten Ansätzen einer eigenen Entwicklung erneut zutage. Das Verhältnis der Stadt zu ihrem Landgebiet wird mit dem stetigen Aufstieg der Städte, der etwa im Falle von Florenz vom 12. bis zum 15. Jahrhundert sich als zielstrebig und ununterbrochen auf allen Gebieten des Lebens erweist, inniger. Während selbst die reichsunmittelbaren Städte des Nordens niemals staatliche Hoheitsrechte über ein größeres Landgebiet beansprucht haben, gehören in Italien der contado, der mit dem alten »comitatus« und anfangs auch mit der Diözese übereinstimmt, unmittelbar zur Stadt. Noch für Villani (III, 1) ist der »contadino« nicht schlechthin der Bauer, sondern jeder Bewohner des Landgebietes. Die sogenannte »conquista del contado« bedeutet die Eroberung eines Gebietes de facto, das man de jure immer zu besitzen oder doch beanspruchen zu können glaubte. Fürsten und Feudalherren waren lange bemüht, die Rechte der Städte auf ihr Gebiet einzuschränken. Friedrich Barbarossa nahm zeitweise auch den toskanischen Gemeinden die Jurisdiktion über das gesamte Landgebiet mit Ausnahme eines schmalen Streifens um die Mauer. Pisa erkaufte sich 1162 seine Rechte über die eigene Grafschaft von ihm zurück. Einzelne Feudalherren beherrschten nahezu unabhängig große Gebiete der Diözesen. Von dem Conte Guido heißt es 1143, daß er so mächtig

14. Ed. Manni, Firenze 1930, Predigt 104.
15. Etymol., Lib. IX, cap. VI, p. 348; De Universo, Lib. XVI, cap. II, p. 452.

war, daß er in seiner Person die Befugnisse und die Mittel einer ganzen Stadt vereinte[16]. Schon der Wortlaut ist für die Denkungsart der Italiener bezeichnend. Die Stadt gilt als Maß für Macht und Reichtum. Kennzeichnend für diese, aus der Spätantike stammende, doch in Italien selbstverständlich gebliebene Anschauung ist eine Tafel in Duccios Maestà in Siena. Sie stellt die Versuchung Christi dar (Abb. 2). Der Text bei Matthäus (4, 8–10) spricht von den »regna mundi«, durch die der Satan den Herrn verführen will. Der Maler zeigt einige ummauerte Städte, in Form und Gliederung ähnlich den Kastellen, die die toskanischen Kapitalen zur Sicherung ihres Landgebietes erbaut haben. Malespini beteuert, daß die Grafen die Gebiete widerrechtlich und durch Intervention des Kaisers okkupiert hätten, die natürlicherweise der Stadt Florenz zugehören[17]. Einige dieser Barone konnten es selbst im späteren Trecento noch wagen, der Stadt auf dem Höhepunkt ihrer Macht kriegerisch zu begegnen[18]. Die Städte antworten, indem sie einerseits zur Bekämpfung des Adels kleine, sorgfältig befestigte Plätze in entlegenen Landstrichen anlegen und in sie die Landbevölkerung zusammenziehen[19], und andererseits die unterworfenen Barone zwingen, innerhalb ihrer Mauern Wohnung zu nehmen. Allenthalben hören wir von Verfügungen, die oft einzelne, oft ganze Personengruppen zur Übersiedlung in die Hauptstadt veranlassen. Im Sieneser Statut von 1262 gibt es eine Verordnung, derzufolge jährlich je hundert Familien des Contado bestimmt werden, sich innerhalb der Stadt Häuser zu bauen[20]. Besonders mächtigen Familien schenkte man in der Hoffnung, sie zur Übersiedlung in den engen Raum der städtischen Mauern zu bewegen, den Palast oder unterstützte seinen Neubau[21]. Andere werden veranlaßt – so schon im Dugento die mächtigen Alberti –, wenigstens ein Familienmitglied einen Monat im Jahr in der Stadt wohnen zu lassen, wobei man Steuerfreiheit versprach, aber die Heeresfolge forderte[22]. Neuere Untersuchungen über die »Landflucht« im 13. Jahrhundert im Gebiet von Florenz haben erwiesen, daß schon damals jeder, der irgendwie zu Wohlstand gelangt war, bestrebt blieb, in die Hauptstadt übersiedeln zu können[23]. Auch den Bauern zog es in die Freiheit der Metropole. Dante beklagt die Vermischung der Handwerker mit den Bauern,

---

16. Chronik des Sanzanome bei Hartwig, p. 5.

17. Malespini, cap. 102.

18. So z. B. die Ubaldini; G. Villani, X 202; M. Villani II, 7.

19. Maina Richter, Die »Terra Murata« im florentinischen Gebiet, Mitt. d. Kunsthist. Inst. in Florenz, V, 351–386, namentlich Dok. 3 und 4. Davidsohn, Gesch. v. Florenz, I, 343 ff.

20. Siena, Statut von 1262, Dist. IV, Rubr. 50 und 51.

21. Vgl. unten p. 210.

22. Aus dem Vertrag der Stadt mit den Alberti bei Davidsohn, Gesch. v. Florenz, II, 115 folgender Passus: Item iuramus habitare singulis annis unus nostrum in civitate Florentie uno mense.

23. Plesner, L'émigration de la Campagne à la ville libre de Florence au XIIIe siècle, Kopenhagen 1934.

als deren Herkunftsorte er Campi im Tal des Bisenzio, Certaldo im Elsatal und Figline am oberen Arno als für den Maßstab der Zeit weitentlegene Orte nennt[24]. Er läßt Cacciaguida dieser Tatsache die Vermehrung der Bevölkerung auf das Fünffache ihres alten Bestandes zuschreiben. Die Neubürger verloren aber keineswegs die zivilrechtlichen Besitztitel über ihr Land. Sie behielten die Felder. Das Ergebnis war, daß der ländliche Grundbesitz am Ende des 13. Jahrhunderts weitgehend in die Hände von Familien übergegangen war, die in der Stadt wohnten. Wie noch heutigen Tages saßen die Latifundienbesitzer im Winter in ihren Stadtpalästen und nur im Sommer auf den früher meist befestigten Villen des Landes. Die breite Schicht der städtischen Richter und Notare lebte von den Erträgnissen ihrer Güter. Selbst der kleine Handwerker besaß seinen Acker vor der Stadt. Die Handelsgesellschaften legten erhebliche Rücklagen in Landbesitz an[25]. Zu der städtischen Bevölkerung aus Handwerkern, Kaufleuten und Arbeitern kam als eine weitere und zeitweise mächtigste Schicht der grundbesitzende Adel. Sie bildete zu allen Zeiten ein konservatives Element. Während – wie eine neuere Statistik erwies – es in Paris keine einzige Familie gibt, die länger als hundert Jahre in ein und demselben Haus gewohnt hat, finden sich in Florenz eine ganze Reihe erlauchter Geschlechter, die seit dem Trecento, zum mindesten aber seit dem Cinquecento ihren Palast halten konnten. Die soziale Gliederung der Städte erreichte zu Beginn der Renaissance wieder die gleiche Struktur, aus der auch die älteren Mittelmeerkulturen der Griechen, Römer und vielleicht der Etrusker erwachsen waren, und behielt sie bis auf den heutigen Tag bei. Der Adel, auch in der Toskana zunächst germanischer Herkunft, verläßt seine Burgen und nimmt an dem politischen und wirtschaftlichen Leben der Städte teil.

Stadt und Land gehören in Italien zusammen. Hofmannsthal hat darauf aufmerksam gemacht, daß man die Komposition von Manzonis »Promessi Sposi« nicht verstehen kann, wenn man sich diese enge Verflechtung Mailands mit seinem Landgebiet nicht stetig vor Augen hält. Die Stadt ist dazu berufen, das Land zu beherrschen, und nur unter ihrem gerechten Regime kann es gedeihen. Diese Lehre ist es zuletzt, die Ambrogio Lorenzetti in seinem berühmten Fresko im Sieneser Rathaussaal den Regenten der Gemeinde vor Augen führt. Als ein mächtiger Weiser thront die personifizierte Kommune in den Mauern der Stadt, während auf dem Lande Eintracht, Frieden und Fleiß den Wohlstand mehren. Die Göttin »securitas« schwebt über dem Stadttor und überträgt ihren Segen von dem umfriedeten Bereich innerhalb der Mauern auf das Land (Abb. 6)[26]. Die Italiener des Du-

24. Par. XVI, 47–50.
25. Davidsohn, Gesch. v. Florenz, IV, ii, 200 f.
26. Eine genaue Untersuchung der literarischen Quellen Ambrogios steht noch aus. Nach-

gento waren sich des Gegensatzes ihrer Stadtkulturen zu den Königreichen des Nordens durchaus bewußt. »More gallicorum«, nach Art der Franzosen, schreibt Salimbene, leben die Bologneser Ritter auf ihren Landsitzen[27]. Schon Caesar war es aufgefallen, daß es in Gallien keine eigentlichen Städte gäbe, und Leo Battista Alberti erwähnt den Passus in seinem Lehrbuch der Stadtbaukunst[28]. In einem der ersten Werke zur Staatswissenschaft im 13. Jahrhundert, dem »Tesoro« Brunetto Latinis, wird auf den Gegensatz zwischen den italienischen Städten und den französischen Herzogtümern aufmerksam gemacht[29]. Ptolomeus von Lucca, dem man die Fortsetzung der Staatslehre des heiligen Thomas, »De Regimine Principum« zuschreibt, vertieft und erweitert die Gedanken Brunettos. In den Städten, »wie man sie in Italien vor allem antrifft«, soll eine Verfassung für Recht und Ordnung sorgen, in den Provinzen sind Könige erforderlich[30].

Bischof und Volk.

Unter den Ordnungsmächten, die von Anfang an zu den Städten gehörten und das immer blieben, stand an erster Stelle der Bischof. Sahen die Germanen es als die Aufgabe des Staates an, Landgebiete zu verwalten und aus ihren Erträgnissen Nutzen zu ziehen, so stützten sich die Kirche und ihre Organisationen auf die Städte. Zum Begriff der »civitas« gehört es, daß sie einen Bischofssitz umschließt. Seit dem 5. Jahrhundert sind »Civitas« und »Diözese« Synonyma. Im 9. Jahrhundert, nachdem durch den Einfall des Islams und den Verlust des Mittelmeerhandels die Kaufmannsschicht als der beherrschende Stand der Städte vorübergehend fast völlig verschwindet, ist es der Bischofssitz allein, der ihren Fortbestand sichert[31]. Als Mittelpunkt der Diözese behalten sie ihre Bedeutung. Es gab in der Toskana zwölf alte

forschungen unter den zeitgenössischen Handschriften der Sieneser Kommunalbibliothek blieben ergebnislos. Im Grunde sind wir über die Angaben des 18. Jahrhunderts nicht hinausgekommen. Vgl. Vasari-Milanesi I, 527; P. Schubring, Das Gute Regiment, Zeitsch. f. bild. Kunst 1902; O. H. Giglioli, L'Allegoria politica negli affreschi di A. L., Emporium 1904; Van Marle, II, 398 ff.

27. Et inde factum est, quod milites Bononienses propter impetum furentis populi in civitate habitare jam timent et more gallicorum in villis habitant, in possessionibus suis. M. G. SS. XXXII, ii, 643. Hinweis bei Ottokar, p. 6.

28. Alberti, De re aedificatoria, Lib. 4, cap. 1.

29. E quelle (gemeint sind die Regierungen) sono in due maniere. L'una, che è in Francia ed in altri paesi, che sono sottomessi alle signorie di re e degli altri principi perpetuali, che vendono la balie e le concedono a quelli che più le comperano, e non guardano nè a sua bontà, nè al pro de'borghesi, nè alla comunità di loro città. L'altra è in Italia, dove li cittadini e borghesi e le comunità di loro città eleggono loro podestà e loro signore, e tale come elli credono che sia più utile al comune prò della città, e di tutti suoi sudditi. Zitiert nach d'Ancona e Bacci, Manuale della Letteratura Italiana, Firenze 1928, I, 95.

30. Thomas von Aquin, De Regimine Principum, Lib. III.

31. H. Pirenne, Les Villes et les institutions urbaines, Paris-Bruxelles 1939, I, 193 ff.

Bistümer, die alle im 5. Jahrhundert oder früher entstanden sind. Villani bemerkt als ein Curiosum, daß einige von ihnen keine Städte mehr besitzen[32]. Fiesole, das die Florentiner als erste Tat ihrer Geschichte zerstörten, ist das bekannteste Beispiel. Die anderen – es sind von Norden nach Süden Pisa, Lucca, Pistoia, Florenz, Volterra, Arezzo, Siena, Massa Marittima und Grosseto – haben sich alle zu freien Stadtstaaten entwickelt. Von den dreizehn neuen Diözesen, die zwischen 1325 und 1822 entstanden, konnte nur die älteste, Cortona, vorübergehend eine freie Stadt werden[33]. Freilich übernahmen auch die übrigen den Titel einer »civitas« mit dem Augenblick, in dem ein Bischofssitz in ihnen errichtet wurde. Prato, das jahrhundertelang eine halbfreie Kommune im Besitz der Grafen Alberti war, erhielt erst 1653 zusammen mit dem Bischof Titel und Rechte einer Stadt. Der Bischof, nicht der Markt oder die Volkszahl, kennzeichnete die Stadt in Italien.

Sein Amt ist das einzig beständige im Wandel der Verfassungskämpfe und Regierungsformen. Zeitweise war er Landesherr. Der Bischof von Florenz erhielt seine Vollmachten über das Land 825 von Lothar I. bestätigt. In einigen Diözesen behielt er sie bis zum Ende der Freiheit dieser Stadtstaaten, so in Fiesole (bis 1125), in Volterra (bis 1254), in Arezzo (bis 1327), wenn man von vorübergehenden Epochen der Volksregierung und der Fremdherrschaft absieht. Freilich waren überall seine Rechte beschränkt durch die Ansprüche der lombardischen Herzöge, der Markgrafen, der Kaiser oder ihrer Vikare. Als mit dem Tode der großen Mathilde 1115 die Grafschaft in ihre Diözesen zerfällt, dringen andere Kräfte zur Macht. Erst der Adel mit den Konsuln und den »boni homines«, dann das Volk mit seinem Podestà, dem Capitano del Popolo, den Zunftvorstehern oder Prioren. Immer und überall dort, wo vorübergehend die bürgerlichen und staatlichen Kräfte versagen, treten erneut die Bischöfe vor das Volk. Noch in dem letzten Krieg waren sie die unerschütterlichen Konstanten der Verwaltung, die in den wenigen Tagen zwischen dem Wegzug der Deutschen und dem Einzug der Amerikaner wie selbstverständlich zu den Führern der Gemeinwesen wurden.

Der Bischof blieb auch dann in der Stadt, wenn er jeden Einfluß auf das politische Geschehen verloren hatte. In vielen Städten vollzog sich der Wandel von der Herrschaft der Bischöfe zu der der Konsuln und des Podestà ohne Kämpfe. Es wäre für Italiener unfaßbar, daß ein Bischof – wie etwa der Kölner – von den Bewohnern seiner Stadt vertrieben, als souveräner Reichs-

32. G. Villani, I, 45.

33. Die Liste umfaßt Cortona (seit 1325); Montalcino (seit 1462); Pienza (seit 1462); San Sepolcro (seit 1515); Montepulciano (seit 1561); Colle Val d'Elsa (seit 1598); San Miniato (seit 1622); Prato (seit 1653); Pescia (seit 1726); Pontremoli (seit 1797); Livorno (seit 1806); Massa-Carrara (seit 1822).

fürst das Land regiere. Das Avignoneser Exil wurde in Italien noch mehr als in den anderen Ländern als eine Ungeheuerlichkeit und ein Greuel empfunden. Die überzeitliche Ordnungsmacht der Kirche übernahm für jeden im antiken Denken erzogenen Menschen zugleich die auf den Erdball übertragenen Rechte und Vollmachten der Stadt Rom.

In allen Städten der Toskana war der Bischof bis zum 11. Jahrhundert Herr und erster Bürger seiner Stadt. Die Untertanen waren seine Vasallen und Hörige, der Adel seine Vettern. Der Florentiner Bischof stammt aus Florenz, der Pisaner aus Pisa, und so fort. Das ändert sich mit der Reformbewegung des 11. und des 12. Jahrhunderts. Rom ernennt jetzt die Bischöfe der toskanischen Städte und zuweilen im Widerstreit mit Rom der Kaiser. In der Regel wurden stadtfremde Persönlichkeiten gewählt. Gleichzeitig in Pisa und Lucca schon kurz nach 1080, in Florenz, Pistoia, Siena seit den zwanziger Jahren des 12. Jahrhunderts, vertreten die Konsuln und die »boni homines« das Volk; zeitweise sind es nur zwei, zeitweise bis zu achtzehn. Am Ende des Jahrhunderts tritt überall dem in der Kurie gebildeten und von der Kurie ernannten ortsfremden Bischof ein ebenso ortsfremder Podestà entgegen, mit dem sich die Kommunen Jahr für Jahr einen unparteiischen obersten Richter, obersten Vollstrecker der Statuten und obersten Feldherrn zu wählen suchten. Es entspricht dem ungeheuren Mißtrauen der mittelalterlichen Bürokratie, wenn sie die höchsten Ämter lieber einem Fremden als einem Einheimischen anzuvertrauen liebte.

Solange der Bischof der erste Bürger seiner Heimatstadt war, bildeten Volk und Klerus eine Einheit. Gemeinsam tragen sie die Lasten des Staates. Interesse, Lebensgewohnheiten, Blutsverwandtschaft vereinigen beide Stände. Das ändert sich mit der Wirksamkeit der Reformpäpste, beginnend mit Gregor VII., sich steigernd unter Alexander III. und gipfelnd unter Innozenz III. Die Stände trennen sich. Der Klerus wird geistlicher, die Laien weltlicher. Das Zölibatsgebot setzt sich durch. Die Päpste pochen auf die Freiheiten der Kirche. Der Klerus verweigert der Stadt seinen Anteil an allen Lasten. Priester, Klöster, Stifte zahlen keine Steuern mehr. Einige Städte antworten mit Erlassen, die den Priestern praktisch alle Bürgerrechte entziehen. Man verbietet ihnen die Benutzung der Weiden, des Gemeindewaldes, der Brunnen, der städtischen Mühlen, zuweilen gar das Betreten von Straßen und Brücken[34]. Wer zu dem Gemeinschaftswerk der Bürger keinen Beitrag leistet, soll an seinen Vorteilen keinen Anteil haben. Wir betonen diese Einzelheiten, weil der gleiche Prozeß auch die Baugeschichte der Städte beeinflußt hat. Der profane Bereich und der sakrale, die ursprünglich eine Einheit gebildet haben, beginnen sich voneinander abzugrenzen. Neben den Domen entstehen die Stadtpaläste.

34. Volpe, Medioevo Italiano, p. 20.

In den frühen Jahrhunderten ist Ecclesia gleich Kathedralkirche. Ecclesia heißt Gemeinde und war die Kirche der ganzen Gemeinde, der ein Bischof vorstand. Die anderen Kirchenbauten hießen Basilika, Oratorium, später auch Capella. Die Kathedralkirchen werden zuweilen als Pieve (von plebs), d. i. Volkskirche, bezeichnet[35]. Später geschah es wiederholt, daß infolge von Streitigkeiten zwischen Bischof und Volk sich die beiden Begriffe trennten. In der Kathedrale und mancherorts in seiner Palastkapelle (Volterra) saß der Bischof, in der Pieve sammelte sich das Volk. Das bekannteste Beispiel aus dem 12. Jahrhundert ist Arezzo, wo die Bischofskirche in einem befestigten Kastell vor der Stadt lag, die sehr alte Pieve in ihrem Zentrum.

Seit dem 11. Jahrhundert heißen »Pieve« die Kirchen mit Taufrecht. Nur in den Bischofsstädten gab es Baptisterien, in denen dort allein getauft werden durfte. Auf dem Lande vereinigten sich mehrere Pfarreien oder »populi« zu einem Taufsprengel (plebatus), dessen Bewohner »pievieri« genannt werden. Pfarr-, Tauf- und Domkirchen haben verschiedene politische und verwaltungstechnische Aufgaben. Umfaßte der Dombereich den ganzen Bezirk der Civitas und ihres Landgebietes, so sind die Taufsprengel die nachgeordneten richterlichen Amtsbereiche[36], die Pfarreien die kleinsten allgemeinen Verwaltungsbezirke. Im 13. Jahrhundert setzte Florenz für jedes Plebat in seinem Landbezirk als obersten Richter und Verwaltungsbeamten einen eigenen Podestà ein[37]. Fast jede Nennung eines Bürgers in den Dokumenten der Zeit wird von der Herkunftsbezeichnung aus einer bestimmten Pfarrei begleitet. Die Gemeinschaft der Pfarrmitglieder bildet eine »Nachbarschaft«. Man nennt sie auch »universitas«. Bis ins 13. Jahrhundert hinein war diese Pfarrgemeinschaft eine so enge, daß man die Nachbarn für ihre wechselseitigen Schulden in fremden Städten haftbar machen konnte[38]. Bis zum 19. Jahrhundert hielt man in Florenz an einer Numerierung der Häuser durchgehend innerhalb einer Pfarrei fest. Man dachte nicht in Straßen, sondern in Pfarrgemeinschaften. Erst 1809 wurde die ganze Stadt durchnumeriert und bezeichnenderweise nur der Pitti als der Palast des Großherzogs ohne Nummer gelassen. Es gab damals 8024 Gebäude. Erst nach 1870 folgte die Zählung nach Straßen. Den Vorstehern der Kirchengemeinde, die den Titel »rectores populi« führen, oblag bis zum 12. Jahrhundert und mancherorts darüber hinaus die Einziehung der Steuern[39]. Sie sorgten für die Instandhaltung der Straßen innerhalb ihres Nachbarschaftsbezirkes[40]. Sie bildeten die ältesten Zentren der Selbstverwaltung. Jede mili-

35. Mengozzi, La citta Italiana nell'Alto Medioevo, p. 177 ff.
36. Davidsohn, Gesch. v. Florenz, I, 317 f.
37. Ebd., II, 271.
38. Ebd., I., 326.
39. Ebd., I, 327.
40. Vgl. unten p. 95.

tärische Gliederung des Volksheeres fußte auf der standesamtlichen Erfassung der Einwohner in ihren Pfarreien und Taufsprengeln. Nach Taufbezirken geordnet zog man zu Felde. Bei Montaperti 1260 standen auf Florentiner Seite 96 »pievieri« aus dem Contado, jeder mit seiner Fahne, in sich wieder unterteilt in die Pfarreien, die popoli.

In den großen Städten, die einen einzigen Taufbezirk bilden, der sich etwa im Falle von Florenz und im 13. Jahrhundert in 56 Pfarrbereiche unterteilt, in Siena in 22[41], treten an die Stelle der »pievieri« als der nächst höheren Einheit die »quartieri«. Die meisten Städte besaßen vier Quartiere, so Pistoia, Arezzo, Prato. Florenz hatte bis 1254 vier, bis 1343 sechs und später wieder vier. In Siena, Pisa, San Gimignano, Volterra waren es drei, in Lucca ursprünglich fünf, seit 1370 drei. Jedes dieser »terzi«, »quarti« oder »sesti« umfaßte mehrere Pfarreien und trug in der Regel seinen Namen nach dem Stadttor, auf das es hingeordnet war. Davidsohn nimmt an, daß diese Bezirkseinteilung spätrömischen Ursprungs sei[42]. Jedenfalls bildete sie sich in den Stürmen der Völkerwanderungszeit als eine Notwendigkeit bei der Verteidigung heraus. Beim Herannahen der Gefahr begab sich jeder zu dem Tor, in dessen Nähe er wohnte. Der militärische Zusammenhalt der Torbezirke war ein so enger, daß die herkömmlichen, durch den Korpsgeist erzeugten Rivalitätsstreitigkeiten nicht ausbleiben konnten. Es gab Kämpfe zwischen Stadtteilen. Aus Lucca sind uns erbitterte Schlachten zwischen Torbezirken für die Jahre 1118 und 1145 überliefert[43]. Die Vorsteher der Torbezirke heißen »consules portae«. Ihnen oblag unter anderem auch die Pflege der Hauptstraßen, die durch die Tore führten. Sie bildeten die obersten Heerführer. Den sechs Florentiner Bezirken entsprechen bei Montaperti zwölf »Kapitäne« des Heeres.

Alle Beamten, alle Mitglieder eines Stadtrates oder eines Bürgerausschusses werden nach Torbezirken gewählt. Es gibt keine Behörde, in der nicht gleichzeitig ein oder mehrere Mitglieder von jedem Torbezirk, in Siena von jedem terzo, in Florenz von jedem sesto, einen Sitz erhalten hätte. Die Steuereinnahmen der Stadt erscheinen nach Quartieren geordnet in den Büchern der Kommune, die Auflagen werden auf die Quartiere verteilt, der Adel schloß sich nach Quartieren zu Gesellschaften zusammen. Vielerorts entsprach jedem Quartier in der Stadt eine bestimmte Vorstadt. So gab es den terzi von Siena gemäß drei borgi vor seinen Toren, die dort »masse« genannt werden. In Pistoia gab es, den vier Stadtbezirken entsprechend, vier »communitates suburbanae«, die nach den vier Haupttoren hießen. Dem

41. Die Zahl für Siena und 1257 ermittelt aus Biccherna XVII, 190ff., wo die einzelnen Pfarreien genau aufgeführt sind (s. Anm. 51).

42. Davidsohn, Gesch. v. Florenz, I, 328f.

43. Sercambi, I, p. 11.

ganzen Landgebiet wurde das Einteilungsschema der Stadt auferlegt. Jedes Quartier hatte seinen Anteil am Contado. Wie die Fähnlein der Kirchspiele in der Stadt, so wurden auch die »pievieri« des Landgebietes in Florenz in sechs Abteilungen, in Arezzo in vier, in Siena in drei beim Auszug des Heeres gegliedert. Der Organismus der Stadt wird auf das Land übertragen.

Guelfen und Ghibellinen.

Diesem wohldurchdachten System der bürgerlichen Ordnung, in dem Kirche und Regierung, Bischof und Volk meist zusammenwirkten, widersetzte sich der Feudal-Adel. Der Kampf des Adels gegen die Popularbewegung hat auch den berühmten Parteihader zwischen Guelfen und Ghibellinen beeinflußt. Der Blick auf die Parteiung eröffnet ein neues Blatt in der Geschichte des Ringens der Stadt um ihr Landgebiet. Bekanntlich verdanken diese Parteien dem Machtstreit der Welfen gegen die Staufer ihren Namen, einer Florentiner Geschlechterfehde ihren Ursprung und tieferen Wesensgegensätzen ihren Fortbestand. Man hat die Städte der Toskana in solche unterteilt, die von Natur aus den Ghibellinen den Vorzug gaben, und andere, die zwangsläufig guelfisch denken mußten[44]. Weil Florenz meistens von Guelfen beherrscht wurde, hatten in den Städten seiner nächsten Nachbarn, mit denen es stetig in Fehde lag, die Ghibellinen die Oberhand, also in Siena, Pistoia, Arezzo. Weil Pisa von Ghibellinen regiert wurde, mußte seine Rivalin Lucca bei den Guelfen Schutz und Hilfe suchen. Diese Anschauung stützt sich auf die Überlegung, daß die eigentlich treibende Kraft im Wechsel der Ereignisse der Konkurrenzkampf der Städte sei. Die großen Fische fressen die kleinen. Florenz erobert Volterra, San Gimignano, Arezzo, Pistoia, zuletzt 1406 Pisa. Siena erobert Grosseto, Montepulciano, Massa Marittima. Während des ganzen 13. und 14. Jahrhunderts stehen sich stetig zwei Kräftegruppen gegenüber, deren Zusammensetzung im einzelnen zwar oft wechselt, die im großen aber immer die gleichen bleiben. Am Ende sind nur noch drei Städte übrig, Florenz, Lucca und Siena. Zuletzt, jenseits unserer Zeit, 1554, fällt auch Siena der Rivalin anheim, und Florenz selbst hört auf, ein Stadtstaat zu sein. Es wird Herzogtum.

Es soll nicht geleugnet werden, daß dieser natürliche Gegensatz der Städte in ihren vitalsten Interessen die politische Haltung ihrer Regierungen mitbestimmt hat. Man suchte nach Verbündeten unter jenen, die gleiche Ziele verfolgten und vereinigte sich gern im Zeichen eines idealen Gedankens, der sich aus dem Gegensatz zwischen Kaiser und Papst, des »regnum« gegen das

---

44. Ottokar, p. 77.

»sacerdotum« ergab. Dem Einfluß Dantes u. a. ist es zuzuschreiben, wenn man unter den Guelfen schlechthin die Anhänger der Päpste, unter den Ghibellinen die des Kaisers verstanden hat. Später ist oft bemerkt worden, daß Kaiser und Papst mit den meisten dieser Kriege wenig zu tun hatten, und daß wiederholt Ghibellinen die päpstlichen, Guelfen die Reichsinteressen vertraten. Weder der Kampf um Ideen noch der natürliche Gegensatz der Städte würde es andererseits erklären, daß es in allen Städten beide Parteien gab, und daß das Ringen innerhalb ihrer Mauern von einer Erbitterung getragen wurde, wie sie nur täglicher Ärger und fortdauernde Schikane erzeugen. Ghibellinische Florentiner fochten und siegten im Heer ihrer natürlichen Feinde, der Sienesen, und guelfische Pisaner finden wir an der Seite der Lucchesen ihre eigenen Kastelle zerstören. Es war ein dritter Gegensatz der angestammten Interessen, der die Gemüter entzweite: die Ghibellinen sind überall die Partei des Landadels, die Guelfen die Partei der Großkaufleute und der Industrie und als solche bald auch des Volkes. Wir sahen, daß der grundbesitzende Adel sich nach Herkunft und Lebensform zum Kaiser und seinen Vikaren gedrängt fühlte, und ebenso erkannten die Kaufleute in den weltumspannenden Beziehungen der Kirche einen nützlichen Verbündeten. Gerade dieser letzte Gegensatz, der nicht aus außenpolitischen noch aus ideellen Erwägungen erwachsen war, sondern in den natürlichen wirtschaftlichen Belangen wurzelte, gab den Kämpfen jene leidenschaftliche Erbitterung.

Der Reichtum des Feudal-Adels erwuchs aus der billigen Arbeitskraft ihrer Hörigen. Die Stadt erklärte die Leibeigenen für frei und warb um ihren Zuzug hinter die schützenden Mauern. Durch eine Bestimmung des Sieneser Statuts von 1297 untersagte man es dem Adel, die Flucht seiner Bauern in die Stadt zu verhindern[45]. Schon 1289 wurde im Contado von Florenz die Leibeigenschaft abgeschafft. Brunetto Latino, der mutmaßlich die Einleitung zu dem entscheidenden Gesetz vom 2. August dieses Jahres schrieb[46], beruft sich darauf, daß die persönliche Freiheit ein Naturrecht sei. Die Ghibellinen suchten ihre Leute zu erhalten, die guelfischen Industriellen sahen in ihnen billige Arbeitskräfte für die Textilwerke. Wenn Dante in der Klage Cacciaguidas über den Verfall der Zeiten zwei Punkte unter anderen hervorhebt (Par. XV, 120 und XVI, 48), die ungewöhnliche Vermehrung der Bevölkerung der Stadt durch den Zuzug vom Lande auf das Fünffache ihres alten Bestandes und den Fernhandel, der viele Florentiner nach Frankreich reisen ließ, so war auch das eine ghibellinische Kritik an Maßnahmen der Guelfen. Die Ghibellinen gründeten ihre Macht auf ihre Burgen auf dem Lande. Als 1250 der sogenannte »primo popolo« von Florenz die ghibellinischen

45. Siena, Statut von 1309/10, Dist. V, Rubr. 125–127.

46. Über die Autorschaft Brunettos siehe Davidsohn, Gesch. v. Florenz, II, ii, 255.

Geschlechter aus der Stadt vertrieb, träumten diese davon, eine neue und ideale »civitas Florentia« auf dem Lande aus der Vereinigung ihrer Burgen zu einer festen Organisation zu formen[47]. Florenz – wie übrigens auch alle anderen Städte – antwortete mit jenen kleinen ummauerten Kastellen, in denen es das Volk zusammenzog. Vielerorts vereinigten sich die Kirchspiele und Taufsprengel auf eigenen Wunsch zu solchen Kleinstädten, anderenfalls lockte man durch das Versprechen zehnjähriger Steuerfreiheit, zuweilen zwang man sie zum Mauer- und Häuserbau. In jedem Falle war der Großgrundbesitz der verlierende Teil. Villani (XI, 91) berichtet, daß Florenz 1336 Pistoia, Arezzo und Colle Val d'Elsa mit ihren Landgebieten beherrschte, dazu 18 Kastelle im Contado von Lucca, 46 im eigenen. Der Adel ist auf seine Besitzungen an den Randgebieten zurückgedrängt. Wenige Jahrzehnte später werden die letzten großen Häuser besiegt und zur Übersiedelung nach der Hauptstadt gezwungen. Freilich gehen das guelfische Florenz und das ghibellinische Siena hier die gleichen Wege. Ein natürlicher »Guelfismus« setzt sich überall als die einzige noch zeitgemäße Haltung durch, und bald ist das Ghibellinentum nur noch ein Name, mit dem sich alte Adelsgeschlechter in Siena brüsten, und mit dem man in Florenz das Volk zu schrecken liebte. Das billigste Mittel, um einen Gegner zu entrechten, war dort noch in der zweiten Hälfte des 14. Jahrhunderts die Enteignung seiner Güter und seine Verbannung als Ghibelline.

Wir würden auf diese Dinge nicht eingehen, wenn sie nicht auch das Baugeschehen in den Hauptstädten selbst beeinflußt hätten. Die Ghibellinen bauten vorzüglich Burgen, die Guelfen waren Städtebauer. Die Ghibellinen blieben immer eine in sich geschlossene Adelspartei, die Guelfen fanden die Verbindung zum Volk und seinen Zünften. Nach dem großen Sieg Sienas und der toskanischen Ghibellinen bei Montaperti 1260 hören wir nichts von einer gesteigerten Bautätigkeit in der plötzlich zur ersten Macht der Toskana aufgestiegenen Kommune. Sogar die in höchster Gefahr getanen Gelübde für den Bau einer Georgskapelle auf dem Schlachtfeld und einer neuen Marienkapelle beim Dom wurden nicht oder nur unvollkommen erfüllt. Dagegen baut sich der Adel reiche Paläste und Burgen, wofür der Neubau des Palastes des Ghibellinenführers Provenzan Salvani nur ein Beispiel ist[48]. Die reichen und fruchtbaren Jahre kommunaler Bautätigkeit in Florenz sind zugleich auch Jahre der unbedingten Vorherrschaft der Guelfen und der von ihnen geförderten oder doch geduldeten Volksbewegung. Drei Daten werden im Laufe unserer Untersuchung immer wieder als für die Baugeschichte von Florenz im 13. Jahrhundert bedeutsam hervorgehoben werden:

47. Ebd., II, i, 395.

48. Wir haben von diesem Palast Kenntnis durch die hohen Kosten, die sein Abbruch nach der Niederlage der Ghibellinen verursachte. Siena, Staatsarchiv, Biccherna 1269, c. 36.

die Jahre der Herrschaft des Podestà Rubaconte (1237/38), die des primo popolo von 1250–1260 und des Sieges der Zünfte 1283/84 über eine konservative Regierung. Unter dem Mailänder Guelfen Rubaconte wurde die dritte Arnobrücke erbaut und mit der großzügigen Pflasterung aller Straßen begonnen. Der »triumphans et potentissimus populus«, wie er sich selbst auf der Gründungsinschrift des Bargello nennt, ließ 1254 diesen Palast für seinen Podestà erbauen, begann den Bau von Santa Maria Novella, befahl die Anlage der Ringstraßen längs der zweiten Mauer von Florenz und zwang das Landvolk, sich dort anzubauen, schuf die vierte und letzte der mittelalterlichen Arnobrücken, den Ponte Santa Trinità und beschloß, für Florenz als erste Stadt des Mittelalter den Goldfloren mit der Lilie und dem Bild des Täufers zu prägen, womit man bewußt die Nachfolge Friedrichs II. und seiner Augustalen anstrebte. 1284 plante man gleichzeitig den dritten Mauerring, einen erweiterten Dom, den neuen Kommunalpalast und späteren Palazzo Vecchio, die Loggia von Or San Michele, die Erneuerung der Badia, viele neue Straßen und Plätze, vielleicht auch schon den gewaltigen Neubau der Franziskaner, Santa Croce. Diesen Blütezeiten der Baukunst in Florenz stehen die Jahrzehnte völliger Stagnation gegenüber, in denen die Ghibellinen die Vorherrschaft hatten. So hören wir seit der Vertreibung des Podestà Rubaconte ein halbes Jahr nach dem Sieg Friedrichs II. über die Mailänder im November 1237 bei Cortenuovo und namentlich während der fünf Jahre, in denen der Kaisersohn, Friedrich von Antiochien, Podestà von Florenz war, von 1246–1250 nichts von irgendwelchen kommunalen Neubauten in Florenz. Nach Montaperti konnte Farinata degli Uberti die verbündeten Ghibellinen nur unter dem Einsatz seiner ganzen kühnen und leidenschaftlichen Persönlichkeit davon abhalten, Mauern und Gebäude von Florenz zu schleifen. Der Tod Manfreds (1266), die endgültige Vertreibung der Ghibellinen aus der Stadt (1267) und die Niederlage der Sienesen bei Colle Val d'Elsa (1269) waren notwendig, damit das Bauwesen mit der Erneuerung des Ponte alla Carraia und einigen Platzerweiterungen und Straßenanlagen wieder in den Blickpunkt der Kommunalbehörden rückte, die Verdrängung auch der guelfischen Magnaten aus der Regierung und das reine Zunftregiment, damit es zu jenem großzügigen Planen und Bauen von 1284 und den folgenden Jahrzehnten kommen konnte, denen Florenz bis auf den heutigen Tag seine Gestaltung in den wesentlichen Zügen verdankt.

Die Entwicklung der toskanischen Baukunst im späten 12., im 13. und 14. Jahrhundert ist unverständlich, wenn man ihre Abhängigkeit von den politischen Kämpfen der Auftraggeber außer acht läßt. Die geringe Baufreudigkeit in Florenz im ausgehenden 12. und den ersten Jahrzehnten des 13. Jahrhunderts findet ihre Begründung in dem Vorherrschen des Adels, der das Regiment durch den Bischof abgelöst hat, der ungeheure Aufschwung in einem ersten Ansatz 1250, in einem zweiten 1284 in der Herrschaft durch das Volk in seinen oberen Schichten und durch die Zünfte. Was sich in Florenz bis auf den heutigen Tag im Stadtplan ablesen läßt, bestätigen einige Beobachtungen aus anderen Hauptstädten.

In der Ghibellinenstadt Siena hat man im 13. Jahrhundert zwar die vollendetste Bauordnung geschaffen, von der wir aus dem Mittelalter Kunde haben, aber sich nur selten zu größeren, monumentalen Neubauten entschlossen. Das Statut von 1262, in seinem Anspruch eine Frucht des Sieges von Montaperti, entwickelt reiche Baugesetze für Straßen, Brunnen, die Mauer und den Dom. Aber es befiehlt keine Neubauten. An der Stadtmauer arbeitete man nur, wenn unmittelbare Gefahr bevorstand. Der herrschende Adel fühlte sich in seinen Stadtburgen sicher, die kleine Städte innerhalb der Stadt bildeten. Bekannt sind die Rocca Salimbeni, der Palast der Tolomei und das Kastell Malvolti, die alle drei bei einer der zahlreichen Familienfehden 1264 zerstört wurden[49]. Diese Burgen waren allseitig mit Toren und Mauern befestigt. Man drängte sich danach, den adeligen Podestà bei sich beherbergen zu dürfen und so unmittelbaren Einfluß auf die Stadtregierung zu erlangen. Die vielen Adelstürme stellten eine sichere Einnahmequelle dar, da sie von der Stadt ständig für politische Gefangene gemietet wurden. Bei solcher Sachlage fand sich niemand, der sich für den Bau eines Stadtpalastes und eine monumentale Gestaltung der Piazza eingesetzt hätte. Erst nach der Rückkehr der Guelfen 1269, in verstärktem Maße nach der Entrechtung des Adels im Stadtrat, der sich seit 1277 nur noch aus Zunftvertretern zusammensetzt, regt sich ein kühnerer Gestaltungswille[50]. Im gleichen Jahr 1284, in dem man in Florenz so Großes plante und in Angriff nahm, beginnt Giovanni Pisano die Domfassade. Ein grundsätzlicher Wandel tritt mit der Regierung der Neune 1287 ein. Die Sieneser Blütezeit umfaßt die Jahrzehnte dieser Herrschaft von Industrie und Banken, von 1287 bis 1355. Die Ghibellinen wurden grundsätzlich von allen höheren Ämtern ausgeschlossen. In diesem Zeitalter Duccios, Simone Martinis und der beiden Lorenzetti sind die das Stadtbild bestimmenden Bauwerke geschaffen worden, der Stadtpalast und der Campo, der neue Dom und die erweiterten Bettelordenskirchen, die Mauern mit ihren großen Torburgen und viele der reichsten Brunnen. Die neunziger Jahre vor allem waren eine Zeit des ständigen Planens und Wirkens. Die Vollendung der Stadt als eines einheitlichen Bauwerks wird zur

49. Hierüber zusammenfassend, V. Devecchi, L'architettura gotica civile Senese, in Bull. Senese di Storia Patria, LVI (1949), p. 3 ff. Vgl. auch A. Lisini, Il Castellare dei Salimbeni, Rassegna d'Arte Senese XVIII (1929), p. 14–38.

50. Die feindliche Haltung des Adels gegenüber kommunalen Monumentalbauten ist nicht auf Italien beschränkt. Auch Köln konnte seinen mächtigen Rathausturm erst nach dem Sturz des Adelsregiments 1407 beginnen. Vgl. Inventarband der Denkmäler der Rheinprovinz, Köln, Die Profanbauten, p. 186.

Leidenschaft. Der Dom und der Stadtpalast sind Gemeinschaftswerke, an denen alle Anteil nehmen, viele mitwirken, und die zu beurteilen ein jeder sich berechtigt glaubt.

In der Geschichte der toskanischen Städte im Mittelalter hat die Herrschaft des Bischofs in der Frühzeit, der Popularbewegung im 13. Jahrhundert und der Zünfte im 14. die Entfaltung des Bauwesens gefördert, die Herrschaft des Adels, einzelner Tyrannen oder fremder Kommunen hat sie gehemmt. Unfreie Städte haben in dem hier ins Auge gefaßten Sinn keine Stadtbaukunst entwickelt. Sie sind als Organismen tot. Unmittelbar, nachdem Florenz die Städte Volterra, San Gimignano, Arezzo und Pistoia seinem Machtbereich eingegliedert hatte, hört dort das kühne und freie Planen auf. Florenz baut an jedem dieser Plätze seine Zwingburg. Sie mag – wie etwa die Festung von Volterra – um ihrer großzügigen und kühnen Anlage willen von neueren Städtebauern bewundert werden, vom Standpunkt eines Betrachters aus, der die mittelalterlichen Städte als eigenständige Organismen zu verstehen sucht, bleibt sie ebenso ein Fremdkörper, wie die Burg Friedrichs von Antiochien in Prato, die Burg Castruccios in Lucca. Sie gehört nicht zur Stadt und ist ihr feindlich zugewandt.

Zwischen solchen Burgen und Anlagen und jenen Bauten, die einer Notwendigkeit ihre Entstehung verdanken, welche sich aus dem städtischen Leben entwickelt hat, besteht ein grundsätzlicher Gegensatz. Man kann ihn sich an dem Vergleich einer modernen Klosteranlage mit einer solchen des Mittelalters verdeutlichen. Unsere Klöster sind Anstalten, jene waren Lebewesen. Hier ist alles von vornherein fertig und aufs beste eingerichtet, dort hat man es mühevoll aus den Notwendigkeiten des Gemeinschaftslebens entwickelt und allmählich zur monumentalen Gestaltung entfaltet, erst Kirche, Brunnen und Dormitorium, dann Kreuzgang, Kapitelsaal und Refektorium. Die Blütezeiten der Klöster sind die Jahrzehnte, während deren man an diesen Dingen baut. Meist beginnt der Verfall bald, nachdem alles vollendet ist, und ähnlich steht es mit der mittelalterlichen Stadt.

Die Kommune und ihre Beamten.

Der Vergleich mit den Klöstern des Mittelalters hat noch einen genaueren Sinn. Die Städte leiten ihre Macht und den Anspruch auf Freiheit letzten Endes von dem Glauben an die Bedeutung der »vita communis« für den Heilsweg des Menschen ab. Seit langem ist uns dieser Begriff nur mehr im Bereich mönchischen Daseins vertraut. Dort hat die Unterordnung des einzelnen unter das gemeinsame Ziel allein religiösen Sinn. Sie dient der Läuterung. Auch in den Städten werden viele Gesetze und teilweise sogar unbedeutende Verordnungen in ihrer Präambel mit dem Nutzen für das

Heil der Seelen begründet. An Stelle der Ordensregel, nach der sich im Kloster das Leben aller richtet, treten hier die Stadtstatuten. Sie sollen das Leben der Bürger in dem engen Bereich der Mauern erträglich gestalten und die Rechte des einzelnen gegen die der Gemeinschaft abgrenzen.

Freilich besteht ein bedeutsamer Unterschied zwischen der Regel und dem Statut. Diese war ein für allemal von dem heiligen Stifter festgelegt, jenes mußte Jahr für Jahr neu geschrieben werden, und während des ganzen 13. und 14. Jahrhunderts ist man überall emsig bemüht, seine Bestimmungen zu ergänzen, zu erneuern, zu verbessern. Waren Politik und Parteiwesen die Leidenschaft des Adels, Religion die des Volkes, so ist alles Sinnen und Trachten des Bürgers auf den Erwerb und seine gerechte Verteilung gerichtet. Es liegt in der Natur der Sache, daß eine solche Rechtsordnung, die zugleich den Interessen eines jeden entgegenkam und dennoch von allen als billig anerkannt werden sollte, nie erreicht wurde, und jener Wankelmut der Florentiner, den Dante an berühmter Stelle kritisiert und sein Nachbar Giovanni Villani in seiner Chronik als erstes zitiert hat – si sottili ordinamenti fai, ch'a mezzo novembre non giunge quel che tu d'ottobre fili –, findet seine Erklärung in dem ernsten Streben nach einem Ideal, das utopisch war. Nur in diesem gemäßigten Klima der Bürgerlichkeit konnten so komplizierte Systeme ausgedacht und durchgeführt werden, wie sie in Florenz, Pisa, Siena oder Lucca im 13. und 14. Jahrhundert die Gerechtigkeit gewährleisten und die Korruption unmöglich machen sollten.

Faßt man Florenz und die neunziger Jahre des Dugento ins Auge, in denen Dante in der Stadtverwaltung wiederholt hohe Ämter zu betreuen hatte, so findet man das ganze Volk oder doch seine oberen Schichten mit Ausschluß des Schwertadels im engeren Sinne ständig an der Wahlurne. Es gab allein fünf gesetzgebende Körperschaften: den Rat der Hundert, der vor allem als Finanzausschuß tätig war, die zwei Räte des Podestà, einen speziellen mit 90 Mitgliedern und einen allgemeinen mit 300 und ebenso zwei Räte des Volkskapitäns, von denen der spezielle 36 und der allgemeine 150 Mitglieder zählte. Alle diese Räte wurden jedes halbe Jahr neu gewählt, und kein Mitglied durfte zweimal hintereinander dem gleichen Ausschuß angehören. Auch wurden sie alle zu verschiedenen Zeitpunkten erneuert, der Rat der Hundert im April und November, die Räte des Podestà im Januar und Juli, die des Volkskapitäns im Mai und Dezember. Dieser komplizierten Legislative entsprach eine noch kompliziertere Exekutive. Der oberste Beamte der Stadt, der Podestà – wie erwähnt ein Stadtfremder –, blieb ein Jahr im Amt, der Capitano del Popolo ein halbes Jahr und die sechs Prioren, als das zuletzt entscheidende Kollegium, nur zwei Monate, während deren sie freilich ständig Tag und Nacht im Stadtpalast anwesend sein mußten, wo sie gemeinsam schliefen und aßen. Besondere Bestimmungen machten die Wiederwahl dieser obersten Beamten auf mehrere Jahre unmöglich. Zu allen diesen Körperschaften waren nur Meister der zwölf oberen Zünfte zugelassen, und immer blieb man darauf bedacht, keine der Zünfte und keinen der sechs Stadtteile zu bevorzugen. Summiert man alle, so waren rund tausend Personen Jahr für Jahr notwendig, die nahezu ihre ganze Arbeitskraft in den Dienst der Stadt stellen mußten. Die Unterschiede in den Verfassungen der verschiedenen Städte und zu verschiedenen Zeiten, wo alles immer in Bewegung ist, mögen dem Historiker der Verfassungsgeschichte bedeutsam erscheinen, im Grunde ist das Bild überall, wo Zünfte und Parteien herrschen, das gleiche. In den kleinen Städten, in Siena und Pisa damals mit rund 20 000 Einwohnern, in Lucca mit rund 15 000, in Pistoia und Arezzo mit etwa 10 000, in Massa Marittima mit 8000, in San Gimignano oder Volterra mit etwa 4000, in Cortona ist der Prozentsatz der am öffentlichen Leben aktiv beteiligten Personen noch größer als in der Großstadt Florenz, die damals mindestens 40 000 Einwohner in ihren Mauern beherbergte. Der große Rat von Lucca zählte im 13. Jahrhundert 550 Mitglieder, der von San Gimignano 300.

Dabei sind in dieser Aufstellung für Florenz nur die im engeren Sinne politischen Ämter angeführt. Weit zahlreichere Personen und Körperschaften waren notwendig, um die Beschlüsse der Räte und Prioren durchzuführen. Auch sie bestanden zum größten Teil aus gewählten und kurzfristig beamteten Bürgerschaftsvertretern, die zu verpflichten, zu überwachen und zu bezahlen alle höheren Dienststellen ständig in Bewegung hielt.

Wie zahlreich diese Beamten waren und worum sie sich alles zu kümmern hatten, läßt eine Durchsicht der Hauptbücher der Sieneser Kassenverwaltung, der sogenannten Biccherna, kenntlich werden. Ich greife als Beispiel den Band für das Halbjahr vom 1. Januar bis 30. Juni 1257 heraus[51], das eine Zeit des inneren und äußeren Friedens war, und in dem eine Maßnahme zur Durchführung kam, die für die Baugeschichte dieser Stadt nicht ohne Bedeutung ist. Erstmalig in diesem Jahre wurde im Auftrag der Behörde die ganze Stadt vermessen und eine reinliche Scheidung des privaten und des öffentlichen Grundbesitzes durchgeführt.

Sieht man von allen auswärtigen Vikaren und den zahlreichen Gesandten ab, so bezahlte Siena im ganzen damals rund 900 Personen für Verwaltungsaufgaben, wobei der Militäretat nicht berücksichtigt ist. Alle diese Beamten waren kurzfristig angestellt und viele nur mit einer einmaligen Aufgabe betraut. Nicht enthalten in dieser Zahl sind sämtliche gewählten Ratsherren, von denen es ebenfalls ein halbes Tausend gab, die naturgemäß nicht bezahlt wurden. Mit erstaunlich wenigen Angestellten kamen die obersten Behörden

---

51. Als Grundlage dient der letzte Band der veröffentlichten Libri dell'Entrata e dell' Uscita del Comune di Siena, detti della Biccherna, Libro XVII (1257), Siena 1942. Zitiert in folgendem als Biccherna XVII.

aus. Das Amt des Podestà verfügte nur über vier Boten und einen Notar, das des Volkskapitäns über sechs Boten, drei Richter und zwei Notare, wozu sechs weitere Zivilrichter kamen. Das Kassenwesen wurde von vier Kassierern, neun Steuereinnehmern und neun Münzmeistern betreut. Diesen obersten Stellen zur Seite ordneten sich 103 Bürgermeister (sindaci) ein, die den 40 Stadtteilen (contrade) vorgesetzt waren. Drei Salzeinnehmer und 114 Zollbeamte an den 35 Toren der Stadt, namentlich an den 7 Haupttoren kontrollierten den Handel. Hinzu kamen drei Aufsichtsbeamte für das Schlächtereiwesen, sechs für die Mühlen der Stadt, drei Getreideaufkäufer, acht Beamte zur Aufsicht des Getreidemarktes auf dem Campo, sieben weitere, die die Brot- und Weinmeßgeräte und Gewichte zu überprüfen hatten, drei für die Mehlmaße und drei für die Längenmaße. Bewacht war man innerhalb der Mauer aufs genaueste. Es gab 171 Nachtwächter, sechs Brunnenwächter, neun Kerkerwächter, je drei für Straf-, Schuld- und politische Gefangene. Sonderaufgaben erforderten weitere Kräfte. So hat man in diesem Halbjahr versucht, alle Besitztümer in der Stadt und im Landgebiet aufnehmen zu lassen, wozu 90 Bürgerschaftsvertreter und 24 Notare erforderlich waren. Hinzu kamen 20 Beamte für die Verteilung des Gemeindelandes.

Zur Überwachung aller erdenklichen Bestimmungen gab es besondere Aufpasser, die bezahlt und an den eingebrachten Strafgeldern beteiligt wurden. Sechs solche »boni homines« mußten ständig die Schenken im Auge behalten, damit dort niemand fluche[52], sechs weitere sollten die wilden Esel, die Schweine und Leprosen aus der Stadt vertreiben und darauf achten, daß die spinnenden Frauen den Verkehr nicht behindern. In allen Städten war das Aufstellen von Spindeln auf der Straße verboten[53], wobei nur Pisa in sofern eine Ausnahme macht, als dort jede Frau wenigstens vor ihrem eigenen Hause spinnen durfte[54]. Zwölf Aufpasser gingen samstags durch die Straßen und sahen nach, daß jeder vor seinem Hause gefegt hatte, kümmerten sich um die sehr strenge Kleiderordnung der Frauen, die gegen allzu großen Luxus gerichtet war, achteten darauf, daß niemand Schmutz von den Balkonen auf die Straße schütte, keine Steine von den Dächern werfe und daß nach Zapfenstreich alle zu Hause waren. Besonders wurden sie beauftragt, die Trauerfeiern und später auch die Hochzeitsfeste zu überwachen[55]. Die öffentliche Ordnung und die Ruhe des Stadtfriedens sollten durch nichts gestört werden.

---

52. Officiales positi super tabernis, et illis qui blasfemaverint nomen Domini, ebd., p. 177.

53. Ebd. Der Text spricht von »rochas mulierum filiantes«. Vgl. Pisa, Breve von 1286, Lib. III, Rubr. 44: de rocchis non tenendibus in via publica.

54. Ebd., salvo quod quelibet mulier possit filare ante domum sue habitationis.

55. Biccherna XVII, 180. Officiales positi super inveniendis furibus et furtis et super viis siliciatis spaczandis, et super porhicentibus suczurum de palconibus, et super redeuntibus plorando, alta voce, post mortui sepulturam et extra hostium ...

Verhältnismäßig klein war der Beamtenkreis, der in dieser Frühzeit für das Bauwesen verantwortlich war. An erster Stelle stehen die beiden »operarii« des Domes und ihre zehn Maurermeister, die regelmäßig unmittelbar durch die Stadtkasse bezahlt werden. Hinzu kommen ein Beamter für die stadteigenen Bauten[56], drei Beamte für die Erneuerung und Ergänzung des Straßenpflasters[57], drei weitere, die dafür zu sorgen hatten, daß Erker und Vorbauten den Straßenraum nicht allzusehr einengten[58], sechs Beamte für den Bau der Mauern und der Befestigungswerke[59], dazu vier für den Verkauf der unnötig gewordenen inneren Mauern der verschiedenen Burgen, in die die Stadt bisher zerfiel[60], und vier weitere, die die Kassenführung dieser Mauerbeamten überwachen sollten, endlich nicht weniger als 191 »mensuratores«, die jene Stadtvermessung Haus für Haus durchführen sollten, von der ich oben sprach[61]. Den Beschluß machen zwei Glöckner, zwei Henker und vier Stadttrompeter, die alle nicht fest angestellt sind, sondern von Fall zu Fall bezahlt werden, die Glöckner für jedes Geläute, die Henker für jeden Gehenkten, die Trompeter für jede Musik.

Die Stadtstatuten geben weitere Einzelheiten über die Aufgabenbereiche, die die verschiedenen Beamten zu betreuen hatten. Wer das Sieneser Leben im Mittelalter kennenlernen will, erfreut sich des Vorzugs, von ein und derselben Sache mehrmals zu hören. Zuerst – freilich nur lückenhaft – aus den Protokollen der Stadtratssitzungen, dann aus den Statuten, endlich aus den Rechnungsbelegen. Die Zahl der Beamten nimmt von dem ersten erhaltenen Statut von 1262 bis zu jenem umfangreichsten von 1309/10 ständig zu, und auch ihre Aufgabenbereiche werden größer. Ersteres enthält rund 200 Bestimmungen, letzteres über 400, die sich allein mit dem privaten und gewerblichen Leben beschäftigen. Arbeitstage, Arbeitszeit, Maximallöhne, Preise, Gewichte, die Maße für Brot, Wein, Salz, Öl, Ziegelsteine und Kalk sind festgelegt. Peinlich genau ist die Straßenordnung, das öffentliche Leben vom privaten streng getrennt und auch dieses bis in den Kochtopf der Hausfrau hinein kontrolliert. In dem eng umbauten Raum mußte man sich mit

56. Ad revidendum hedifitia pro comune. Ebd.

57. Positi super siliciandis ubi facte non sunt. Ebd., p. 178.

58. Quod fenestre reducentur ad modum passecti et super pogiarellis ... super viis publicis.

59. Sex bonis hominibus positis et ordinatis super fiendis muris et munitionibus civitatis Senensis.

60. Ad recolligendum denarios de muris venditis pro Comuni Senensi, ebd., p. 117.

61. Aus anderen Rechnungsbüchern sind noch weitere Baubeamte nachweisbar. So hören wir von Zahlungen von 1251 an sechs Bürger »positis pro rividentis edificis communis« (Biccherna XI, 101); 1231 von Zahlungen an zwölf »bonis hominibus positis super aconciamentum civitatis Senarum« (Biccherna IV, 86). Hundert Jahre später wird dieser Aufsichtsbehörde ein besonderes Amt für Schönheit angegliedert (l'ufficio del'Ornata). In ihm saßen drei Bürger »positi a bonificare e a vedere vie e ogni altra cosa la quale sia maggiore bellezza de la città«. Borghese e Banchi, p. 32, Nr. 20.

Umsicht bewegen. Das Spinnen[62], das Wolleschlagen[63], das Aufhängen von Färberei- und Gerbereiprodukten[64] war in den Hauptstraßen verboten. Geschlachtetes Vieh durfte am Tage nicht aufgehängt werden[65], Holz nicht zum Verkauf aufgeschichtet liegen[66]. Das Sägen auf der Straße war überall verboten[66a]. Verschleiert[67], als Frau kostümiert[68], radschlagend oder tanzend durfte niemand auf der Straße angetroffen werden[69]. Hufschmiede müssen ihre Läden mindestens 30 Ellen voneinander entfernt einrichten, damit die Straße von den wartenden Tieren nicht verstellt wird[70]. Spielhäuser waren verboten[71], Frauen durften in Schenken keinen Wein servieren[72], in Tavernen nur, wenn sie zur Familie des Wirtes gehören, das Essen reichen[73], den Stadtpalast nur betreten, wenn sie vorgeladen sind[74]. Sie durften nicht mehr als 18 Ellen Scharlach tragen[75], keine Diademe mit Perlen aufsetzen[76], und auch den Männern waren Schleppen verboten[77]. Körperstrafen mußten vor der Stadt vollzogen[78], Tote innerhalb ihrer Mauern begraben werden. Die Beamten, die zur Aufsicht über die Totenklagen bestellt waren, hatten dafür zu sorgen, daß sich niemand vor dem Haus des Verstorbenen zur Trauer niedersetzte, auf der Straße kein lautes Klagen erhebe, die Hände zusammenschlage, das Haupthaar löse oder zu lange im Hause des Toten beim Leichenschmaus verharre[79]. Das Gesetzwerk von 1309/10 hat in

62. Siena, Statut von 1267–1270, Rubr. 101.
63. Ebd., Rubr. 102.
64. Ebd., Rubr. 112.
65. Ebd., Rubr. 110.
66. Ebd., Rubr. 161.
66a. Siena, Statut von 1309/10, Dist. V, Rubr. 72: De la pena di chi segasse ne le vie. Anco, statuimo et ordiniamo, che neuno possa o vero debia segare co la sega grossa alcuno legno ne le vie publice.
67. Ebd., Dist. V, Rubr. 386.
68. Ebd., Dist. V, Rubr. 385.
69. Ebd.
70. Ebd., Dist. V, Rubr. 395.
71. Ebd., Dist. V, Rubr. 401.
72. Ebd., Dist. V, Rubr. 402 u. 403.
73. Ebd., Dist. V, Rubr. 320 u. 321.
74. Ebd., Dist. V, Rubr. 408. Die Bestimmung findet sich in allen Städten. Vgl. Pisa, Breve von 1313, Lib. I, Rubr. 19: De mulieribus ne ascendant palatium Potestatis.
75. Ebd., Dist. V, Rubr. 393.
76. Ebd., Dist. V, Rubr. 347.
77. Ebd., Dist. V, Rubr. 343.
78. Ebd., Dist. V, Rubr. 348.
79. Siena, Statut von 1309/10, Dist. V, Rubr. 23–26. Diese Bestimmungen über die Totenklage finden sich in Siena schon 1257 (vgl. die Zahlungsbelege in Biccherna XVII, 188). Auch in Deutschland finden wir im 15. Jahrhundert ähnlich lautende Gesetze. Vgl. die Kölner »Morgensprachen« im dortigen Stadtarchiv, zitiert bei Ennen, Gesch. d. Stadt Köln, III (1869), p. 926. Als ein besonders genaues Beispiel gebe ich die Verordnung aus dem Statut von Faenza, 1410–1414, Lib. IV, Rubr. 21: Quod nullus faciat aliquod plantum. Statuimus et ordinamus quod nullus masculus vel femina faciat aliquod plantum vel corruptum ante vel extra domum in civitate vel burgis pro aliqua persona defuncta, ellevando

seinen sechs Büchern über 2000 Bestimmungen, und die neun Prioren mußten es sich zweimal im Monat vorlesen lassen[80], damit ja nichts in Vergessenheit geriete, und alle paar Wochen entstanden Ergänzungen und Streichungen.

Dieses künstliche Gesetzeswerk, von dem hier nur eine Ansicht und nicht die wichtigste ins Auge gefaßt ist, wurde getragen von einem Volk, in dem arm und reich, der popolo minuto und der popolo grasso, die niederen und die höheren Zünfte, die Bürger und der Adel, und dieser wiederum gespalten in Geschlechterfraktionen, in die kaiserliche und in die päpstliche Partei, in Grundbesitz und Großhandel, sich stetig bekämpften. Es war nötig, ein Gesetz in die Statuten aufzunehmen, laut dessen bei Unruhen niemand erlaubt sei, seinen engen Nachbarschaftsbezirk, die »contrada«, zu verlassen[81]. Sieg oder Niederlage der Parteien bedingten Enteignung und Verbannung der eben noch regierenden Familien, Zerstörung ihrer Häuser, Schleifung der Türme, den Verfall ganzer Stadtviertel, Verfassungsänderungen und Statutsreformen. Während Florenz und Siena in den neunziger Jahren eine Zeit der Blüte erlebten, zerfleischten sich in Pistoia die Fraktionen der Schwarzen und der Weißen in einem Grade, der den Fortbestand der Kommune in Frage stellte. Zwei Drittel der Bevölkerung sollen damals in wenigen Jahren ums Leben gekommen sein, und Dantes Freund Cino da Pistoia schildert in einem Sonett[81a] den Tod im Blutrausch als die Erfüllung des Lebens.

Die Stadt als Bauwerk.

Dennoch hat man den Eindruck, als wenn durch alle Wechselfälle hindurch sich das Bild der Civitas, als einer idealen Gesellschaftsform, niemals getrübt habe. Man sah in ihr die einzige Möglichkeit, ein sinnvolles Gemeinschaftsleben in dieser Welt zu verwirklichen. Die Durchsicht der Stadtstatuten vermittelt den Eindruck, als hätten die vielen oft engen und kleinlichen Bestimmungen doch nur die Aufgabe von Mosaiksteinen, hinter denen man das klare und glänzende Bild des Ganzen zu keinem Zeitpunkt aus dem Auge verloren hatte.

vel battendo manus vel fortiter exclamando. Et non debeat se exmantare nec caputeum nec aliquid de capite ellevare, pena 20 sol. bon. pro quolibet contrafaciente. Et teneatur potestas mittere unum ex notariis suis cum duobus plazariis ad corpora mortuorum, qui secrete debeant omnes contrafacientes scribere quotiens casus contigerit, pena potestati 25 lib. bon. pro qualibet vice qua contrafecerit, obmiserit, vel negleserit. Et quod nullus debeat se ponere ad sedendum sub porticu domus mortui vel ibi juxta cum reddierit a sepultura defuncti. Et cum homines reddeunt a sepultura defuncti: illico discedant, nisi fuerit conjuncta persona vel de vicinia, ita tamen quod non sint numero ultra X homines, qui tunc remaneant. Et quod dicto tempore et quod tres (dies) sequentes non audeant ibi stare ad comedendem nisi quatuor homines solum et 8 mulieres, ultra illos de familia illius domus.

80. Siena, Statut von 1309/10, Dist. VI, 92.

81. Ebd., Dist. VI, Rubr. 87.

81a. Das Sonnett des Cino bei D'Ancona e Bacci, op. cit. I, 402; und Davidsohn, Gesch. v. Florenz, II, ii, 527.

Damit ist auch das optische Bild der Stadt gemeint. Alles geistig Notwendige fordert im Mittelalter sinnlichen Ausdruck. Die Mannigfaltigkeit mittelalterlichen Lebens verhindert die Gleichartigkeit der Details, nicht aber die Einheit des Ganzen. Wer hier nach einem regelmäßigen Bauplan sucht, wird nur selten befriedigt werden. Für eine einheitliche Baugesetzgebung aber, die das Bild des Ganzen als sinnvoll zuletzt entwickelt, gibt es unübersehbar viele Beispiele. Die Stadt in ihrem Mauerring galt als ein Bauwerk, an dessen Vollendung man zielstrebig arbeitete, wie an der Vollendung des Domes, und das als abgeschlossen galt, sobald der von der Mauer umschlossene Raum »voll« war, und alle Straßen links und rechts dicht mit Häusern bebaut, alle Heiligen, denen die Stadt sich verpflichtet fühlte, ihre Kirche, alle Ämter ihren Sitz hatten.

Jahrhunderte hindurch wurde die Stadt von den Malern als ein einheitliches Bauwerk dargestellt. Das gilt von den Städtebildern auf den Miniaturen der Wiener Genesis wie von jenen der Schedelschen Weltchronik. Bis zur Renaissance lebt die Stadt in der Vorstellung ihrer Bürger als ein Bauwerk, das ihre Schutzheiligen oder Stifter gleich dem Städtebauer Deinokrates vor Alexander dem Großen offen auf der flachen Hand zur Schau tragen[82]. Im Palazzo Pubblico in Siena ist auf einem Fresko von Sano di Pietro der heilige Bernardino dargestellt. In der Rechten hält er sein berühmtes Heiltumszeichen, mit dem er während seiner Predigten das Volk zu begeistern suchte, in der Linken die Vaterstadt, wobei es auffallend ist, daß er sie mit ihrem Erdreich, über dem sich Mauer, Palast und Dom erheben, zu Gott emporträgt. Die Stadt war ein von Mauern umgürtetes, eng bebautes Werk. Zuweilen bergen die Heiligen ihre Stadt gleichsam wie ein Schiff breit gelagert auf dem Schoß, wie eine Tafel von Taddeo di Bartolo mit San Gimignano zeigt[83]; oder sie halten sie an der Stadtmauer gleich wie an einer Krone empor, wie es auf einem Holzschnitt von Reggio Emilia zu sehen ist[84]. In einer Florentiner Stadtbeschreibung von 1339 findet sich die Bemerkung: Haec civitas quasi tota plena palatiis de optimo lapide ac communibus et inferioribus dominibus est[85]. Es wird betont, daß der eben vollendete Mauerring schon beinahe »voll« ist. Von Rom heißt es noch im frühen 15. Jahrhundert: Urbem adeo diruptam et vastam ut nulla civitatis facies in ea videretur[86]. Durch die Zerstörungen und die Weiträumigkeit der An-

---

82. Vgl. die reizvolle Zeichnung Francesco di Giorgios bei W. Lotz, Eine Deinokratesdarstellung des Francesco di Giorgio, Mitt. d. Kunsthist. Inst. in Florenz, V, 428.

83. (Abb. 7).

84. Titelholzschnitt des »Officio del San Patrone di Reggio«, Bologna 1515, in G. Piccinini, Piante e Vedute di Reggio nell'Emilia, Reggio 1939.

85. Frey, Loggia, p. 119.

86. Platina, Vita pontificum, Vita di Martino V, zitiert nach Piero Tomei, L'architettura di Roma nel Quattrocento, Roma 1942, p. 8.

lage war die Gestalt einer engbebauten, in sich geschlossenen Civitas nicht mehr erkennbar. Das optische Moment wird hervorgehoben. Man wollte die »city« – der Begriff hat gute Tradition – in ihrem engen baulichen Zusammenhang erfassen. Wenn Salimbene berichtet, daß die Frauen von Parma während der Belagerung der Stadt durch Friedrich II., und während vor ihren Augen schon dessen Residenz Victoria als ein Ersatz für die dem Tod Geweihte emporwuchs, ein getreues Modell ihrer Bauten aus Silber als Votivgabe anfertigen ließen, so beleuchtet dies das innere Verhältnis des Volkes zur Stadt als einem einheitlich gestalteten Werk[87]. Man konnte sie als ein Ganzes der Gottesmutter schenken. Der schlichte Luccheser Maler, der um 1410 die Chronik Sercambis mit Miniaturen versah, konnte von jeder toskanischen Stadt ein genaues und zuverlässiges Bild geben, in dem die Mauer, der Palast, einige Türme oder Kirchen ausreichend genug charakterisiert sind, um sie auch ohne ihren Namen auf dem Stadttor wiederzuerkennen. Eine Biccherna-Tafel für das Jahr 1478 zeigt Maria, die Gott ihre Stadt Siena als ein besonderes Gut anempfiehlt. »Haec est civitas mea« liest man auf dem Schriftband (Abb. 8). Die Stadt ist mit ihren Mauern, Zinnen und Toren gleich einem Monument auf Säulen gestellt, die an jene erinnern, die die Kanzel des Sieneser Domes von Nicola Pisano tragen. Wie diese ist sie ein einheitliches Werk, zu dessen Vollendung sich alle Künste verbinden.

Man hat in den vergangenen Jahrzehnten wiederholt versucht, die Werke des Mittelalters, die das 19. Jahrhundert einzeln und voneinander getrennt zu betrachten liebte, wieder zusammenzuführen. Die Kathedrale als ein alle Künste umfassendes Gesamtwerk wurde neu gesehen. Ein ähnlich einheitliches Werk ist die Stadt und das Kloster. Ordensregel, Lebensform oder politische Verfassung mögen viele Einzelheiten von Jahrzehnt zu Jahrzehnt verändern oder abwandeln. Zuletzt sind die Unterschiede zwischen einem Zisterzienserkloster des 13. Jahrhunderts, wie das von San Galgano im Sieneser Gebiet, einem Franziskanerkloster des 14., wie das von Santa Croce in Florenz, und einem Dominikanerkloster des 15., wie jenes San Marco, das Fra Angelico ausgemalt hat, über die Regeln hinweg den Unterschieden vergleichbar, die die Stilentwicklung auch Kathedralen und Palästen aufprägt. Die Einheit des Gesamtorganismus bleibt gewahrt, und jede große Zeit hat ihr Bestes gegeben, um sie dort wieder herzustellen, wo sie der Verfall gestört hatte. Das 13. und 14. Jahrhundert sollten sich in der Toskana als die schöpferische Zeit des Städtebaus erweisen. Der leidenschaftliche Ordnungssinn, den die Statuten spiegeln, findet gleich sinnfälligen Ausdruck in den Bauten, die freilich nur dem Betrachter im rechten Licht erscheinen, dem das Lebenselement vertraut ist, aus dem heraus sie notwendig wurden.

---

87. Salimbene, p. 196.

II. KAPITEL

DIE MAUERN

Die Mauer als Sinnbild.

Lokalforscher und Theoretiker der Militärbaukunst haben den mittelalterlichen Stadtmauern wiederholt ihre Aufmerksamkeit zugewandt[88]. Jakob Burckhardt hat ihre Behandlung für die Kunstgeschichte abgelehnt[89]. Aus seinen Gedanken spricht der Geist eines Jahrhunderts, das an zweckfreie, sich selbst genügende Schönheit geglaubt hat. Das Mittelalter selbst hat von der Schönheit der Stadtmauern mit ihren Toren und Türmen in zahlreichen Chroniken gehandelt[90]. Sollte die Neuzeit in ihrer Bewunderung für die mauerumwehrten Städte allein durch eine romantische Neigung für die Historie im Zwielicht des Pittoresken angeregt worden sein? In einem mittelalterlichen Bauwerk ist die Schönheit unmittelbarer Ausdruck des höheren und repräsentativen Sinns, dem man in ihm Gestalt zu geben glaubte. Schon die Festigkeit, das edle Steingefüge werden als ästhetischer Wert empfunden[91]. Alles Bauen war Machtbewegung und Geste des Besitzergreifens. Leidenschaftlich wurde gebaut, mit Leidenschaft zerstört. Nur zögernd versucht zuweilen das Gesetz diesen Zerstörungen Einhalt zu gebieten, die man zum Schaden der ganzen Stadt an den Bauten der Rebellen, Verbrecher oder Schuldner vollzog[92]. In der höheren Bedeutung, die man der Mauer gab, wird zugleich auch ihre ästhetische Dimension faßbar.

88. Mariani D'Ayale, Degl'Ingegneri militari italiani del XII al XVIII secolo, in Archivio storico italiano 1869; Enrico Rocchi, Le fonti storiche dell'architettura militare, Roma, s. a.; derselbe, Attraverso la storia dell'Architettura militare, Roma 1929.

89. Cicerone, Gesamtausgabe III, 146.

90. So etwa G. Villani, IX, 256 (1324): S'ordinò che in ogni dugento braccia di muro avesse e si facesse una torre alta quaranta braccia e largo braccia quartordici, per la fortezza e bellezza della città. Compagni, III, 34, beklagt die Zerstörung der Mauern von Pistoia: gittono le mura in terra che erano bellissime. Malespini, cap. 65, gibt als Grund für den Neubau der Florentiner Mauern an, daß man sie größer und schöner gestalten wolle: più grande e più belle.

91. G. Villani, IX, 256; Dati, p. 109.

92. Verordnungen hierüber sind selten. Als Beispiel sei auf einen Luccheser Erlaß aus dem Statut von 1309, Lib. V, Rubr. 65 hingewiesen: Ne lucane urbis ex destructione domorum lucane civitatis deformatur aspectus, providemus quod nulla domus seu turris ... destruetur pro aliqua datia, prestantio, impositione. Vgl. hierüber unten p. 219.

Die Mauer bedeutet die ganze Stadt: *Murus autem ipsius civitatis inexpugnabilem fidei, caritatis speique firmitatem significat*, schreibt Hrabanus Maurus[93]. In der Antike tragen die Stadtgöttinnen die Mauerkrone ihrer Städte als Kopfschmuck. Die Roma mit der Mauerkrone ist ein bekanntes Bild. Die Griechen verehrten die Polis als Tyche, die Schicksalsgöttin mit der Mauer der Stadt auf dem Haupt. Vor den Säulen des hadrianischen Olympieion in Athen standen solche Erzbilder der Tychen, die die athenischen Kolonien darstellten. Konstantin ließ sein Erzbild mit der Tyche der neuen Hauptstadt in der geöffneten Rechten im Zirkus von Konstantinopel verehren, wobei nunmehr die Göttin neben der Mauer auch das Kreuz auf der Stirn trug. Die Provinzen des Reiches, die dem Kaiser huldigen, sind als Städte dargestellt und tragen eine Mauerkrone. Die sechs- und achteckigen Mauerkronen der antiken Stadtgöttinnen haben bei der Entstehung der deutschen Kaiserkrone Pate gestanden. Noch stärkere Symbolzeichen konnten für die Gestalt und den Schmuck der Krone aus der Beschreibung der himmlischen Stadt in der Offenbarung Johannis gewonnen werden. Die ganze Krone wurde als ein Abbild jener zukünftigen ewigen Stadt verstanden, in der Christus seinen Thron aufgeschlagen hat[94]. Die oberste Autorität auf Erden machte sich durch ein Zeichen kenntlich, das von der Bedeutung der Städte in der antiken Welt seinen Sinn herleiten konnte. Die Kaiserkrone bildet die ewige Stadt durch ihre Mauer ab.

Überall dort, wo man der Stadt im übertragenen Sinn gedenkt, charakterisiert sie die Mauer. Ein Sinnbild der Civitas als eines Bereichs des Rechts, der Sicherheit und der Ordnung, gehört sie zu den bedeutendsten Bildzeichen der Antike und des Mittelalters[94a]. Bekannt ist der Stadttorsarkophag des späten 4. Jahrhunderts, der die Kanzel von San Ambrogio in Mailand trägt. Das Grab als die Stadt der Toten wird durch Mauern, Tore und Zinnen gekennzeichnet. Es ist aber zugleich die himmlische Stadt, aus der Christus und seine Apostel uns zum Empfang entgegentreten. Auf romanischen und ottonischen Miniaturen ist es üblich, die Mauer zu zeigen, wo die Stadt gemeint ist. Die Mauern von Bethlehem als der Stadt, in der Christus geboren wurde, sind immer wieder dargestellt worden. Ein besonders schönes Beispiel findet sich auf einer Elfenbeinplatte des Kölner Schnütgenmuseums aus der Mitte des 12. Jahrhunderts. Die Krippenszene mit der Geburt Christi wird von einer sechseckigen Mauer mit Toren und Türmen umschlossen. Durch diese Mauer wird nicht nur der Ort der Handlung angegeben, sondern auch der Friede und die Sicherheit verdeutlicht, in denen die heilige Familie lebt. Das Kölner Werk ist ein Beispiel für viele. Auch die byzantinische

93. De Universo, Migne, P. L. 111, Lib. XIV, p. 384.

94. Eduard Eichmann, Die Kaiserkrönung im Abendland, Bd. 2, Würzburg 1942, p. 68. Vgl. auch Burdach, Vom Mittelalter zur Reformation, II, i, 171 ff.

94a. Vgl. Bandmann, op. cit., p. 97 ff.

Kunst liebt das gleiche Bildzeichen. Noch an der Schwelle der Renaissance, auf einem Krippenbild des Lorenzo Monaco in Florenz, finden wir eine ähnliche Mauer[95]. Der Stall von Bethlehem liegt in einer Civitas, während die Hirten außerhalb auf dem Lande wohnen.

Beispiele aus anderen Bereichen ergänzen diese Darstellungen. Das ottonische Weihwasserbecken des Aachener Domschatzes ist durch eine sechseckige Stadtmauer geschmückt, unter deren Toren geharnischte Krieger stehen. Das ist kein rein dekoratives Motiv. Durch die Mauer erhält der Gegenstand seine hohe Würde. Ein Frankfurter Elfenbein aus dem 9. Jahrhundert zeigt den Bischof und seine Ministranten während des Meßopfers. Die Ecclesia, das ist die Gemeinschaft der Christen in einer Stadt, die von ihrem Bischof geführt wird, vereint und kennzeichnet die Mauer. Im Grabmal Philipps von Heinsberg im Kölner Dom kehrt das Motiv des antiken Stadttorsarkophages in veränderter Form wieder. Die Grabplatte ist von einer Stadtmauer mit Toren, Türmen und Zinnen eingefaßt. Philipp war der Erbauer des letzten Kölner Mauerrings. Seinem Wirken konnte auf seinem Grab ein Denkmal gesetzt werden. Zugleich bedeutet die Mauer die Stadt der Toten und das himmlische Jerusalem, in das der Bischof Eingang gefunden hat. Mit ein und demselben Zeichen weist das Mittelalter auf mehrere Bezüge hin.

Durch die Civitas wurde der Mensch frei und von den Gefahren der Willkür erlöst, die auf dem Lande herrscht. Die offene Natur galt diesen Jahrhunderten weder als schön noch als gut. Die Mauer schließt die Stadt als einen Bereich des Rechts und der Ordnung von der rechtlosen Landschaft ab. Unter den Allegorien in Giottos Arenakapelle fällt die Gestalt der Ungerechtigkeit auf, ein Tyrann, der vor dem Stadttor sitzend über eine Wildnis herrscht, in der Wegelagerer mit Raub und Mord beschäftigt sind. Die Gerechtigkeit aber thront innerhalb der Stadtmauern. Dieser Gedanke war den Italienern besonders vertraut, die seit Jahrhunderten gewohnt waren, alles Unheil vom Land, von den Fremden, den Baronen, den Söldnern zu befürchten, während Wohlstand und Recht nur innerhalb der Stadtmauern zu gedeihen schienen. In seinem berühmten Fresko im Rathaussaal in Siena gibt Ambrogio Lorenzetti die »Securitas« als ein geflügeltes, antikisch geziertes Weibchen wieder, das über dem Stadttor schwebt. In der Stadt herrscht der Friede und thront die Iustitia, während die Tyrannis ihr Regiment auf dem Lande schon angetreten hat (Abb. 6). Piero di Puccio stellt 1389 im Pisaner Camposanto das irdische Paradies als einen Garten dar, der von einer zinnengeschmückten Mauer umschlossen ist und ein gewaltiges Tor besitzt. Aus diesem Tor wird das erste Menschenpaar aus dem Bezirk der göttlichen Ordnung in das wilde, rechtlose Land verstoßen. Das Motiv ist alt. Es läßt

95. Es handelt sich um das Bild in der Florentiner Accademia Nr. 8616.

sich in jedem der mittelalterlichen Jahrhunderte nachweisen. Schon in der Vision des Angelsachsen Drycthelmis von 696 wird die Mauer beschrieben, die das irdische Paradies von der ungestalten Erde scheidet[96]. Auch für Dante sind Himmel und Hölle mauerumwehrte Städte, la città di Dio und la città dolente. Die Hölle hat ein gewaltiges Tor, hinter dem das verlorene Volk wohnt, la perduta gente. Durch dieses erste Höllentor betritt man jedoch nur eine Vorstadt. Der dritte Mauerring von Florenz, der rund zwanzig Jahre vor der Niederschrift der Göttlichen Komödie begonnen wurde, um freilich, als Dante 1302 Florenz verließ, noch lange nicht vollendet zu sein, schloß zunächst nur einige neuere Vorstädte ein, während die ältere und zweite Mauer auch an vielen Stellen den Kern der Stadt schützte. Ebenso ist die eigentliche Höllenstadt – la città c'ha nome Dite (Inf. VIII, 86) – von einer weiteren Mauer umgürtet und mit tiefem Graben bewehrt, durch den der Höllenfluß Styx fließt. Die Florentiner haben zu dem gleichen Zweck den Mugnone umleiten müssen. Wie die Mauer von Florenz von ihren Kirchen und Türmen, so wird Dite von den Sinnbildern des Unglaubens, den Moscheen überragt, in denen man dem Dämon huldigt. Wir finden sie bei der späteren Wanderung durch die Stadt nicht wieder, doch gehören sie wie selbstverständlich zu ihrem Fernbild. Dante trifft in den Tiefen der Hölle ein Abbild der heimatlichen Kommune wieder.

Auf den Landkarten des Mittelalters werden Städte durch Mauerringe dargestellt. Man zeigt die Mauer, wo man die Stadt meint. Die heiligen Städtegründer und Patrone halten die Mauer ihrer Stiftungen in Händen. An den Merkmalen der Tore und Türme sollte man erkennen, um welche Stadt es sich handelt.

Wie die Sphären des Himmels und die Kreise der Hölle, so sind auch die Städte für die Vorstellung rund. Der idealen Bedeutung entspricht das ideale Bild. Das Sechseck, als das schon römische Feldmesser die vollkommene Stadt beschrieben haben, wird in den Miniaturen des frühen und hohen Mittelalters zum immer wiederkehrenden Zeichen einer guten und festen Stadt. Sechseck und Kreis galten als Gebilde von verwandter Bedeutung. Auch Kronen sind bald sechseckig, bald rund. Wie die Himmelsstadt oder das ewige Jerusalem, das in den großen Radleuchtern als Kreis dargestellt wird[97], so sollte auch jede irdische Stadt eine vollkommene Form besitzen. Wenn immer praktische Erwägungen bei den Neugründungen von kleinen Städten seit dem 12. Jahrhundert das Quadrat oder Rechteck bevorzugt haben – Rundstädte sind selten[98] –, so hält doch die Vorstellung an den reineren Formen

96. A. Ruegg, Die Jenseitsvorstellungen vor Dante, Einsiedeln 1945, I, 302 ff.

97. Adelheid Kitt, Der frühromanische Kronleuchter und seine Symbolik, Wiener Diss. 1944; Hans Sedlmayr, Die Entstehung der Kathedrale, Zürich 1950, p. 125 ff.

98. L. Piccinato, Origini della schema urbano circolare nel medioevo, in Palladio V (1941), p. 120–125.

fest, und später sollten die Theoretiker der Frührenaissance versuchen, auch ihren praktischen Wert zu erweisen. Sforzinda, die Wunschstadt Filaretes, ist ein Beispiel unter vielen. Auf den Pilgerkarten des Mittelalters sind Rom und Jerusalem von einer Rundmauer umzogen. Wo immer man sich ein ideales Bild von der Stadt Rom machen wollte, zeichnete man sie kreisrund. Die Gedenkbulle Ludwigs des Bayern von 1328, eine der edelsten Darstellungen des idealen Stadtbildes von Rom, trägt die Umschrift: Roma caput mundi regit orbis frena rotundi[99]. Der genauere und doch idealisierte Stich von dem alten Rom, den Fabio Calvo 1527 in Druck gab, bewahrt die vollendete Rundung allen topographischen Erwägungen zum Trotz[100]. Wer sich dem Augenschein einer unregelmäßigen Gestaltung nicht entziehen konnte, versuchte ähnlich wie Polonius, der in Hamlets Wolke bald einen Elefanten, bald ein Kamel zu erkennen angab, ein bedeutsames Sinnzeichen der Macht oder der Freiheit in der Gestalt der Mauer zu finden. So glaubte man, daß die aurelianische Mauer in freier Linienführung die Gestalt eines liegenden Löwen umschreibe. Cola di Rienzi erwähnt den Gedanken: ipsi muri Romae aedificati sunt in formam eiusdem leonis jacentis[101]. Ganz ohne Symboldeutung wollte und konnte man sich die Form der römischen Mauer nicht vorstellen, und wo der Augenschein den Glauben an die ideale Gestalt unmöglich gemacht hat, sucht man in der Unregelmäßigkeit den höheren Sinn.

Den regelmäßig und rund geschilderten Mauern werden in gleichen Abständen zwölf Tore eingegliedert. Diese heilige Zahl dient auch der größeren Sicherheit. Für nahezu alle großen Werke des Mittelalters sind Zahlensymbole bedeutsam. Was hier für die Dichtkunst nachgewiesen wurde, gilt auch für die Baukunst. Das Malerbuch vom Berge Athos schreibt vor, die Himmelsstadt als ein vergoldetes Viereck mit drei Toren auf jeder Seite darzustellen[102]. Das Bild stammt aus der Apokalypse. Der Hildesheimer Radleuchter, der das himmlische Jerusalem versinnbildlicht, hatte 12 Tore und 72 Zinnen. Sie bedeuten nach Caesarius von Heisterbach die 12 Apostel und die 72 Jünger[103]. Der dritte Mauerring von Florenz hatte 15 Tore und 73 Türme. Auch hier sprechen einige Stadtbeschreibungen von 12 Toren[104]. Ebenso wird Mailand vor seiner Zerstörung durch Barbarossa als eine Stadt mit zwölf mächtigen Torburgen von einem deutschen Chronisten geschildert[105].

---

99. C. Scaccià Scarafoni, Le Piante di Roma, Roma 1939, Nr. 107.

100. Ebd., Nr. 6, Tafel 1.

101. Ebd., Nr. 105, p. 64 In »De imagine mundi« I, cap. 28, des Honorius Scolasticus (Anf. 13. Jh.) liest man: Roma formam leonis habet qui ceteris bestiis quasi rex praeest.

102. Didron-Schäfer, Das Malerbuch vom Berge Athos, Trier 1859, p. XXI, § 386.

103. Egid Beitz, Caesarius von Heisterbach und die bildende Kunst, Augsburg 1926, p. 65.

104. Stadtbeschreibung von 1339 bei Frey, Loggia, p. 119: portas habens duodecim magnifice forme.

105. Erat autem Mediolanum Civitas antiquissima muris ac vallibus, portis ac turribus

Vor allem in kleineren Städten sind noch im 14. Jahrhundert die Gesetzgeber der Gemeinden bemüht, die höhere Bedeutung des Gemeinwesens durch die Einteilung des Stadtgebietes in zwölf gleich große Bezirke augenfällig werden zu lassen[106]. Hinter der unvollkommenen Wirklichkeit erhebt sich für das Auge des mittelalterlichen Menschen die Fata Morgana der idealen Stadt. Jedes Einzelwerk wird nur als Teil eines größeren Ganzen gesehen und nur in seinem Bezug auf dieses verständlich.

Mauerbau und Recht.

Die Mauer vermittelt nicht nur die Sicherheit gegen den äußeren Feind. Auch die Rechtsstellung der Bürger, ja der ganzen Stadt ist von dem Besitz einer Mauer abhängig. Extra und intra civitatem heißt außerhalb und innerhalb der Mauer. Die Rechte der Bürger, die innerhalb der Mauern wohnten, waren im frühen Mittelalter andere als jene ihrer Vettern vor den Toren. Bei Neugründungen wurden vielfach von vornherein unbefestigte Vorstädte angelegt. Die Bürger innerhalb der Mauern wurden von den Bewohnern der unbefestigten Siedlungen unterschieden[107]. Mit der Zerstörung der Mauer verlieren sie und die ganze Stadt ihre Vorrechte. Sie werden zum Volk, jene zum Dorf [108]. Innerhalb der Stadt nimmt die Einteilung der Bürgerschaft in Quartiere oder Torbezirke auf die Notwendigkeit beim Bau und der Verteidigung der Mauer Bezug. Meist sind es vier, die den Namen der Haupttore tragen. Die Gliederung der Mauer wird zur Gliederung der Stadt.

Das Recht zum Mauerbau gehörte zu den Regalien. Man mußte es bei den langobardischen Königen, den Markgrafen oder dem Kaiser beantragen. Erst der Friede von Costanza 1184 gab den freien Städten Italiens grundsätzlich das Recht zu eigener Befestigung. Wir besitzen zahlreiche Urkunden, durch die die Genehmigung zum Mauerbau erteilt oder der Befehl zur Entfestigung einer Stadt oder eines Kastells bekräftigt wurde. Von Heinrich IV., Friedrich Barbarossa, Friedrich II. und nahezu allen anderen Kaisern sind solche Erlasse erhalten[109]. Für ihre Landgebiete erwirken die Städte ein Befestigungsverbot gegen die Feudalgrafen. So gewährte etwa

---

valde munita ... habens portas 12 grandi opera constructas. Annales Reicherspergenses ad a. 1162. Zitiert nach Lehmann-Brockhaus Nr. 2245.

106. Imola, Statut von 1334, Lib. I, Rubr. 37, p. 44: Ordinamus quod capelle civitatis Imole debeant esse duodecim, scilicet in quolibet quarterio tres, et quelibet capella habeat caput ad stratam Maiorem et protendat usque ad stecatum comunis.

107. Mengozzi, p. 25 ff.

108. Mengozzi, p. 249 zitiert eine Stelle aus der Cronica Fredegorii, IV, 71 mit einem Bericht über die Zerstörung einiger Städte Liguriens: muros earum usque ad fundamentum destruens vicos has civitates nominare praecepit.

109. F. Schneider, Die Entstehung der Burg- und Landgemeinden in Italien, p. 265; dort weitere Literatur und Nachweise.

Friedrich I. der Stadt Siena das Recht, allen Baronen auf ihrem Gebiet in einem Umkreis von zwölf Meilen rings der Stadt jede Befestigung zu verbieten[110]. Noch im 14. Jahrhundert hat man an diese und andere ähnliche Privilegien erinnert. Wenn die ältesten Florentiner Chronisten berichten, daß Florenz zum erstenmal von Caesar, zum zweitenmal nach der sagenhaften Zerstörung durch die Hunnen von Karl dem Großen seine Mauern erhielt, wenn Volterra seine mittelalterlichen Mauern auf Otto den Großen, Pistoia seinen ersten Mauerring, der römisch ist, auf den Langobardenkönig Desiderius, seinen zweiten auf Heinrich IV. zurückführt[111], so wollte man damit zugleich das Recht der Städte auf eigene Befestigung von den erlauchtesten Kaisernamen ableiten. Eine römische Mauer zu besitzen, verbürgte einen Rechtsanspruch, den auch der Kaiser nur schwer übersehen konnte. Darin lag einer der Beweggründe für die Chronisten, den antiken Ursprung ihrer Mauern immer wieder zu betonen. Man wollte nicht nur das Alter der Stadt hervorheben, sondern auch ihre Vorrechte unmittelbar von den Römern ableiten. Daß Siena eine römische Stadt gewesen sei und eine römische Mauer besessen habe, behaupten die Chronisten des 14. Jahrhunderts mit gleicher Eindringlichkeit wie die neueren Topographen[112], obwohl es sich schlechterdings nicht beweisen läßt und durchaus unglaubwürdig ist. Von der neuen Mailänder Mauer, die sich das Volk nach der Zerstörung durch Barbarossa erbaute, berichten italienische Chroniken, daß sie auf Anweisung und mit Geldern des griechischen Kaisers Emanuel begonnen wurde, um so dem staufischen Recht ein älteres gegenüberzustellen[113].

Baugeschichte.

Alle Städte wurden von den Autoren des Mittelalters als planmäßige Gründungen eines erlauchten Patrons beschrieben, die bald nach der Grundsteinlegung zur einheitlichen und allseitigen Vollendung gediehen. Städte galten als Bauwerke, die im Auftrag eines Herrn von der Hand weniger Meister ausgeführt wurden. Der Bau einer Stadt galt ebenso wie der Bau einer Burg und einer Kirche als eine einmalige Aufgabe. Städtegründer sind immer auch Städtebauer. Die eigentliche Aufgabe des Patrons war es, den Ort, den Ver-

110. F. Schneider, Regestum Senese, Roma 1912, Nr. 221.

111. I. M. Fioravanti, Memorie istoriche della Città di Pistoia, Lucca 1758, p. 159.

112. V. Lusini, Note Storiche sulla Topografia di Siena nel secolo XIII, in Bulletino Senese di Storia Patria, XXVII (1921), p. 241, gibt einen Riß mit dem genauen Verlauf dieser angeblich römischen Mauer. Vgl. auch Pietro Rossi, Siena colonia romana, Siena 1897.

113. G. Flammae, Chronicon Extravagans de antiquitatibus Mediolani, in Misc. di Storia Italiana, III (1869), p. 451: Hunc murum construi fecit Emanuel imperator Constantinopolitanus ... Portes civitatis cum turribus incompletis fecit Emanuel imperator Constantinopolitanus. Hierzu auch Jacopo de Voragine, p. 353: Imperatur quoque Grecorum Manuel multos yperperos et multa marmora eis misit.

lauf und die Größe der Mauer zu bestimmen. Alles andere ist Sache der Werkleute. Rom war gegründet, nachdem Romulus seine Mauer erbaut hatte. Villani (I, 26) schildert die Gründung als den Zusammenschluß von bestehenden Siedlungen durch den Ring der neuen Mauer. Cato hat den etruskischen Gründungsritus beschrieben, den die Römer übernommen hatten[114]. Isidor von Sevilla hat ihn dem Mittelalter überliefert[115]. Vielfach wurde er abgeschrieben. Seine Kenntnis gehörte zu allen Zeiten zur Schulbildung des Abendlandes. Ein weißer Stier und eine Kuh zogen den Pflug, dessen Bahn die Stelle abzeichnete, auf der die Mauer errichtet werden sollte. Nur die Tore wurden ausgespart. Dort wurde der Pflug emporgehoben und getragen. So erklärte man den Namen »porta«. Die Erde wurde beim Pflügen nach innen geworfen. Sie bezeichnete die Mauer, die Furche den Graben.

Auch der Bau von Konstantinopel wurde mit der Mauer begonnen. Ursprünglich sollte die Stadt in der Gegend des alten Troia errichtet werden. Constantin selbst hatte die Umrisse abgeschritten. Schon waren die Tore der Mauern vollendet, als er sich für die neue Stelle am Bosporus entschied. Mit der feierlichen Grundsteinlegung der Ringmauern im Westen begann man die Arbeiten. Den Ritus entnahm man der Beschreibung Plutarchs von der Gründung Roms. Es geht auf weit ältere Gründungskulte zurück.

Was man über den Bau der Kaiserstädte las, beeinflußte das Idealbild, das man sich von Sinn, Aufgabe und Gestaltung der eigenen Stadt machte. Wie Rom und Konstantinopel sollten auch die mittelalterlichen Städte einheitliche Bauwerke werden. Wo immer man bewußt eine neue Stadt begründet hat, begann man mit den Mauern. Das gilt auch von den kleineren Landflecken, die Florenz, Siena, Lucca und Pisa zur Sicherung ihres Gebietes im 13. und 14. Jahrhundert anlegten. Man sorgte zunächst für die Mauer, und oft wurde nur sie vollendet[116]. Manfredonia, das nach zweijähriger Bauzeit beim Tode Manfreds liegen blieb, besaß nur Mauern und Tore. Die Gebäude der Hauptstraße waren teilweise vollendet, die der Nebenstraßen erst abgesteckt[117]. Die Grundsteinlegungen waren im christlichen Ritus nicht weniger reich und prächtig als bei den Alten. Villani (IX, 31) erwähnt die großen Feiern aus Anlaß der Grundsteinlegung des letzten Mauerrings von Florenz. Filarete ersinnt die seltsamsten Allegorien zur Gründung seiner Idealstadt Sforzinda. Die Bedeutung der Weihe auch für die Festigkeit und den Fort-

---

114. Serv. Aen. V, 755.

115. Etymol., XV, 2. Wörtlich auch bei Hrabanus, De Universo, op. cit., p. 375, und bei Alberti, p. 52.

116. M. Richter, op. cit., p. 365 ff. Franz. Beispiele bei Lavedan, p. 300 f.

117. Salimbene, p. 472: Die Stadt ist nämlich im ganzen Umkreis ummauert und breitet sich, wie man sagt, über vier Meilen aus ... Die Hauptstraße ist schon ganz bewohnt, und alle Fundamente der anderen Gebäude sind gelegt. Sie hat äußerst breite Straßen, die zur Schönheit der Stadt das ihre beitragen.

bestand des Bauwerks wurde immer wieder betont. Auf Stadtmauern und Burgtore schrieb man den Psalmvers: Si Deus non custodierit civitatem meam, frustra vigilat qui custodiat eam[118].

Die kleinen Modellstädte, wie sie vor allem Florenz im 14. Jahrhundert errichtet hat, können uns über das Ideal der Zeit unterrichten. Wo das Gelände es zuließ, sind sie völlig regelmäßig gebaut[119]. Die Leitung des gesamten Bauwesens hatte die Regierung der Hauptstadt, die sich durch besondere Beamte vertreten ließ. Die Mauern umschreiben meist ein Rechteck. Zwei oder vier Tore leiten zu den großen Fernstraßen über. La Scarperia und Firenzuola waren die wichtigsten Befestigungen zum Schutze des Wegs nach Bologna, Cascina und Castelfranco di Sotto sicherten den Weg nach Pisa, Castelfranco di Sopra und San Giovanni Val d'Arno das Tal nach Arezzo. Das große Mauerrechteck von San Giovanni wird mit guten Gründen dem Erbauer des Palazzo Vecchio, Arnolfo di Cambio, zugeschrieben[120]. Aber keine dieser Musterstädte hatte Erfolg, keine konnte sich zu einem bedeutenderen Zentrum entwickeln. Die meisten Kastelle sind bald wieder stille Landflecken geworden, wie etwa jenes Paganico an der Südgrenze des Sieneser Gebietes, dessen berühmte Mauern Lando di Pietro errichtet hat[121]. Am Ende des 18. Jahrhunderts lebten dort noch 80 Menschen, Hirten und arme Bauern. Andere Gründungen verkamen ganz. Von Monteriggioni, das 1213 begonnen wurde und dessen schöne Mauern schon die Chronisten des 14. Jahrhunderts rühmen[122], steht nur mehr jene Rundmauer mit ihren 14 Türmen auf der kahlen Hügelkuppe aufrecht, die Dante den Riesen der Hölle verglichen hat, wie sie mit halbem Leib den Rand einer Schlucht überragen.

Ein weit reicheres Feld eröffnet sich uns mit der Betrachtung der Mauerringe der toskanischen Hauptstädte. An den Beispielen von Pisa, Florenz und Siena lassen sich die drei wichtigsten Typen unterscheiden.

Pisa.

Pisas erste und einzige geschlossene Ringmauer ist in ihren wesentlichen Teilen ein Werk der zweiten Hälfte des 12. Jahrhunderts. Keine ältere ging ihr voraus. Die engere Ringmauer, die der Stadtplan des Bonannus, eine Fälschung des späten 15. Jahrhunderts, zeigt, hat nie bestanden[123]. Pisa war,

---

118. Man liest diesen Vers unter andern an so weit entfernten Orten wie dem Stadtturm von Volterra und der Ordensburg von Rhodos.

119. Hierüber ausführlich M. Richter, op. cit.

120. Siehe unten p. 240.

121. Siehe unten p. 235.

122. So ein anonymer Chronist bei Muratori, N. E. XV, vi, 54.

123. Abb. bei Rohault de Fleury, Pisa 1866, p. 20, und B. Pace, Pisa nelle Storia e nell'Arte, Roma 1929, p. 3.

ähnlich wie vor ihm Ravenna und nach ihm Venedig, eine Lagunenstadt. Als solche bedurfte es nicht des Schutzes durch eine Mauer. Die Römer hatten ein befestigtes Kastell am Hafen unterhalten, das oppidum triangolare, in dem man – nicht ganz überzeugend – auch den Kern der mittelalterlichen Stadt zu besitzen glaubt[124]. Als das Meer sich zurückzog, sicherte man sich erst durch Kanäle und Wachttürme. Ein Verteidigungssystem von Türmen und Toren schützte die Stadt an ihren wenigen festen Zugängen lange, ehe es notwendig wurde, eine Ringmauer zu erbauen. Die Mauerkreise, die die älteren Autoren anführen, sind durch schematische Verbindung der einzelnen Torbauten entstanden, die uns die Quellen nennen. Aber nur diese Tore werden aufgezählt, nicht die Mauer. Es ist die älteste Mauer von Pisa, deren Bau Maragone schildert. Sie wurde 1156 begonnen[125]. 1157 mußte man sie aus Furcht vor Barbarossa notdürftig mit Holztürmen, Gräben und Palisaden verstärken. Aus Steinmangel wurde der Bau des Quaderwerks unterbrochen. Es war notwendig, erst einen Kanal zu den Marmorbergen zu bauen, bevor man die Arbeit fortführen konnte. Noch heute läßt sich eine untere Schicht von etwa drei Meter Höhe auf weiten Strecken von der oberen unterscheiden, die, aus edlerem Steinmaterial gefügt, im Laufe einer sehr langen Zeit vollendet wurde. Man hat also gleichzeitig an vielen Stellen den Bau begonnen. Im 14. Jahrhundert hören wir von weiteren Erhöhungen der Mauer. Damals wurden die Ziegelsteinzinnen aufgesetzt, die die edleren Bildungen der älteren Teile verunzieren. Im Gegensatz zu den späteren Mauern anderer toskanischer Städte fällt bei diesem Werk des 12. Jahrhunderts auf, daß die eigentlichen Tore die Mauerhöhe noch nicht überragen. Auch Türme waren selten und keineswegs, wie etwa in Florenz, zur Verstärkung der Mauer regelmäßig angelegt. Freilich gab es auch einige Torburgen, wie etwa die Porta Leone am Domplatz, die uns – im 14. Jahrhundert – als ein fast selbständiges Kastell beschrieben wird.

Der Bau der Mauer bezeichnet den Höhepunkt der politischen und wirtschaftlichen Blüte der Stadt. Allen späteren Jahrhunderten war der von ihr umschlossene Raum eher zu groß als zu klein. Ihr monumentales Quaderwerk verrät eine Gesinnung, die der verwandt ist, aus der die Bauten des Domplatzes erwachsen sind. Den Dombaumeister Bonannus, dem auch das Baptisterium zugeschrieben wird, bezeichnet die Tradition als den Erbauer

124. N. Toscanelli, Pisa nell'Antichità, Pisa 1933/34, 3 Bde., beweist mit seiner Untersuchung zuletzt nur, wie wenig wir im Grunde über das Pisa des ersten Jahrtausends wissen. Hier bleibt der Bodenforschung noch vieles nachzutragen.

125. Maragone, ad a. 1165, p. 16: Fecerunt barbacanas circa civitatem Pisanam et Kinticam, et inceperunt civitatem murare et compleverunt murum civitatis a turre, ubi posuerunt leonem marmoreum usque ad turrem que est supter pontem Ausaris. Und im folgenden Jahr: Circumierunt totam urbem Pisanam et Kinticam ligneis turribus et castellis et bitischis pro timore Frederici Regis Romam venientis.

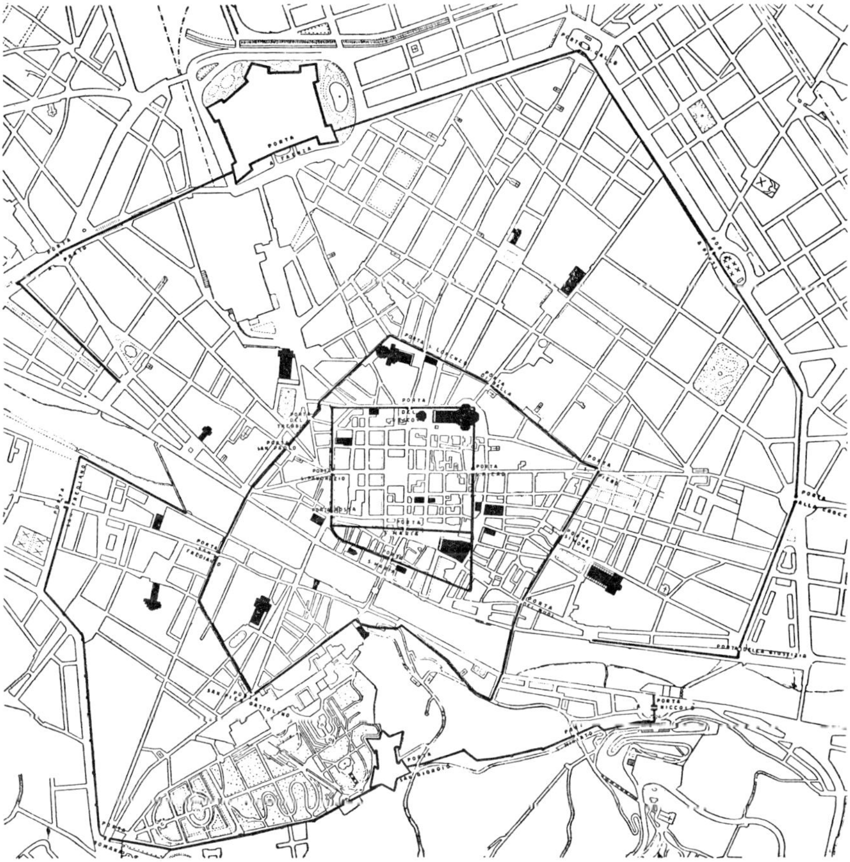

I. Florenz, Stadtplan mit den drei Mauerringen.

der Mauer[126]. Das sei dahingestellt. Hinter ihm aber stand eine größere Figur, der Konsul Coccus, der 18 Jahre lang die Geschicke der Stadt geleitet hat und der als der erste Städtebauer in unserem Sinne in der Toskana bezeichnet werden muß. Jahr für Jahr verzeichnet Maragone seine Werke. Die Liste umfaßt das Baptisterium, die Stadtmauer, den Kanal, zahlreiche Brücken, das Arsenal[127] und die beiden Türme am Hafen, den ersten Stadtpalast[128], von dem wir in dieser Provinz Italiens hören, das Kastell Ripafacto mit seinen berühmten Befestigungsanlagen und anderes mehr. Höhepunkt in dieser Laufbahn war die Überführung der Säulen des Baptisteriums aus Elba, ihre Aufrichtung unter reger Anteilnahme des ganzen Volkes und endlich die Grundsteinlegung des Campanile 1274, die freilich Coccus nicht mehr erlebt zu haben scheint[129]. Pisa ist der Typus einer Stadt, die ihre Gestalt mit ihrer Mauer ein für alle Male definiert hat, und der Erbauer der Mauer ist auch der eigentliche Stadtbaumeister.

Die Stadt selbst entbehrt jeder Regelmäßigkeit. Sie wuchs mit dem Zurückweichen des Meeres, und wenn der Domplatz an ihrem Rande, nicht in ihrer Mitte liegt, so das auch deshalb, weil hier schon früh die Lagune einen Streifen gesicherten Landes gebildet hatte. Die Mauer gleicht einem Mantel, der nachträglich um die vollendete Stadt gelegt wurde.

Lucca.

Ein anderer Typus hat in den Städten der Ebene Gestalt gefunden, in Lucca, Florenz und Pistoia. Den Ausgangspunkt bildete die römische Stadt mit regelmäßig gefügten Mauerachsen und Straßen. Als Pisa seinen Mauerring baute, stand das gewaltige Quaderwerk der römischen Mauer Luccas noch aufrecht. In der Kapelle Santa Maria della Rosa wird ein Stück des erstaunlichen Mauerbaus noch heute gezeigt. Andere Stücke sind innerhalb der Häuserzeilen erhalten, durch die die Römermauer umbaut wurde. Diese Mauer war das Exemplum noch für die Pisaner Mauer. Lucca hat dann

126. Mattei, Eccl. Pisana historia, Lucca 1768, I, 3.

127. Maragone, ad a. 1161, p. 22: Predicti Consules magnam domum pro comuni utilitate, habentem caput in Arno, et iuxta viam Sancte Marie edificare maiorem partem ceperunt.

128. Ebd., ad a. 1162: Domum Communis prope ecclesiam Sancti Ambrosii.

129. Wie umfassend seine Bestrebungen waren, spiegelt der Bericht Maragones für 1159, ebd., p. 17 f.: In Quarto consulato Cocci. Item Pisani Consules muraverunt civitatem III pontes: unum sub terra et duos supra terra, a porta Spine Albe usque ad portam Calcisanam, et a porta Parlascii usque ad portam Sancti Stephani, et a turre Leonis, que est juxta portam Sancte Marie, usque ad viam que currit ad hospitale Sancte Marie. Item similiter fecerunt quinque galeas pro guardia maris. Et Coccus Consul duas turres in portu Magnali ordinavit et composuit (sic) et fontem Sancti Stephani ad portuum Pisanum, pro utilitate mariniorum, ordinavit et muravit, et tres columnas magnas lapideas de Ilba Pisas traduxerunt usque ad ecclesiam Sancti Johannis. Item fossam magnam in Lepoiane fecerunt ab Toraia usque prope Petraia de Tufi que fuit pertike mille quingenti.

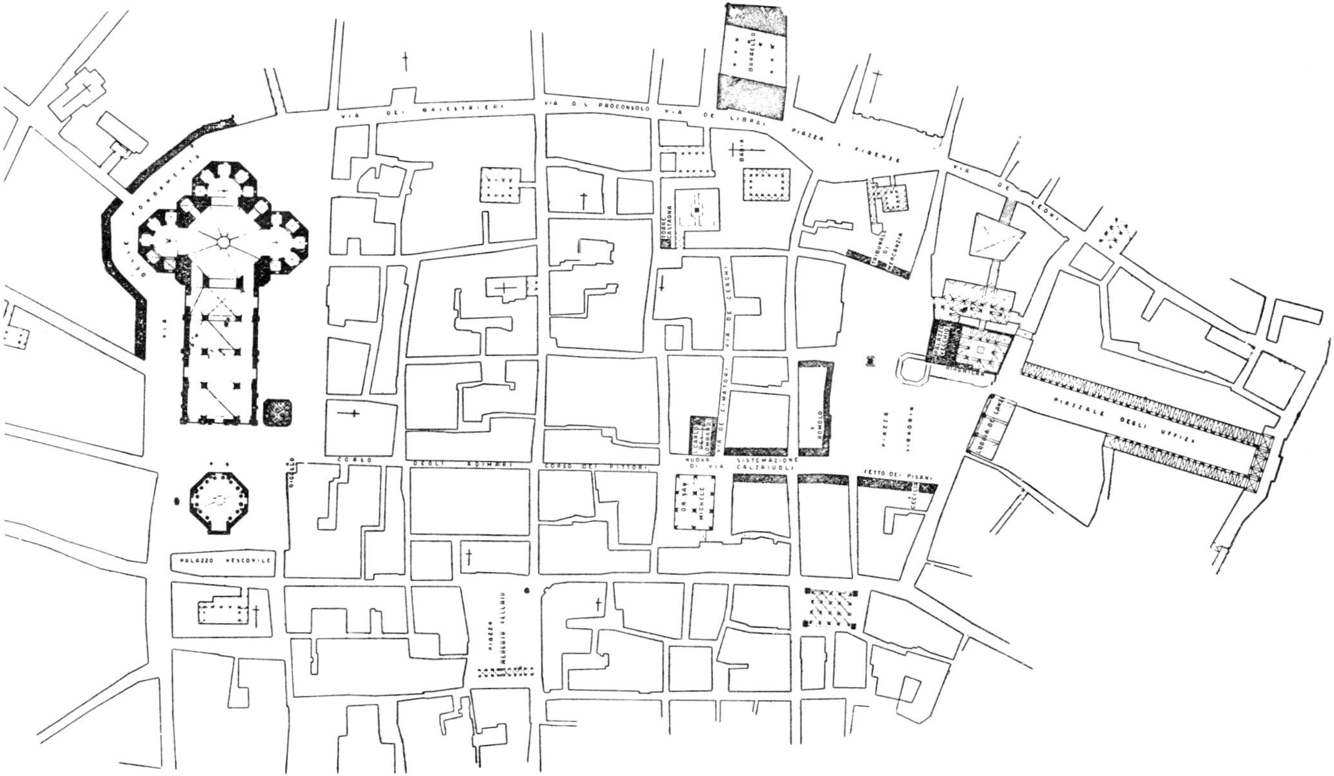

II. Florenz, Domplatz und Piazza della Signoria.

1198–1265 seinen zweiten erweiterten Mauerring geschaffen. Durch ihn wurden alle inzwischen entstandenen mittelalterlichen Vorstädte einbezogen, wobei man bestrebt blieb, die regelmäßige Grundform der Römerstadt beizubehalten. Diese Mauer zeigt ebenso wie Pisas erste und später um die Wende zum 14. Jahrhundert die dritte von Florenz den Höhepunkt der Machtentfaltung Luccas als Stadtstaat an. Nur im Zeitalter Castruccios (1316 bis 1328) war sein Gebiet größer. Der Ghibellinenführer aber baute keine Mauer, sondern die Burg Augusta, die fast ein Viertel der Stadt einnahm und, selbst mit einer hohen Ringmauer und 14 Türmen bewehrt, eine Stadt in der Stadt zu bilden drohte. Nach der Befreiung Luccas durch Karl IV. 1369 wurde sie zerstört. Von der zweiten Mauer steht noch die prächtige Porta San Gervasio aufrecht. Ihre mächtigen Rundtürme sind das Wahrzeichen Luccas auf den Landkarten des 14. und 15. Jahrhunderts. Mauerstraße und Wälle hält der Stadtplan fest. Sercambi berichtet, daß auch dieser Mauer eine Palisadenbefestigung vorausgegangen sei, daß sie unendliche Summen verschlungen habe und damals – nach 200 Jahren – noch immer nicht vollendet sei[130]. Der Tatsache, daß sich Lucca als einzige toskanische Großstadt der Vormachtstellung von Florenz noch im Zeitalter des Absolutismus entziehen konnte, verdankt es seine berühmten barocken Wälle, die seinen dritten Mauerring bilden.

Florenz.

Die Baugeschichte der Mauern von Florenz und Pistoia hat viel Gemeinsames. Beide Städte besitzen drei Mauerkreise, einen antiken, einen des 12. und einen von der Wende des 13. zum 14. Jahrhundert. Der römische Mauerring von Florenz war allerdings für die Stadt des frühen Mittelalters viel zu umfangreich. Wieweit er noch aufrecht stand, entzieht sich unserer Kenntnis. Jedenfalls hätten für seine Verteidigung die Einwohner während der dunklen Zeit vom 5. bis zum 10. Jahrhundert kaum ausgereicht. Neuere Ausgrabungen haben erwiesen, daß innerhalb dieser römischen Mauer in byzantinischer Zeit ein engeres Verteidigungssystem bestanden hat, dessen Verlauf noch Malespini genau anzugeben weiß[131]. Es ist kein vereinzelter Fall, daß das römische oder etruskische Gewand einer mittelalterlichen Stadt zu weit geworden war. Vol-

---

130. Croniche I, 221: Et per cessare danno et per migliore guardia della ciptà di Luccha, si diliberò murare i borgi, di muro grosso e alto, come ora sono, disfacendo quelle mura et stecchati vecchi che quine erano, lo qual muro, fossi et fornimento gosto inumerabile quantita di fiorini; et non cosi tosto si murò, chome s'è scripto; ma in molti anni & per molti tempi, tanto che sono all'essere d'ora.

131. Nachweise bei G. Maetzke, Ricerche sulla topografia Fiorentina nel periodo delle guerra Goto-Bizantine, in Accademia Nazionale dei Lincei, Rendiconti Serie VIII, Bd. III (1948) p. 97–112.

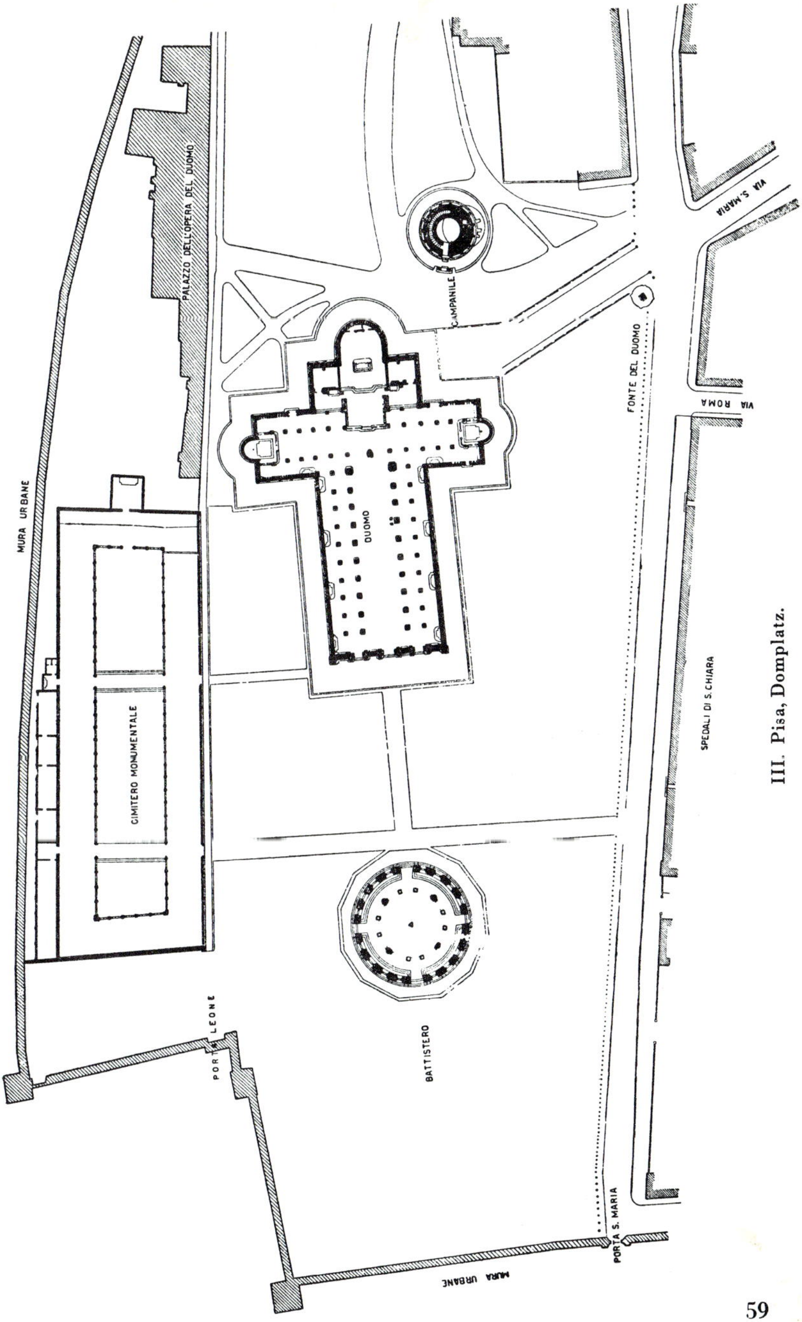

III. Pisa, Domplatz.

terra ist ein seit langem bekanntes Beispiel. Die dortige Etruskermauer war 7250 m lang und damit größer als irgendeine toskanische Mauer im Mittelalter mit Ausnahme der letzten Mauer von Florenz. Die mittelalterliche Mauer Volterras umfaßt kaum ein Drittel dieses Bereiches. Auch Bologna[132], Modena[133], Chiusi[134], Fiesole[135] und andere Städte mehr haben sich zunächst verkleinert. An die sizilianischen Miniaturstädte des Mittelalters auf der Akropolis von Agrigent und in der Hafenzunge von Syrakus braucht dabei nicht erinnert zu werden. Das byzantinische Verteidigungssystem von Florenz kann man jedoch nicht als eine einheitlich gebaute Mauer bezeichnen. Es umschloß ein enges Rechteck um den Mercato Vecchio als dem alten Forum der Stadt und enthielt weder die Gräberfelder, über denen sich später das Baptisterium und der Dom erheben sollten, noch den langobardischen Wachtturm, den »Guardingo«, der wenige Meter hinter dem Turm des Palazzo Vecchio stand. Bauwerke verschiedener Art mögen in ihm zusammengeschlossen worden sein. Wie man von überall her die Bausteine zu gewinnen suchte und alles, was sich an Säulen, Skulpturen, Marmorblöcken fand, dem Mauerverband einfügte, so benutzte man auch jeden Streifen noch aufrechtstehenden Mauerwerks, Wasserleitungen, Tempel, Bäder zu dem Verteidigungswerk.

Eine zweite Stufe bildete dann der Rückgriff auf die größere römische Mauer. Auf ihren Fundamenten, so nahm noch Davidsohn an, habe man im Zeitalter Karls des Großen die erste mittelalterliche Mauer gebaut. Sie sei dem römischen Verlauf zu einem Teil gefolgt und habe ihre Tore übernommen. Eine solche mittelalterlicher vollständige Erneuerung einer römischen Mauer wäre ein erstaunlicher Einzelfall. Sollten nicht auch in Florenz, wie in Lucca, noch große Teile der römischen Mauer die Stürme der Völkerwanderung überdauert haben[136]? Daß die Anlage selbst antik ist, lehrt der Augenschein und ist niemals bezweifelt worden. Den Verlauf hält bis heute der Stadtplan fest. Die Via Tornabuoni, der Borgo Santi Apostoli und die Via Lambertesca, die Via dei Leoni hinter dem Palazzo Vecchio und die Via del Proconsole und weiter um den Dom herum die Via Cerretani bis hin zu der Via Rondinelli zeigen ihn an. Als Neubau hätte ein solches Werk eine Geisteshaltung zur

---

132. A. Sorbelli,, Storia di Bologna, Bologna 1938, II, cap. 6.

133. M. Corradi-Cervi, in Studi e Documenti, I, Parma 1937, fasc. 3.

134. C. Liverani, Antichità Langobarde e Saliche di Chiusi, Siena 1875, p. 20 ff.

135. M. Lombardi, Faesulae, Roma 1941, p. 49 u. 55.

136. Nachrichten aus dem Mittelalter über noch aufrecht stehende Teile der Römermauer bei Davidsohn, Forsch. I. p. 10. Die Florentiner Mauer war im Gegensatz zur Luccheser aus Ziegelsteinen gebaut. Mehrere Türme und Tore müssen bis ins Trecento noch gestanden haben. Caluccio Salutati (Invectiva ... in Antonium Luscum de republica male sentientem, ed. D. Moreni, Firenze 1826, p. 18) hat schon um 1400 den römischen Charakter der alten Porta San Giovanni betont: Extant adhuc rotundae turres et portarum monumenta, quae nunc episcopatui connexa sunt, quae qui Romam viderit, non videbit solum, sed jurabit esse Romana non solum qualia sunt Romae moenia latericia coctilique materia, sed et forma.

Voraussetzung, die man an anderen Bauten nur im 11., nicht schon zu Beginn des 9. Jahrhunderts aufweisen kann. Wenn es sich bei dieser Mauer überhaupt um ein einheitlich mittelalterliches Werk gehandelt hat, kann man sich ihren Bau am besten während jener ersten Blütezeit der Stadt vorstellen, die die Erneuerung des Baptisteriums, den Bau von San Miniato und vieler anderer Pfarrkirchen gebracht hat. Dem braucht die Tatsache nicht zu widersprechen, daß viele Pfarreien, ja die Dompfarrei selbst, dann noch länger vor der Mauer gelegen hätten, als man bisher annahm. Viele der wichtigsten alten Kirchen von Florenz, San Lorenzo, San Pietro Maggiore, San Pancrazio und Santa Trinità, lagen ohnehin auch noch vor dieser ersten Mauer. Die Bischofskirchen von Arezzo, von Volterra, zeitweise auch von Lucca (San Frediano) lagen lange vor den Mauern ihrer Städte. Die erste Blütezeit von Florenz beginnt mit dem Konzil von Florenz 1054 und gipfelt in der Eroberung Fiesoles 1125. Es ist das Zeitalter der Markgräfin Mathilde. Unter Papst Nikolaus II. (1059–1061), der gleichzeitig Bischof von Florenz blieb und ein Freund und Landsmann Gottfrieds von Lothringen und seiner Gattin Beatrix war, den Eltern Mathildens, ist Florenz zum erstenmal ein europäisches Zentrum. Die Lokaltradition nennt als Datum für die zweite Mauer das Jahr 1078, ein Irrtum, den Davidsohn widerlegt hat. Sollte hier nicht schon bei den Chronisten des Trecento eine Verwechslung vorliegen? Malespini (Kap. 49) schreibt, daß Florenz durch die Gunst der Ottonen an Volkszahl und Macht zugenommen habe. Heinrich III. habe dann die neue Mauer erbaut. Nimmt man an, daß hier, wie in allen anderen Städten, der Bau einer neuen Mauer dem Wachstum der Stadt nicht vorausging, sondern nachfolgte, so wäre diese Überlegung der Chronisten eher mit der ersten als mit der zweiten Mauer in Verbindung zu bringen. Die Entdeckung des byzantinischen Verteidigungsringes hatte den Weg für eine klarere Beurteilung der Gegebenheiten frei gemacht. Die Mauer Karls des Großen gehört in das Reich der Legende. Die topographischen Notizen, die uns für die Frühzeit erhalten geblieben sind, scheinen zu dürftig, um sie zu stützen[137]. Die These, daß die erste Mauer über den immer noch beachtlichen Resten einer römischen Mauer nach 1050 und nicht schon 800 erbaut worden sei, hat die größere historische Wahrscheinlichkeit für sich. Von Santi Apostoli schreiben alle Chronisten, daß die Kirche eine Gründung Karls des Großen sei. Heute wissen wir, daß der jetzige edle romanische Bau erst nach 1050 entstanden ist und daß kein älterer ihm vorausging[138]. Die erste Mauer, von der kein

137. Überprüft man die Dokumente, die Davidsohn, Gesch. v. Florenz, I, 866 f., zusammengestellt hat, so läßt sich daraus nichts beweisen. Es gibt im ganzen fünf Nennungen Florentiner Tore vor der zweiten Hälfte des 11. Jahrhunderts, die älteste aus dem Jahre 969. Bei allen kann es sich sowohl um Tore des byzantinischen Verteidigungssystems wie auch um ältere Römertore gehandelt haben.

138. Paatz, Kirchen, I, 247.

Stein mehr aufrecht steht, verrät in ihrer Anlage eine Gesinnung, die man der Geisteshaltung vergleichen kann, aus der die Kirchen der Protorenaissance entstanden sind. Man erinnerte sich vergangener römischer Größe. Mit dieser Mauer definiert sich die Stadt als ein einheitliches Bauwerk. Sie scheint kein Werk dringlicher Not gewesen zu sein. Wie sie in römischer Zeit – wie man annehmen darf, um 50 vor Christi Geburt – kühn gestaltet wurde, so hat sie die erste Blütezeit der mittelalterlichen Stadt erneuert.

Die zweite Mauer, die nach 1172 mählich emporwuchs, ist unregelmäßiger als die erste. Sie verrät keine großzügige Planung, sondern folgt dem natürlichen Wachstum der Stadt. Ihr Bau steht in Zusammenhang mit den Kämpfen der italienischen Kommunen gegen Barbarossa. Sie legt sich schützend um die inzwischen entstandenen Vororte. Ihre Anlage verrät nicht mehr den hohen Geistesflug der Protorenaissance. Sie verhält sich zu der ersten Mauer ähnlich wie die spätromanischen Kirchen von Florenz zu dem Wunderwerk des Baptisteriums. Zwar wissen wir, daß auch ihr ein einheitlicher Plan zugrunde gelegen hat. Auch hier waren Palisaden und Gräben vorausgegangen[139]. Wie überall begann man das Werk mit den Torbauten. Von dem Mauerabschnitt jenseits des Arno, dessen Bau erst 1254 begonnen wurde, sind weite Strecken erst im Zusammenhang mit dem Projekt einer dritten Mauer, also nach 1284 entstanden. Doch blieb das Ganze wohl zu jedem Zeitpunkt ein Stückwerk. Neben den Haupttoren, die monumental gestaltet waren, zwang der Verkehr dazu, immer neue Nebentore auszubrechen. Am Ende gab es 19 Ausgänge. Noch kaum vollendet wurde die Mauer allenthalben von dem schnellen Wachstum der Stadt überwuchert. Man mußte an einen dritten Mauerring denken.

Der Prozeß der Überwucherung der Befestigungsanlagen durch neue Stadtteile ist für das 13. Jahrhundert nicht nur in Florenz kennzeichnend. Den Anfang machten in der Regel die Klöster, die sich gern vor den Toren ansiedelten. Im 13. Jahrhundert sind es die Neugründungen der Bettelorden, die dort allein genügend Raum und billiges Bauland finden konnten. Vielerorts, so in Siena, gewinnen die neuen Kirchen wohl nicht ganz absichtslos hohen Wert für die Verteidigung der Stadt. Villani schreibt voll Stolz, daß auch vor jedem der Tore der neuen dritten Mauer von Florenz alsbald eine Kirche erbaut worden sei. Die Kirchen vor den Toren gehören ähnlich den Brunnen zu dem Idealbild der mittelalterlichen Stadt. Um sie herum entstanden Vororte. Weite Strecken der neuen Mauer wurden so der privaten Sphäre, nicht zum Nutzen ihres Verteidigungswertes, wieder eingegliedert. Aus dieser Situation entwickelte sich in vielen Städten eine genaue Baugesetzgebung, die diesem Prozeß entgegenwirken sollte. In Florenz – dessen nüchterner Realsinn sich auf

---

139. Malespini, cap. 56: E primo si chiuse con fossi e steccati ... e poi si feciono l'altra mura.

allen Gebieten der Verwaltung schon früh bewährt hat – wurde das Überbauen der zweiten Mauer mit einer besonderen Steuer belegt[140]. 1291 erfahren wir, daß nördlich des Flusses 93 und südlich 30 Häuser die Mauer benutzt hatten[141]. Damals war der dritte Mauerring erst an einer Stelle im Westen vollendet[142].

Aus anderen Städten kennen wir im 13. und 14. Jahrhundert zahlreiche Verordnungen, durch die das Überbauen der Mauer unter Strafe gesetzt wurde. In San Gimignano kann man gut einen Begriff davon gewinnen, wie man sich die Mauer des 13. Jahrhunderts vorzustellen hat. Die bis heute aufrechtstehende Mauer ist in ihrem wesentlichen Teil 1262 oder bald danach entstanden[143]. Der eigentliche Mauerkranz wird an vielen Stellen durch Häuser ergänzt, überbaut und unterbrochen. In Siena legt man 1262 Wert darauf, daß die Privatbauten, die in der Mauerflucht liegen, mit Zinnen und Brustwehr versehen werden, damit sie wenigstens äußerlich der Mauer ähnlich sehen[144]. Noch das Statut von 1309/10 muß durch viele Einzelbestimmungen die Freihaltung von Mauer und Gräben sichern[145]. In Bologna wird es 1250 verboten, Fenster oder Türen in die Häuser zu brechen, die in Mauerflucht liegen[146]. In Viterbo darf man 1251 keine Privattürme der Mauer eingliedern[147]. In Vicenza (1264) und Verona (1276) ist der Hausbau in der Nähe der Mauer untersagt[148]. In Prato müssen 1276 alle Fenster wieder geschlossen werden, die zur Zeit des Mauerbaus noch offen gelassen waren[149]. Dort waren also von Anfang an Häuser dem Mauerring einbezogen. In Pisa versucht das Breve von 1286 durch eine sehr ausführliche Verordnung die Freihaltung der Mauer zu sichern. Es wird befohlen, innerhalb der Mauer einen Weg von 7 Metern und außerhalb einen von etwa 20 Metern Breite freizuhalten[150]. In Florenz gelingt es erst mit dem dritten Mauerring, ein völlig freistehendes

---

140. Schon 1224 wird diese Abgabe genannt. Davidsohn, Gesch. v. Florenz II, i, 104, Anm. 1.

141. Ebd., II, i, 103 f. und II, ii, 504.

142. Stefani, Rubr. 279 a, schildert anschaulich den Zustand der Mauer 1310: Firenze non era murata, se non della gora d'Ognisanti infino alla porta d'Ognisanti, ma della porta d'Ognisanti infino a quella di San Gallo erano le mura fondate; e in Firenze comecchè due altre cerchia di mura vi fossono anticamente, tutte o la maggior parte abbattute o vendute a' cittadini per disfarle per dar luogo alle case. Di che il Comune, avendo rispetto a quella venuta dello Imperadore, temendo, e poi vedendo ch'era grande spesa, nondimeno diliberaro che ove erano fondate, s'alzassero otto braccia, ed in ogni altro luogo si facessero fossi e steccati. E questo fu diliberato a' di 2 dicembre.

143. E. Castaldi, La Vita in San Gimignano ai tempi di Dante, in Rassegna d'Arte Senese, XIV, 1921, p. 52 f.

144. Siena, Statut von 1262, Dist. III, Rubr. 3.

145. Siena, Statut von 1309/10, Dist. III, Rubr. 1, 2, 3 u. 6

146. Bologna, Statut von 1250, Lib. IX, Rubr. 34.

147. Viterbo, Statut von 1251, Lib. III, Rubr. 218.

148. Vicenza, Statut von 1264, p. 190; Verona, Statut von 1276, Lib. V, Rubr. 168.

149. Die Ratsbeschlüsse vom 2. Januar und vom 5. Juli 1276 bei Piattoli, p. 72 und 171.

150. Pisa, Breve von 1286, Lib. IV, Rubr. X; ed. Bonaini I, 482.

und einheitlich gestaltetes Bauwerk zu errichten[151]. Eine Inschrift von der zerstörten Porta a Pinti, die im Bargello aufbewahrt wird, gibt stolz die Breite der ganzen Anlage an. Der Weg innerhalb der Mauern war 16 Ellen breit, die Mauer 3½, der Wall 35, der äußere Weg 13½. Die Inschrift selbst zieht die Summe. Es sind 70 Ellen oder rund 41 m. Die dritte Mauer von Florenz war der größte Bauauftrag, den die Gemeinde jemals zu vergeben hatte[152].

Über die Baugeschichte dieser dritten Mauer von Florenz sind wir genau unterrichtet. Schon Villani, der selbst lange Jahre in der obersten Baubehörde einen Sitz hatte, konnte ihre Entstehungsgeschichte in allen Etappen aufzeichnen[153]. Sie war 1284 begonnen, 1330 vollendet worden. Umschloß die römische Mauer eine Fläche von 32 ha, die Mauer von 1172 rund 105 ha, so die neue Mauer 512 ha und damit einen Bezirk, der noch 1870 für die Hauptstadt des geeinten Italiens ausreichte. Sie war rund 8500 m lang, 2–3 m stark, 11,60 m hoch und besaß 73 Türme von 23 m Höhe und alles in allem 15 Torburgen. Dieses herrliche Werk hat man 1879 nördlich des Arno bis auf drei Tore abreißen lassen. Südlich des Arno steht es noch heute fast völlig aufrecht.

1284 ist für die Baugeschichte von Florenz ein bedeutsames Datum. In diesem Jahre hat man die alte Benediktinerkirche, die Badia, erneuert und vergrößert[154], im Garten der Michelskirche, dem Or San Michele, eine Loggia zum Verkauf des Getreides erbaut, zum erstenmal den Neubau eines großen Stadtpalastes und die Erweiterung des alten Domes ins Auge gefaßt[155], sowie den Verlauf des dritten Mauerrings festgelegt. Mit allen diesen Werken wird der Name des großen Dombaumeisters Arnolfo di Cambio in Verbindung gebracht. Die kühnen Pläne stehen in Zusammenhang mit dem Aufstieg der großen Zünfte, die zu Beginn des Jahres 1283 alle Macht an sich ziehen, die sie zum Segen der Stadt bis hin zum Zeitalter Cosimo dei Medicis des Alten, ja der Form nach bis zum Ende der Republik bewahren sollten. Ein ungeheures Kraftgefühl beseelte die Bürgerschaft. Überall wurde gebaut und das Ganze klug von einer zentralen Stelle geleitet. Mit der neuen Mauer wollte

151. Die neue Mauer wurde durch einen Erlaß vom 30. September 1323 geschützt: Stantiaverunt, quod nulla domus, edifitium, laborerium vel opus construatur in muris vel super muros predictos per octo bracchia, sub pena libr. 1000 f. p. Gaye, I, 466, Davidsohn, Forsch. IV, 452.

152. Die Inschrift lautet: Anno Domini Mccccx indicatione VIII la via del comune dentro a le mura è b.'XVI. E le mura grossa b.'III e mezzo. E fossi ampii in boccha e col gietto b.'XXXV. E la via di fuori su la fossa b.'XIII e mezzo. E le fossette de la via a le campora b.'II e mezzo. E cosi de'essere in tutto b.'LXX e mezzo. Die Florentiner Elle war 0,583 m.

153. G. Villani, VII, 39; VIII, 31; IX, 10 und 256.

154. Paatz, Kirchen, I, 296, Anm. 10.

155. Über die Baugeschichte des Pal. Vecchio unten p. 198. Über die Bestrebungen zur Erneuerung des Domes Davidsohn, Forsch. IV, 457 f.; Paatz, Trecentoarchitektur, p. 81 ff.

man der Stadt eine große und völlig regelmäßige Gestalt geben. Villani berichtet, daß man sie so angelegt habe, daß die beiden Hauptachsen von der Porta Romana zur Porta San Gallo und von der Porta al Prata zur Porta a Croce nahezu gleich lang seien und sich in der Mitte der Stadt auf dem Mercato Vecchio schnitten[156]. Große Mühe verwandte man auf gleichmäßige Gestaltung des Mauerrings selbst. Er sollte rings aus den gleichen Steinen, in der gleichen Höhe und mit gleicher Stärke emporwachsen. Besonderen Wert legte man auf die regelmäßige Abfolge der 73 Türme[157]. Nur die Tore waren verschiedenartig gestaltet. An ihrem Bau nahm die Bevölkerung lebhaften Anteil. Von dem Streit, der sich über die Porta San Frediano entwickelt hat, die eine Partei als zu groß und aufwendig angelegt tadelte, wird noch zu sprechen sein.

Gleichzeitig mit dieser dritten Mauer von Florenz entstanden in vielen anderen italienischen Städten die letzten mittelalterlichen Mauern. Pistoia, dessen älteste, noch römische Mauer nur 16 ha umschloß und dessen zweite Mauer von 1182 rund 50 ha einfaßte, hat sich im 2. und 3. Jahrzehnt des 14. Jahrhunderts auf Anweisung und teilweise auch mit der Hilfe von Florenz jenen dritten weiten Mauerring geschaffen, den es bis heute nicht ausfüllen konnte. Diese dritte Mauer ist 4360 m lang. Prato, das niemals eine freie Stadt war, wenngleich es schon früh eine gewisse kommunale Selbständigkeit besaß, hat seine erste Mauer von rund 1710 m Länge kurz nach 1175 begonnen[158]. Über den Bau der zweiten, noch heute im wesentlichen erhaltenen Mauer sind wir in allen Einzelheiten unterrichtet[159]. Man begann 1304 mit den Gräben, die 1322 vollendet waren. 1312 wurden die Operarii für die Tore bestimmt, erst 1328 jene, die für den Bau der eigentlichen Mauer zu sorgen hatten, die gegen 1335 vollendet gewesen sein mag. Sie ist 3290 m lang. Daß die Gräben vorausgehen, die Tore folgen und die eigentliche Mauer erst den Abschluß bildet, läßt sich an vielen Städten belegen. Arezzo, dessen antike Mauer Vitruv rühmt, besaß vor 1111 ein mittelalterliches Befestigungssystem, dessen Türme Heinrich IV. seinerzeit schleifen ließ. Im 12. Jahrhundert entstanden mehrere Ausweitungen. Seit 1319 erbaute Bischof Guido Tarlati die noch heute auf weiten Strecken aufrechtstehende Ringmauer, die Cosimo I. 1538 verstärkt, stellenweise aber auch verkürzt hat. Sie mißt 3600 m. Die Mauern von Cortona sind unter Beihilfe von Siena und Perugia schon 1262 entstanden[160], jene von Grosseto hat Siena 1336 zerstört und seit 1344 in

156. G. Villani, IX, 256.

157. Ebd., IX, 137.

158. Ich konnte die Maße den noch unveröffentlichten Stadtplänen entnehmen, die mir der Direktor des Topographischen Museums in Florenz, P. Aranguren, freundlich zur Verfügung stellte.

159. F. Carlesi, Origini della Citta e del Comune di Prato, Prato 1904, p. 134 ff.

160. G. Mancini, Cortona nel Medio Evo, Firenze 1897, p. 66.

sechs Jahren wieder neu erbauen lassen[161]. Sie gehören zu den seltenen regelmäßigen Anlagen und beschreiben fast genau einen Kreis. Cosimo I. hat sie zerstört. Seit 1574 entstanden die schönen barocken Befestigungsanlagen, die heute der Stadt ihren eigentümlichen Reiz geben. Auch außerhalb der Toskana war die erste Hälfte des 14. Jahrhunderts das große Zeitalter des Mauerbaus. Wir nennen als zwei Beispiele unter sehr vielen die Mauer von Parma, an der man seit 1303 arbeitete[162], und die herrliche Mauer von Bologna, die 1327 begonnen wurde[163].

Siena.

Von der Lagunenstadt Pisa als einem ersten Typus, den Römerstädten der Ebene Florenz, Pistoia und Lucca als einem zweiten unterscheidet sich die Hügelstadt Siena grundsätzlich. Sie ist ein Beispiel für den dritten Typus. Ihre Mauern sind zu keinem Zeitpunkt einheitlich geplant oder zielstrebig vollendet worden. Schrittweise, mit dem Wachstum der Stadt, befestigte man die einzelnen Stadtteile, bald hier, bald dort den Mauerring ausweitend. So oft sich die Stadt auch bemüht hat, den bebauten Bereich einheitlich zu befestigen – und wir können diese Bestrebungen hunderten von Verordnungen seit 1262 in jedem Statut entnehmen –, die Höhenlage und die Gestalt der Hügel mußte sie verhindern.

Siena war keine römische Gründung, und auch die Etrusker haben dort noch keine Stadt besessen. Wenn immer die Sieneser Chronisten seit dem 14. Jahrhundert den antiken Ursprung ihrer Stadt behauptet haben, wenn sogar die neueren Topographen den genauen Verlauf der römischen Mauer angeben[164], so halten doch ihre Beweisgründe einer sachlichen Prüfung nicht stand. Es genügt ein Blick auf den Stadtplan, um von der kennzeichnend mittelalterlichen Struktur dieser Stadt überzeugt zu werden. Ob es ein Kastell oder eine Militärsiedlung in römischer Zeit gegeben hat, worauf zahlreiche Funde hinweisen, möchte ich nicht entscheiden. Besiedelt war die Gegend seit langem. Die mittelalterliche Stadt ist nicht vor dem 6. oder 7. Jahrhundert aus drei älteren Siedlungen zusammengewachsen, und diese Dreiteilung bestimmt bis auf den heutigen Tag die Geschichte und die bauliche Gestaltung Sienas. Daß auf dem Domhügel schon seit dem 4. Jahrhundert ein Bischof saß, hat die Gleichberechtigung der beiden anderen Stadtdrittel nicht geschmälert. Von vornherein sah sich die Stadtverwaltung vor

---

161. Agnolo di Tura ad a. 1344, p. 546.

162. Parma, Cron. ad a. 1303, I, 84: Item eo tempore ordinatus fuit per comune Parme quod civitas Parme tota circumquaque muretur, quod quidum nondum exstiti executum.

163. Bologna, Cron. p. 39.

164. Siehe oben Anm. 112.

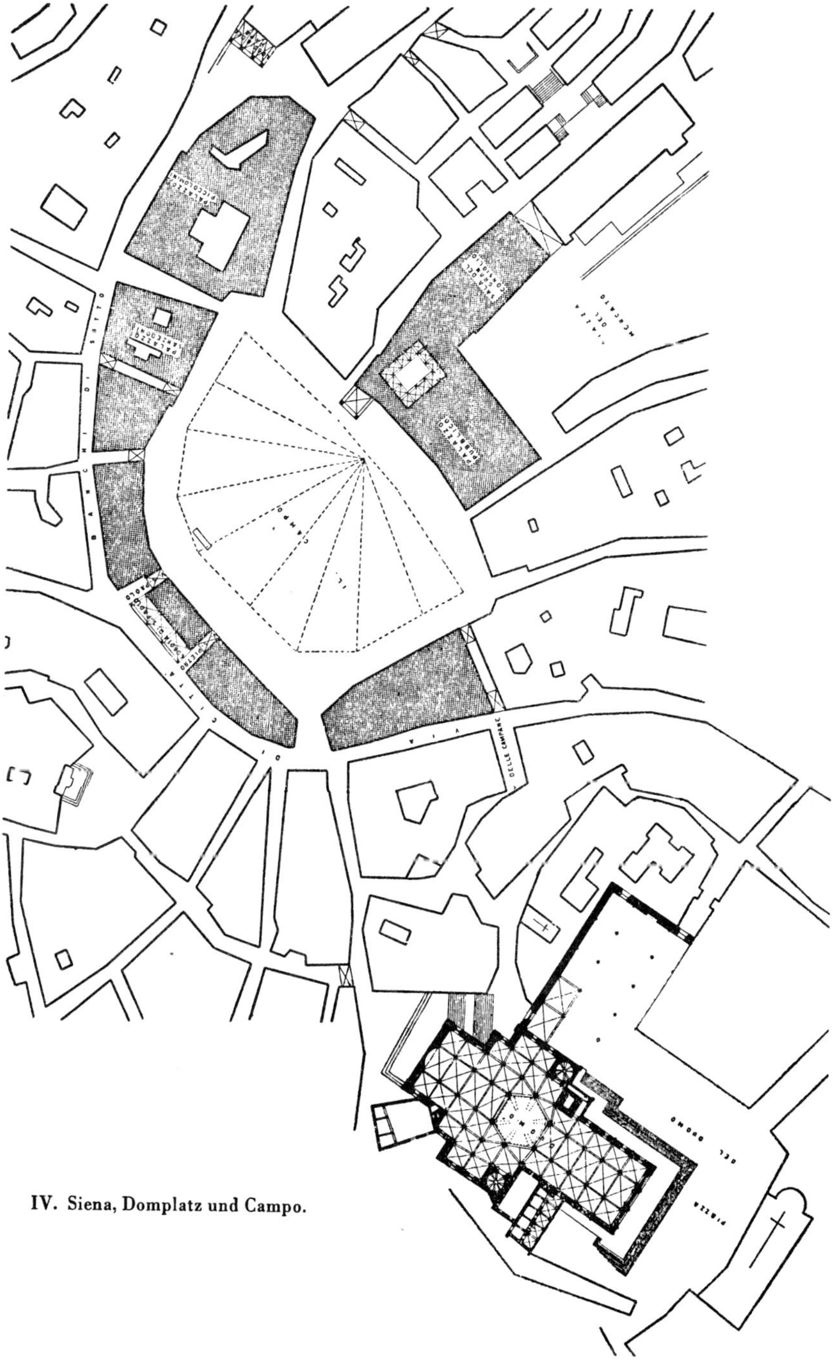

IV. Siena, Domplatz und Campo.

die schwierige Aufgabe gestellt, aus diesen drei Teilen eine Einheit zu bilden, und die reiche, jede Einzelheit berücksichtigende Baugesetzgebung des 13. und 14. Jahrhunderts, in der Siena alle anderen Städte der Toskana übertrifft, hat sich aus diesen besonderen, durch die Lage der Stadt bedingten Schwierigkeiten entwickelt. Für die Verteidigung selbst schien es lange unnötig, das Gemeinwesen mit einer durchgehenden Ringmauer zu versehen. Die Stadt war nur von wenigen Stellen aus zugänglich, und hier baute man Tore mit seitlichen Mauerstreifen. An den Steilhängen genügten Palisaden oder Privathäuser. An solchen Befestigungen hat man nachweislich seit 1141 gearbeitet. Zudem gab es auf den verschiedenen Hügeln mehrere Kastelle, ummauerte Burgen, die nicht nur nach dem Land, sondern auch nach der Stadtseite befestigt waren und deren Eingliederung in das Stadtganze seit der 2. Hälfte des 13. Jahrhunderts die Stadtbehörde wiederholt beschäftigt hat. Der Palast der Tolomei oder genauer sein 1269 zerstörter Vorgänger bildete nur das Haupthaus einer Anlage, die die Paläste rings der Piazza und die Kirche S. Cristoforo einbezog und nach der dieser Zweig der Familie noch im 15. Jahrhundert die Tolomei der Piazza hieß. Das Ganze war eine Feudalburg und allseitig befestigt. Die Stadt bezahlte 1257 im ganzen für 36 Tore die Wächter[165], und es liegt auf der Hand, daß nicht alle diese Tore an Ausfallstraßen liegen konnten. Viele waren rückwärtige Torburgen, die aus älteren inneren Verteidigungsringen und Feudalschlössern stammten und als solche auch von den sieben Haupttoren an den großen Straßen unterschieden werden[166]. An diesen Straßen wuchs die Stadt, und hier mußten die Tore im Verlauf des 13. und 14. Jahrhunderts mehrmals weiter hinausgeschoben werden. Die dadurch wertlos gewordenen Torburgen und Mauerstreifen wurden dann regelmäßig alsbald an Privatleute verkauft, und zeitweise stellte dieser Mauerverkauf einen erheblichen Posten auf der Einnahmeseite der Stadtkasse dar[167], über dessen sorgfältige Buchung mehrere Beamte zu wachen hatten. Auch in Siena war der Tor- und Mauerbau einem Sechserausschuß unterstellt, den »sex bonis hominibus positis super faciendum fieri muros et munitiones civitatis senarum«, und diese setzten im 13. Jahrhundert für die einzelnen Bauabschnitte als »operarii« gern Mitglieder mächtiger Familien ein, die ihren eigenen Palast dem Verteidigungssystem der Stadt eingliedern konnten[168]. Noch das Statut von 1309/10 erwähnt diese privaten Burgen, »le castellace« (vgl. unten Anm. 207). Eine einheitliche

165. Biccherna XVII (1257), p. 173 ff.

166. Ebd., p. 158. Diese sieben Tore sind dadurch als die eigentlichen Ausfallstore gekennzeichnet, daß an ihnen die Zolleinnehmer saßen, die »ponderatores et scriptores blade et farine qui morantur apud septem portis magistris (sic)«.

167. Es gab Beamte »ad recolligendum denarios de muris venditis pro Comuni Senensi«. Ebd. p. 11, 17, 23 und an anderen Stellen mehr.

168. So z. B. 1251 die Grafen Ildebrandini, vgl. Biccherna XII, p. 69.

und freistehende Ringmauer hat Siena erst im späteren 14. Jahrhundert energisch in Angriff genommen. Bis dahin war man zwar stetig um ihren Bau bemüht[169], doch beweisen die Bestimmungen aller Statuten, daß man jeweils nur an den Torbauten und einem schmalen Streifen links und rechts von ihnen gearbeitet hat[170]. Vollendet wurde die heutige, noch fast durchweg aufrechtstehende Mauer im Grunde erst während der Belagerung der Stadt durch Cosimo I. 1553, die sie auf immer die Freiheit gekostet hat. Was damals der Krieg zerstört hat, wurde rasch und reicher wiederaufgebaut. Was in Florenz und in anderen Städten der Ebene ein vorübergehender Zustand war, nämlich zuerst die Torburgen und ihre seitlichen Verteidigungsanlagen zu bauen, blieb in Siena mindestens bis zur Mitte des 14. Jahrhunderts die Norm. Die Bemühungen der Forschung, die einzelnen Mauerringe zeichnerisch zu erfassen, gehen von einer falschen Voraussetzung aus. Nicht jede Nachricht über Befestigungsbauten berechtigt dazu, ganze Mauerringe anzunehmen. Wir haben es mit einer schrittweisen Eingliederung der einzelnen Vorstädte in das gemeinsame Befestigungssystem zu tun. Die großen, das Stadtbild beherrschenden Torbauten sind dann in Siena, genau wie in Florenz, erst in den zwanziger und dreißiger Jahren des 14. Jahrhunderts entstanden. Es sind gewaltige Festungen mit Türmen, Vorwerken, Binnenhöfen. Weniger ernst und streng in der Gestaltung, weniger monumental als die florentinischen, doch mannigfaltiger in den Einzelheiten, umfangreicher im Grundriß und unterschiedlicher voneinander. Wie es in Florenz wohl die gleichen Steinmetze waren, die erst den Palazzo Vecchio und dann die Porta San Frediano und die Porta Romana erbaut haben, so empfangen auch in Siena die Meister der Stadttore — die Porta Pispini wurde 1326 von Muccio di Rinaldo, die Porta Romana von Siena 1327 von Angelo di Ventura vollendet — ihre entscheidenden Anregungen von der Bauhütte des Palazzo Pubblico. Von der Porta Romana sagt der Chronist Agnolo di Tura 1328, sie sei größer, schöner und mächtiger als irgendein anderes Tor Italiens[171] (Abb. 9).

Bauverfahren.

Den Prozeß der Loslösung der Mauer aus den Bindungen an die privaten Lebensbereiche spiegelt auch die Geschichte des Bauverfahrens. Wir werden

---

169. Vgl. Siena, Statut von 1262, Dist. III, Rubr. 29: De consilio fiendo de muranda civitate, que murata non est.

170. Die Anzahl der einschlägigen Bestimmungen ist sehr groß. Als Beispiel sei angeführt Siena, Statut von 1262, Dist. III, Rubr. 14: Et faciam (gemeint ist der Podestà) actari et reparari de bono muro et cum calcina bona muros, qui sunt extra portam sancti Mauricii et extra portam de Ovile ex utraque parte, sicut melius et utilius videro et cognovero pro conservandis muris dictis et carbonariis, que sunt in inbono statu.

171. Cronaca, p. 488.

im Laufe unserer Untersuchung immer wieder die gleiche Entwicklung abzuzeichnen haben, die sich vom 12. bis zum 14. Jahrhundert in den toskanischen Städten vollziehen konnte. Sie führt von der Vielheit zur Einheit, von der Gebundenheit an private Rechte zur kommunalen Rechtshoheit, vom Brauch zum Gesetz, von überlieferten Formen zu immer bewußterer Neugestaltung.

Den ältesten ausführlichen Bericht über das praktische Vorgehen beim Mauerbau, der mir bekanntgeworden ist, enthalten die Genueser Annales Cafari für das Jahr 1158[172]. Der Chronist verzeichnet, daß die Frauen und Männer Genuas Tag und Nacht Steine und Sand zum Mauerbau herangetragen haben, so daß in acht Tagen mehr vollendet wurde als in anderen Städten Italiens in einem Jahr. Sämtliche Einwohner der Stadt, nach Torbezirken geordnet, waren zur Arbeitsleistung verpflichtet. Gleichzeitig wurde an vielen Stellen gearbeitet. 1159 bemerkt er, daß die gesamte Mauer in einer Länge von 5520 Fuß in 53 Tagen errichtet worden sei, wozu noch die vier Tore kämen. Sie sei mit 1070 Zinnen versehen gewesen. Der Schreiber Johannes habe die Leistung jedes Tages und jeder Stunde verzeichnet, damit die Werkmeister genau und pünktlich hätten bezahlt werden können, wobei ihm die Zahlmeister zur Seite standen. Auf dieser frühen Stufe des Bauwesens konnte offenbar jeder Mauern aufführen. Als 1308 die Luccheser Pistoia, dessen alte Mauer 1305 durch die Florentiner geschleift worden war, angriffen, versuchte das Volk sie in wenigen Tagen wiederherzustellen. Villani (VIII, 41) wundert sich darüber, wieviel von diesem Verteidigungswerk durch das Zusammenwirken aller Männer und Frauen, Priester und Nonnen, ja selbst der Kinder in nur zwei Tagen vollendet wurde. In kleinen Städten und in vielen Kastellen war noch im 14. Jahrhundert das ganze Volk zum Mauerbau wie zur nachbarlichen Hilfe beim Häuserbau verpflichtet. Für die große Erneuerung der Stadtmauer von Orvieto von 1327, die Lorenzo Maitani geleitet hat, mußte jedes Haus der Stadt einen Mann als Arbeitskraft stellen[173]. Wurde die Landbevölkerung durch die herrschende Stadt veranlaßt, ihre Wohnstätten durch den Bau einer Mauer zu einem befestigten Kastell zu erheben, so sicherte ihnen die interessierte Regierung langjährige Steuerfreiheit zu. Beispiele hierfür lassen sich schon aus dem 12. Jahrhundert beibringen, und noch im 14. verfuhr man ähnlich[174].

---

172. Lehmann-Brockhaus, Nr. 2204.

173. Siehe Anhang Dok. Nr. 26.

174. Maragone, ad a. 1164, p. 30: Vadense castrum sub predicto consulato cepit murari, et pro muris faciendis, fuit eis dimissa data per XV annos; quod castrum bene fuit muris circumdatum 1180. Spätere Beispiele sind auch die Florentiner Kastelle, die M. Richter, op. cit., behandelt hat.

Die lange noch knappen Fachkräfte suchte man sich von auswärts zu beschaffen. Wandersteinmetze haben in Italien immer eine große Rolle gespielt. Filarete beteuert, daß eine so große Aufgabe wie seine neue Stadt Sforzinda, sie von überall her in Scharen anlocken würde. Während bei Dom- und Palastbauten die Quellen von erstaunlich wenigen Arbeitskräften berichten – in Siena beschränkte das Statut von 1262 die Maurer- und Steinmetzmeister für den Dombau auf 10[175], und noch 1309 wird an diese Verordnung erinnert[176] – hören wir bei Mauer- und Festungsbauten immer von einem hohen Arbeiterbedarf. Kaiser Friedrich II. verschrieb sich auf den Rat des Papstes Honorius III. im Jahre 1224 aus allen Zisterzienserklöstern die baukundigen Konversen für seine Befestigungen. Florenz schützte die lombardischen Wandersteinmetze, die es für seine Mauern und Tore notwendig hatte, gegen die einheimische Zunft durch ein Gesetz[177]. Eine ähnliche Bestimmung für Siena wurde in das Statut von 1309/10 aufgenommen[178]. Durch sie wird es jedem einheimischen Meister verboten, einem fremden Zimmermann oder Maurer die Arbeit im Stadtgebiet zu verwehren. Das im Krieg mit Arezzo zerstörte Cortona wendet sich 1262 an Siena und Perugia um Arbeitskräfte zum Wiederaufbau der Stadt und ihrer Mauern. Siena schickte 400, Perugia 100 Maurermeister[179]. In Orvieto werden 1327 alle Steinmetzen für den Palast und den Mauerbau zwangsverpflichtet[180]. Bischof Tarlati von Arezzo mußte 1319 die Mailänder Visconti um Arbeiter für seinen Mauerbau bemühen und erhielt nicht weniger als 400[181]. Als die Lucchesen 1369 die Zwingburg Augusta – das Tyrannennest der Pisaner, wie sie es nannten – zerstören wollten, sandten sie nach Florenz um gelernte Kräfte. Sercambi schildert anschaulich, wie diese nach getaner Arbeit mit einer Fahne aus bester Luccheser Seide beschenkt werden und mit ihr voran nach Florenz abmarschieren[182]. Überhaupt hatte man es mit dem Zerstören noch eiliger als mit dem Bauen. Der Krieg zwischen den toskanischen Städten war vielfach ein Festungskrieg, wobei man sich gegenseitig die befestigten Landstädte zerstörte. In Siena zahlte die Stadt 1311 drei Soldi jedem Handwerker, der an der Zerstörung des Palastes der Ranieri bei der Porta Camollia mithalf. Die

175. Siena, Statut von 1262, Dist. III, Rubr. 148. Diese zehn Meister wurden nachweislich erstmalig 1251 und dann bis in die Mitte des 14. Jahrhunderts regelmäßig unmittelbar von der Biccherna bezahlt.

176. Siena Statut von 1309/10, Dist. III, Rubr. 172.

177. Statut des Volkskapitäns, Lib. II, Rubr. 14.

178. Siena, Statut von 1309/10, Dist. IV, Rubr. 71.

179. Mancini, op. cit. p. 66.

180. Siehe Anhang Dok. Nr. 26.

181. Rohault de Fleury, II, 249.

182. Sercambi, I, 189.

Summe entspricht dem durch das Statut festgelegten Höchstlohn für Maurer. Die Burg der Ranieri war eines der letzten Feudalschlösser, die sich dem städtischen Herrschaftsanspruch widersetzten. Am ersten Tage meldeten sich 231 Werkleute, am zweiten sogar 651.

Den Fachkräften wurden die schwierigeren Bauaufgaben erteilt, die Tore und Türme. Das Volk mußte vielerorts an Mauern und Gräben mithelfen. In kleinen Orten übertrug man ihm fast die ganze Arbeit. Die Liga von Gambassi, deren Statut von 1322 sich erhalten hat, verpflichtete alle Einwohner der in ihr vereinigten Städtchen, für die Mauern zu sorgen, jeder vor seinem Hause[183]. Wo mehr Zeit zur Verfügung stand, übertrug man ihren Bau abschnittweise an Fachleute. So wird seit 1229 der Podestà von Reggio Emilia angehalten, jährlich 200 Ellen Mauer erbauen zu lassen[184]. Zwei Bauverfahren zeichnen sich ab. Ein älteres, bei dem das ganze Volk am Bau seiner Mauer mitwirkte, und ein jüngeres, bei dem die Mauer Stück für Stück einem besonderen Meister oder einer Werkgruppe übertragen wurde. Für das ältere bot schon eine Bestimmung des Justinianischen Gesetzbuches die Handhabe[185], und in der Not hat man immer wieder auf diese zurückgegriffen. Bei der vierten Mauer von Florenz finden wir nur noch das jüngere. Die Einberufung von Werkleuten, die man an Dom- und Palastbauten aufgriff, um sie zuweilen auch für auswärtige, ja weit entlegene Bauaufgaben zu verwenden, blieb freilich die Regel. Man hat sogar von der Deportation von Künstlern gesprochen[186]. Benvenuto Cellini berichtet von dem Aufgebot aller Handwerker und Künstler während des Sieneser Krieges für die Sicherheit von Florenz. Er beteuert nicht nur mit gewohntem Stolz, daß sein Tor besser geriet als das seines Rivalen Bandinelli, sondern auch, daß er dafür reichlich genug honoriert wurde, um sich für die schlechte Bezahlung seines Perseus schadlos zu halten[187]. Bei Militärausgaben hat man nie gespart.

Baukosten.

Das Wort »moenia« kommt von »munera«. Justinian sieht vor, daß der Dritteil der städtischen Einnahmen für den Mauerbau abgezweigt werden müsse[188]. Aus der Verwaltung der Gelder für den Mauerbau haben sich vielerorts die ältesten Finanzbehörden entwickelt. »La construction du mur

183. Statut der Liga von Gambassi von 1322, Lib. V, Rubr. 8: Quomodo quilibet debeat tenere muram castri iuxta suam domum in bono statu ... et omnibus suis expensis. Gambassi, ein Städtchen im Gebiet von Volterra, ist seit langem zerstört.

184. Reggio, Statut von 1265, Lib. IV, Rubr. 16.

185. Cod. Just., VIII, 11, 7.

186. E. Ridolfi, Diporti artistici, in Atti della R. Accademia lucchese XVIII, 261.

187. Benvenuto Cellini, Vita, lib. V, cap. 8.

188. Cod. Just., VIII, 11, 11.

urbaine a été partout point de départ des finances urbaines«, sagt Pirenne in bezug auf die flandrischen und nordfranzösischen Städte des frühen Mittelalters[189]. In Augsburg tragen die ältesten städtischen Finanzbehörden den Titel »Baumeister«. Ihre Kasse heißt »Baukasse«[190]. In Italien – Verona ist hierfür ein oft genanntes Beispiel aus dem 8. Jahrhundert – teilen sich zunächst Kirche, König und Bürgerschaft gleichmäßig in die Kosten. Später wird der Anteil der Bürger immer größer, bis sie zuletzt allein zu zahlen hatten. Als man in Florenz auch den Klerus zu einer Abgabe für die Mauern heranziehen wollte, verteidigt sich dieser mit seinen Privilegien und läßt sich zuletzt nur zu einer freiwilligen Spende bewegen[191]. Zu allen Zeiten mußten auch die Bewohner der Vorstädte und vielfach sogar des ganzen Landbezirks zum Mauerbau Beiträge leisten. Sollten doch auch ihnen die städtischen Mauern Zuflucht gewähren.

Alle möglichen Steuern wurden zur Finanzierung der Mauer ausgeschrieben. Das Steuersystem der italienischen Kommunen, das erst spät regelmäßig wiederkehrende Abgaben vorsieht, verleugnet seine Herkunft aus der Fürsorge für einen »außerordentlichen Etat« nirgends. Man zahlte von Fall zu Fall, wie die Verpflichtungen einliefen, und beriet für jede einzelne Aufgabe eine besondere Auflage. Meist entstanden die Kosten lange, bevor man an ihre Deckung dachte. Hier eröffnete sich die große Chance der Florentiner Bankhäuser, die in ganz Italien den Stadtverwaltungen Vorschüsse anboten. In Florenz gab es freilich auch laufende und regelmäßige Einnahmen, die schon Villani aufzählt[192]. Hinzu kamen Sonderabgaben für jeden Mauerabschnitt, wie man sie auch für den Dombau vorschrieb. So mußte in Florenz seit 1297 von jeder Erblassung ein Betrag für die Mauer abgezweigt werden[193]. Im 14. Jahrhundert wird diese Art der Abgabe auch in den meisten anderen Städten gebräuchlich[194]. Älter sind Strafverfügungen zugunsten des Mauerbaus, sei es in Geld, sei es in Arbeitsleistungen[195]. Vielfach wurden einzelnen Stadtvierteln oder Kirchspielen die entsprechenden Mauerabschnitte zugewiesen. So mußte 1327 in Orvieto jedes Quartier sein Tor selbst bezahlen[196]. Doch besitzen wir aus keiner Stadt genaue Angaben darüber, wie

189. H. Pirenne, Les Villes et les institutions urbaines, Paris-Bruxelles 1939, I, 85.

190. Christian Meyer, Der Haushalt einer deutschen Stadt im Mittelalter, Vierteljahrsschrift f. Sozial- und Wirtschaftsgesch. I (1903), 562–78. Die älteste Nachricht über die Baumeister von Augsburg stammt von 1320.

191. Davidsohn, Forsch. IV, 451 f.

192. G. Villani, XI, 92. vgl. Barbadoro, op. cit.; Davidsohn, Forsch. IV, 294 ff.

193. Florenz, Staatsarchiv, Provv. X, c. 185 f. Vgl. Barbadoro.

194. Statut von Ascoli-Piceno von 1377, Lib. IV, Rubr. 7.

195. Verordnungen hierüber finden sich unter anderem im Statut von Viterbo von 1237, Rubr. 230 u. 278. Florenz erließ 1318 eine einschlägige Bestimmung, Staatsarchiv, Provv. XV, c. 156, vgl. Davidsohn, Forsch. IV, 450.

196. Siehe Anhang Dok. Nr. 26.

hoch die Kosten ihrer Mauer absolut und im Verhältnis zu dem Gesamtbudget waren[197]. 1301 beschloß man in Florenz, jährlich 6000 Libbre für die Mauer auszugeben, das war dreimal soviel, wie man für den Palazzo Vecchio angesetzt hatte, eineinhalbmal soviel, wie man für den Dombau ausgeben wollte. Freilich flossen dem Dom noch andere, nicht städtische Mittel zu, und vielfach wurden dann diese Gelder ihrerseits für den Mauerbau umgeleitet[198]. Seit 1310 mußte man aus Furcht vor Kaiser Heinrich VII. die Summe für die Mauer weit erhöhen. 1318 ließ sich die Stadt sogar bestimmen, schlechteres, d. h. unterwertiges Geld zu prägen, um die Mauer rascher vollenden zu können[199]. Im Krieg gegen Castruccio 1324/25 erreichten die Summen ihren höchsten Stand. 1324 gab man in fünf Monaten, über die die Entlastung der beiden Zisterziensermönche, die dem Mauerbau vorstanden, erhalten ist, 18 959 Libbre aus[200]. Die Summe würde etwa für den Bau eines der großen Tore ausreichen. 1323 wurde der Klerus allein mit 10 000 Libbre belastet[201]. Der Mauerbau mag in diesen Jahren rund ein Viertel des Gesamteinkommens der Stadt verschlungen haben.

Baubeamte.

Cafaro berichtet aus Genua von dem Schreiber Johannes und seinen Zahlmeistern, den »magistri precio«, als einer ersten Form einer städtischen Behörde, die mit dem Mauerbau beauftragt war. Solche Behörden zählen zu den ältesten, von denen wir Kunde haben. Die Bauaufsicht lag immer bei den obersten Stadtbeamten, den Konsuln und dem Podestà. In kleineren Orten müssen sie persönlich die Mauer abgehen, Schäden untersuchen, Übergriffe abstellen. 1251 muß der Podestà von Viterbo viermal im Jahr den Rundgang um seine Mauer machen[202], in Perugia mindestens einmal[203]. In den größeren Städten gibt es für diese Aufgaben Beamte. Im Pisaner Breve von 1162 werden die »capitani murorum«, eine wohl vor

197. Auch Barbadoro läßt uns hier im Stich. Aus den Zahlungsbüchern der Biccherna ließe sich eine Aufstellung über die Kosten der Befestigungen von Siena gewinnen. Von Januar bis Juni 1257 gab man dort 2900 Libbre für die Mauer aus bei einer Gesamtausgabe von rund 28 000 Libbre. In dem gleichen Zeitraum kostete der Dom die Stadt unmittelbar nur rund 160 Libbre für Lohnzahlungen und Materialdeputate.

198. Vgl. das Dok. Nr. 208 bei Guasti von 1368: Et insuper quod operarii opere seu fabrice ecclesie Sancte Reparate ... omnem et totam pecuniam ... que ad manus ipsius camerarii presentis vel futuri perveniet ... debeant expendere ... in complementum seu fortificationem murorum civitatis Florentie.

199. Stefani, Rubr. 329 a; Davidsohn, Forsch. IV, 450.

200. Ebd., p. 452 f.

201. Ebd.

202. Viterbo, Statut von 1251, Dist. III, Rubr. 219. Quod potestas videat quater in anno barbacanes civitatis Viterbii.

203. Perugia, Statut von 1342, Lib. IV, Rubr. 66.

allem militärische Behörde, veranlaßt, die Maurermeister zu vereidigen, denen der Bau und der Unterhalt der Stadtmauer oblag[204]. Besondere »magistri murorum« finden wir in den meisten späteren Statuten der Stadt wieder[205]. Das Sieneser Statut von 1262 sieht einen Dreimännerausschuß für die Mauer und die Gräben vor, der monatlich neu gewählt wurde[206]. Später wird ein Bürgermeister (lo giudice sindaco) beauftragt, die Pflege der Mauer zu überwachen[207]. In Florenz gehört 1284 die Leitung des Mauerbaus zu dem Amtsbereich des »Verteidigers der Zünfte« (dominus defensor), der bald darauf den Titel eines Volkskapitäns übernahm, also des obersten Verwaltungsbeamten. Später gibt es eine besondere »magistratura per la mura«, die dem Sechsmännerausschuß unterstand, der alle kommunalen Bauaufgaben zu überwachen hatte[208].

Wo immer im Landgebiet einer italienischen Stadtrepublik befestigte Kleinstädte erbaut wurden, behielt sich die Behörde der Hauptstadt die Bauaufsicht vor. Als 1336 das Volk von Cerreto den Antrag stellte, für sich und die umliegenden Landgemeinden eine neue Mauer mit acht mächtigen Türmen erbauen zu dürfen, gewährte Florenz den Einwohnern Steuerfreiheit auf acht Jahre, forderte jedoch, daß Florentiner Beamte das Werk leiten[209]. Anderenorts überließ man der Bevölkerung den Bau der Erd- und Palisadenbefestigungen und übernahm selbst allein den Bau der hohen Tortürme, in denen die Besatzung der Hauptstadt lag, und von denen aus man nach dem Turm des Palazzo Vecchio mit Lichtsignalen verkehren konnte[210].

Baumaterial.

Besondere Schwierigkeiten machte zu allen Zeiten die Beschaffung der Baumaterialien. In der Frühzeit genügen meist römische Bautrümmer. Schon die spätantiken Jahrhunderte haben darauf verzichtet, neue Steine aus den Brüchen zu gewinnen, und im Grunde verfuhr man in Notzeiten immer so. Cassiodor gestattet in mehreren Brieferlassen einzelnen Städten, das Material für ihre Mauern aus älteren Bauwerken zu entnehmen, falls diese zum De-

---

204. Pisa, Breve von 1162, Bonaini, I, 11.
205. So das Breve von 1313, Lib. IV, Rubr. 57.
206. Siena, Statut von 1262, Dist. III, Rubr. 18.
207. Siena, Statut von 1309/10, Dist. III, Rubr. 1: Et lo giudice sindaco del comune di Siena sia tenuto et debia andare et rivedere le mura de le castellacce et l'altre mura del comune, le quali si tengono per lo comune di Siena, segretamente, secondo che mellio fare si potrà, et vedere se ne le dette mura sono alcune porticciuole o vero alcuna altra cosa, per la quale alcuno possa intrare o vero escire.
208. Über diesen Ausschuß unten p. 97.
209. Florenz, Staatsarchiv, Provv. XXVII, c. 74 vom 10. September 1336.
210. Ebd., Provv. XXV, c. 73 vom 11. Oktober 1329.

korum der Stadt nicht mehr notwendig seien[211]. Bei der Wiederherstellung der aurelianischen Mauer Roms befiehlt er, das Baumaterial aus den Ruinen zu gewinnen[212]. Das ganze Mittelalter sollte diesem Verfahren treu bleiben. In den byzantinischen Jahrhunderten konnte ein kaiserliches Dekret anordnen, die Steine Tempeln, Basiliken, Theatern, ja sogar Gräbern zu entnehmen[213]. Anderenorts wird befohlen, Feldsteine zum Mauerbau zu sammeln[214]. Im ganzen Mittelalter sind die Steine knapp geblieben. Wenn eine Behörde aus irgendwelchen Gründen Häuser einreißt, finden über die Besitzrechte der freigewordenen Materialien eingehende Verhandlungen statt[215]. Als man 1254 in Florenz befahl, die Familientürme bis zu einer Höhe von 50 Ellen (rund 28 m) abzutragen, verwendete man die Steine zum Mauerbau südlich des Arno[216]. In Pisa mußte man 1157 die Bauarbeiten an der neuen Stadtmauer unterbrechen, da die Steine ausgegangen waren. Man beschloß, einen Kanal zu ihrem Transport zu den Brüchen der Monti Pisani zu bauen[217]. In Siena, das seine Mauern vorwiegend aus Ziegelsteinen aufführte, bestanden genaue Vorschriften für Form, Größe und Gewicht der Ziegel[218]. Auch in Lucca waren die Steine knapp. Karl IV. soll, nach Sercambi, den Bau seiner Burg, für die er persönlich die Anweisungen gab, aus Materialmangel unterbrochen haben[219]. In Arezzo ließ Bischof Tarlati 1320 das Minoritenkloster rücksichtslos einreißen, um seine Steine für die neue Mauer zu verwenden[220]. Seit dem 14. Jahrhundert mehren sich die Verordnungen, die wenigstens für Türme und Tore neue Steine vorschreiben[221]. Die letzte Mauer von Florenz ist durchweg aus Steinen der nahen Brüche bei Maiano und Montici erbaut. Auch an den Steinen läßt sich das Alter jeder Mauer ablesen. Die Entwicklung führt von römischen Bautrümmern und Feldsteinen über die unregelmäßigen Bruchsteine des 12. Jahrhunderts zu den sorgfältig behauenen Steinen des 14. Dazwischen findet sich freilich auch das edle Marmorwerk der Pisaner Mauer, in der ein bewußter Schönheitssinn die bescheideneren Möglichkeiten des Jahrhunderts überwand.

---

211. Cassidor, Lib. III, Ep. XLIX; Migne, P. L. 69, p. 604.

212. Ebd., Lib. II, Ep. VII, p. 547/48.

213. Ch. Diehl, Afrique Byzantine, Paris 1896, p. 184.

214. Cassiodor, Lib. I, Ep. XXVIII; Migne, P. L. 69, p. 527.

215. Frey, Loggia, Abt. VII, Dok. 140.

216. G. Villani, IV, 39.

217. Maragone, ad a. 1157, p. 16: Et fecerunt foveas a Monte Pisano usque ad sanctum Zenonem, per quas petras pro muris navigio duxerunt.

218. Siena, Statut von 1309/10, Dist. VI, Rubr. 12 u. 13.

219. Sercambi, I, 172.

220. Anonymi Annales Aretin. ad a. 1320: Et locus fratrum Minorum qui erat extra civitatem in loco qui dicitur Monte del sole, tunc intra latebros, fuit destructus; et empti sunt lapides dicti loci, et murati in muris novis civitatis, sollicitudine dicti Domini Guidonis Episcopi.

221. M. Richter, op. cit., Dok. 5 f.

Bauplan.

Von den Planungsarbeiten, die dem Mauerbau vorausgegangen sein müssen, erfahren wir aus den großen Städten nur wenig. Für Florenz stammt die älteste Nachricht über einen genauen Stadtplan aus der Mitte des 14. Jahrhunderts[222]. Er war von dem Sohn des Dichters Francesco da Barbarino, Antonio, gezeichnet und enthielt »die Mauer mit ihren Maßen, alle Tore mit ihren Namen, alle Straßen und Plätze, alle Häuser und Gärten«[223]. In Siena hören wir schon 1218 von einem allgemeinen Straßenplan, der naturgemäß auch die geplante Mauer festgehalten haben muß[224]. Das Statut von 1262 spricht wiederholt von der Absicht, sie einheitlich zu vollenden[225]. Einige Bemerkungen Villanis, die schon erwähnt wurden[226], werfen ein Licht auf die Bestrebungen der Stadtverwaltung um die regelmäßige und einheitliche Gestaltung des Mauerverlaufs.

Genaueres über Planung und Bauverfahren im einzelnen erfahren wir aus den Dokumenten über die Anlage jener kleinen Städte und Kastelle, die im Auftrag der Hauptstädte auf dem Lande errichtet wurden. Diese regelmäßigen Gründungen setzen einen genauen Plan voraus. Ob dieser freilich lediglich durch die städtischen Vermessungsbeamten (mensuratores) an Ort und Stelle abgesteckt wurde oder als ein Riß im Stadthaus vorlag, bleibt unbestimmt. Der älteste Stadtplan, der sich erhalten hat und mit Sicherheit einem praktischen Zweck gedient hat, befindet sich in einem Sieneser Dokument von 1306[227]. Er zeigt den Hafen von Talamone, den die Stadt den Äbten von Monte Amiata 1303 abgekauft hatte. Talamone sollte neu gebaut und neu besiedelt werden. Maßstäblich ungenau und mit dem unsicheren Strich eines Dilettanten sind auf diesem Plan wohl von der Hand des Notars selbst Mauern und Tore angegeben und die einzelnen, völlig regelmäßigen Grundstucke links und rechts der Straße eingetragen. Jedes Grundstück

222. Wir wissen von diesem Plan aus einem Brief von 1377, den ein gewisser Lapo di Castiglichio (gest. 1381) an seinen Sohn Bernardo gerichtet hat, abgedruckt bei G. Bofitto e Attilo Mori, Piante e Vedute di Firenze, Firenze 1926, p. XIX.

223. Ebd., unter anderem: Vidi ancora pochi anni sono passati una carta nella quale Messer Antonio di Frencesco da Barbarino iudice cittadino di Firenze, il quale fu giovane di nobile ingegno avea figurata tutta la città di Firenze, tutte le mura e la loro misura, tutte le porte e loro nomi, tutte le vie e piazze e loro nomi, tutte le case che orto avessero, sicché chiaramente si conosceano et ancora scritto era di sua mano in su ogni via e luogo il nome. Es ist bezeichnend, daß dieser erste Plan nicht von einem Baumeister oder einem Vermessungsbeamten, sondern von einem Juristen stammt!

224. Siena, Statut von 1262, Dist. III, Rubr. 56.

225. Ebd., Dist. III, Rubr. 13.

226. G. Villani, IX, 256. Auf diese Stelle ein Hinweis bei J. Plesner, Mediaeval Florentine Townplans, in Résumés des communications présentées au Congrès International d'Histoire de l'Art, Stockholm 1933, p. 119 f.

227. Siena, Staatsarchiv, Caleffo nero, Dok. vom 4. April 1306.

trägt den Namen des Neusiedlers, dem es zugewiesen werden sollte. Wir haben es nicht mit einem Bauriß, vielmehr mit einem Siedlungsplan zu tun. Dafür, daß das Projekt trotz aller Mühe zuletzt mißlang, ist auch Dante Zeuge, der Talamone unter den sinnlosen Ehrgeizwünschen der Sienesen nennt[228]. Noch lange schleppte sich eine Verordnung durch die Statuten, laut derer alle zwei Monate eine Sitzung einzuberufen sei, in der über die Vollendung der Hafenstadt beraten werden solle[229].

Der Zeichnung von Talamone entspricht ein Gesetz über den Bau von Paganico, das das Statut von 1309/10 festgehalten hat[230]. Diesem Gesetz, das im Mai 1305 erlassen wurde, war ein vielfach umfangreicherer Plan von 1292 vorausgegangen, zu dessen Durchführung drei der neuen Dombauräte, je einer pro Stadtdrittel, sich an Ort und Stelle zu begeben hatten, um die nötigen Maßnahmen zu leiten. Dem Zisterzienserbruder Villa von San Galgano sollten die eigentlichen Bauarbeiten übertragen werden[231]. Das Projekt wurde 1305 auf ein Fassungsvermögen von 150 bis 200 Häusern begrenzt. Es entstand eine regelmäßig rechteckige Anlage, die zunächst nur mit Gräben und Palisaden befestigt war. In ihr wollte die Stadt selbst die beiden Haupttore, den Kommunalpalast, dessen Größe genau angegeben wird, das Zollamt und die Kirche errichten. Die heutigen schönen Mauern und Tore wurden, nachdem die erste Anlage 1323 zerstört worden war, 1333 erbaut.

Noch genauer werden wir über die Planungsarbeiten durch die Werkverträge unterrichtet, die die städtischen Behörden mit den einzelnen Meistern für den Bau von Toren und Türmen abgeschlossen haben. In allen wünschens-

228. Tu li vedrai tra quella gente vana
che spera in Talamone, e perderagli
piú di speranza ch'a trovar la Diana;
ma piú vi perderanno li ammiragli. Purg. XIII, 151–154.

Über die Wasserquelle Diana vgl. unten p. 178; auch Florenz hatte sich 1250 um Talamone bemüht. Vgl. Davidsohn, Gesch. v. Florenz, II, ii, 388.

229. Siena, Statut von 1309/10, Dist. I, Rubr. 50: Di fare consellio ogni due mesi per acconciare el porto di Talamone.

230. Siena, Statut von 1309/10, Dist. I, Rubr. 218: Di fare el borgo Paganico. Anco, statuto et ordinatò è, che si faccia et fare si debia, per lo comune di Siena, el borgo in Paganico, nel luogo ordinato, lo cui circuito sia et essere debia di capacità di CL. case, o vero infino di CC. case. Et lo detto borgo si debia affossare et palangare. Nel quale borgo si faccia et fare si debia uno palazo d'alteza di XXX. braccia, et di longheza di XX. braccia, et d'ampieza di XII. braccia; et si che lo detto palazo o vero voito del detto palazo sia et essere debia de la detta ampieza et longheza. Et debbiansi fare et facciansi, nel detto borgo, una chiesa et una casa per dogana ... Et che li detti abitatori del detto borgo abiano immunita di X anni, dal di de la loro abitatione inanzi, di non pagare datii o vero prestanze.

231. Über diesen älteren Plan unterrichtet die Cronaca Senese di Autore anonimo del Trecento ad a. 1293 bei Muratori, N. E., XV, vi, 77. G. A. Pecci, Lo Stato senese antico e moderno, Ms. in der Sieneser Kommunalbibliothek, gibt den entscheidenden Stadtratsbeschluß vom 23. Dezember 1292. Zusammenfassend, doch im wesentlichen nur auf Pecci fußend, Gino Chierici, Paganico, in Rasegna d'Arte Senese XV (1922), p. 22–33.

werten Angaben zuverlässig sind die Verträge, die Florenz für seine Neugründung Firenzuola am 25. Mai 1335 ausfertigen ließ[232]. Es handelt sich um drei völlig gleichlautende Vereinbarungen, die man mit je zwei Maurermeistern dieses Kastells einging. Durch sie wurde gleichsam die wohlabgewogene Norm für ein Stadttor des Trecento festgelegt. Die Einheitlichkeit der Verträge sicherte die einheitliche Gestaltung aller drei Tore. In diesen Dokumenten werden die Ausmaße der Bauten genau vorgeschrieben, jedes einzelne Bauglied maßstäblich bestimmt und die zu seiner Herstellung zu benutzenden Materialien – der Stein wie der Kalk – befohlen. Dem Meister bleibt keinerlei Freiheit. Die Stärke der Mauern, die Breite und Höhe der Toröffnungen, die Größe der Fenster, die Zahl der Schießscharten und der Pechlöcher, die Art der Steinbehandlung – ob glatt oder rauh –, ja selbst die Werkzeuge, mit denen die Steine zu bearbeiten sind, alles ist angeordnet. Das Eisenzeug, Ketten, Fensterriegel, Träger und Spangen werden einzeln, je nach Gewicht, aufgeführt, die Zeit bis zur Fertigstellung festgelegt. Eine spätere Urkunde unterrichtet uns darüber, daß man mit einem Teil der Ausführungen unzufrieden war und diese von den Meistern auf ihre Kosten verbessern ließ[233]. Drei Jahre später beschließt man die Erhöhung eines der Tore von 26 auf 32 Ellen (15,30 bzw. 18 m) und erteilt den wiederum genau gegliederten Auftrag einem neuen Meister: »Da besagtes Tor an der schwächsten Stelle der Stadt Firenzuola steht ... und da es nicht stark, schön und lobenswert ausgeführt wurde, befehlen die Beamten, denen die Verwaltung und die Ausschmückung besagten Platzes anvertraut ist, dem Meister Ceffe, daß er das Tor von einer Höhe von 26 Ellen bis auf eine Höhe von 32 Ellen aufmauere und vollende. Er soll an jener Außenmauer, wo es am besten sich schickt, ein ausreichend starkes und schönes Steingesims anbringen und über diesem Gesims sieben Konsolen aus guten und starken Steinen aufmauern, damit sie die Schönheit und Widerstandsfähigkeit des Ganzen vermehren. Diese Konsolen sollen aus je vier Hausteinen von angemessener Stärke gearbeitet werden. Zwischen ihnen sollen zur Versteifung des Ganzen acht Eisenspangen mit einem Gesamtgewicht von 185 Pfund angebracht werden. Über den Konsolen soll besagter Ceffe aus mit dem Hammer behauenen schönen und neuen Steinen Arkaden anbringen, in denen zum Schutz des Tores zwei Pechlöcher vorgesehen werden. Zur Versteifung und Sicherung der Mauer soll er so viele Eisenzüge einlassen, als notwendig erscheinen. Darüber sind drei Wappenschilder aus harten, guten und schönen Steinen einzubauen, und zwar eins mit dem Bilde Mariens, das andere mit der Florentiner Lilie und das dritte mit dem Wappen König Roberts (von Neapel)«[234]. Der Vertrag

232. Ich stütze mich im Folgenden auf die bei M. Richter veröffentlichten Quellenbelege.
233. Ebd., p. 384.
234. Ebd., p. 385, Dok. 5 m.

nennt den Notar, der ihn verfaßte, und den Steinmetz, an den er sich richtet. Er erwähnt auch die Beamten von Florenz als die Vertreter des Auftraggebers. Die maßstäblichen Angaben sind so genau, daß eine Vertragszeichnung oder ein Bauriß vorgelegen haben muß. Wer unter allen Beamten der Stadt kommt für seine Anfertigung in Frage? Wer konnte veranlaßt werden, sie herzustellen, ohne daß er besonders dafür honoriert wurde?

Für ein einziges Detail des dritten Mauerrings von Florenz hat sich der Werkvertrag erhalten. Es handelt sich um den Auftrag für den Statuenschmuck und deren reiches Gehäuse für die Porta San Gallo. Das Dokument trägt das Datum vom 21. Juni 1342 und ist von den »sex officiales super constructione murorum civitatis Florentie« einerseits und den Meistern Paolo und Giovanni andererseits unterschrieben[235]. Dargestellt werden soll eine Krönung Mariä und vier weitere Heilige, deren Attribute genau angegeben sind. Ebenso wie Material und Größe der Figuren werden auch die Konsolen, die das Gehäuse tragen, sowie die einzelnen Versatzstücke des architektonischen Rahmens selbst festgelegt. Die »camerarii constructionis murorum«, zwei Konversen aus dem Zisterzienserkloster in Settimo bei Florenz haben den Vertrag zuvor genau überprüft. Seine Durchführung soll von vier unparteiischen Fachleuten überwacht werden, drei Laien, die uns als Künstlerpersönlichkeiten unbekannt sind, und einem Klosterbruder, Fra Jacopo Talenti von Santa Maria Novella, dem Erbauer der spanischen Kapelle, der schon hier als »famosus magister« bezeichnet wird. Der Plan für das Gesamtwerk, den das Dokument nicht nennt, mag in diesem Fall vom Bildhauer, vielleicht auch von einem der Zisterziensermönche herrühren. Möglich auch, daß ihn sich die Mauerbehörde von dritter Seite, etwa von einem der Dombaumeister, zur Verfügung stellen ließ[236]. Vielleicht gab es auch ein Exemplum an einem anderen Tor, das man lediglich mit geringen Änderungen im ikonographischen Programm kopiert hätte. Die Gruppe aus dem Bargello, die dem gleichen Meister zugeschrieben wird, besitzt maßstäblich genau gleich große Figuren, wie sie hier gefordert werden.

Es war für geringere Aufträge durchaus üblich, daß man völlig ohne Pläne oder Risse allein nach einem vorgeschriebenen Exemplum baute. Wir besitzen mehrere Bauverträge für Bürgerhäuser, Werkstätten oder Läden aus dem Trecento, in denen der Auftraggeber dem Meister befiehlt, ihm ein Haus nach dem Vorbild eines anderen zu erbauen, wobei lediglich gewisse ausdrücklich erwünschte Unterschiede hervorgehoben werden[237]. Seltener wird

---

235. Dok. bei Milanesi, Nuovi Doc., p. 39 ff., Nr. 61.

236. Vgl. unten das Kapitel über den Stadtbaumeister.

237. Milanesi, Nuovi Doc., p. 21, Nr. 35, gibt einen Vertrag über den Bau eines Ladengeschäftes, in dem dem Maurermeister jedes Detail durch die Nennung eines Exemplums vorgeschrieben ist.

in einem Bauvertrag auf eine Vertragszeichnung Bezug genommen. Aus allen toskanischen Städten ist mir nur ein einziges Beispiel aus dem Trecento bekannt, in dem eine solche Zeichnung sich erhalten hätte. Es handelt sich um ein Dokument von 1340 für den Palast der Sansedoni in Siena[238]. Auch diese Urkunde nennt den Notar, den Auftraggeber und drei Maurermeister. Eine Federzeichnung an ihrem Kopfende unterrichtet uns über den Plan, der genau mit den Angaben des Vertragstextes übereinstimmt, und auf den dieser fast in jedem Satz Bezug nimmt: »si come apare nel designato in questo charta di sopra.« Die Zeichnung verrät nicht die Meisterhand eines großen Künstlers. Wer hat sie entworfen? Hat sie der Bauherr, hat sie der Werkmeister dem Notar auf das Pergament gezeichnet, oder war es jener dritte, der sich seit dem 13. Jahrhundert mehr und mehr zwischen beide gestellt hat, der Architekt?

Durch Benvenuto Cellini wissen wir, daß der Herzog Cosimo seinem Kassierer Lactanzio Gorini die Herstellung der Risse für die einzelnen Tore anvertraute, die dieser dann auf die Künstler verteilte[239]. War der Finanzbeamte ein Baumeister oder war der Baumeister ein Finanzbamter? Wir erfahren auch, daß der leidenschaftliche Goldschmied mit dem seinen gar nicht zufrieden war und ihn abzusetzen suchte. Durch die Geschäftsstelle der städtischen Kassierer mußten schon früher jene Zeichnungen gehen, da ihnen die Preisberechnung anvertraut war. Ich erinnere daran, daß sie in Augsburg »Baumeister« und in Genua »magistri precio« hießen. Offenbar waren sie auch für die Gestaltung mitverantwortlich. Villani sagt, daß 1322, als er mit sechs anderen ehrenwerten Bürgern Aufseher über den Mauerbau war, beschlossen wurde, alle 200 Ellen einen Turm zu errichten. Außerdem sollten der größeren »Stärke und Schönheit« wegen Böschungsmauern das Werk stützen[240]. Von der am 10. Mai 1333 begonnenen Porta San Frediano schreibt er (X, 219): »Im Vergleich mit den anderen Toren von Florenz war sie formlos, weswegen die Beamten, die sie beginnen ließen, sehr getadelt wurden«. Ihm widerspricht Stefani (Rubr. 496a): »Viele haben sie getadelt, weil sie ein zu großes Werk geworden wäre, sowohl wegen der Unkosten als wegen ihrer Gestalt. Aber, wie dem auch sei, eine rühmliche Sache wäre es doch geworden, wenn sie in befohlener Weise vollendet worden wäre.« Es fand also eine lebhafte Diskussion statt, derzufolge der ursprüngliche, allzu große Entwurf abgeändert wurde. Ein solcher muß in den Büros der verantwortlichen Beamten aufgelegen haben, damit ihn »viele« sehen konnten.

---

238. Milanesi, Doc. I, 232, Nr. 51. Das Archiv der Sansedoni wurde 1944 versteigert. Der Plan verblieb im Palast. Die Zeichnung veröffentlicht in: L'università e le istuzioni culturale in Siena, Siena 1936.

239. Vita, lib. 5, cap. 8.

240. G. Villani IX, 157.

Man kann sich des Eindrucks nicht erwehren, daß sogar Marchionne vierzig Jahre später diesen Entwurf noch vor Augen gehabt hat. Vielleicht hat kein Geringerer als Giotto die Abänderungen besorgt, da er genau ein Jahr nach dem Beginn dieses Tores mit dem Dombau zusammen das Festungswesen übertragen erhielt[241]. Die Tradition verbindet wohl nicht ganz grundlos auch den Namen seines Nachfolgers am Dom, des Andrea Pisano, mit dem Bau. Aber von wem stammte der ursprüngliche grandiose Entwurf? Wer zeichnete den Vertragsplan? Es ist dies eine Frage, auf die wir im Laufe unserer Untersuchung noch zurückkommen müssen, und auf die eine bündige Antwort zu geben der Quellenbestand nicht erlaubt. Die ganze Profanbaukunst des Mittelalters kann im Gegensatz zu der der Kirchen den Charakter des Improvisierten nicht verleugnen. Äußerst konservativ im Grundsätzlichen ist doch das Einzelwerk meist überraschend kühn und frei gestaltet. Zweifelsohne war das Verständnis des Auftraggebers weitreichend. Haben Beamte die Vertragszeichnungen für die großen Tore von Florenz oder Siena geliefert?

Bauschmuck.

Wiederholt findet sich in den Bauverträgen neben praktischen und wehrtechnischen Anweisungen die Forderung nach Schönheit. Nicht nur, daß in den Statuten und Ratsbeschlüssen ein Bauvorhaben damit begründet wird, daß es dem Dekorum der ganzen Stadt diene, man spricht ausdrücklich von der Schönheit, die jedes bedeutende und sinnvolle Werk auszeichnet, von der Schönheit der Steine, der Türme und Tore. Man wollte sich von der Festigkeit der Mauern nicht allein mit Hilfe von Berechnungen überzeugen. Sie mußte in Zinnen, Konsolen, Böschungsschrägen, in sorgfältig behauenen und geglätteten Quadern augenfällig werden. Waren die Mauern das Bildzeichen, durch das das Volk seine Stadt erfaßte, so trat es ihnen doch mit ganz bestimmten Forderungen entgegen: Regelmäßigkeit der Gestaltung, Gleichartigkeit des Materials, ein bestimmter Rhythmus in der Aufeinanderfolge der Türme, eine heilige Ziffer für die Anzahl der Tore, die Zusammengehörigkeit und innere Ergänzung der Bildsymbole.

Erst im 14. Jahrhundert hat man gelernt, alle diese Forderungen zu erfüllen. Die dritte Florentiner Mauer folgt in ihrer ernsten, noch romanischen Formensprache keiner der späteren Neuerungen, die um 1300 in Florenz bekannt wurden und in dem neuen, gotischen Dom ihren Ausdruck fanden. Sie wollte die altertümliche Strenge bewahren. Die Mauerzinnen, die eine wehrtechnische Notwendigkeit waren und noch lange blieben, wurden überall zugleich als ein Schmuck empfunden und sorgfältig gestaltet. Auf Palästen

---

241. Siehe unten p. 239.

und Türmen des späteren 14. und 15. Jahrhunderts finden sie sich als eine reine Zierform. Hinzu kommt, daß man bei Bauwerken, denen ein hoher Symbolsinn eignet, diesem auch äußerlich durch Gestaltung und Embleme Ausdruck geben wollte. Schon die Größe der Toröffnungen – ich denke an die Porta Romana und die Porta San Frediano in Florenz, die Porta Romana in Siena – beeinträchtigt den Verteidigungswert des Bauwerks und kann auch nicht durch verkehrstechnische Notwendigkeiten erklärt werden. Sie hat repräsentativen Sinn. In Mailand hat man 1171 das Haupttor der Mauer, die 1792 zerstörte alte Porta Romana, mit Reliefs geschmückt, die den Mauerbau verherrlichen und den Kaiser Barbarossa verächtlich machen sollten[242]. Chronisten berichten, daß Standbilder des byzantinischen Kaisers auf den Mauern aufgestellt wurden[243]. Meist mußten die Wappen das Bild ersetzen. Hinzu kamen Zeichen der Kraft und der Freiheit. So stand auf der Porta Leone in Pisa schon im 12. Jahrhundert ein großer Marmorlöwe, und die Porta San Gervasio in Lucca wird heute noch von zwei schon im Mittelalter berühmten Löwen geschmückt.

Besonders bemüht zeigte man sich, durch Bilder und Skulpturen von Heiligen sich des Schutzes des Himmels zu versichern, die Dämonen abzuwehren und seine gute Sache augenfällig zu machen. Von der Verzauberung feindlicher Befestigungsanlagen und der Entzauberung der eigenen hören wir im 13. Jahrhundert wiederholt. Durch den Exorzismus eines Priesters wurde die Porta Camollia in Siena, die nach Florenz zu lag, gegen die Einwirkung Florentiner Hexenmeister geschützt, und was sich für dieses eine Beispiel aus Zahlungsbelegen der städtischen Steuerbehörde an die kirchlichen Stellen belegen ließ, wird auch dort zutreffen, wo nur die Legende davon berichtet[244]. Größere Bedeutung als solchen Abwehrmaßnahmen kommt der Weihe der Mauer durch das Bild der Stadtheiligen oder der Madonna zu, mit dem man die Torburgen schmückte. Die ältesten Statuten von Verona von 1228 ordnen an, »quod in portis omnibus communis Verone apertis vel que pro tempore aperirentur debeant fieri dipingi in memorie Dei et beatissime Genetricis Marie, pictura sive picture gloriosissime Marie semper Virginis, cum clementissimo Filio in bracchiis et beati Cristoferi et Sancti Zenonis nostris protectoribus, et Sancti Petri cum clavibus in manibus«[245]. Eine ähnliche Verordnung findet sich 1264 im Statut von Vicenza[246] und 1286 im Pisaner Breve[247]. Oft tritt als ein besonders machtvoller Schutzpatron der Erzengel Michael neben die Stadtheiligen. Der Sieneser Chronist Angelo di

242. Sie befinden sich heute im Museum des Cast. Sforzesco in Mailand.
243. Die Legende bei Galvani Flamae, Chronicon Maius, p. 707 ff.
244. Nachweis bei Lisini, Superstizioni, Miscellauea di Storia Senese I (1898), 124.
245. Verona, Statut von 1228, Rubr. 209.
246. Vicenza, Statut von 1264, Lib. I, p. 3.
247. Pisa, Breve von 1286, Lib. IV, Rubr. 154.

Tura betont 1329, daß die Porta Romana erst durch das Marienbild ihre wahre Vollendung finden werde: »e molto nobile e bella porta e magnia, e maxima quando serà fornita la fighura di nostra Donna a chapo a essa porta«[248]. Die Bürgerschaft selbst drängte die Stadtverwaltung, durch solche Bilder die Tore zu vollenden. In Arezzo glaubte man sich 1339 des Schutzes des Himmels dadurch besonders versichern zu können, daß man Marienbilder an alle Tore malen ließ[249]. Aus Siena hat sich eine Eingabe von 1360 erhalten, in der eine Gruppe von Bürgern die Vollendung des begonnenen Marienbildes an der Porta Camollia fordert[250]. Später wird man noch Sassetta mit dieser Aufgabe betrauen müssen. Nach dem Neubau ihrer Mauern 1262 brachten die Bürger von Cortona ein neues Wappen mit dem Bild ihres neuen Stadtpatrons an den Toren an. Es trägt die Umschrift: sis tutor Cortone, sis semper Marce patrone. Im Bargello von Florenz werden die alten Figuren von der Porta Romana aufbewahrt, die von den Maestri Paolo und Giovanni 1329 geschaffen wurden[251]. Maria thront als Königin zwischen Petrus und Paulus, dem Träger des Schlüssels und dem Träger des Schwertes. In diesen Figuren erkennt sich die Stadt selbst als ein Abbild der ewigen Stadt. Petrus hält nicht nur die Schlüssel des Himmels, sondern zugleich die der Stadt in Händen, und das Schwert Pauli ist mehr als das Zeichen seines Martyriums, ein Sinnbild der Wehrkraft von Florenz. In dem Vertrag der »sei officiales super constructione murorum« mit Paolo und Giovanni für die Krönung Mariens von der Porta San Gallo 1342 wird besonders gefordert, daß die Schlüssel, die Sankt Petrus in Händen hält, und die jene der Stadt abbilden, »sehr schön« gestaltet werden sollen[252]. Die Porta San Giorgio in Florenz, die 1324 erbaut wurde, hat ihren Skulpturenschmuck, den Titelheiligen zu Pferd, noch erhalten. In diesen Heiligen sollte die religiöse Sendung des Gemeinwesens, der Wunsch nach Abwehr der Dämonen, der Weihegedanke, die Mahnung an die Feinde vor dem Sakrileg der Bekämpfung einer gottergebenen Stadt in gleicher Weise zum Ausdruck kommen, alles zusammen verdeutlicht durch den Anhauch des Schönen (Abb. 11).

Einige dieser Heiligenbilder an den Stadtmauern genossen besondere Verehrung. So baute man 1309 in Lucca die Kirche Santa Maria zur Rose an der Stelle, wo im ersten Mauerring sich ein Madonnenbild befunden hatte. Man glaubte diesem Bild die Errettung in Kriegsnöten zu verdanken. Hatte die Mauer dank der Segenskraft dieses Bildes oder dank ihrer Steine dem

---

248. Agnolo di Tura, p. 140.

249. Annales Aret. ad a.

250. Milanesi, Doc. I, 258 f., Nr. 60.

251. Die Zuschreibung an Paolo und Giovanni stützt sich lediglich auf den oben genannten Vertrag von 1342 für die zerstörten Figuren der Porta San Gallo. Sie ist also anfechtbar.

252. Milanesi, Nuovi Doc., p. 39 ff. Nr. 61.

Ansturm der Feinde standgehalten? Das Mittelalter konnte diese Frage nicht stellen. Der Glaube an den Schutz der Mauermadonnen lebt heute noch in Italien fort. Kein Marienbild Roms genoß in den vergangenen Jahren ähnliche Verehrung wie ein unscheinbares Malwerk an der aurelianischen Mauer, das 1944 die Stadt vor der Zerstörung bewahrt haben soll. Nur von einer Mauermadonna konnte man sich die Rettung aus Kriegsgefahren erwarten. Lange Reihen von Votivtafeln schmücken seither die Mauer links und rechts des Bildes. Wundertaten werden von ihm berichtet.

In der Liturgie der Bischofskirchen spielen die Prozessionen zu den Mauern und um die Mauern eine große Rolle. In Siena begab sich der Bischof und das ganze Volk am Palmsonntag zur Porta Salaria, um dort Christus zu begrüßen, der auf einer Eselin in die Stadt einreitet. Seit dem 12. Jahrhundert kennen wir Bildwerke mit Christus auf der Eselin, wie sie zu solchen Umzügen gebraucht wurden. Die Porta Salaria in Siena lag unweit der Fonte Branda nahe dem Dom. Das Officium des Sieneser Doms von 1216 hat die Szene genau beschrieben[253]. Wenn Duccio in der Darstellung des Einzugs in Jerusalem auf der Rückseite seiner Maestà sich streng an das byzantinische Vorbild hält und nur das Stadttor von Jerusalem den Sieneser Torbauten ähnlich gestaltet, so wurde er dazu durch den liturgischen Brauch angehalten. In der Stadt Siena wollte man ein anderes Jerusalem erkennen. Sie wurde der Schauplatz der Szenen aus der Passion Christi. In Lucca, Pistoia[254], Florenz war es üblich, an den drei Tagen der Rogationes vor Christi Himmelfahrt die Stadt in Prozessionen zu umschreiten. Diese Bittgänge um den Segen der Felder kamen im 5. Jahrhundert in Frankreich auf und lassen sich seit dem 10. Jahrhundert in der ganzen westlichen Christenheit nachweisen. Schon Repetti[255] hat die Beschreibungen des Prozessionswegs im Luccheser Officium von 1230 dazu benutzt, um den Verlauf des ersten Mauerrings dieser Stadt festzustellen. Wenn dort, wie noch deutlicher in Florenz, der alte Mauerverlauf sich unverändert im Straßenplan festgehalten hat, so mag die Tatsache auch dem Bestreben zuzuschreiben sein, die alten Prozessionswege zu erhalten. Die Mauern selbst wurden überbaut. Aus den Gräben wurden Straßen. Die neuen Mauerkreise erweitern das Stadtgebiet. Die Kirche blieb konservativ. In ihren Officien leben die alten Stadtgrenzen und Mauern fort.

---

253. Ms. in der Kommunalbibliothek in Siena, cap. 133, p. 177.
254. In Pistoia fand diese Prozession schon am 5. Februar statt; vgl. Repetti IV, 429.
255. Ebd., III, 892.

III. KAPITEL

STRASSEN UND PLÄTZE

Das Ordnungsideal.

Unter den vier sagenhaften Erbauern von Florenz, die auf Caesars Geheiß die Stadt in kurzer Frist vollendet haben, nennt die Sage an erster Stelle den Albino, der die Straßen gezogen und gepflastert habe. Villani (I, 6) sagt, daß es ein edles Werk geworden sei, welches der Schönheit und der Sauberkeit der Stadt gedient habe. Auch von der Pflasterung aller Straßen von Florenz durch den Podestà Rubaconte 1237 weiß er zu berichten, daß dadurch die Stadt sauberer, schöner und gesünder geworden sei (più netta e più bella e più sana). In der Meinung seines Jahrhunderts bildeten breite, gerade, saubere und sorgfältig gepflasterte Straßen mit möglichst gleichmäßigen und großen Häusern aus durchweg demselben Material die wichtigste Voraussetzung für die Schönheit einer Stadt. Wo immer man im Mittelalter nach einem vorausbestimmten Plan und auf ebenem Gelände Städte begründet oder erweitert hat, waren die Straßen regelmäßig, gerade und relativ breit. Die Kastelle der toskanischen Ebene, die Florenz im Höhepunkt seiner Macht anlegen ließ, sind dafür gute Beispiele. Wo in frei sich entfaltenden Siedlungen, sei es innerhalb der römischen Mauern, sei es auf jungfräulichem Boden, aus dem Zusammenwirken von Häusern, Kirchen, Klosterkomplexen und Feudalburgen das belebende Bild einer unregelmäßig gefügten Siedlung entstanden war, blieb die Obrigkeit mindestens seit dem beginnenden 13. Jahrhundert nicht minder bemüht, in diesem Chaos ihren Ordnungsgesetzen Geltung zu verschaffen. Je unregelmäßiger die Stadt, desto ausführlicher die Bestimmungen. Siena, das auf seinen drei Hügeln sich jedem Schematismus entzog, hat die genaueste Straßenbauordnung geschaffen. Es ist dadurch wenig regelmäßiger geworden. Aber das Ideal einer gleichartig in allen seinen Teilen erbauten Stadt spiegelt sich dennoch in seinen Straßenzügen.

Das Stadtbild von Pistoia, Lucca und Florenz, teilweise auch von Arezzo, wird durch die römische Straßenführung bis auf den heutigen Tag bestimmt. In den drei ersten Städten bildete das römische Castrum mit seinen rechtwinkelig angelegten Straßen den Kern. Cardo und Decumanus durchschnitten ihn. Der Mercato Vecchio von Florenz war zu allen Zeiten der Mittelpunkt der Stadt. Antonio Pucci, dieser florentinische Hans Sachs des 14. Jahrhunderts, hat in einem besonderen Preisgedicht die Bedeutung und die Schönheit des Mercato Vecchio verherrlicht[256]. Im Corso lebten heute noch Begriff und Funktion des Decumanus fort Die Via Por San Maria und die Via Calimala folgen dem Lauf des alten Cardo. Pucci und Villani betonen diese beiden Hauptstraßen, weil man an ihnen ermessen könne, wie lang und breit die Stadt sei[257]. In Pistoia erheben sich Dom und Baptisterium am alten Stadtmittelpunkt. Der Campanile war immer das Zentrum. In Lucca nimmt heute noch der Markt um San Michele den Platz des alten Forums ein. Aber an vielen anderen Stellen haben frühmittelalterliche Siedlungen das römische Straßensystem überwuchert. Die Städte wuchsen an ihren Ausfallstraßen und erweiterten sich unkontrollierbar nach allen Richtungen. Wir sahen, daß die Erbauer der Mauerringe stets von neuem zu definieren hatten, was Stadt und was Land sein solle. Die Geschichte der Straßen und Plätze der mittelalterlichen Städte spiegelt den Versuch der Kommunalverwaltungen, diese Wucherungen dem Gesetz einer Ordnung zu unterwerfen. Die mittelalterlichen Städteplaner mußten, wollten sie auf der Ebene der realen Notwendigkeiten bleiben, wie alle ihre Nachfolger mit Stadtsanierungen beginnen.

Rechtsbestimmungen.

Die Straßenbauordnung, wie sie heute als ein umfangreiches Corpus des Verwaltungsrechts auf den Tischen der städtischen Hoch- und Tiefbauämter liegt, hat eine lange Geschichte. Schon im republikanischen Rom gehörte der Straßenbau zu den wichtigsten Aufgaben des Censors[258]. Unter Augustus finden wir ein besonderes Bauamt, in dem auch die »curatores viarum« neben den »curatores aedium sacrarum« und den »curatores operum locorumque publicorum« ihren Sitz hatten. Neben diesen Beamten gab es noch einen besonderen »Schönheitsminister«, den »tribunus rerum nitentium«, der sich vor allem um die Marmorwerke zu kümmern hatte. In den Provinzstädten wurden ähnliche Behörden wie in Rom selbst spätestens durch Augustus eingerichtet. Trajan hat den Städten Italiens ihre Bauhoheit teilweise wieder entzogen. Sie liegt nunmehr bei den »correctores Italiae«, einer Art Landesplanstelle, die sich um alle öffentlichen Bauaufgaben, vor allem naturgemäß um Militär-

256. A. Pucci, Le Proprietà di Mercato Vecchio, in Ildefonso di San Luigi, Delizie degli Eruditi Toscani, Bd. VI, p. 265 ff.

257. Centiloquio, cap. XCI, 18–20: Firenze è dentro tutto lastricata / e fra l'altre ha due vie, che stanno in croce / che si dimostra, quant' e lunga e larga.

258. Polibius, Gesch. VI, 13, 3. Eine Liste der Aufgaben des Censors bei Livius, XL, 51; XLI, 27.

straßen und Befestigungen zu kümmern hatte[259]. Von allen diesen Einrichtungen konnte nur wenig in die mittelalterlichen Jahrhunderte hinübergerettet werden. Die Rechtshistoriker haben sich in Italien für diesen Zweig des Verwaltungsrechts nur in den Bereichen interessiert, wo sie das Material wohlgeordnet vorfanden, in der Antike und im 19. Jahrhundert. Über das Mittelalter finde ich in ihren Lehrbüchern so gut wie nichts. Die deutsche Forschung, die auf das Baurecht im Mittelalter wiederholt eingegangen ist, glaubte die Ansätze zu einer städtischen Bauordnung in Deutschland im 15. und 16. Jahrhundert aus allgemeinen Vorstellungen erklären zu können, die zuweilen von älteren germanischen Bräuchen sich ableiten[261]. Zwischen Antike und Mittelalter vermittelt aber auch hier das Justinianische Gesetzbuch. In ihm werden eine Reihe älterer Bestimmungen und Erlasse zusammengefaßt, nach denen sich auch im Mittelalter die Städte richten konnten[262]. Aus dem Studium des Codex Justinianus lernten die städtischen Notare in Bologna und anderen Universitätsstädten jene Begriffe kennen, nach denen sich ihre Rechtsvorstellungen formten. Justinianische Bestimmungen kehren in den Statuten der italienischen Stadtrepubliken wieder. Die Richter und Notare erwiesen sich als die Übermittler von Traditionen, die durch sie allen italienischen Städten und nicht nur ihnen vertraut werden. Das Baufluchtengesetz, demzufolge die Häuserzeile streng einzuhalten ist, findet sich schon bei Domitian[263], kehrt in der Bauordnung des Kaisers Zenon von 474[264] wieder und wird von allen mir bekannten italienischen Statuten spätestens seit der zweiten Hälfte des 13. Jahrhunderts aufgegriffen. Seine erste mittelalterliche Formulierung findet sich schon im 12. Jahrhundert in dem ältesten Straßburger Stadtrecht[265]. Eine genaue deutsche Übersetzung enthalten »Der Stat München pausätz und ordnungen de anno 1489«[266].
Aus einigen wenigen von der Antike übernommenen Normen haben sich die überaus zahlreichen Bestimmungen entwickelt, mittels derer die italienischen Städte jeder Willkür privater Bauherren entgegentraten. Sie fanden in den Stadtstatuten ihre immer genauere Festlegung. Anfangs, so etwa im ersten Pisaner Breve von 1162 und den gleichzeitigen Resten des ersten Statuts von Pistoia[267], den ältesten erhaltenen Statuten von Verona von

---

259. Pertile, Storia del diritto, I, 160. Vgl. A. H. M. Jones, The Greek City, Oxford 1940, p. 136ff.
261. Zusammenfassend Otto Gönnewein, Die Anfänge des kommunalen Baurechts, in Kunst und Recht, Festgabe für Hans Fehr, Karlsruhe 1948, p. 71–134.
262. Cod. Just., VIII, 10 u. 11.
263. Martial VII, 61 und 368; Ammianus Marcellinus XXVII, 9, 10.
264. Cod. Just., VIII, 12.
265. Urkundenbuch der Stadt Straßburg, I (1879), 427.
266. So der von A. E. Brinckmann, Platz und Monument, Berlin 1923, p. 7, zitierte Artikel 43 über die Erker und Arkaden.
267. Pisa, Breve von 1162, Bonaini I, 5f.; Pistoia, Statuti del sec. XII., Ed. Berlan, Bologna 1882.

1228 und von Volterra von 1224 und 1232[268], finden sich nur vereinzelt Verordnungen, die das Bauwesen betreffen. Diese haben selten grundsätzlichen Charakter, sondern beziehen sich meist auf ein bestimmtes Bauvorhaben. Es sind keine Gesetze, vielmehr Bauaufträge, Anweisungen der Stadträte an die Konsuln oder den Podestà. Später werden alle das Bauwesen betreffenden Rubriken in einem besonderen Buch innerhalb des Statuts zusammengefaßt, wobei allgemeingültige Verordnungen mit Einzelaufträgen abwechseln. Erst das Statut von 1322 in Florenz legt fest, daß solche einmaligen Auflagen in Zukunft von den dazu ernannten Beamten und nicht durch das Gesetzbuch verfügt werden sollen[269]. Meist beschäftigt sich das dritte oder vierte Buch des Gesamtwerkes mit den Bestimmungen zur Bauordnung und folgt als solches jenen zum Strafrecht. So handelt das dritte Buch des Statuts von Viterbo von 1251 von den »Extraordinaria«. Das vierte Buch des Statuts von Parma für das Jahr 1255 trägt den Titel: De viis et stradis, aquis et dugeriis et pontibus et aliis laboreriis communis. Ähnlich lautet die Überschrift des dritten Buchs des Constitutum Communis Senensis für das Jahr 1262. Die Übersetzung von 1309 ist: De le mura, fossi, porte, carbonaie, ponti, fonti, vie et strade del comune di Siena. In Pisa heißt es 1286 »De operibus«, in Pistoia 1288 »De publicis operibus«, in Perugia 1342 »De gli lavorie e extraordinarie«. Im einzelnen stimmen die Verordnungen in den verschiedenen Städten oft bis in den Wortlaut überein. Das Statut von Faenza von 1410–14 enthält einige Rubriken, die mit dem Sieneser Statut von 1262 identisch sind. Das Statut von Volterra von 1463–66 greift Gedanken und Formulierungen auf, die auf die ältesten Statute vom Beginn des Dugento zurückgehen. Die besonderen Bullen, durch die die baueifrigen Päpste des Quattrocento, Martin V., Nikolaus V., Pius II. und vor allem Sixtus IV. die Straßenbauordnung von Rom festlegen, haben Einzelheiten aus diesen ältesten Statuten übernommen.

Die Bullen der Päpste haben nur mehr das Grundsätzliche im Auge. In den Statuten finden sich Einzelbauaufträge mit Baugesetzen in einem Buch zusammen. Mehr und mehr wird die Bauplanung im Verlauf des 14. und 15. Jahrhunderts von der Baugesetzgebung getrennt. In Siena legt man für erstere ein besonderes Baubuch an. Der Deckel eines solchen Hauptbuches der städtischen Baupflege für das Jahr 1440 hat durch die Malerei, die ihn schmückt, einige Berühmtheit erlangt. Das reizvolle Bild zeigt einen Maurer meister beim Bau eines Kastells mit dem Wappen von Siena. Es stammt von der Hand des Giovanni di Paolo. Sein Titel lautet: Questo è libro dell'alogagioni degli hedifiti et muraglie de cassari ponti fonti et mura eh ci daranno

268. Volterra, Staatsarchiv Nr. G 2 und 4. Die gerade für unsere Fragen bedeutsamen Statute des Dugento in Volterra, deren Veröffentlichung mehrmals angezeigt wurde, sind nach wie vor unediert.

269. Florenz, Statut des Volkskapitäns, Lib. IV, Rubr. 8.

a fare per lo magnifico comuno di Siena nel MCCCCXXXX di Magio[270]. Wesentlich früher hat die Straßenbaubehörde ihre Aufgaben in einem besonderen Statut zusammengefaßt. Nur ein einziges dieser Statute dei Viari von Siena hat sich erhalten. Trotz seines Umfanges und seines hohen Alters – es stammt von 1290 – ist es von der Forschung so gut wie unbeachtet geblieben. Manche seiner rund 300 Verordnungen kehren im großen Statut von 1297 und durch dieses in dem bekannteren von 1309/10 wieder, andere ebenso wichtige sind nur hier faßbar. Erst gegen Ende des 15. Jahrhunderts werden die Sonderaufträge aus den Gesetzesbüchern ganz getrennt, und bald danach verschwinden auch die grundsätzlichen Baugesetze aus den Stadtstatuten. Im 16. und 17. Jahrhundert sucht man vergebens in den immer umfänglicheren Paragraphen nach einer klaren Baugesetzgebung. Im Zeitalter der freien Planung genialer Architekten schienen die Fesseln durch ein Gesetz nur hindernd. Man verließ sich auf den Geschmack.

Bereiche der Bauaufsicht.

Die Bereiche, denen die öffentliche Baupflege ihre Aufmerksamkeit zuwandte, haben sich vom 12. bis zum 14. Jahrhundert stetig erweitert. Im 12. Jahrhundert gab es in Florenz nachweislich drei Arten von Straßen: öffentliche Hauptstraßen (viae publicae), öffentliche Straßen der Pfarrgemeinden oder Nachbarschaftsbezirke (viae vicinales) und Privatstraßen (viae privatae). Die Begriffe stammen aus den römischen Rechtsbüchern. Isidor von Sevilla hat sie übernommen[271]. In toskanischen Quellen werden sie für uns seit dem 11. Jahrhundert greifbar[272]. Das Statut von Faenza unterscheidet noch 1410 die »via publica« von der »via vicinalis«. Privatstraßen werden als rechtlich uninteressant nicht erwähnt. In einigen Städten, so 1342 in Perugia, wird unter Verkennung ihrer ursprünglichen Bedeutung die »via publica« als Durchgangsstraße, die »via vicinalis« als Sackgasse definiert[273]. Zuweilen findet sich auch die Unterscheidung zwischen Militärstraßen und solchen für den zivilen Bedarf, wie sie L. B. Alberti von Vitruv übernimmt[274]. Doch ist dieser Begriff seinem Wesen nach unmittelalterlich.

---

270. »Dies ist das Buch von den Bau- und Maureraufträgen für Kastelle, Brücken, Brunnen und Stadtmauern, die die hochmögende Kommune von Siena im Mai des Jahres 1440 erteilt hat.« Über die Lit. zu dieser Tafel, Enzo Carli, Le tavolette di Biccherna e di altri Uffici dello Stato di Siena, Firenze 1950, p. 105 f.

271. Etymol., XV; Migne, P. L. 82, p. 557: Omnes autem via, aut publica est, aut privata. Publica est quae in solo publico est ... privata est, quae vicino municipio data est. Hrabanus Maurus übernimmt die Stelle wörtlich, Migne, P. L. Bd. 111, p. 412.

272. Ficker, Forsch. zur Reichs- und Rechtsgeschichte Italiens, Innsbruck 1868–74, IV, 95, Dok. Nr. 69.

273. Perugia, Statut von 1342, Lib. IV, Rubr. 18.

274. De re aedificatoria, lib. IV, cap. 4.

Im 11. Jahrhundert gab es in den Städten Toskanas nur sehr wenige öffentliche Hauptstraßen. Stefani spricht von vier Straßen in Florenz, die vor der allgemeinen Pflasterung ein Pflaster besaßen (Cap. 81). Sie entsprachen den beiden Achsen der römischen Stadt, die zu den vier Haupttoren führen, dem alten cardo und decumanus. Hinzu kamen der Mercato Vecchio über den Ruinen des römischen Forums und als ein neues Zentrum des politischen und kirchlichen Lebens der Platz vor dem Baptisterium. Diese Straßen und Plätze waren durch besondere Gesetze geschützt. Verunreinigungen wurden bestraft, ihre Pflasterung sorgfältig betreut. Wir werden noch sehen, daß schon im 12. Jahrhundert – nachweislich wenigstens für Pisa und Pistoia – eine gewisse Bauordnung an den Hauptstraßen für die Anwohner verpflichtend wurde. Daneben besaßen Klöster und die vom Land zur Übersiedlung in die Stadt gezwungenen Feudalgrafen ganze Stadtteile, in denen entweder eigenes Recht oder völlige Willkür herrschte. Es gab ganze Städte innerhalb der Stadt mit Eigenkirchen, eigenen Mauern, dem Palast und den Häusern der Hörigen. Dort darf jeder bauen wie er will. Niemand kümmert sich um Reinigung, Pflasterung, Entwässerung und Beleuchtung. Die Privatstraßen werden zu öffentlichen Kloaken. Durch Vorbauten und Erker, die sogenannten »sporti«, wachsen sie zu. Im Schutz der Geschlechtertürme werden sie zu Privatfestungen, ja ganzen Festungssystemen. Straßen führen gegen Straßen Krieg. Willkürliche Häuserbauten behindern den Durchgang und schließen sie oft ganz von der Außenwelt ab[275]. Die Handwerksmeister benutzen sie als Werkstätten. Es sind Straßen und Plätze, in denen man lebt, nicht solche, durch die man geht. Die Frauen spinnen in ihnen und kämmen die Wolle. Färber und Gerber hängen Stoffe und Häute zum Trocknen auf. Ochsen werden in ihnen geschlachtet und verarbeitet. Schweine ernähren sich von den Abfällen vor den Häusern. Die Straßen dienen als Holz- und Steinlager. Wir wissen von allen diesen Einzelheiten durch spätere Bestimmungen, in denen sie für die öffentlichen Straßen verboten werden. Besonders ausführlich ist das Sieneser Statut von 1262[276]. Gewohnheiten und Sonderrechte der Bewohner behinderten allenthalben die planmäßige Gestaltung der Stadt. Mit den Statuten tritt ihnen der Gesetzgeber entgegen. In Rom hat erst Alexander IV. in einer Bulle, die Sixtus IV. bekräftigte, den öffentlichen Behörden die Erlaubnis erteilt, ihre Ordnungsbestimmungen auf die kirchlichen Bezirke auszudehnen, die dort immer größere Stadtbezirke dem planmäßigen Bebauen entzogen[277].

---

275. Martin V. klagt in seiner Bulle vom 31. März 1425 (Magni, Bullarium Romanum, IV, 717): nonnulli etiam ex civibus ... mala malis invenientes, vias, stratas, plateas, loca publica, privata et ecclesiastica, abuso temerario atque sacrilego occupare, deripere, alienare et in usus proprios deducere ... intelligere nolentes, quantum huiusmodi sui excessus humanorum corporum sanitatem, aeris puritatem et animarum salutem impediant.

276. L. Zdekauer, La vita privata dei Senesi nel Dugento, Siena 1896.

277. Magni, Bullarium Romanum, V, 273 ff.

Antragsteller, die die Erhebung einer »strada privata« zur »strada publica« fordern, betonen diese Mißstände[278]. Man sieht es als eine Schande für die Stadt an, daß jene oder die andere Straße noch nicht durch öffentliches Recht geschützt sind. Zuweilen werden Privatstraßen von der Gemeinde gekauft[279]. Mit der Einbeziehung neuer Gebiete durch eine neue Mauer in die Stadt gehen sie automatisch in öffentlichen Besitz über. Während 1244 der Platz vor Santa Maria Novella in Florenz (die heutige Piazza della Unità Italiana) den Mönchen von der Gemeinde zur Erweiterung ihres Bereiches für die Predigten des Petrus Martyr geschenkt wird, ist der gleiche Platz 1288 ein öffentlicher, den die Stadt pflastern läßt[280]. In Siena befiehlt der Stadtrat auch den Anwohnern der Vicinalstraßen, diese zu pflastern und in gutem Zustand zu erhalten[281]. Später wird es verboten, weitere Privatstraßen ohne Genehmigung der Stadt anzulegen[282]. Immer größere Bereiche werden zum unmittelbaren Aufsichtsbereich der Kommunalbehörde. Mehr und mehr verbindet die Vorstellung mit dem zunächst juristischen Begriff der »via publica« bestimmte Forderungen in bezug auf die Sauberkeit, die Straßenordnung und die Gestaltung, ja sogar ihre Schönheit. Wir werden noch sehen, worin diese bestanden.

Neben der Fürsorge für die Straßen innerhalb der Stadtmauern kümmert sich die Regierung auch um die Verkehrsstraßen ihres Landgebietes. Wir sind darüber durch Pisaner, Sieneser, Pistoieser und Florentiner Statutsbestimmungen und Stadtratsbeschlüsse in allen Einzelheiten unterrichtet. In Siena verbietet schon 1246 ein Gesetz jedes freie Bauen innerhalb der Dreimeilengrenze vor der Stadt. Man muß sich außer für Weinberg- und Gartenhäuser an die vorgezeichneten Straßenzüge halten[283]. Zu dem Aufgabenbereich

278. Hierüber ein Dok. vom 29. September 1317 bei Davidsohn, Forsch. IV, 493: Considerantes quod a porta veteri S. Fridiani ad ecclesiam fratrum ... ordinis de Carmelo est locus immundus et receptaculum omnium feditatum in quo transeuntes, magni et parvi, mares et femine, continuo superflua nature indiferenter deponunt, ex quo tota contrata et vicinia redditur horrida et dispecta, volentes locum tante abusionis et spurcitie in platea Communis Flor. redigere a dicta porta usque ad prefatam ecclesiam, ut quod nunc est dispectum et vile, fiat delectabile cuilibet transeunti, – soll gemäß Eingabe – prioris et conventus et vicinie prelibate a dicta porta S. Fridiani usque ad ecclesiam dicti conventus – fortan – Platea Communis – sein.

279. Davidsohn, Gesch. v. Florenz I, 327, Anm. 6.

280. Davidsohn, Forsch. IV, 466. Die Schenkung erfolgte am 20. Dezember 1244. Für die Gestaltung des Platzes 1288 ebd., p. 480f. und Gaye, I, 416f. Vgl. auch Rondoni, I piu antichi frammenti del Costituto Fiorentino, Florenz, 1882, p. 75: De faciendo fieri plateam S. Maria Novelle.

281. Siena, Statut von 1309/10, Dist. III, Rubr. 171: D'acconciare le vie vicinali, le quali non si contengono ne lo statuto.

282. Gaye, I, 486; Dok. vom 25. September 1336.

283. Siena, Statut von 1262, Dist. III, Rubr. 36: Et usque ad X. annos prope civitatem in subburgis, ... extra designamentum, quod est vel fiat in futurum secundum formam constituti Senarum, non permittam fieri domos pro habitando in eis, exceptis domibus, que fieri consueverunt in vineis et ortis pro fructibus conservandis ...

des »giudice delle vie«, eines der höchsten Baubeamten, gehört neben der Überwachung der Stadt die Bereisung des Landgebietes. Er muß alle Straßen besichtigen, die Schäden feststellen, Verbesserungsvorschläge ausarbeiten, Neuanlagen vorbereiten und den verschiedenen Pfarrgemeinden die entsprechenden Arbeitsauflagen zuweisen[284]. In Florenz zählt das Statut von 1322 alle Fernstraßen einzeln auf, für deren Erhaltung durch die Landgemeinden die städtischen Beamten zu sorgen hatten[285].

Bausitzungen.

Nachweislich seit dem letzten Drittel des 13. Jahrhunderts, in seinen Ansätzen sicher weit früher, wurde das städtische Bauwesen als ein besonderer Zweig der Verwaltung erkannt, der als solcher besondere Beamte erforderte, und dessen Belange in besonderen Bausitzungen von den verschiedenen Räten der toskanischen Städte abgehandelt werden mußten. Wir haben oben die Bedeutung des Jahres 1284 für die Baugeschichte von Florenz gekennzeichnet. Gleichzeitig wurden die neue Mauer, der neue Dom und der neue Stadtpalast geplant, die Erweiterung der Badia und die Loggia von Or San Michele begonnen. Am 30. März dieses Jahres wurden in einer solchen Bausitzung sechs verschiedenartige Bauunternehmungen besprochen: der Mauerbau, der neue Stadtpalast, die Schließung einiger Fenster und Tore in der alten Stadtmauer, die Pflasterung der Zufahrtsstraßen zum Ponte des Podestà Rubaconte (dem Ponte delle Grazie), die Errichtung einer Holzbrücke über den Fluß Sieve, endlich die Beseitigung eines Staubeckens im Arno bei Signa[286].

In Siena, wo es üblich war, Anfang Mai die Statutsbestimmungen auf allen Gebieten zu überprüfen und zu ergänzen, fanden in der ersten oder zweiten Maiwoche jedes Jahres große Bausitzungen statt, in denen das gesamte Bauwesen durchgesprochen wurde. Man legte ein genaues Arbeitsprogramm für das Jahr fest. Eine Reihe solcher Sitzungen lassen sich aus den Daten zahlreicher Bestimmungen rekonstruieren, die auf den Tag genau im Statut von 1309/10 angeführt sind. So fand am 5. Mai 1292 eine Sitzung statt, auf der neun verschiedene Punkte besprochen wurden, die alle das Bauwesen be-

---

284. Siena, Statut von 1309/10, Dist. I, Rubr. 171: Lo giudice de le vie . . . debia andare per tutto il contado di Siena et anco per la città, et vedere et provedere ne la città et fuore, le selici et vie, strade et ponti et fonti. Et se trovarà in alcuna parte che abisogni di riparamento, racconciamento o vero riformamento, esse et essi faccia racconciare, riparare et riformare a l'expese di coloro, de'quali fatte fuoro, o vero de'quali fare si dovero . . ., et constregnere tutte le comunanze et singulari persone, a le quali spetta la conversatione, reparatione o vero rifacimento d'alcuna via, fonte o vero ponte, essa o vero essi fare conservare, rifare, o vero riparare bene et sufficientemente. Et lo detto giudice debia et sia tenuto, le strade publiche et maestre del contado disegnare et dividere per comunanze . . .

285. Florenz, Statut des Volkskapitäns, Lib. IV, Rubr. 8, p. 175.

286. Consulte, I, 195.

trafen. Am 9. Mai 1296 waren es mindestens 17, am 10. Mai 1297 sogar 24, am 11. Mai 1298 mindestens 12, am 12. Mai 7. Auch für den 1. Mai 1303, den 2. Mai 1304, den 3. Mai 1305, den 4. Mai 1306 und den 5. Mai 1307 lassen sich Sitzungen nachweisen. Eine genaue Überprüfung sämtlicher Sieneser Statuten würde diese Liste noch weit vermehren können. Hinzu kommt, daß jeweils nur ein Teil der besprochenen Unternehmen in die Statuten zur Ausführung überwiesen wurde. Sieht man sich diese Bestimmungen im einzelnen an, so ergibt sich das überraschende Programm einer kommunalen Bauordnung, die technische, wirtschaftliche, juristische und ästhetische Gesichtspunkte in gleichem Maße im Auge hat. So betrafen in der Sitzung vom 10. Mai 1297 drei Verordnungen das Geschäftsgebaren und die Arbeitsmethode der Domopera [287]. Zwei Bestimmungen legen die Gestaltung der Privatpaläste am Markt- und Stadtplatz, dem Campo, fest [288]. Gleichzeitig wird eine Summe von jährlich 4000 Liren für den Bau des Stadtpalastes ausgesetzt [289]. In einer weiteren Verordnung wird die Verlegung der Taufkirche beschlossen [290]. Zwei weitere beschäftigen sich mit der Erstellung von Straßenbrücken [291]. In einem besonderen Kapitel wird die Überprüfung der Statutsbestimmungen zum Bauwesen angeordnet und eine neue Behörde zur Überwachung der Brunnen und Brücken eingesetzt [292]. Vier Verordnungen handeln von der Wasserversorgung, dem Brunnenbau, den Abortanlagen [293], zwei beschäftigen sich mit der Anlage von Mühlgräben außerhalb der Stadt [294]. Endlich gibt es sieben Rubriken, in denen von Straßenanlagen, Verbreiterungen, Pflasterungen gehandelt wird, wobei Bauaufträge innerhalb der Stadt mit solchen in den Vorstädten wechseln [295]. Naturgemäß mußte eine solche Sitzung von langer Hand vorbereitet sein, damit im Stadtrat an einem einzigen Tag eine so große Zahl von Verordnungen durchgebracht werden konnte. Bedeutsam bleibt, daß gleichzeitig Kirchen und Paläste, Brunnen und Brücken, Straßen und Platzanlagen von der obersten Behörde ins Auge gefaßt wurden. Das Jahr 1297 besitzt für die Baugeschichte von Siena eine ähnliche Bedeutung, wie das Jahr 1284 für die von Florenz; freilich mit einem Unterschied: Der große Dombaumeister Sienas, Giovanni Pisano, verließ in eben diesem Jahr die Stadt. Der Dombaumeister von Florenz, Arnolfo di Cambio, hat sie wahrscheinlich 1284 betreten.

287. Siena, Statut von 1309/10, Dist. I, Rubr. 57 und 59; Dist. III, Rubr. 264; vgl. Anhang Dok. Nr. 18 und 19.

288. Siena, Statut von 1309/10, Dist. III, Rubr. 37 und 261; vgl. Anhang Dok. Nr. 1 und 2.

289. Ebd., Dist. I, Rubr. 83.

290. Ebd., Dist. III, Rubr. 268; vgl. Anhang Dok. Nr. 15.

291. Ebd., Dist. III, Rubr. 263 und 269.

292. Ebd., Dist. III, Rubr. 275.

293. Ebd., Dist. III, Rubr. 262, 265, 271 und 273.

294. Ebd., Dist. III, Rubr. 309 und 310.

295. Ebd., Dist. III, Rubr. 266, 267, 272, 274, 276, 277 und 278.

Die Bausitzungen im Mai blieben bis ins 15. Jahrhundert hinein die Norm. Sie fanden in der Regel vor dem großen Rat der Kommune statt. Alles, was das Bauwesen betraf, war Angelegenheit aller. Kein Beamter konnte selbständig Verfügungen erlassen, keiner durfte es wagen, ein öffentliches Bauwerk ohne Genehmigung des großen Stadtrates zu beginnen[296]. So genau die Bestimmungen waren, die Bürgerschaft sorgte für ihre sinngemäße Durchführung von Fall zu Fall.

Baubeamte.

Der »Straßenrichter« von Siena war nur einer der zahlreichen Beamten, die sich um den Straßenbau zu kümmern hatten. Ursprünglich sorgten die Vorsteher der Pfarrgemeinden, die »rectores populi«, für den Straßenbau in ihrem Gebiet, die »consules portae« für die Hauptstraßen, die durch die Tore führten[297]. In Pisa sind die »capitanes mororum« für die Hauptstraßen zuständig, die »sacristes viarum« für die Nachbarschaftsstraßen. Später werden überall zentrale Bürgerausschüsse vom Stadtrat gewählt, die die leitenden Beamten, die man »operarii« nannte, und zuweilen auch die Werkmeister (magistri) ernennen. In Bologna gibt es schon 1250 einen obersten Bauleiter für das ganze Stadtgebiet, den »propositus stradis et aquis«[298]. In Parma heißt er »massarius laboreriorum communis«[299]. In Reggio Emilia wird 1266 ein oberster Beamter für das gesamte Bauwesen gewählt, wobei die Straßen und ihr Pflaster besonders genannt werden[300]. In Pisa hören wir 1313 von einem Generalvorsteher der Straßen, Gräben und Wasserleitungen, dem »operario generalis super viis, fossis et aqueductis«[301]. Spätestens 1332 wird er durch eine noch höhere Magistratur ersetzt, den »officiale maggiore e generale delle strade, acquedotti e fiumi«. Von 1335 bis 1368 hatte dieses Amt Francheschino

296. Verona, Statut von 1276, Lib. IV., Rubr. 171: Nec potestas nec procuratores, nec aliquis alius officialis, facere possit vel debeat seu fieri facere aliquod aliud opus pro communi Verone, in civitate Verone, vel in toto eius districtu nisi per voluntatem tocius consilii vel maioris partis ... Dem Sinne nach ähnliches in den meisten anderen Statuten.

297. Davidsohn, Gesch. v. Florenz, I, 329, Anm. 7.

298. Bologna, Statut von 1250, Lib. IX; Parma, Statut von 1316, Lib. IV.

299. Parma, Statut von 1316, Lib. IV.

300. Reggio Emilia, Statut von 1266, Lib. I, Rubr. 47: Statuimus quod potestas Regii, infra unum mensem post suum introitum, facere eligi ad sortem unum bonum et legalem et honestum hominem qui debeat super sedere ad videndum muros et portas et canales civitatis et omnia hedificia pertinentia ad comune, que fieri debent expensis comunis, posita in civitate Regii et burgis et etiam extra burgos in strata regali quantum districtus Reggii durat, et pontes dicte strate; et qui debeat similiter super esse ad videndum palancatum, bertescas et curitores muri et palancali, et bitifreda, et facere omnia predicta aptari ad maiorem utilitatem comunis, et eodem modo aptari facere tavellatas de civitate qui erant destructe vel destruerentur, et facere purgari cuilibet pro suo singulis quindecim diebus; cuius officium debeat durare usque ad unum annum ...

301. Pisa, Breve von 1313, Lib. IV, Rubr. 58.

da Signatico da Parma inne, ein Mann von so großem Ansehen, daß man die ganze Behörde noch lange nach seinem Tode die »curia di Ser Francheschino« nannte. Er war Notar oder Richter, Ingenieur, Landmesser und Baumeister in einer Person[302]. Früher und in anderen Städten auch später war es vorgekommen, daß man den Vorsteher der Dombauverwaltung, den Operarius des Domes also, mit Straßenbauten betraut hat[303]. Als Gutachter wurden die Dombaumeister wiederholt zur Beurteilung von Straßenbauprojekten herangezogen[304]. Die Vergrößerung und Pflasterung der Piazza della Signoria in Florenz lag ausschließlich in den Händen der dortigen Domopera[305]. Im 13. Jahrhundert wurde großer Wert darauf gelegt, Bürgerausschüsse zur Überwachung der Beamten einzusetzen. Alle Verantwortung sollte den gewählten Kommissionen übertragen werden. So wurde in Siena Jahr für Jahr eine Sechsmännerkommission ernannt, je zwei aus jedem Stadtdrittel, von denen einer ein Notar sein mußte, die die Straßenbauarbeiten überwachten. 1245 hören wir zuerst von diesen »signori de le vie«[306], deren Amt durch das Statut von 1309/10 aufgehoben wurde[307]. Ihren Aufgabenbereich bestimmt das Statut von 1262[308]. Sie haben die Durchführung der Verbreiterung, Regulierung und Neuanlage von Straßen zu überwachen, deren Verlauf ein älteres Statut festgelegt hatte. Bei Neueinteilung der Besitzverhältnisse hatte der gleiche Ausschuß mit den Anwohnern zu verhandeln, und wo keine Einigung zustande kam, die Entscheidung dem Mehrheitsbeschluß des großen Rates anheimzustellen[309]. Später wird ein Teil dieser Aufgaben zwei Brüdern der Penitentia übertragen, um jedes weltliche Interesse auszuschalten[310]. Daneben gab es noch einen besonderen Ausschuß, der sich ausschließlich mit der Pflasterung der Straßen zu beschäftigen hatte[311]. Mindestens seit 1370, wahrscheinlich aber schon länger, gab es einen besonderen Dreierausschuß, der bei solchen Arbeiten auch auf das ästhetische Moment achten sollte. Er

302. Tanfani, Dok. XVI.

303. Das Pisaner Breve von 1286 nennt als Erbauer einer Straße den Domhüttenleiter von 1284 Robertus Dragus; Bonaini, I, 516.

304. So etwa 1282 Ramo di Paganello in Siena; Milanesi, Doc. III, 274.

305. Frey, Loggia, p. 243 ff.

306. Siena, Statut von 1262, Dist. III, 271.

307. Siena, Statut von 1309/10, Dist. IV, Rubr. 251.

308. Siena, Statut von 1262, Dist. III, Rubr. 72: Eligam vel elegi faciam VI bonos et legales homines, duos de quolibet tercerio per diriccandis et ampliandis viis de novo mittendis infra civitatem, sicut nunc est vel erit in antea designata per constitutum.

309. Ebd.

310. Statut von 1309/10. Dist. III, Rubr. 271 u. 280.

311. Siena, Statut von 1262, Dist. III, Rubr. 77: Et per totum mensem Januarii eligam vel elegi faciam tres bonos et legales homines, de quolibet tercerio unum, unus quorum sit notarius, quos jurare faciam diligenter intendere et statuere super viis infra civitatem actandis de silicibus mattonum, que facte non sunt; ... Et per eosdem debeant ordinari et refici et reactari vie, ubicumque siliciate fuerint, et compleri ille, que incepte sunt, siliciando cuiuslibet ante domum suum.

wird eingesetzt »a bonificare e a videre vie, e ogni altra cosa la quale sia maggiore bellezza de la città«[312]. In San Gimignano hören wir schon 1255 von einer Straßenbaubehörde, den »provisores lastrichi«[313]. In Perugia sind für Erhaltung und Ausbau des Straßennetzes der »judice de la justitia« und seine Beamten verantwortlich[314]. Auch in Florenz gab es einen halbjährlich zu wählenden Bürgerausschuß, der sich neben einigen anderen Aufgaben um den Straßenbau zu kümmern hatte. Er verdankt der Tatsache, daß Dante durch ihn am 28. April 1301 den Auftrag zur Überwachung des Baus einer Straße erhielt, eine Reihe von eingehenden Untersuchungen[315]. Dies war das letzte öffentliche Amt des Dichters. Es handelte sich um die Anlage bzw. Verbreiterung der Via San Procolo, der heutigen Via dei Pandolfini und eines Teiles der Via del'Angolo. Die Straßenzüge bilden die Fortsetzung der alten Via San Martino und heutigen Via Dante Alighieri, in der das Geburtshaus des Dichters steht. Die Wahl fiel also auf Dante als einen unmittelbar an dem Bau interessierten Bürger. Naturgemäß waren es nicht bautechnische, sondern juristische Fragen, mit denen er sich zu beschäftigen hatte, die Abschätzung von Grundstücken, die Entschädigung der benachteiligten Parteien, die Eintreibung der Gelder von den bevorzugten.

Dieses »Ufficio dei sei sopra i diritti del Commune« läßt sich seit 1292 nachweisen. Ähnliche Befugnisse, mindestens seit 1289, hatte der »judex viarum et stratarum«. Die Sechserzahl leitet sich auch hier von den sechs Stadtteilen her, die alle vertreten sein sollten. Seit dem Sturz des Herzogs von Athen 1343 und der Neueinteilung des Stadtgebietes in vier Quartiere erhält die Behörde acht Mitglieder, zwei für jedes Stadtviertel[316]. Seit mindestens 1333 heißt sie »Ufficio delle Torre«. 1364 werden ihre Beamten die »Ufficiali delle Torre e delle cinque cose« genannt. Diese fünf Arbeitsbereiche sind die Steuern, die Güterverwaltung der Besitztümer aller Verbannten, die Mühlen, die Schiffahrt und an letzter Stelle die Fürsorge für Straßen, Brücken, Befestigungen und Wasserwege[317]. Die Amtsbefugnisse der Straßenbehörde waren schon 1299 durch ein bedeutsames und ausführliches Dokument festgelegt worden[318]. Die »Sechs« hatten das Recht, zur Verbreiterung, Geraderichtung und zum Neubau von Straßen und Plätzen, jedwede Enteignung sowohl an städtischen wie privaten Besitztümern durchzuführen. Auch kirchliches und genossenschaftliches Eigentum wird nicht ausgenommen. An

---

312. Borghese e Banchi, p. 32, Nr. 20; vgl. oben Anm. 61.

313. Davidsohn, Forsch. II, p. 326 f., Nr. 2453.

314. Perugia, Statut von 1342. Lib. IV, Rubr. 18: De la reparatione e aconcime de le vie.

315. M. Barbi, Dante e i lavori di Via San Procole, in Studi Danteschi, III (1921), 89 ff. Dort die ältere Literatur.

316. Barbadoro, p. 287, Anm. 2.

317. Barbi, op. cit., p. 94; Barbadoro, p. 280 ff.

318. Siehe Anhang Dok. Nr. 4.

anderer Stelle erfahren wir, daß man bei diesen Bestimmungen auch die Schönheit der Stadt im Auge hatte[319]. Die Befugnisse der Behörde beziehen sich sowohl auf das Stadtgebiet innerhalb der Mauern als auch auf die Vorstädte vor ihnen. Die Gemeinde übt uneingeschränkt und bewußt ihre Bauhoheit im gesamten Stadtbereich aus.

Die Sieneser Ausschüsse wurden regelmäßig bezahlt. Auch Dante und seine Mitarbeiter wurden für ihre Arbeit bezahlt. Das Statut von 1322 nennt eine Reihe weiterer ihnen unterstellter Beamter[320]. 1333 gehören die »officiales viarum« zu dem Kreis jener Angestellten, die vordringlich bezahlt werden müssen[321]. Älter sind hier und anderenorts die Vermessungsbehörden, über deren Aufgabenbereich das Statut von 1322 uns genau unterrichtet[322]. Diese Behörde bestand aus zwei Vermessungsbeamten (mensuratores communis), zwei Notaren und zwei Handwerkern, einem Maurer und einem Zimmermann. Sie wurden auf ein Jahr ernannt und für ihre Tätigkeit von den interessierten Parteien bezahlt. Wir hören von ihnen aus Anlaß nahezu sämtlicher Bauaufgaben der Stadt. Vor Beginn der Arbeit mußten sie in Gegenwart der Anwohner die genaue Begrenzung der Grundstücke festlegen[323]. In Pisa begegnen wir ihnen schon 1164 bei Abmeßarbeiten für neu zu erstellende Straßen[324]. Man darf annehmen, daß sie überall zu den ältesten Kommunalbeamten zählen. In Siena hat man 1257 das gesamte Stadt- und Landgebiet vermessen lassen. Für jede Pfarrei in der ganzen Stadt wurden vier Beamte zu diesem Werke eingesetzt, für den Domplatz sechs[325]. Man ließ sich die Arbeiten viel Geld kosten, weil auf den Ergebnissen der Messungen die reinliche Scheidung öffentlichen und privaten Grundbesitzes durchgeführt werden sollte.

Baupläne.

Den »mensuratores« möchte man auch die ältesten Stadtpläne zutrauen. Doch lassen uns hier die Quellen fast überall im Stich. Wir nannten den Plan von Florenz, den um die Mitte des 14. Jahrhunderts der Sohn des Dichters

---

319. Barbi, op. cit., p. 112 ff.
320. Florenz, Statut des Volkskapitäns, Lib. IV, Rubr. 8.
321. Davidsohn, Forsch. IV, 528.
322. Florenz, Statut des Volkskapitäns, Lib. I, Rubr. 49.
323. Siehe Anm. 393.
324. Pisa, Breve von 1164, Bonaini, I, 36.
325. Über diese Arbeiten unterrichtet Biccherna XVII (1257), 189 ff. Ich zähle im ganzen 191 Bürgerschaftsvertreter »positis ad mensurandos domos et plateas«. Jedem Ausschuß gehört ein Notar und ein Maurermeister an, und jedem wird sein Bezirk genau angegeben. Es gibt besondere Beamte »positis ad rividendum plateam maioris ecclesie Sancte Marie et corus dicte ecclesie«, und andere »positis ad rividendum rationem hospitalis Sancte Marie«, die bekanntlich gegenüber lagen und liegen. Unter der »ratio« eines Gebäudes verstand man das zu ihm gehörige Terrain.

Francesco da Barberino geschaffen hat. Die Zeitgenossen haben seine Genauigkeit staunend bewundert. Doch war dieser Plan kein Entwurf für noch zu Bauendes, vielmehr eine Wiedergabe des Bestehenden. Ob in Florenz ein älterer Straßenplan bestanden hat, wissen wir nicht, doch sind die Angaben bei Villani in seiner Stadtbeschreibung so genau, daß sie ohne einen Stadtplan wohl kaum festzuhalten gewesen wären. Siena ist die einzige große Stadt der Toskana, in der wir von einem allgemeinen Straßenplan hören, an den man sich nachweislich fast ein Jahrhundert gehalten hat. Er stammte aus dem Jahre 1218. Das Statut von 1262 nahm in vielen Verordnungen auf ihn Bezug. Hierbei fällt auf, daß es sich in keinem Falle um eine Neuanlage handelte, sondern immer um Verkürzungen, Verbreiterungen, Regulierungen. Dieser Plan scheint die Grundlage für alle Maßnahmen der Gemeinde gebildet zu haben, die die Beseitigung der privaten Sonderrechte und der baulichen Willkür zum Ziele hatten[326].

Anlage neuer Straßen.

Doch wurden gleichzeitig auch schon planmäßig neue Straßen und Stadtteile angelegt. Den Grund für sie muß man vor allem in siedlungspolitischen Erwägungen suchen. Alle toskanischen Städte waren immer bestrebt, ihre Einwohnerzahl zu vermehren. Die Umsiedlung ganzer Städte, die Vertreibung ihrer Einwohner und die Neuansiedlung im eigenen Machtbereich waren dem 12. und 13. Jahrhundert vertraute Maßnahmen. Man denke an die Versuche Barbarossas, die Mailänder umzusiedeln. Die toskanischen Stadtstaaten ließen sich dabei sowohl von wirtschaftlichen Überlegungen leiten als auch von politischen und militärischen. Die siegreichen Städte zwangen die Bevölkerung unterworfener Flecken innerhalb ihrer Mauern sich anzusiedeln. Die Einwohner von Semifonte mußten nach der Zerstörung ihrer Stadt 1202 in Florenz Wohnung nehmen. Sie verdanken dieser Tatsache, weil Dante sie beklagt, das Fortleben ihres Namens. Schon die Bürger von Fiesole waren 1125 gezwungen worden, in das siegreiche Florenz überzusiedeln. Als die Pisaner das starke Kastell Pecciari 1169 zerstört hatten, ließen sie die Einwohner Treue schwören und gaben ihnen bei der Kirche San Cassiano auf dem linken Arnoufer, in einem erst seit wenigen Jahren durch Befestigungswerke gesicherten Vorort, Siedlungsraum[327]. 1248 zerstörten die Parmesen das nicht weit vor ihren Toren gelegene Städtchen Borgo San Donnino und wiesen den Einwohnern neue Wohnungen an der Ausfallstraße nach diesem festen Platz an[328]. Die Stadtverwaltung unterstützte den Häuserbau. Es entstand ein neues Stadtviertel.

326. Siena, Statut von 1262, Dist. III, Rubr. 35.
327. Maragone, p. 29.
328. Cronaca Parmense, ad a.

Vor allem war es wiederum Siena, das sich um die Vermehrung seiner Bevölkerung sorgte. Jahr für Jahr schleppte sich die Verordnung durch die Statuten, derzufolge man hundert unbescholtene Familien des Landgebietes zwingen solle, in die Stadt zu ziehen und dort binnen Jahresfrist Häuser zu bauen[329]. Gleichzeitig sollte der Stadtrat jeden Februar darüber beraten, wo man für Neuansiedler Straßen anlegen könnte[330]. Wir sind nicht darüber unterrichtet, ob solche tatsächlich geschaffen wurden. Aus Florenz hören wir 1250 von der Anlage einer neuen Ringstraße um den ersten Mauerring durch den »primo popolo«, wobei Bauern und Adel aus dem Landgebiet, die nach Florenz überzusiedeln gewillt waren, gezwungen werden, sich an dieser Straße Häuser zu bauen[331]. 1322 wird ein Plan zur Erbauung einer Siedlung am Stadtrand erwähnt, d. h. Häuser und der dazugehörigen Straßen, wobei freilich auch fiskalische Überlegungen mitgespielt haben. Man wollte die Neubauten teuer vermieten[332].

Äußerst selten sind planmäßige Stadterweiterungen durch größere Vororte. Der Bau der Neustadt von Massa Marittima von 1218 ist eines der wenigen Beispiele. Er hat politische Gründe. Die Bevölkerung befreite sich von der Herrschaft ihres Bischofs und baute neben und über der alten unregelmäßigen Bischofsstadt eine neue und völlig regelmäßige Stadt mit rechtwinkeligen Straßenzügen und eigener Mauer.

In den großen Städten übertraf meist das natürliche Wachstum die Planung. Beispiele sind Pisa und Lucca im 12., Florenz und Siena im späten 13. und 14. Jahrhundert. Nachträglich mußte man dann das Entstandene dem Gesetz einer höheren Bauordnung eingliedern. Andere Städte freilich, die Großes geplant haben, sind später verkümmert. Arezzo und Pistoia konnten ihre weiten Mauerringe des 14. Jahrhunderts nicht mehr füllen.

Innerhalb des dicht bebauten Raums sind damals wie heute die meisten neuen Straßen aus verkehrstechnischen Gründen entstanden. Für Florenz ist uns eine einzige Nachricht über den Bau einer Straße aus militärischen oder verteidigungstechnischen Überlegungen erhalten. Villani (XII, 13) berichtet, daß man 1342 die Costa San Giorgio erbaut habe, damit die Bevölkerung zum Schutze des dortigen neuen Tores auf dem kürzesten Weg herbeieilen könne, ohne wie bisher von den mächtigen Häusern der Bardi und Rossi daran gehindert zu werden. In Siena war es üblich, zu den jeweils neu angelegten Brunnen am Stadtrand oder vor der Stadt auch eine neue Straße als Zugang

---

329. Siena, Statut von 1262, Dist. IV. Rubr. 50 u. 51.

330. Siena, Statut von 1267–1270, p. 136: Et pro augmento civitatis Senarum faciam concilium campane per totum mensem Febrarii ... de illis personis que devenerint vel devenient cives Senenses ... et faciendis viis et mittendis pro predictis.

331. Davidsohn, Gesch. v. Florenz, II. i, 410.

332. Florenz, Statut des Volkskapitäns, Lib. IV, Rubr. 8.

zu erbauen[333]. Als man den Stadtpalast am alten Marktplatz zu errichten begann, sorgte man zugleich für bessere und kürzere Zugangswege zu den einzelnen Stadtteilen[334]. Meist aber handelte es sich freilich um Verbreiterungen und Geraderichtungen älterer Wege. Vor allem die wichtigsten Fernverkehrsstraßen, die zu den städtischen Märkten und Getreidehallen führten, suchte man überall zu verkürzen und zugleich zu verbreitern. Auch die von Dante betreute Via San Procolo folgte einem schon bestehenden Straßenzug.

Verbreiterungen und Regulierungen.

Dem Schönheitsideal des Mittelalters entsprachen überall gerade und relativ breite Straßen. Erst Alberti hat in einer durch Burckhardt berühmt gewordenen Stelle, welch letzterer darin eine »auffallende Ausnahme« innerhalb des Quattrocento sah[335], die Schönheit der gewundenen Straße hervorgehoben. Nur ein Mensch der Renaissance konnte sich der Tatsache bewußt werden, daß durch die Windungen der Straße die Hausfronten infolge des größeren Abstandes besser zur Wirkung kommen. »Innerhalb der Stadt«, schrieb Alberti[336], »soll die Straße nicht gerade, sondern wie ein Fluß hierhin und dorthin und wieder nach derselben früheren Seite in weicher Biegung gekrümmt sein. Denn abgesehen davon, daß sie dort, wo man sie weit überblicken kann, die Stadt größer erscheinen läßt, als sie ist, trägt sie in der Tat auch zur Schönheit, Zweckmäßigkeit und zu den wechselnden Bedürfnissen der verschiedenen Jahreszeiten außerordentlich bei. Und wie schön wird es sein, wenn sich einem beim Spazierengehen auf Schritt und Tritt allmählich immer neue Gebäudeansichten darbieten, so daß jeder Hauseingang und jede Fassade mit ihrer ganzen Breite mitten auf der Straße aufmarschiert.« Das Mittelalter, das weniger die Wirkung des Einzelwerks auf den Betrachter als Schönheit empfand, als seine Einordnung in ein vorgestelltes Ganzes, hat zwar die Entstehung solcher gewundenen, der Bodenformation angepaßten Straßen nicht verhindern können. Wo immer es aber sich der Fragestellung bewußt wurde, hat es regelmäßige Grundrisse vorgezogen. Die Florentiner Stadtbeschreibung von 1339 verzeichnet voll Stolz, daß die meisten Straßen der Stadt breit und gerade seien[337]. Goro Dati wiederholt die gleiche Bemerkung zu Beginn des 15. Jahrhunderts[338]. Für Fra Giordano da Rivalto ist die gerade Straße infolge

333. Bargagli-Petrucci, II, 21.

334. Siena, Statut von 1309/10, Dist. III, Rubr. 206.

335. Alberti, Lib. IV, cap. 5, p. 55; Burckhardt, Kunst der Renaissance, § 112.

336. Zitiert in der Übersetzung von Max Theuer, Leipzig 1912, p. 201.

337. Vie civitatis communiter omnes large, recte ac lapidibus et in parte lateribus lastricate, ut cenum in ea multiplicari non possit. Zitiert nach Frey, Loggia, p. 112 f.

338. Dati, p. 109 f.: Le strade dentro sono diritte e larghe e tuto aperte, e con uscità ... e sono lastricate di pietre piene e uguali che stanno sempre nette, piu che in altri luoghi.

ihrer Kürze, ihrer Gleichförmigkeit und ihrer Einheitlichkeit ein Sinnblid der moralischen Vollkommenheit. Seine Worte sind ein beredtes Zeugnis für die Bevorzugung alles Regelmäßigen im Mittelalter[339]. Erst das 18. Jahrhundert ist sich der »malerischen« Schönheit des Unregelmäßigen bewußt geworden. Milizia, der sie in seinem Lehrbuch der Architektur fordert[340], verschreibt jedoch eine falsche Medizin, die sich seither dann auch bedenklich ausgewirkt hat: man solle jeder Stadt eine Akademie der Baukunst geben, die von Fall zu Fall entscheiden könne, was schön und angemessen sei.

Begründet wurden die Maßnahmen zur Verbreiterung von Straßen im Trecento durch praktische, verwaltungstechnische, aber auch rein ästhetische Zielsetzungen. Die Bedeutung des Verkehrs hat man nie unterschätzt. Man verbreiterte Straßen, die einen starken Verkehr aufwiesen, »damit man sie bequem und anständig mit Pferd und Wagen befahren könne«[341]. Im Florentiner Statut von 1322 lesen wir, daß, »um den Dekor und die Annehmlichkeiten der Stadt und des Landgebietes von Florenz durch schöne und gerade Einfallstraßen zu vermehren und den Kaufleuten und Bürgern, die Korn und Mehl aus den Gebieten von Mucello und Romandoli bringen, freien und unmittelbaren Zugang zu der verehrungswürdigen Loggia von Or San Michele zu ermöglichen ...«, man eine schnurgerade Straße von einem Tor bis zu dem gegenüberliegenden erbauen solle[342]. In Siena wird die Straße von der Porta Camollia zur Fonte Becci erweitert, »weil diese Straße hübsch ist und von Bürgern wie von Fremden viel begangen wird«[343]. Meist aber waren ver-

339. Giordano, Predigt Nr. 5: E dalla via torta alla diritta si pongono i savi quattro grandi differenzie: prima, imperocché dicono che la via diritta della torta differt in brevitate; la seconda, quod differt in conformitate; postea dicunt, quod differt in unitate ... Tutte queste quattro differenzie sono scritte nel grande libro della scienza della geometria, in quella bella e sutile arte del misurare.

340. Milizia, Memoria degli Architetti Antichi e Moderni, 1785 (4. Aufl.), I, 83: In questa distribuzione quanto più regnera la scelta, l'abondanze, il contrasto, e fino anche qualche disordine risultera più vaghezze e bellezze più piccanti. E un gran male d'una città grande l'esattezza di uniformità.

341. Florenz, Statut des Volkskapitäns, Lib. IV, Rubr. 8.

342. Ebd., p. 180: Additum est, ad augendum decorem et utilitatem civitatis Florentie et precipue de pulcris et rectis viis (et) introitibus civitatis eiusdem, et ut mercatores et homines reducentes et deferentes granum et bladum de partibus Mucelli et Romandiole liberalius et directius accedere et pervenire possint ad honorabilem logiam Orti Sancti Michaelis ubi granum et bladum venditur, statutum et ordinatum est quod a porta Vie Nove sive Burgi Sancti Johannis iuxta bafagium (sic) episcopatus Florentie versus et usque portam noviter factam in capite Pontis Mugnonis de Sancto Gallo dericcetur et fiat et mictatur et de novo construatur ad cordam et recta linea ab una dictarum portarum ad alteram, in ea amplitudine que videbitur convenire.

343. Siena, Statut von 1309/10, Dist. III, Rubr. 290: De dirizare la via da la porta di Camollia infino al fonte Becci. Anco, conciò sia cosa che la via da Camollia infino a fonte Becci, sia via dilettevole et la quale per li cittadini et forestieri molto è frequentata, et essa via sia torta et ordinato disacconciamente, imperciò statuto et ordinato è, che la detta via si debia dirizare et acconciare a l'expese de li uomini et de le persone le quali anno a fare ne la contrada ...

waltungstechnische Erwägungen in diesen Jahrhunderten, in denen die Straße den Wohn- und Arbeitsraum des Volkes bildete, wichtiger als die Bedürfnisse des Verkehrs. In den Statuten finden sich Verordnungen, denen zufolge Straßen verbreitert werden, weil sie eng und dunkel sind und damit Unglücksfälle, Verbrechen und Aufstände begünstigen[344]. Allzu enge Straßen werden aus den gleichen Gründen geschlossen und vermauert[345]. König Ferrante von Neapel bezeichnete während seines Besuches in Rom 1475 die engen Straßen als eine Gefahr für die Sicherheit des Staates. Man könne die Stadt schlecht beherrschen, solange in ihr die Straßen eng und mit Arkaden und Erkern zugebaut seien[346]. Sixtus IV., an den diese Kritik gerichtet ist, hat den Übelständen durch eine besondere Bulle Einhalt zu geben versucht[347]. Als angemessene Breite galten in Florenz im 14. Jahrhundert 12 Ellen oder 7 Meter für die Hauptstraßen. Bei Nebenstraßen begnügte man sich mit 8 Ellen oder 4,60 m. In Siena waren als Mindestbreite für öffentliche Straßen 6 Ellen festgelegt, also nur 3,50 m. Allzu breite Straßen hielt man für ungesund. Ich vermag hierfür freilich nur eine einzige Statutsbestimmung für eine Kleinstadt anzuführen. In Paganico sollten die Hauptstraßen durch Arkaden verschmälert werden, um den Winden und Fiebern keinen Zugang in die Stadt zu gewähren[348]. Ein Teil dieser Portici haben sich in der durch ein Gesetz von

---

344. Siena, Statut von 1294 bei Bargagli-Petrucci, II, 21, Anm. 1: Item, cum via qua itur ad fontem Benecti de contrata Sancti Marci, sit via turpis et nimis asconsa, ita quod mulieres que vadunt ad dictum fontem pro aqua, frequenter recipiunt violentiam et dedecus, statutum et ordinatum est, quod dicta via inde tollatur, et fiat alia via etc. Ferner Siena, Statut von 1309/10, Dist. III, Rubr. 272: Anco, statuto et ordinato è, che le case de l'abbadia di Sancte Vigilio, ne le quali abita messer Meo Palmieri, giudice del detto luogo, si debbiano levare et tollere via, et stia quello luogo per piaza di comune, perciò che per cagione de la via, la quale è ine, la quale è troppo stretta et oscura, molti, secondo che si dice, fuoro ine già huomini feriti et molti mali commessi.

345. Ebd., Dist. III, Rubr. 74: De chiassi da chiudere et serrare.

346. Il re Ferrante ... parlando con papa Sixto, disse che esso non ero signore di questa terra, et che non li poteva signoreggiare per amore delli porticoli et per le vie strette et per li mignani che vi sono ... et consiglioli che dovesse fare gittare li mignani et li porticati, et allargare le vie. Et lo papa pigliò lo suo consiglio et d'alhora in po quanto sia stato possibile sono gittati li mignoni et porticoli, et allargate le strade. Infessura, Diario della Città di Roma, in Fonti per la storia d'Italia V (1890), 79f. Rom folgte mit diesen Maßnahmen mit rund 200 Jahren Verspätung den toskanischen Städten.

347. Magni, Bullarum Romanum, V, 273ff.

348. Siena, Statut von 1309/10, Dist. I, Rubr. 90: Che si possano fare li portichi ne la strada di Castelfranco, se piacerà al consèllio del detto castello. Anco, conciò sia cosa che per l'ampieza de la strada, la quale è ne la terra di Castelfranco di Paganico, essa terra non poco sia inferma, et acciò che essa infermità cessi, et acciò che li uomini de la detta terra con sanità de la sua persona possono dimorare a li servigi del comune di Siena, statuimo et ordiniamo che ciascuna persona del detto castello, la quale abia casa ne la via o vero strada maestra de la predetta terra, possa et a sè sia licito fare uno portico denanzi ad essa sua casa, in essa strada o vero via maestra, senza alcuna pena, scemando perciò d'essa via o vero strada, per esso portico fare, IIII. braccia solamente. Et le predette cose si facciano et fare si possano, se piacerà a la magiore parte de li uomini del consèllio de la

1383 dem Verfall anheimgegebenen Stadt erhalten[349]. Doch gehen die Bemerkungen über die ungünstigen Winde bei allzu breiten Straßen, die Alberti formuliert hat, wohl auch auf mittelalterliche Anschauungen zurück.

In nahezu allen Verordnungen, die sich mit dem Bau neuer Straßen beschäftigen, wird auch von ihrer Schönheit gesprochen. Straßen werden gezogen »per la bellezza della città«[350]. Häuser werden erbaut oder eingerissen »per la bellezza de la via«[351]. Wiederholt bemerkt man, daß die Vollendung des Einzelwerks zugleich dem Ansehen und der Schönheit des Ganzen diene, daß die Anlage einer Straße gereiche »ad decorem et pulchritudinem totius civitatis«[352]. Der Begriff einer »strada pulcra, ampla et recta« geht als eine feststehende Formel in das Notarslatein über[353]. Man wird daran festhalten müssen, daß eine schöne Straße für das Mittelalter immer gerade sein mußte[354].

Pflasterung.

Zu den Hauptmerkmalen einer solchen schönen Straße gehörte ein sorgfältig gefügtes Pflaster. Je bedeutender die Straße, desto genauer mußte es geglättet sein. Mit Bürgersteigen hat erst das 19. Jahrhundert – wie schon Cézanne bemerkt hat – die alten Städte verunziert. Lucca, Siena, Volterra, teilweise auch Florenz, sind von ihnen verschont geblieben. Als 1330 der Stadtrat von Florenz feststellen muß, daß die Piazza della Signoria nicht wie alle anderen Straßen der Stadt gut gepflastert sei, sondern durch Hausfundamente und Mauerwerk überall verunziert werde, befiehlt er, sie nunmehr endlich genau mit Ziegelsteinen und Platten zu belegen, »weil dieser Platz ansehnlicher und gleichmäßiger sein müsse, als jeder andere Platz und jede andere Straße der Stadt«[355]. Die Stadtbeschreibung von 1339 hebt hervor, daß die ganze Stadt gepflastert sei.

---

detta terra di Castelfranco di Paganico, et altremente non. Die Bestimmung wurde in der Bausitzung vom 7. Mai 1309 erlassen. Sie beweist zugleich, wie abhängig die Bewohner der Landstädte bei baulichen Maßnahmen von der Genehmigung der Hauptstadt waren.

349. Abbildung bei Gino Chierici, Paganico, in Rasegna d'arte Senese XV (1922), 27.

350. Siena, Statut von 1309/10, Dist. V, Rubr. 409.

351. Ebd., Dist. II, Rubr. 278.

352. N. Ottokar, Criteri d'Ordine, di Regolarità è d'Organizzazione nell' Urbanistica dei Secoli XIII–XIV, in Studi comunale e fiorentini, Firence 1948, p. 143.

353. Vgl. Anm. 342.

354. Brinckmann zitiert im Handbuch, Stadtbaukunst p. 17, Félix de Verneilh, Annales archéologiques, VI, 71: Jamais, qu'on le croie bien, nos ancêtres n'ont été assez absurdes pour rendre à plaisir tortueuses et irrégulères les rues de leurs villes.

355. Quod ipsa platea magis deberet esse decora et equa, quam aliqua alia platea vel via civitatis. Davidsohn, Forsch. IV, p. 502. Der Platz war teils mit Ziegeln, teils mit Platten gepflastert (partim de lapidibus, partimque matonibus), wodurch jene schöne Musterung entstand, die uns — wenn auch im Quattrocento verändert — das bekannte Bild mit der Verbrennung des Savonarola überliefert hat (Abb. 8).

Von wann stammt das Pflaster der toskanischen Städte? Es scheint immer ein Kennzeichen einer öffentlichen Straße gewesen zu sein, daß sie gepflastert war. Hier blieben die italienischen Städte den antiken Traditionen treu. Die älteste Nennung einer »via publica« für Florenz enthält die Angabe, daß sie gepflastert sei[356]. Stefani (Cap. 81 a) spricht von dem Pflaster der vier Römerstraßen, die durch die Haupttore führten. Sie waren wohl auch die einzigen, die man in der Frühzeit als öffentliche Straßen bezeichnen konnte. Jene systematische Pflasterung des ganzen Stadtgebietes schreiben Villani, Malespini, Stefani einstimmig dem Podestà Rubaconte (1237/38) zu. Die Hauptarbeit scheint noch im Verlauf des 13. Jahrhunderts beendet gewesen zu sein. Siena war 1218 mit seinem großen Straßenplan vorausgegangen. Auf ihn beziehen sich die späteren Statutsbestimmungen, die von der einheitlichen Pflasterung des Stadtgebietes sprechen. In Pisa hören wir zuerst 1164 davon, daß die Hauptstraßen längs des Arno auf beiden Seiten des Flusses und quer zu ihnen der Weg über die alte Pisaner Brücke, der heutigen Ponte di Mezzo, zu pflastern seien[357]. Das Breve von 1286 erhebt diese Anweisung zum Gesetz, wobei es den Baumeistern freigelassen wird, Ziegel oder Platten zu verwenden (tegulis sive lapidis)[358]. In Pistoia hat sich das Statut von 1296 die Vollendung des städtischen Straßenpflasters zum Ziel gesetzt[359]. In Bologna hat man 1241 ein Arbeitsprogramm für die systematische Pflasterung aufgestellt[360]. Einige hundert Anweisungen des Statuts von 1250 nehmen auf den Straßenbau und die Pflasterung Bezug[361]. Das ältere Pflaster aus Flußkieseln wird in den Hauptstraßen durch Steinplatten ersetzt. Flußkiesel scheinen auch andernorts der Pflasterung durch Ziegel oder Platten vorausgegangen zu sein. In Lucca finden sie sich noch auf den wenig begangenen Plätzen. In Ferrara und Padua blieben sie die Norm. In Siena, wo das Ziegelpflaster vorherrscht, erneuert man bis auf den heutigen Tag die Straßen in dem herkömmlichen Material. In Florenz, dessen Stolz in früheren Jahrhunderten das unregelmäßig gefügte Plattenpflaster war, wie wir es aus vielen Bildern des Quattrocento kennen, ist man mehr und mehr zu den rechteckigen Platten übergegangen. Man muß die schönen mittelalterlichen Pflaster in abgelegenen Gassen und Höfen suchen.

---

356. Ficker, op. cit., IV. 95: Davidsohn, Gesch. v. Florenz, I, hat diese Straße seinem Stadtplan eingezeichnet.

357. Die einschlägigen Notizen aus Maragoni und den Statuten schon bei Rohault de Fleury, 164 ff.

358. Bonaini, I, 11.

359. Pistoia, Statut von 1296, Lib. V, Rubr. 27: Ordinamus quod omnes vias infra muros civitatis et plateas publicas, que lastricate non essent, potestas teneatur facere lastricari de bonis mattonibus cottis, espensis vicinorum, extra grundam duo bracchia, et altra due bracchia expensis comunis Pistorii.

360. Chronik von Bologna, p. 24.

361. Bologna, Statut von 1250, Lib. IX.

Reinigung.

Der Pflasterung parallel gehen die Bestrebungen zur Sauberhaltung der Straßen. Die Sauberkeit ist nicht erst durch die Renaissance in Italien zu einem Ideal erhoben worden. Auf den Bildern des Trecento fällt ebenso wie auf denen des Quattrocento die äußerste Glätte und Ordnung der Straßen auf, etwa im Gegensatz zu den Bildern des 18. Jahrhunderts, die malerische Vernachlässigung bevorzugen. Das ist nicht nur eine Frage der Technik und des Stiles. Aus solchen Darstellungen kann man auch das Vorstellungsbild eines Zeitalters von einer städtischen Straße entnehmen. Die Straßen des des 14. waren gepflegter als jene des 18. Jahrhunderts. Italien ist den anderen Ländern hier vorausgegangen. Bekanntlich hat Philipp August 1198 die Straßen von Paris pflastern lassen, weil er ihren Gestank unerträglich fand. Die ältesten Aufträge zur Pflasterung der Straßen von Pisa werden mit der Fürsorge für die Abwässer begründet, die die Straßen und Plätze in Kloaken zu verwandeln drohten. Wir hörten schon davon, daß in Florenz die Erhebung einer Straße vom Status einer »via privata« zu einer »via publica« aus hygienischen Gesichtspunkten gefordert wurde. War eine Straße einmal gepflastert, so mehren sich die Bestimmungen zu ihrer Sauberhaltung. Der nächste Schritt war, daß man alle Straßen, die in diese Hauptstraße einmünden, pflastern ließ, damit kein Schmutz übertragen würde[362]. Straßenreinigungen wurden von den Statuten festgelegt. In San Gimignano werden schon 1255 je zwei Straßenkehrer für das Stadtviertel angestellt, mehr als zu irgendeinem späteren Zeitpunkt notwendig schienen[363]. Heute gibt es in der ganzen Stadt nur drei. 1259 werden Strafen für die Anwohner festgelegt, die ihre Straße nicht vor den Festtagen gesäubert haben[364]. In Bologna mußten 1250 die Budenbesitzer die Straßen alle acht Tage reinigen[365]. In Parma wird der Marktplatz 1255 alle 14 Tage gesäubert[366]. In Verona gab es 1276 zweimal im Jahr eine Generalreinigung, an der sich alle zu beteiligen hatten, während die gepflasterten Straßen durch die Anwohner jeden Samstag gefegt werden mußten[367]. Auch in Siena war mindestens seit 1262 die Straßenreinigung für jeden Samstag befohlen[368], worüber naturgemäß wieder

362. Siena, Statut von 1262, Dist. III, Rubr. 79: Item, statuimus et ordinamus quod, cum strate civitatis Senarum sint siliciate et quedam alie vie sunt, que mittunt in stratas et intrant in stratas, non sint siliciate, ob quod deturpant stratas, ita quod succura et lutus ipsarum viarum redeunt in stratas, quod omnes vie, que sind juxta stratas et per quas intratur in stratas, silicentur ...

363. Davidsohn, Forsch. II, Nr. 2452.

364. Davidsohn, Firenze al Tempo di Dante (1929), p. 469.

365. Bologna, Statuti di 1250–1267, II, 516 und III, 323 f.

366. Parma, Statut von 1255, I, 285.

367. Verona, Statut von 1276, Lib. IV, Rubr. 187 u. 188.

368. Siena, Statut von 1262, Dist. III, Rubr. 84: Et statuimus et ordinamus quod quilibet

eine besondere Kommission insgeheim zu wachen und der Regierung zu melden hatte[369]. In Faenza ließ man die Stadt am Freitag säubern und den Müll vor die Stadttore fahren[370]. Man lebte geordnet, wie in einem Kloster, in diesen Städten. Voll Stolz bemerkt Goro Dati, daß Florenz sauberer sei als die anderen Städte. Heute ist davon nicht viel mehr übrig. Alles, wofür die Gemeinde nicht sorgt, bleibt liegen. Zum Idealbild des großen Gemeinschaftswerkes, das die italienischen Städte des Mittelalters darstellten, gehört auch peinliche Sauberkeit.

Baukosten.

Die Kosten für die Anlage und Verbreiterung von Straßen, ihre Pflasterung, Reinigung, zuweilen auch Beleuchtung, hatten im 12. Jahrhundert in der Regel die Anwohner zu tragen. Während der einzelne für den Verlust an Wohn- oder Wirtschaftsraum in jedem Falle entschädigt wurde, war die Gemeinschaft der interessierten Parteien für das Ganze verantwortlich. Auch hierfür sind die Dokumente, die Barbi über den Bau der Dantestraße zusammengetragen hat, ein Beispiel. Für die Frühzeit ist es wieder vor allem Pisa, über das zuverlässige Nachrichten vorliegen. Sogar die Hauptstraßen links und rechts des Arno müssen 1164 allein die Haus- und Grundbesitzer bezahlen[371]. Die Hauptkosten verursacht naturgemäß das Pflaster. Noch 1270 werden in Florenz die Anwohner des Mercato Vecchio, damals des größten Platzes der Stadt, für die gesamte Pflasterung verantwortlich gemacht[372]. In Siena wird häufig die Pfarrgemeinde mit den Kosten einer Straße belastet, die durch ihren Bezirk führt[373]. Die Fürsorge für die Straßen gehört zu den Verwaltungsbereichen, bei denen die Kirchspiele der zentralen Stadtverwaltung vorausgingen[374]. In Bologna war 1250 der Straßenbau noch grundsätzlich Sache der Nachbarschaftsgemeinschaften, die wohl im wesentlichen den Pfarreien entsprachen[375]. Bei größeren oder wenig besiedelten Straßen müssen in Siena Haus- und Grundbesitzer die Kosten für das Pflaster in einer

---

ante hostium, ubi habitat seu apothecam tenet, in viis, que facte sunt vel fuerint de mattonibus, spaccari faciat semel in edomada die Sabbati. Et qui contra fecerit XII den. pro qualibet vice solvat.

369. Ebd., Dist. III, Rubr. 85: Et super predictis denunctiandis eligam IIIIor homines de quolibet tercerio, quos iurare faciam per se, quemlibet in suo tercerio, hoc modo, facere, silicet qualibet die Sabbati debeant revidere vias et plateas mattonatas de civitate, et si quas invenerint non spaccatas, publice denunctiare debeant ... Diese Beamten werden schon 1257 bezahlt. Vgl. oben p. 39.

370. Faenza, Statut von 1410–1414, Lib. V, Rubr. 69.

371. Pisa, Breve von 1164, Bonaini I, 36.

372. Cronichetta di Neri Strinati, p. 113.

373. Siena, Statut von 1309/10, Dist. III, Rubr. 106.

374. Davidsohn, Gesch. v. Florenz, I, 326 ff.

375. Bologna, Statut von 1250, Lib. IX, Rubr. 43.

Breite von 1,20 m tragen, während den Rest die Stadt übernimmt[376]. Das Ziegelsteinpflaster des Sieneser Campo bezahlte zu zwei Dritteln die Stadt, zu einem Drittel die Anwohner[377]. Später wurden sie immer wieder zu Ausbesserungsarbeiten herangezogen. Für den Bau und den Unterhalt der Hauptstraßen zu den Märkten müssen die Landbewohner Beiträge leisten, sei es durch Geld, sei es durch Zugtiere und Fahrzeuge. Die Bestimmung wird damit begründet, daß sie diese Wege vor allem benutzen würden[378]. Zuweilen, namentlich in kleinen Städten, trägt die Kommune die Hauptlast, namentlich, wenn es sich um Straßen in noch wenig besiedelten Stadtteilen handelt, die einen militärischen Wert als Torstraßen besitzen[379].

In einer Eingabe von 1357 an den Stadtrat von Siena wird darauf aufmerksam gemacht, daß die Bewohner einer gewissen Straße ihre Pflichten vernachlässigt hätten. Jene Menschen – so heißt es in dem Dokument[380] – seien ehrenvollen Lobes und des Andenkens wert, die sich durch ihre Taten für die schöne und würdige Vollendung der Stadt einsetzen. Die Straßengemeinschaft um die »fonte del Casato« und die Straße, die von der Piazza de Maestri zur Postierla führen solle (es handelt sich um die heutige Via del Casato di Sopra) habe jene Straßen und den Brunnen unvollendet und ohne Ordnung gelassen. Ohne Ordnung aber könne man nichts Gutes machen. Die Regierung sei dazu da, wenn sie darum gebeten würde, der ganzen Stadt Ordnung und Regel zu geben. Das Dokument ist bezeichnend für die Auffassung des Zeitalters. Die Gemeinschaft der Anwohner hat den Straßenbau zu betreuen. Sie muß ihre Ehre in dem Besitz einer schönen und sorgfältig gestalteten Straße sehen, die Regierung die Richtlinien und Regeln für die Bauarbeiten in der ganzen Stadt aufstellen.

Förderung des Häuserbaus.

Diese Regel betraf nicht nur den Verlauf einer Straße, ihre Pflasterung, ihr Kanalisationssystem, ihre Reinigung, sondern die gesamte Gestaltung des geschlossenen Straßenraumes, also vor allem die Bauwerke zu beiden Seiten der Straße. Man wollte möglichst gleich große, dem gleichen Zweck dienende Häuser, die ohne jede Baulücke dicht nebeneinander stehend die Straße einfassen. Sogar in der Gestaltung sollten sie vielerorts ähnlich sein, damit vor dem gleichartigen Hintergrund der Bürgerhäuser die monumentalen Werke durch ihr edleres Material und den größeren Maßstab ihrer höheren Bedeutung augenfällig Ausdruck geben können. Auch dieser letzte

376. Siena, Statut von 1309/10, Dist. III, Rubr. 118.
377. Agnolo di Tura, p. 512.
378. Staatsarchiv Pisa, Provv. degli Anziani, LVIII, 2, c. 66.
379. Vgl. einen Stadtratbeschluß aus Prato bei Piattoli, p. 231 zum 4. Juni 1280.
380. Siehe Dok. Nr. 6 im Anhang.

Punkt wird zu belegen sein. Diesem hohen Ziel haben die Stadtverwaltungen große Aufmerksamkeit zugewandt. Es bestand – nachweislich seit dem letzten Drittel des 13. Jahrhunderts – keinerlei Baufreiheit in den toskanischen Städten. Man mußte sich an sorgfältig ausgearbeitete Gesetze halten.

Alles Bauen war genehmigungspflichtig. Noch 1262 hören wir aus Siena, daß jeder auf seinem Grundstück bauen dürfe, wie und was er wolle[381]. Die Verordnung ist zunächst gegen die Einsprüche der Nachbarn gerichtet. Allein die Höhe der Häuser und Türme unterliegt Beschränkungen[382]. Später, am 11. Mai 1298, wird eine neue Behörde gegründet, deren Beamten alle begonnenen Bauten zu besichtigen haben, um Überbauungen und Verengungen öffentlicher Straßen und Plätze zu verhindern[383]. Aus dem gleichen Grund müssen in Pisa mindestens seit 1313 die Baugesuche dem Podestà zur Genehmigung vorgelegt werden[384]. Auch für das Einreißen der Häuser bedurfte man des behördlichen Einverständnisses. Es war verboten, Gebäude einzureißen, um die Baumaterialien zu verkaufen, es sei denn, man wolle selbst auf der gleichen Stelle ein neues Haus bauen[385]. Aufschlußreich ist die Begründung, die das Statut von Faenza von 1410–14 hierfür gibt[386]. Man möchte durch diese Maßnahme die Entstellung des Stadtbildes verhindern. Eine gleichlautende Bestimmung von 1308 aus Lucca haben wir oben mitgeteilt (S. 45 Anm. 92). Wenn man bedenkt, daß gleichzeitig die politische Leidenschaft ganze Stadtviertel zerstörte – die siegreichen Ghibellinen haben in Florenz 1260 rund 600 Häuser und Paläste ihrer Feinde einreißen lassen – wird man sich der Tragweite solcher Gesetze bewußt. Sogar die Straßenbaubehörde bedurfte in Florenz zum Einreißen eines Hauses der Genehmigung des Stadtrats[387]. Freilich wollte man damit zunächst nur die sorgfältige Prüfung der Besitzverhältnisse gewährleisten. Doch behielt der Gesetzgeber das ästhetische Moment auch dort im Auge, wo er es nicht, wie in Lucca und Faenza, ausdrücklich hervorhebt. Es war selbstverständlich.

---

381. Siena, Statut von 1262, Dist. IV, Rubr. 1.

382. Über die Beschränkung der Turmhöhen siehe unten p. 179.

383. Siena, Statut von 1309/10, Dist. III, Rubr. 190: Anco, statuimo et ordiniamo che l'officio de' pretori sia et essere debia ne la città di Siena, si che neuna casa o vero hedificio alcuno si possa di nuovo fondere o vero murare dintorno a le strade o vero vie publiche del comune, se li pretori, overo due di loro per lo meno, non vegono la detta uopera et fondamento, acciò che coloro e'quali hedificano non debiano sopraprendere de la ragione del comune ... Vgl. die ähnlich lautende Bestimmung für Florenz Anm. 393.

384. Pisa, Breve Curiae Arbitrorum, Rubr. 16: De dando formam hedificandi. Bonaini, II, 1047.

385. Siena, Statut von 1309/10, Dist. V, Rubr. 74.

386. Faenza, Statut von 1410–1414, Lib. VII, Rubr. 2: Item, cupientes quantum possumus deformationem civitatis evitare, statuimus et ordinamus quod nulla persona ... audeat destruere vel destrui facere ... in civitate Faventie vel eius burgis aliqua domus sine expressa licentia domini potestatis ...

387. Gaye, I, 482.

Bestimmungen über Erker, Arkaden, Außentreppen.

Schon die spätrömischen Kaiser haben Bestimmungen erlassen, durch die Vorbauten, Erker, Bogengänge und andere die Straße einengende Bauteile entfernt oder auf ein vorgeschriebenes Maß herabgesetzt werden müssen[388]. Das Mittelalter hat die Gesetze aufgegriffen und erweitert. Was wohl zu allen Zeiten als eine praktische Notwendigkeit galt, die strenge Einhaltung der Häuserzeile links und rechts der Straße, wird zugleich als ästhetische Qualität empfunden. So werden 1262 in Siena ausdrücklich einige Hauptstraßen genannt, bei denen man besonders auf die Einhaltung der Häuserzeile zu achten habe[389]. Noch 1309 findet sich die Verordnung im Stadtstatut. 1370 wird ein Ausschuß gewählt, der in den Hauptstraßen alle Maßnahmen zu treffen hat, die zur größeren »Schönheit« der Stadt gereichen[390]. Man stellt fest, daß die Verordnungen über die »Schönheit der Stadt« seit dreißig Jahren nicht beachtet worden seien. Mißstände auf dem Campo selbst zwingen dazu, die Angelegenheit vor den großen Rat zu bringen. Es handelt sich darum, den Laden eines gewissen Niccholò Toni, der zur »major turpitudine campi« gereiche, »pro major pulcritudine campi« abreißen zu lassen. Zwölf Maurermeister hatten schon vorher den Schaden, der dadurch erwachsen konnte, abgeschätzt. Man ist erstaunt, dem gleichen Dokument zu entnehmen, daß dieser Laden im ganzen nur dreiviertel Ellen, also etwa 40 cm aus der Häuserzeile des Platzes herausragte. Doch sollen alle Häuser zwischen dem Palazzo Sansedoni und dem Palazzo Marconi »ad cordam campi per rotunditatem« zurückgenommen werden[391]. Selbst in einer so kleinen und unbedeutenden Stadt wie Radicofani am äußersten Südrand der Toskana enthält das Statut eine fast gleichlautende Bestimmung[392]. In Florenz legt das Statut von 1325 fest, daß die »mensuratores Communis« über die Einhaltung der Häuserzeile zu wachen haben. Jede Überbauung der Straßengrenze wird bestraft. Wo ein älteres Gebäude abgerissen wird, das die Häuserzeile überschritten hatte, muß der Neubau entsprechend zurückverlegt werden[393].

---

388. So Domitian, vgl. Anm. 262.

389. Siena, Statut von 1262, Dist. III, Rubr. 84.

390. Borghesi e Banchi, p. 31, Nr. 20, vgl. Anm. 61.

391. Ebd., p. 32.

392. Statut von Radicofani von 1255, Rubr. 30: Nulla persona faciat vel construat aliquod edifitium propter platea comunis quod impediatur vel miniatur platea comunis sive mercati.

393. Florenz, Statut des Podestà, Lib. II, Rubr. 22: De mensura domorum et viarum facienda per magistros communis. – Si quis domum murare vel hedificare voluerit, non debeat hedificium sive murum sive columpnas removere, nisi prius domus a vicinis et magistris et mensuratoribus Communis Florentie videatur palam coram vicinis et maxime coram proximioribus ex utraque parte domus hedificande; et ante quam aliqua claudenda seu clausura fiat ibi vel novum hedificium ponatur ibi, faciat quod vie et place non restringantur. Qui vero contra fecerit tollam ei libras quinquaginte f. p., et hedificium factum faciam removeri et ut prius erat reduci. Tamen, si convicini vellent inter se concordare mictere et ponere

Es ist bezeichnend, daß, während der moderne Betrachter die Erker und Vorbauten als besonderen Reiz mittelalterlicher Städte mit Vergnügen betrachtet, die Verwaltungen dieser Gemeinden selbst auf das energischste bemüht waren, diese Bestrebungen ihrer Bürger, Wohn- und Wirtschaftsraum auf Kosten der Straße auszuweiten, zu unterbinden. Kaiser Zenon hatte Vorbauten und Außentreppen für Straßen von weniger als 10 Fuß Breite verboten[394]. In Pisa finden sich ähnlich lautende Bestimmungen schon 1164[395]. Nach dem Brande von 1158 wurden an den Arnoufern die Vorbauten, die meist aus Holz waren, zunächst verboten, dann auf ein geringeres Tiefenmaß beschränkt[396]. Auch die Höhe der Erker wird festgelegt, damit sie den Verkehr nicht behindern können[397]. Gleichzeitig wird in weniger repräsentativen Straßen die Genehmigung von Vorbauten von dem Einverständnis des Nachbarn abhängig gemacht, wobei freilich Säulengänge, namentlich, wenn sie schon über 40 Jahre alt sind, besonderen Schutz genießen sollen[398]. Einschränkungen dieser Art werden in allen späteren Statuten wiederholt und im Laufe der Zeit dahingehend erweitert, daß man sie in Beziehung zu den Straßenbreiten setzt. So dürfen im 14. Jahrhundert Dächer bis zu einem Drittel der Straßenbreite vorragen, Balkone bis zu einem Viertel[399]. Ähnliche Bestimmungen, wie wir sie in Pisa schon in der zweiten Hälfte des 12. Jahrhunderts antreffen, finden sich 1250 in Bologna[400], 1252 in Viterbo[401],

---

columpnas vel aliud claudimentum, facere possint id absque magistris et mensuratoribus Communis, excepto quam ex latere viarum et platearum. Et quicumque habet domum vel terrenum juxta viam, que domus vel terrenum sit versus viam ultra plus quam domus vicinorum et terrenum, (et) destruentur domus pro hedificio, de novo hedificare non possit vel debeat hedificari facere versus viam ultra plus quam domus vicinorum, scilicet ad squadram ponere cum domibus vicinorum ad cordam iuxta viam. Et hec extendantur tantum ad futura, ab anno domini MCCLVIII, kal. ianuarii prime inditionis. – Es sei angemerkt, daß dieses Gesetz für Florenz also im gleichen Jahr 1257 beschlossen wurde, in dem man Siena vermessen ließ, um eine reinliche Scheidung des privaten und öffentlichen Besitzes möglich zu machen. Am 1. Januar 1258 trat es dann in Kraft. Die Maßnahme gehörte in Florenz zu den vielen Baubestimmungen des »primo popolo«.

394. Cod. Just. VIII, 12.

395. Pisa, Breve von 1262, Bonaini, I, 13: Balatoria et scalas que intus per convicinia super vias sunt, si a vicinorum maiori parte reclamatio ut dictum est, facta fuerit, destruam vel destruere faciam.

396. Ebd., p. 35 f und Maragone, p. 17.

397. Pisa, Constitutum usus Pisanae civitas, Bonaini, II, 955: De balatoriis ordiniamus, ut si reclamatio facta fuerit ab eo qui est de convicinio, vel domum habet in convicinio, de aliquo vel aliquibus habentibus balatorium super viam publicam altum a terra minus XV pedibus mensuratoriis per arbitri officium, usque in altitudinem XV pedum ipsam balatorium removeatur et tollatur, ... Salvo tamen, quod si quis habuerit balatorium super columpnas seu columpnam, in terra positas a XL annis continuis retro.

398. Ebd.

399. Pisa, Breve Curiae Arbitrorum, Rubr. 13 und Breve von 1313, Lib. IV, Rubr. 55; Bonaini, II, 1045 u. 425 f.

400. Bologna, Statut von 1250, Lib. IX, p. 217.

401. Viterbo, Statut von 1251, Dist. III, Rubr. 39: Quod nullus edificat caligam in

1296 in Pistoia[402]. Am eingehendsten wiederum hat sich die Stadtverwaltung von Siena mit den »sporti« oder »ballatoi«, wie man sie dort nannte, beschäftigt. Dort werden sie für gewisse Straßen ganz verboten[403], für andere nur auf einer Straßenseite gestattet[404], für wieder andere – und es handelt sich um die wichtigsten Verkehrsadern der Stadt, von der Porta Camollia und der Piazza di Postierla zum Dom – lediglich insofern beschränkt, daß mindestens ein Drittel der Straße »bis zum Himmel« freibleiben solle, wobei freilich Brücken und Bögen über die Straße hinweg ausgenommen bleiben[405]. Im späteren Trecento und im Quattrocento wird es eines der Hauptanliegen der »ufficiali de l'ornata della città«, immer mehr Straßen von Vorbauten zu säubern. Man ging dabei systematisch Haus für Haus vor, und zuweilen entwickelten sich langwierige Rechtsstreite, wenn einer der Hausbesitzer nicht in der Lage oder nicht gewillt war, seinen Besitz umzubauen. Für einzelne Bürger beantragen die Schönheitsbeamten selbst eine Unterstützung durch die Stadt[406], für andere bitten sie um ein hohes Amt, damit jene dadurch sich schadlos halten könnten[407], und man begründet diese Bitten mit dem Hinweis, daß die Entfernung der Vorbauten zum Schmuck einer Straße und zur Ehre der ganzen Stadt gereiche.

Die »ufficiali de l'ornato« gehen die ganze Stadt, Straße für Straße, Haus für Haus durch. Jedes einzelne Bauwerk wird vorgenommen. Planmäßig säubert man Bezirk nach Bezirk von Vorbauten, Außentreppen und Erkern. Holz- oder Lehmfassaden werden beseitigt und durch ansehnlichere ersetzt. Eingaben dieser Behörde betonen, daß in dieser Straße nur ein Haus noch den Vorschriften nicht entspreche, oder daß in einer anderen, wo viel Monumentalpaläste stehen, ein kleines und unschönes Gebäude als störend empfunden werde. Man sucht nach Möglichkeiten, um die Hausbesitzer in die Lage zu versetzen, ihren Neubau auszuführen, vergibt Ämter, erläßt Schulden, gewährt Rechte. Man biegt das Gewachsene zurück ins Spalier, so wie der Wille des Dichters die freibewegte Rede in die Terzine zwingt. Dem Chaos

---

strada. Item, statuimus quod nullus faciat vel hedificat caligam aliquam de novo seu murum in strata vel via publica, cuius occasione via, vel eius status vel aspectus vie ledetur vel choarceatur. Die Treppen, die heute einen besonderen Ruhm Viterbos bilden, scheinen also in einem Ausmaße Mode geworden zu sein, daß man ihren Bau einschränken mußte.

402. Pistoia, Statut von 1296, Lib. III, Rubr. 16.

403. Siena, Statut von 1309/10, Dist. III, Rubr. 252.

404. Ebd., Dist. III, Rubr. 48.

405. Ebd., Dist. III, Rubr. 5: Anco, statuimo et ordiniamo che la strada, la quale comincia da la porta da Stalleregi et va infino a la porta di Camollia, debbià essere aperta et scoperta infino al cielo; et la strada la quale comincia da la porta di Sancto Moreci et và infino a la porta di Camollia per la terza parte de le dette strade. Excetti li ponti et archi fatti sopra le dette strade, e' quali inde perciò levare non si debiano, si li detti ponti et archi sono d'alteza de la terra di XV. braccia per lo meno, o vero da inde in su.

406. Siehe Anhang Dok. Nr. 11.

407. Siehe Anhang Dok. Nr. 9.

wird Ordnung gegeben. Stadtbaukunst wird Stadtsanierung und sollte es bis auf den heutigen Tag bleiben.

Für Florenz sind neuerdings viele der einschlägigen Verordnungen über die »sporti« in einer besonderen Studie zusammengetragen worden[408]. Danach wurden 1295 für die Via Maggio erstmalig die Vorbauten verboten, da dort die Häuser ohnehin geräumig seien[409]. Wenn auch kein Haus des Dugento und nur 5 oder 6 aus dem Trecento sich in dieser Straße erhalten haben, so darf man doch die alte Bestimmung dafür verantwortlich machen, daß diese Straße bis auf den heutigen Tag den Charakter einer vornehmen Palaststraße bewahren konnte. Außer für die Via Maggio waren Vorbauten noch seit 1321 am Platz von Or San Michele und seit 1363 am Domplatz verboten[410], wo man sich freilich nicht immer an die Bestimmung gehalten zu haben scheint. Das Haus der Misericordia gegenüber dem Baptisterium hatte und behielt während des ganzen Trecento seine Balkons. Auch in der Verbindungsstraße zwischen dem ersten Stadtpalast und späteren Bargello zu Or San Michele, die man seit 1297 »zur Ehre, Schönheit und Vollendung der Stadt« zu bauen bestrebt war, waren weder Vorbauten noch Straßenbrücken gestattet[411]. Diese heutige Via Cimatori hat wohl auch später nie welche erhalten. In Siena geht das Verbot der »ballatoi« auf dem Campo auf das gleiche Jahr 1297 zurück[412]. In Florenz sollten sich den genannten besonders geschützten Plätzen und Straßen im späten Trecento noch die Piazza della Signoria, die Via Calzaiuoli und die alte Via delle Fondamenta rings der Domkuppel anschließen. In allen Straßen wollte man den Bau der Vorbauten dadurch einschränken, daß man sie mit einer besonderen Steuer belastet hat. Nach Villani soll diese Steuer jährlich nicht weniger als 7000 Goldstücke eingebracht haben[413]. 1299 hat man sie zuerst ausgeschrieben. Brücken über die ganze Straße kosteten 12 Denare jährlich pro Quadratello, gewöhnliche Vorbauten in der Stadt 4, in den Vorstädten 2 Denare[414]. 1325 wird diese Steuer abgeschafft[415], findet sich aber später wieder und hat sich mancherorts bis auf den heutigen Tag erhalten.

---

408. P. Moschella, Le Case a Sporti in Firenze, Palladio VI (1942), 107 ff.

409. Florenz, Statut des Volkskapitäns, Lib. IV, Rubr. 28: Cum via Maggio sextus Ultrarni sit ampla et pulcra satis, et domus et casolaria ibi posita habeant satis ampla et largha terrena, statutum et ordinatum est quod in dicta via et super dicta via Maggio a platea Frescobaldorum usque ad ecclesiam Sancti Felicis non fiat aliquod sportum palci in aliqua domo, sub pena librarum vigintiquinque ...

410. Ebd. Lib. IV, Rubr. 5 und Anhang Dok. Nr. 7.

411. Ad honorem et pulcritudinem et actationem dicti civitatis, heißt es in dem Dokument über den Bau dieser Straße, das Barbi, loc. cit. p. 112 ff. abgedruckt hat. Dort alle weiteren Urkunden über diesen bedeutendsten Straßenneubau in Florenz am Ende des Dugento.

412. Siena, Statut von 1309/10, Dist. III, Rubr. 261; vgl. Anhang Dok. Nr. 2.

413. G. Villani, XI, 32.

414. Gaye, I, 443, Dok. vom 24. März 1299.

415. Florenz, Statut des Podestà, Lib. V, Rubr. 98.

Die Bestimmungen über die Tiefe der Vorbauten werden durch andere über ihre Höhe ergänzt. So müssen 1325 in Florenz alle Vorbauten in Straßen von mehr als 6 Ellen Breite mindestens 8 Ellen über dem Boden hoch sein (4,70 m)[416]. Ebenso hoch sollen die Bögen sein, die den Zugang zum Sieneser Campo vermitteln[417]. In Perugia wird die gleiche Höhe für die Sporti der fünf Hauptstraßen vorgeschrieben, die in den Stadtplatz einmünden[418]. Gleichlautende Bestimmungen finden sich seit der zweiten Hälfte des 13. Jahrhunderts in den meisten Statuten. In allen Orten, die Wert darauf gelegt haben, ihre Straßen durch Bogenhallen einzufassen, wird diese Verordnung über die zulässige Mindesthöhe auf die Arkaden links und rechts der Fahrbahn ausgedehnt. Für die Toskana haben wir Pisa genannt. Auf der dortigen Hauptstraße, dem Sottoborgo, haben sich Kapitelle des 12. Jahrhunderts über antiken Säulenschäften erhalten, die zusammen die vorgeschriebene Höhe eben erreichen. In Bologna finden sich die einschlägigen Erlasse im Statut von 1250[419], in Verona von 1276[420]. Das dort vorgeschriebene Höhenmaß von 7 Fuß entspricht den Bestimmungen des Kaisers Zenon von 474[421]. Vielerorts konnten die Anwohner durch einen Mehrheitsbeschluß der Nachbarschaft zum Bau solcher Arkaden gezwungen werden. Soweit ich sehe, stammt die älteste Verordnung hierüber von 1227 aus Parma[422]. Schon 1211 hatte ein Podestà dieser Stadt ein Gesetz über den Bau von Bogenhallen links und rechts der Hauptstraßen erlassen[423]. Die Sache selbst geht auf älteren Brauch zurück. Die hellenistischen Säulenstraßen, wie sie uns aus dem Orient bekannt sind – Palmyra, Gerasa, Apamea, Philadelphia sind Beispiele – wurden nach dem neronischen Brand auch in Rom nachgeahmt[424]. Durch diese Säulenkorridore sollten die unregelmäßigen Privatbauten sich zu einem einheitlichen Gesamtbild verbinden[425]. Sobald man in Italien wieder an eine bewußte und monumentale Gestaltung der Straßen dachte, griff man das beliebte Motiv erneut auf. Es liegt in der Natur der Sache, daß die Verordnungen hierüber im Laufe der Jahrhunderte immer präzisere Form finden konnten. In den Statuten des beginnenden Quattrocento ist der Prozeß ab-

---

416. Ebd., Lib. IV, Rubr. 6.
417. Siena, Statut von 1309/10, Dist. III, Rubr. 41.
418. Perugia, Statut von 1342, Libr. IV, Rubr. 7.
419. Bologna, Statut von 1250, Lib. IX, Rubr. 27.
420. Verona, Statut von 1276, Lib. V, Rubr. 172.
421. Cod. Just. X, 12.
422. Parma, Statut von 1255, I, 98 f.
423. Ebd., Einleitung p. XVIII.
424. Sueton, Nero, 16: formam aedificiorum urbis novam excogitavit et ante insulas et domus porticus essent, de quarum solariis incendia arcerentur. Schon Alberti, p. 55, kennt die Stelle.
425. Über die Portici in der Antike und im Mittelalter vgl. Karl Swoboda, Römische und romanische Paläste, Wien 1924, p. 36 und 250 ff.

geschlossen. Als Beispiel sei auf ein Kapitel aus dem Statut von 1410–14 für Faenza hingewiesen, in dem genau die Straßen unterschieden werden, auf denen keine Vorbauten zulässig sind, von jenen, an denen sie nur in einer beschränkten Tiefe angebracht werden dürfen und wiederum anderen, an denen sie so hoch sein müssen, daß sie den Verkehr nicht behindern können[426].

Strenger als gegen die Vorbauten ging man in allen toskanischen Hauptstädten gegen die Außentreppen vor, durch die die Bürger den Mangel an Wohnraum zu beheben suchten. Sie werden in der Regel grundsätzlich verboten[427] und müssen 1262 in Siena auch dort entfernt werden, wo sie von altersher bestanden[428]. Es wird dort und andernorts betont, daß diese Treppen, die einem altertümlichen, noch heute auf dem Lande in der Toskana gebräuchlichen Haustypus entsprechen, nicht nur die Straßen verengen, sondern auch ihrem Aussehen schaden. In Viterbo, dessen Häuser mit ihren reizvollen Treppen heute als ein besonders liebenswertes Merkmal der Stadt gelten, sagt schon das Statut von 1251, daß durch sie das Bild der Straße verdorben wird – aspectus vie ledatur[429]. An die Bestimmung selbst scheint man sich wenig gehalten zu haben. Im Sieneser Statut von 1309/10 wird das Gesetz von 1262 wiederholt[430]. In dem großen Stadtbild von Ambrogio Lorenzetti im Palazzo Pubblico bemerkt man zahlreiche Außentreppen. In vielen Darstellungen von Straßenszenen auf volkstümlichen Heiligenleben finden sie sich wieder.

Alle anderen über die Häuserzeile herausragenden Teile, aufklappbare Ladentische, Schilder, Lampen, Wäschestangen fallen, falls sie ein gebotenes Maß überschreiten, unter das gleiche oder ein ähnliches Gesetz[431]. Sogar die Bäume werden manchenorts aus den Straßen entfernt[432]. Erst das 18. Jahrhundert hat Alleen in den Städten angelegt. Baumlos wollte das Mittelalter den ganz aus Steinen gefügten Straßenraum.

Fassadengestaltung.

Die Aufmerksamkeit der Gesetzgeber blieb nicht auf die Bauteile beschränkt, die ihn einzuengen drohten. Auch mit der Gestaltung der Fassaden selbst hatte sich die Stadtverwaltung zu beschäftigen. Der Häuserbau an den

426. Faenza, Statut von 1410–14, Lib. VII, Rubr. 9.
427. Siena, Statut von 1262, Dist. III, Rubr. 63.
428. Ebd.
429. Viterbo, Statut von 1251, Lib. III, Rubr. 39.
430. Siena, Statut von 1262, Dist. III., Rubr. 195.
431. Siena, Statut von 1309/10, Dist. III, Rubr. 88: Di riducere le finestre, le quali sono ne le strade a la misura del passetto. Ferner Dist. III, Rubr. 244: Di non tenere desco fuore de la casa di Nicolicio da Arbiuola oltre uno passetto. Der Passetto entspricht 1,16 m.
432. So z. B. werden 1231–33 Bäume für die öffentlichen Straßen von Parma verboten. Ronchini, Statuta communis Parmae, 336/37.

öffentlichen Straßen unterlag seit dem ausgehenden 13. Jahrhundert genauen Bestimmungen. So müssen in Siena nach einer Verordnung des Statuts von 1309/10 alle Häuser der Stadt und ihrer Vorstädte, die in Zukunft aus Lehm gebaut werden, an der Straßenseite eine Ziegelsteinmauer aufweisen, und zwar, wie es ausdrücklich heißt, damit sie der Stadt zur Schönheit gereichen[433]. In Florenz müssen 1325 – wiederum mit der gleichen Begründung »pro maiorem pulcritudinem civitatis« – alle Häuser wenigstens bis zu einer Höhe von 4 Ellen (2,36 m) aus Steinen aufgemauert werden[434]. Bei den wichtigsten Plätzen, so an der Piazza San Giovanni und der Piazza della Signoria verlangt man in den achtziger Jahren dieses Jahrhunderts die vierfache Höhe, also 16 Ellen oder 9,40 m in Stein.

Platzgestaltung.

Ich erwähnte schon die Eingabe von 1363, durch die die Vorbauten auf der Piazza San Giovanni verboten wurden. Das gleiche Dokument enthält die Bestimmung, einige kleinere Häuser einzureißen, weil sie dem Aussehen und der Schönheit des ganzen Platzes schaden[435]. Man solle an allen Gebäuden rings die Mauer bis zu einer Höhe von 16 Ellen aus schönen und gleichartigen Hausteinen ausführen und mit ebenso gleichartigen Türen und Fenstern versehen[436]. Als Exemplum dient das Haus der Opera von San Giovanni selbst, also die Bauhütte. Ihr Gebäude hat sich nicht erhalten. Auch die damals erbauten Läden sind inzwischen alle erneuert. Sogar den Bischofspalast hat man diesem System eingeordnet. Seine untere Loggia, die schon im 11. Jahrhundert genannt wird[437], finden wir seit einigen Jahren vermauert und die einzelnen Bogen als Läden oder Werkstätten vermietet. Es gab im ganzen 37 solche Läden in dem umfangreichen Baublock[438].

Eine genaue Vorstellung, wie dieser Platz gestaltet war, vermittelt die Straße, die um den Dom führt, die ehemalige Via delle Fondamenta, wie sie Jahrhunderte lang nach den Fundamenten der Domapsiden hieß. Sie war

---

433. Siena, Statut von 1309/10, Dist. V, Rubr. 409: Anco, statuto et ordninato è, che se infra la città di Siena et li borghi avenisse che si facesse alcuna casa di terra murata ad archi, che le more et le facce denanzi si murino et si facciano et sieno di mattoni, *acciò che cotali case rendano belleza a la città.* Die Bestimmung geht auf einen Erlaß von 1297 zurück und findet sich auch im Statut Nr. 5.

434. Florenz, Statut des Podestà, Lib. IV, Rubr. 65: Pro maiori pulcritudine civitatis Florentie statutum et provisum est quod omnes et singuli habentes casolaria in civitate Florentie intra muros civitatis teneantur et debeant remurare vel claudere ipsa casolaria iuxta viam usque ad altitudinem quattuor bracchiorum.

435. Quod deturbant faciem et pulcritudinem totius platee. Siehe Anhang Dok. Nr. 7.

436. Ebd.

437. Davidsohn, Gesch. v. Florenz, I, 736.

438. Davidsohn, Forsch. IV, 507.

1388 angelegt worden, von vornherein in der ganz ungewöhnlichen Breite von 28 Ellen (16,50 m) an ihrer schmalsten Stelle, und zwar, damit die Kirche durch die Straßen geschmückt werde – cupientes quod dicta ecclesia hornetur viis [439]. Auch hier fehlen die genauen Anweisungen über die Hausgestaltungen keineswegs [440]. Die Dombaumeister werden angehalten, die Anlage teilweise zu überprüfen, teilweise müssen sie selbst die Pläne für die Häuser ausarbeiten [441]. Großer Wert wird auf die Gestaltung der »Pilaster« gelegt. Man hat in Florenz den Eindruck, als seien die beliebten Bogenhallen, jene Portici, die aus der Antike übernommen wurden, in die Häuser einbezogen worden. Von der Via Ricasoli bis zu den Gebäuden der Domopera hat sich die Anlage erhalten. Die Häuser sind gleichförmig bis zu einer Höhe von 16 Ellen aus Hausteinen gebaut. In regelmäßigen Abständen, jeweils nur durch einen breiten Pilaster getrennt, folgen sich gleich große Bogen, unter und in denen damals wie heute Kaufläden und Werkstätten angemessenen Raum und angemessene Beleuchtung gefunden haben.

Seit mehr als hundert Jahren hatte man die Gestaltung des Domplatzes nicht aus dem Auge verloren. Vorausgegangen war 1289 eine Erneuerung des Pflasters, 1296 eine erste Erweiterung durch das Niederreißen des alten Hospitals zwischen San Giovanni und Santa Reparata, wofür Dante seine Stimme im Stadtrat erhoben hatte [442]. Gleichzeitig sollten die Grabmonumente entfernt werden, eine Bestimmung, an die man noch mehrmals erinnern mußte [443]. Aus einem Friedhof wurde ein repräsentativer Versammlungsraum. Es folgte die Restauration des Baptisteriums durch Arnolfo, der Bau der Domfassade und später des Campanile, endlich 1353–59 des Bigallo. 1363 wurden die allzu bescheidenen Hausfassaden entfernt, 1367 ein Haus gegenüber dem Campanile eingerissen, um den Platz zu vergrößern und den Turm besser sichtbar zu machen [444]. 1388/89 schloß sich der Bau der Via delle Fondamenta an. Dabei blieb man stetig bestrebt, jedes neue Werk in Beziehung zu den schon bestehenden Dingen zu setzen. Es ist oft beobachtet worden, daß die dekorative Wandgliederung von Baptisterium, Dom und Campanile große Übereinstimmungen aufweist [445]. Bei der Gestaltung der Domapsiden griff man das Dreibogensystem des Baptisteriums wieder auf.

---

439. Guasti, p. 286, Nr. 386.

440. Ebd., p. 286 ff., Nr. 387 f.

441. Ebd., p. 288, Nr. 390.

442. Gaye, I, 18–19; Guasti, p. 9 f., Nr. 14; Frey, Loggia, Abt. III, Dok. Nr. 2. Über Dantes Anteil vgl. Davidsohn, Forsch. IV, p. 396, und Consulte, p. 357.

443. G. Villani, VIII, 3.

444. Guasti, p. 185, Nr. 166: Operarii ... deliberaverunt, quod quedam domus dicti operis que est ex opposito campanilis .... destruatur et destrui debeat usque ad fundamentum pro dechore dicti campanilis et causa faciendi plateam dicto campanili.

445. Frey, Loggia, p. 86f.; Martin Weinberger, The first facade of the cathedral of Florence, Journal of the Warburg and Courtauld Institutes, IV (1940/41), 79.

Die einheitliche Farbwirkung des Ganzen verlor man nie aus dem Auge. Dom und Campanile gehören zu den Meisterwerken auch der Trecentomalerei. Giottos Entwurf für das Erdgeschoß des Campanile wird man nur dann gerecht, wenn man sich der besonderen Aufgaben erinnert, die hier im Dienst an der Gestaltung des ganzen Platzes zu leisten waren. Mit der Domfassade und dem Baptisterium sollte er eine monumentale Gruppe bilden. Dem farbigen Zusammenklang hat noch Brunelleschi seine Pläne eingeordnet. Den Rahmen dieser Gruppe aber formten die einheitlich gebauten Bürgerhäuser. Undenkbar, daß man für sie den weißen Marmor oder auch nur den roten Ziegel gestattet hätte, auf den man in den ärmeren Vierteln der Stadt bei Santa Croce – der città rossa – gern zurückgriff. Der strenge, braune Macigno, wie ihn die Brüche der nahen Umgebung hergaben, blieb das Kennzeichen aller guten Profanbauten bis in das 16. Jahrhundert hinein. Es war nicht üblich, die Mauer zu verputzen. Die Schönheit der einfachen Steinmauer haben schon Bauverträge und Statutsbestimmungen des Trecento betont. Die gleichmäßige Gestaltung aller Häuser rings des Platzes ließ sie noch augenfälliger werden.

Erst das 19. Jahrhundert hat die Geschlossenheit dieses Platzes zerstört. Der Bischofspalast, ein Neubau von 1573–85, wurde abgebrochen und Stein für Stein zurückversetzt, die Via Calzaiuoli verbreitert, so daß man den Raum vor dem Dom nicht mehr als Platz empfindet, sondern als Straße. Das Baptisterium verlor den angemessenen Rahmen. Verlassen wie ein Punkt auf dem i steht es inmitten einer ungestalten Straßenkreuzung. Verkehrstechnische Erwägungen haben ein Meisterwerk mittelalterlicher Stadtbaukunst in wesentlichen Teilen zerstört. Das einzelne Kunstding wurde erhalten. Ein sinnvoll Geordnetes aber verkam.

Ergänzt werden die Gesetze für den Domplatz durch wenig spätere für die Piazza della Signoria. Auch dort war die monumentale Gruppe, Palazzo Vecchio und Loggia dei Lanzi vollendet, ehe man die Gestaltung der Privathäuser nach einem einheitlichen Schema in Angriff nahm. Wie häufig in der Geschichte der Stadtbaukunst, läßt sich nur die Absicht an wenigen Ansätzen zu ihrer Verwirklichung rekonstruieren. Fast ein Jahrhundert lang hatte man sich um die Erweiterung des Platzes gemüht. Carl Frey hat die Dokumente hierüber zusammengetragen[446]. Die erste Anlage, die Gestalt des Stadtpalastes und die dichte Bebauung des ganzen Bezirks erschwerten die Arbeiten. Es war nicht leicht, dem von vielen Straßen durchzogenen Bereich ein regelmäßiges und großes Rechteck für den Gemeindeplatz abzugewinnen. Wiederholt wird von diesem Ziel in den Dokumenten gesprochen. Zahlreiche Häuser mußten entfernt werden. Die Kirchen Santa Cecilia und San Romolo, die das Volk nicht entbehren wollte, mußte man zurückverlegen. Die Via

446. Frey, Loggia, p. 195 ff.

Calzaiuoli, als die Hauptverbindungsstraße zu dem Getreidemarkt und dem Oratorium von Or San Michele und zum Dom, wurde zunächst bis zu diesem Markthaus auf die heutige Breite gebracht. Die Stadt enteignet und zerstört sowohl am Platz von Or San Michele als ebenso in der Via Calzaiuoli und auf dem Stadtplatz viele Häuser, verkauft das Steinmaterial an die Opera del Duomo, entschädigt die Besitzer. Die Familien, die durch die Platzerweiterung in den Genuß eines wertvolleren Grundstücks an dem neuen Stadtzentrum selbst gelangt sind, werden unter Strafe dazu verpflichtet, ihre Häuser einheitlich und zum Schmucke des Platzes (pro ornamento platee) bis zur Höhe von 16 Ellen aus Hausteinen neu zu erbauen[447]. Wiederum wird ein Haus als das Exemplum für alle anderen vorgeschrieben. Die Bauaufsicht liegt bei den Dombaumeistern. Sie greifen unmittelbar in die Gestaltung ein. Die Stadtverwaltung, die einen Teil der Kosten zu tragen hat, stellt also den Architekten. Benci di Cione, dem wir am Bargello, am Dom und an der Loggia als einem erfahrenen Statiker begegnen, wird als einer dieser Baumeister namhaft gemacht[448].

In einem Dokument vom 29. März 1390, das sich mit der Entschädigung der Anwohner auf der Via Calzaiuoli zwischen Or San Michele und der Piazza della Signoria beschäftigt, werden alle Einzelheiten noch einmal genau festgelegt[449]. Die Gestaltung (ornamentum), die Größe (forma) und das Exemplum der neu zu errichtenden Gebäude werden vorgeschrieben, Gleichartigkeit ausdrücklich gefordert. Die Dombaumeister »müssen bestrebt sein, die neuen Gebäude auf beiden Seiten der Straße so zu erbauen, daß sie schön und edel gestaltet genau dem Haus der Guelfenpartei gleichen, das an der gleichen Straße liegt«[450]. Ausdrücklich wird betont, daß diese Neubauten zur Zierde der ganzen Stadt in Angriff genommen worden seien. Die damals entstandenen Häuser sind erhalten. Bis zu einer Höhe von 16 Ellen sind links und rechts der Straße von der Piazza bis zum Oratorium und der gegenüberliegenden Kirche San Carlo dei Lombardi – deren Fassade in eben diesen Jahren von dem Dombaumeister Simone Talenti vollendet wurde – alle Gebäude aus dem gleichen Stein gebaut und mit gleichen Bogenöffnungen und Fenstern versehen. Man hat dasselbe Gliederungsprinzip wie am Domplatz angewandt. Steht man in der Straßenkreuzung der Via Condotta (der alten Via del Garbo) mit der Via Calzaiuoli, so fällt die gleichartige Bildung der Häuserecken auf. In die schweren Macigno-Quadern sind schlanke Rundstäbe eingelassen.

---

447. Ebd.
448. Siehe unten p. 244.
449. Frey, Loggia, p. 243 ff.
450. Ebd., p. 244: Operarii dicte opere ... debeant sollicitare et fieri facere nova hedifitia ex utraque parte dicte vie, que sint pulcra et ornata ad similitudinem hedifitii partis Guelforum, existentis iuxta viam predictam ...

Die Arbeiten wurden 1391 mit einigen Hausbauten vorläufig abgeschlossen, die man auf der Piazza della Signoria selbst gegenüber der Loggia dei Lanzi errichtet hat[451]. Praktisch handelt es sich um die Fortsetzung des gleichen Bebauungsplanes über die Straßenecke hinaus. Ob dieser Häuserblock genau der Vorschrift entsprechend erbaut wurde, muß offen bleiben. Er wurde im 18. Jahrhundert erneuert. Beendet wurden die Arbeiten des Trecento durch eine große, augenscheinlich ebenfalls 16 Ellen hohe Mauer, die man vor die bescheidenen Häuser an der Westseite des Platzes gestellt hat[452]. Im Volk hieß sie »la mura dei Pisani«. Sie soll von gefangenen Pisanern erbaut worden sein. Man vermauerte den Anwohnern den Zugang zur Piazza um der einheitlichen Gestaltung willen. Bis zur Erbauung des mageren Versicherungsgebäudes, das heute die Stelle verunziert, hat diese Mauer gestanden. Durch sie wurde der Eindruck des Platzes als eines abgeschlossenen Bezirks gewährleistet. Mit ihr ragt das Gestaltungsprinzip der Via Calzaiuoli in den Platz hinein. Es entsteht eine organische Verknüpfung. Das Auge wird von störenden Einzelheiten abgelenkt, damit die monumentale Gruppe von Stadtpalast und Loggia um so bedeutsamer hervortritt.

Die planmäßige und einheitliche Gestaltung einer Verbindungsstraße zwischen dem Stadtpalast und dem Zunfthaus Or San Michele vom Ende des Trecento scheint aus einer älteren und allgemein empfundenen Notwendigkeit erwachsen zu sein. Schon ein Jahrhundert früher, in den neunziger Jahren des Dugento, hat man sich mit einem ähnlichen Projekt befaßt. Die sehr ausführlichen Protokolle hierüber hat die Danteforschung veröffentlicht[453]. Der Dichter gehörte zu den Beamten, die einen benachbarten Straßenbau zu betreuen hatten. Die 1297 begonnene und 1301 teilweise vollendete Straße, die heutige Via Cimatori, sollte die gradlinige Verbindung zwischen dem Bargello und Or San Michele herstellen. Besondere Schwierigkeiten entstanden dadurch, daß der große Klosterbezirk der Badia von dieser Straße durchschnitten werden mußte. Man wollte sie unmittelbar am Turm der Benediktinerkirche vorbei zum Haupteingang des Bargello führen. Die mächtige Familie der Cerchi, die wie Dante zur Partei der weißen Guelfen gehörte, war an dem Bau dieser Straße interessiert. Die Prioren der Zünfte hatten befohlen, »eine überaus schöne Straße von dem Platz von Or San Michele bis zum Stadt- und Volkspalast von Florenz anzulegen, und zwar zur Ehre, zur Schönheit und zur Vollendung der Stadt«[454]. Den Notaren muß

451. Ebd., p. 248 f.; Gaye, I, 535.

452. Das Dokument über die Mauer im Staatsarchiv Florenz, Provv. Bd. 51, c. 81 im Auszug bei Gaye, I, 513 und bei Frey, 216 f. Die Bewohner sind gehalten: facere et fecisse refeci ipsum murum in loco debito iuxta ipsam plateam et ex latere ipsius platee pulcrum et decentum et altitudinis 16 brachiarum sub pena predicta.

453. Barbi, loc. cit., p. 111–128 und Anhang Nr. 3.

454. Quod quedam pulcerima via micti debeat atque fieri a platea Orti Sancti Michaelis

eine genaue Vertragszeichnung vorgelegen haben, auf die in den Dokumenten hingewiesen wird. Noch versuchte man nicht, ein einziges Haus als Exemplum für die anderen vorzuschreiben. Aber die Bestimmung, daß alle Häuser in dieser Straße aus Stein zu bauen seien, findet sich bereits hier, ergänzt – wie wir schon hörten – durch das Verbot von Vorbauten und Erkern. Als nach dem Sturz und der Verbannung der »Weißen« 1301 die Cerchi an Einfluß verloren hatten, konnten die Prioren des Klosters ihren Standpunkt erneut zur Geltung bringen. Die Straße blieb ein Fragment. Auch hatte sie inzwischen durch den Bau des neuen Stadtpalastes, des Palazzo Vecchio, an Bedeutung verloren. Es ist für den Gang der Entwicklung bezeichnend, daß die nunmehr zu verbreiternde Via Calzaiuoli 18 Ellen oder 11 m breit werden sollte, während für die Via Cimatori nur 10 Ellen oder etwa 6 m gefordert gewesen waren.

Das Idealbild einer mittelalterlichen Straße und eines Platzes, wie es uns aus den Florentiner Verordnungen des Trecento entgegentritt, wird in einigen Einzelheiten durch Bestimmungen der Sieneser Statuten noch ergänzt. Gleichartiges Material und gleichartige Gestaltung der Bürgerhäuser waren in Florenz die kennzeichnenden Merkmale. Die Stadt wurde einheitlich aus hellbraunem Macigno erbaut. In Siena wechselt der rote Ziegel mit dem hellen Travertin. Das 13. und das 15. Jahrhundert bevorzugten den Travertin. Das 14. hat besondere Verfahren zur Herstellung von Ziegeln entwickelt, damit diese auch für reichere Schmuckfassaden verwendet werden konnten. Besonderen Wert hat man in Siena auf die dichte und gleichmäßige Bebauung der Straßen gelegt. Viele Statutsbestimmungen fördern sie im einzelnen[455]. Sie gipfeln in der berühmten Fensterverordnung von 1297 für den Campo[456].

Diese Verordnung wurde in der gleichen großen Bausitzung genehmigt, in der neben vielen anderen Bestimmungen auch die Vorbauten auf dem Marktplatz verboten wurden. Damals muß der Plan für den Palazzo Pubblico als das Exemplum aller anderen Paläste schon vorgelegen haben. Nach dieser Bestimmung sollten alle Gebäude des Marktplatzes die gleichen Fenster wie der Stadtpalast erhalten, wobei auf die beiden Säulchen der Unterteilung besonderer Wert gelegt wird. Bedeutsam ist der Erlaß für uns vor allem durch seinen Zeitpunkt. Der Palazzo Pubblico selbst war damals erst geplant, noch nicht begonnen. Dem planenden Baumeister schwebte also von vornherein ein völlig einheitlich gestalteter Platz vor. Der Augenschein lehrt, daß die Verordnung mindestens bis zum Ende des Stadtstaates eingehalten wurde. Eine Eingabe der »ufficiali sopra l'ornata« von 1465 bestätigt darüber hinaus, daß man fast 170 Jahre später noch immer auf die Durchführung dieser Ver-

usque ad palatium communis et populi florentini ... ad honorem et pulcritudinem et actationem dicti civitatis populi florentini. Ebd., p. 113.

455. Hierfür ließe sich aus den Sieneser Statuten von 1262 und 1309/10 ein ganzes Corpus von Verordnungen zusammenstellen.

456. Siehe Anhang Dok. Nr. 1.

ordnung gedrängt hat[457]. Die Schönheitsbehörde schlägt vor, dem Besitzer des Palazzo Sansedoni ein hohes Amt zu geben, damit er dadurch in die Lage versetzt werde, seine Palastfassade mit den Säulchenfenstern zu vollenden. In dem weiten Arenarund entstand eine völlig gleichartige Häuserfront. Alle vorragenden Bauwerke wurden zurückgenommen. Wie in der gotischen Kathedrale die Joche, so sollen hier die Fensterachsen sich gleichmäßig folgen. Nicht das einzelne Haus, nicht einmal der Palast ist die Einheit, sondern der Platz, ja man gewinnt den Eindruck, als habe man es auch hier mit einem Innenraum zu tun, einem Burg- oder Klosterhof, in dem das Leben der Gemeinde überwacht und wie durch die Regel einer Bruderschaft geordnet ist. Ordnung aber ist dem Zeitalter Schönheit. Bellezza war Ordnung, ehe sie Wirkung wurde. Erneut sei an den Wortlaut des Gesuchs von 1357 erinnert[458]: »Ohne Ordnung kann man nichts Gutes schaffen. Die Regierung der Stadt ist dazu berufen, der ganzen Civitas Ordnung und eine Regel zu geben«.

Zweck und Ordnung.

Auf einen weiteren Lebensbezirk bezogen finde ich einen ähnlichen Gedanken in einer Eingabe der ufficiali sopra l'ornata« in Siena von 1398 hervorgehoben[459]. Sie beschäftigt sich damit, daß es der Stadt zur Schande gereiche, daß die einzelnen Zünfte ihre Läden nicht säuberlich beisammen liegen hätten, sondern durcheinander. Es heißt darin unter anderem: »Man muß eine Verordnung erlassen, wie sie in jeder guten Stadt zu ihrem Schmuck und zu ihrer Vollendung besteht. Ihr habt Eure Piazza del Campo, die die schönste ist, die man finden kann; Ihr habt dieses Schmuckstück von einer Strada di Banchi, die an der Piazza Tolomei beginnt und bis zur Porta Solaria führt, und keine Stadt in diesem Lande, weder Venedig noch Florenz hat eine schönere. Jetzt ist sie verdorben, weil Schuster und Schneider in ihr wohnen. Man muß anordnen lassen durch unsere Bürgermeister, daß ein Ausschuß von vier Bürgern gewählt wird. Dieser soll die Schönheit der Straße dadurch gewährleisten, daß er die Bankiers zusammenziehen läßt von einer Stelle bis zu einer anderen, die Tuchhändler von dieser bis zu der nächsten, die Goldschmiede, Pelzhändler und Waffenschmiede jeweils von jener bis zu der wiedernächsten, so daß von Wegstrecke zu Wegstrecke sich kein anderes Handwerk niederlassen darf als dieses eine«. Die Sitte, die Gewerbe zusammenzulegen, begegnet uns nachweislich seit dem 12. Jahrhundert. Die Kreuzfahrer bewundern sie in Konstantinopel[460]. Der ganze Orient hat sie ebenso

457. Siehe Anhang Dok. Nr. 1.
458. Siehe Anhang Dok. Nr. 6.
459. Siehe Anhang Dok. Nr. 9.
460. Lavedan, Histoire de l'Urbanisme, I, 274.

wie der Westen gekannt. Den Erzählern von 1001 Nacht ist sie vertraut. Wann und wo sie entstand, weiß ich nicht anzugeben. Überrascht ist man davon, daß man in der Trennung der Gewerbe eine Voraussetzung für die Schönheit der Stadt sah. Dieser Gedanke ist kennzeichnend für das Mittelalter. Man vergleicht die Städte untereinander. Man kennt seinen Wert und weiß, daß nur Venedig und Florenz ähnliche Reize besitzen, nicht etwa das leere, chaotische Rom. Den Marktplatz von Siena nennt der Chronist aus Anlaß der Vollendung seines Pflasters am 30. Dezember 1346 den schönsten Platz Italiens[461]. Petrarca sollte 1364 den Markusplatz in Venedig vorziehen[462]. Antonio Pucci singt das Lob des Mercato Vecchio, den er mit der Piazza von Perugia vergleicht[463]. Das Kunsturteil des Zeitalters mag zuweilen von Lokalpatriotismus getrübt worden sein. Im Grundsätzlichen hat es sich selten geirrt. Aber die Schönheit wird nicht nur durch die äußere Ordnung erreicht. Die Fassaden sollen nicht nur aus gleichem Stein und nach dem gleichen Vorbild errichtet werden, die Gebäude sollen auch jeweils dem gleichen Zweck dienen. Das Innere muß dem Äußeren entsprechen, es muß seine Gestaltung begründen. Durch Unordnung wird beides sinnlos. Eine Phantasie, die selbst das Höllenchaos nach Sünden ordnen will, konnte sich nur in einer Stadt heranbilden, die das Ideal ihrer Gestaltung in einem Prinzip der Ordnung sah. Das gilt für das Höchste wie das Geringste. Unübersehbar in ihrem Formenreichtum und doch nach ewigen Maßgesetzen geordnet ist die gotische Kathedrale. Unübersehbar und doch in allen ihren Teilen sinnvoll soll auch die Stadt sein. Die Ordnung der Berufsstände wird als eine höhere Notwendigkeit empfunden. Man wollte sie wie die Kapitel in einem Lehrbuch der »artes mechanicae« nacheinander erleben. Nur in Reihen und Gruppen gegliedert galten die Kaufläden als Zierde der Stadt, die durch sie zu einer einzigen Enzyklopädie der Künste und Erfahrungen der Menschen geworden ist.

Der ideale Gedanke selbst, der in dem Sieneser Dokument zur praktischen Verwirklichung drängt, ist dem ganzen Mittelalter vertraut. Er war so bekannt, daß er als ein Exemplum in eine volkstümliche Predigt eingehen konnte. Nach Fra Giordano da Pisa trägt die Stadt wegen ihrer Ordnung den Namen einer Civitas. »Seht, wie schön eine Stadt ist, wenn sie wohl geordnet ist, und in ihr viele Künste sind. Ein allzu schönes Ding ist die Ordnung in einer Stadt. Und diese Ordnung verleiht drei Eigenschaften: Schön-

461. Agnolo di Tura, p. 550: El campo di Siena si fini di siliciare a mattoni a di 30 di dicembre (1346) ed è tenuto lo piu bel campo, co' la bella e abundante fontana, co' li belli e nobili casamenti d'intorno e buttighe che altra piazza d'Italie.

462. In einem Brief vom 10. August 1364 heißt es in bezug auf den Markusplatz: Nescio an terrarum orbis parem habeat.

463. A. Pucci, Le Probrietà di Mercato Vecchio, op. cit., p. 267: Bella mi par quella de' Perugini / De belle cose adorna per ragione / Ed anche la fan bella i Fiorentini.

heit, Stärke und Größe. Allzuschön ist eine wohlgeordnete Stadt, in der viele Künste sind, und jede für sich und alle allen gemeinsam. Allzugroß ist die Schönheit, weil in jeder Kunst ein Nutzen liegt« [464]. Für Fra Giordano ist die Stadt nur eine Metapher für höhere sittliche Werte. Aber, daß sie zu einem volkstümlichen Vergleich gerade wegen der Ordnung der Zünfte herangezogen werden konnte, und daß diese Ordnung als Schönheit empfunden wurde, ist kennzeichnend. Nur an der richtigen Stelle wirkt jedes Ding schön. »Nur im Gesicht ist die Nase schön und außerhalb des Gesichtes ist sie gemein und unschön«, sagt Fra Giordano[465]. Ordnung aber bedeutet nicht Gleichartigkeit. Das Unterschiedliche muß sich zum Ganzen verbinden. Auch hierfür hat der Dominikaner ein Bild. Wieder sind die Künste das Beispiel. »Gemeinsam verbinden sie sich zu einer Art Körper: jede wird ein Glied sein, eines edler und anmutiger als das andere; in dieser Verschiedenartigkeit liegt die Schönheit mehr, als wenn sie alle gleich wären«[466]. In diesen wenigen Sätzen liegt die Kunstlehre ausgebreitet, nach der Städte wie Siena oder Florenz im 14. Jahrhundert zu einem einheitlichen Bauwerk gestaltet werden konnten. Ordnung mit Mannigfaltigkeit zu vereinen, das ist das Geheimnis der mittelalterlichen Stadtbaukunst.

Man kann sich den Dingen auch noch von einer anderen Seite nähern, wenn man sie mit den herkömmlichen Stilbegriffen der Kunstgeschichte umschreibt. Die Gotik hatte bekanntlich wenig Sinn für den Raum als einen klar begrenzten Hohlkörper besessen, in dessen Mitte der Mensch sich geborgen empfindet. Um so ausgeprägter war das Bewußtsein, daß jedes Ding einen bestimmten Ort fordert, um seine Aufgabe zu erfüllen. Alles hat seinen Platz. Straßen sind solche Orte. Indem man sie durchschreitet, vollzieht man das Gesetz ihrer Bestimmung. Die Häuser haben keine Fassaden, wie jene der Renaissance, also wohlübersehbare Schauseiten. Es öffnen sich keine Veduten. Das Ganze bildet keine Bühne, die einen Zuschauer voraussetzt. Aneinandergereiht werden die einzelnen Daseinsfunktionen zum Er-

---

464. Fra Giordano da Pisa, op. cit., Predigt Nr. 94: L'altra cosa, perch'ella è detta cittade, si è per l'ordine. Vedete come è bella la cittade quando è ordinata, e sonci le molti arti, troppo è bella cosa l'ordine nella città; e quest'ordine da tre cose, bellezza, fortezza, grandezza. Come è bella cosa la cittade bene ordinato, ove sono le molti arti, e caluna per sè, e sono comuni tutte le arti! troppo è grande bellezza, perocché non ci ha arte nulla che non sia utile . . .

465. Ebd.: Come il naso e bello in sulla faccia, e fuori della faccia e sozza cosa e non e bello . . . cosi il piede è bellissimo nel suo luogo; se fosse fuori di suo luogo, nel petto e nel capo, serebbe sozzissimo.

466. Cosi dico io: tutti saremo a modo d'un corpo: ciascuno sara membro e l'una più nobile, e più gentile che l'altro assai, ed in questa diversità è la bellezza, più che si tutti fossero pari. Der Vergleich der Civitas mit dem menschlichen Leib ist dem Mittelalter vertraut. Er wurzelt in dem Glauben an ein einheitliches Ordnungsprinzip in Natur- und Geisteswerken. Man findet ihn etwa bei Johann v. Salisbury. Vgl. Hans Liebeschütz, Mediaeval Humanisme in the life and writings of John of Salisbury, London 1950, p. 45. Dort weitere Hinweise.

lebnis: Wohnhaus, Kaufladen, Werkstatt und Bankgeschäft. Das religiöse Element steht neben dem profanen, oft kaum von ihm unterscheidbar. An den Ecken finden sich nach antikem Vorbild Säulen, wenn immer sie jetzt auch das Kreuz an Stelle von Götter- oder Kaiserbildern tragen[467]. Madonnen und Altäre haben die Aufgaben der alten, dem Larenkult geweihten Straßensteine übernommen. Die Laienbruderschaften des Dominikanerordens mußten sich verpflichten, jedesmal, wenn sie in den Straßen von Siena an einem solchen Marienbild vorbeikamen, ein Ave zu beten. Man verweilte in Gedanken, erfaßte den höheren Sinn, aber man schreitet vorbei. Schon die Sieneser Fensterverordnung konnte uns darauf aufmerksam machen, daß die Straße als eine gleichmäßig gestaltete Folge von Gebäuden mit verschiedenartigen Sinnbezügen, doch verwandter Form, die man »sukzessiv« erlebt, betrachtet wurde. Die Beschränkung auf die Schmuckglieder, die der Fläche eingelagert sind, ließ uns des mangelnden Sinns für das Räumliche gedenken, der die Gotik kennzeichnet. Man schwankt, ob man die Fassadenzeilen des Sieneser Platzes und ihre zierlichen Fenster mit den Mustern orientalischer Gewebe oder den gleichartigen, rhythmisch aufeinanderfolgenden Jochen im Mittelschiff französischer Kathedralen vergleichen soll. Hamann hat zur Beschreibung des venezianischen Dogenpalastes das Bild eines Teppichs herangezogen, der seine Fransen abwärts hängt. Wir erinnern uns daran, daß noch Alberti solche gleichartig aneinandergereihten Häuser vorschreibt[468]. Aber gerade unter seinem Einfluß konnte sich ein neues und andersartiges Prinzip der Platzgestaltung entwickeln. In einer Studie über »Pius II. als Bauherrn von Pienza« hat Heydenreich den Wandel charakterisiert. »Die mittelalterliche Platzanlage kennt nur die beziehungslose Verteilung von mehreren Einzelmonumenten auf einer großen Fläche, wie etwa in Pisa Dom, Campanile, Baptisterium und Campo Santo als isolierte Baukörper ohne kompositionelle Beziehung zum anderen auf dem weiten Rasenfeld verstreut erscheinen, oder die feste Aneinanderreihung von Bauwerken zu einer Häuserwand, die sich, wie etwa in Volterra, zu einem rechteckigen geschlossenen und machtvoll wirkenden »Platzhof« oder, wie in Siena, zum von vornherein planmäßig geschwungenen Arenarund zusammenfügen. Die bewußte Unterscheidung der doppelten Wirkungsmöglichkeiten einander räumlich zugeordneter architektonischer Monumente als Einzelbauten und die Gesamtgruppe im Freiraum ist von

---

467. W. Haftmann, Das italienische Säulenmonument, Gött. Diss. Leipzig 1939.

468. Buch 8, Kap. 6, p. 120. Ich zitiere nach der Übersetzung von M. Theuer, p. 435 f.: Die Straßen aber innerhalb der Stadt werden außer dem, daß sie ordentlich gepflastert und vollkommen sauber sein müssen, am schönsten Säulenhallen von ganz gleicher Zeichnung schmücken, und rechts und links Häuser, die gegenseitig vollkommen ausgeglichen in einer ganz geraden Linie stehen sollen.

Rossellino in Pienza zum erstenmal in Anwendung gebracht worden«[469]. Heydenreich unterscheidet drei Arten der Platzgestaltung, wovon die erste in Pisa mit gewissen Vorbehalten als romanisch, die zweite in Volterra und Siena als gotisch, die dritte endlich in Pienza, wenn immer man sich an diese Übereinkunftsbezeichnung für die Stile halten möchte, als den subjektiven Vorstellungen einer durch die Perspektive übermittelten Bühnen- und Raumwirkung zugeordnet, mit dem Begriff der Renaissance gekennzeichnet werden könnte. Wir werden noch sehen, daß selbst in Pisa ein Kompositionsgesetz wirksam ist, wenngleich es sich auch dem Beschauer nicht unmittelbar enthüllt. Gewisse Ordnungsvorstellungen bedingen auch dort die Gestaltung. Mit anderen, viel genauer erfaßbaren haben wir es in den gotischen Städten zu tun. Es soll nicht geleugnet werden, daß ihnen gegenüber in Pienza neue Baugedanken wirksam werden. Doch auch der gotische Platz will in seiner Weise ästhetisch erlebt werden. Auch hier sollen die monumentalen Einzelwerke bedeutend in Erscheinung treten. Es sind das keine frühen Anzeichen der kommenden Renaissance. Wir haben es mit einem Wesenszug aller italienischen Kunst zu tun. Während die gotische Kathedrale im Norden eng von den Bürgerhäusern umschlossen ist, will sie in Italien sichtbar werden. Das Prinzip der Gleichartigkeit verhindert nicht, daß die monumentalen Gruppen bewußt hervorgehoben werden. Stadtpalast und Domkirchen stehen in der Toskana von jeher frei auf den sorgfältig gestalteten Plätzen.

Schönheitsideal.

Man wird sich jener Bestimmungen erinnern, die die Notwendigkeit einer schön gefügten Pflasterung von Straßen und Plätzen mit der besonderen Schönheit eines Gebäudes begründen. Aus Anlaß der Gestaltung des Florentiner Domplatzes haben wir ihrer besonders gedacht. Weitere Beispiele seien hier nachgetragen. So werden die Straßen rings der Porta Lucchese in Pistoia 1296 gepflastert, weil besagtes Tor das schönste der ganzen Stadt sei[470]. 1279 beschließt der Stadtrat von Florenz den Bau einer Straße von der ehemaligen Porta Santa Maria del Carmine zur Via del Curale, weil eine solche der Stadt und der genannten Kirche zur Schönheit gereiche[471]. Wenn Burckhardt aus Vasari die Notiz entnimmt[472], daß Brunelleschi, um den Chor von Santo

469. L. H. Heydenreich, Pius II. als Bauherr von Pienza, in Mitt. d. Kunsthist. Inst. in Florenz, V, 140.

470. Pistoia, Statut von 1296, Lib. V, Rubr. 40: Ordinamus ... quod homines et personas porte Luccensis, a porta vecchia usqua ad portam circularum porte Luccensis, per stratam, recto tramite, quelibet persona teneatur et debeat lastricare ... expensis eorum, de bonis mattonibus cottis, cum dicta porta Luccese sit pulcrior omnibus portis totius civitatis Pistorii.

471. Gaye, I, 426 f.

472. Burckhardt, Kunst der Renaissance, § 114; Vasari-Milanesi, III, 237.

Spirito besser zur Geltung zu bringen, einen Platz zum Arno hin gefordert hat, der bekanntlich niemals ausgeführt wurde, und damit als Novum in der Kunstgeschichte den Wunsch nach Fernsicht festzuhalten glaubte, wenn W. Paatz ähnliche Anschauungen im Trecento aufweisen konnte und sie zur Bestimmung eines neuen Stiles, der »Zwischenrenaissance«, heranzieht[473], so beweisen ältere Dokumente, daß man in Italien zu allen Zeiten die Sichtbarmachung des Schönen und Bedeutenden gefordert hat. Man braucht nur an den Domplatz von Pisa zu denken, der niemals bebaut werden sollte.

Aus Parma hat sich eine statutarische Verfügung von spätestens 1262 erhalten, derzufolge alle Häuser rings des eben vollendeten Baptisteriums eingerissen werden sollen, »damit man das Bauwerk sehen kann, durch die Türe eintreten und ebenso um das ganze Baptisterium herumgehen kann«[474]. Die Anweisung wurde ausgeführt. Die heutige Platzgestaltung geht auf sie zurück. Die Maßnahmen stehen in Zusammenhang mit größeren, städtebaulichen Neuerungen, von denen Salimbene berichtet. »Nachdem sie die Taufkirche in ihren oberen Teilen bis zur Spitze vollendet hatten ... ließen sie große Löwenfiguren und Säulen am Hauptportal der Kathedrale an dem Platz zwischen der Taufkirche und dem Bischofspalast aufstellen. Ferner legten sie drei große, breite und schöne Straßen an; die eine von der Kirche der heiligen Christine bis an den Kommunalpalast; die zweite vom Neumarkt, wo der Podestà seine Ansprachen hält, zur Kirche des heiligen Apostels Thomas; die dritte vom Kommunalpalast bis zur Sankt Pauluskirche. Und an allen diesen Straßen bauten sie Häuser und schöne Paläste an beiden Seiten. Ferner bauten sie einen herrlichen Palast für den Volkshauptmann neben dem alten Palast«[475]. Offenbar haben wir es mit einer Neuordnung eines bedeutenden Teiles der Stadt zu tun. Die Freilegung des Baptisteriums steht in Zusammenhang mit großzügigen städtebaulichen Maßnahmen (Abb. 35).

Es sind die Bauwerke selbst, die sie zuletzt durch ihre Formengebung gefordert haben. Das Baptisterium ist auf Überschaubarkeit hin angelegt. Der knappe Paragraph des Statuts beweist, daß die klassische Ruhe, die edle Fügung des kostbaren, rotschimmernden Veroneser Steines, der genaue Ausgleich von Flächen und Säulen, Qualitäten, die man alle an dem Baptisterium seit jeher bewundert hat – schon Salimbene spricht voller Stolz von dem roten Stein –, auch den Zeitgenossen bewußt geworden ist. Man wollte das freistehende Monument.

473. W. Paatz, Italien und die künstlerischen Bewegungen der Gotik und der Renaissance, Hertziana-Jahrb., V, 165 ff.

474. Parma, Statut von 1262, I, 445: Capitulum quod Potestas teneatur facere fieri et ampliari viam unam a meridie Baptisterii per XVIII pedes et auferri domos, quae ibi sunt, pro ipsa facienda, ita quod opus Baptisterii possit videri, et possit in porta quae ibi est intrari, et quod circa Baptisterium libere possit iri.

475. Alfred Doren, Die Chronik des Salimbene von Parma, II, 181 f.

In Bologna wird durch eine Statutsverordnung von 1260–67 der führende Baumeister der Stadt, ein Magister Albertus, beauftragt, die Taufkirche zum hl. Johannes vor dem alten Petersdom einreißen zu lassen, »damit die Fassade der Peterskirche Licht erhalte und das Werk, das Meister Albertus geschaffen hat, besser in Erscheinung trete und gesehen werden könne«[476].

In Siena beschwert sich 1288 der Bildhauer Ramo di Paganello über den Dombaumeister Giovanni Pisano, weil dieser ihm Werke an versteckter Stelle und nicht »öffentlich und gut sichtbar« am Dom angewiesen habe[477]. Die Äußerung ist nicht nur ein frühes Beispiel von Künstlerrivalität, die naturgemäß zu allen Zeiten bestand. Bedeutsamer erscheint, daß auch die Meister des Dugento ihre Werke nicht allein um des hohen Gedankens willen schufen. Sie wollten sich sehen lassen. Durch das Statut von 1309/10 werden die Dominikaner von Siena aufgefordert, eine Mauer einreißen zu lassen, da sie unschön sei: »in mal modo ordinato«. Darüber hinaus behindere sie den Blick auf die Kirche von der Stadt aus[478]. Man nimmt also unmittelbar auf die Fernsicht Rücksicht. Die monumentale Wirkung von San Domenico als dem beherrschenden Bau des Hügels über der Fonte Branda ist gewollt und war geplant.

In Florenz wird 1339 der Dombauhütte vorgeschlagen, einige Straßen an der Südseite, die höher als der Domplatz liegen, und von denen aus, wie es ausdrücklich heißt, Baptisterium und Dom niedriger erscheinen, zu senken, damit »der Schmuck der Kirche sich mehre und sie selber höher erscheine«[479]. Es ist dies die wichtigste Bestimmung über das Verhältnis eines Bauwerkes zum Blickpunkt des Beschauers aus den Dokumenten des Trecento überhaupt. Der Schöpfer einer neuen Kunstsprache, Giotto, war seit zwei Jahren tot. War sich seine Generation als erste nach der Antike wieder bewußt geworden, daß der Anblick eines Bauwerks von dem Standpunkt abhängig ist,

---

476. Bologna, Statut von 1250, I, 440: Addimus huic statuto quod ecclesia beati Johannis arbitrio magister Alberti de laborerio removeatur et refitiatur de consensu domini Episcopi et canonicorum. Ita quod faties beati petri illuminetur, et opus quod factum est per magistrum Albertum, et illud quod est in alia parte melius appareat et videatur. Die Stelle auch bei Supino, L'Arte nelle Chiese di Bologna, Bologna 1938, I, 135 f.

477. Milanesi, Doc. III, 273: (Consilium) voluit ... quod operarius Opere sancte Marie ... debeat assignare dicto magistro ... quoddam bonum, pulcrum ac nobile laborerium pro comuni Senarum ... in quo ipse laborare et suum magisterium ostendere et industriam suum opus, et in quo honorifice et palam et non absconse ipsi et dicti fratres ... laborare possint.

478. Siena, Statut von 1309/10, Dist. I, Rubr. 541: Che li frati predicatori sieno pregati che lo muro've è lo predicatoio se ne levi. Anco, conciò sia cosa che uno muro el quale è ne la piazza de'frati predicatori sia essuto ine in mal modo ordinato, si che esso muro o vero ala del muro impedisca coloro e'quali stanno ine udire le prediche, le quali si fanno ine; et ancora impredisca et extorbi tutta la detta piazza; et ancora l'aspetto de la chiesa verso la città, si che appostutto n'è da levare et in altro più convenevole luogo da ponere, statuto et ordinato è, che per parte del comune di Siena, li predetti frati sieno pregati che alloro piaccia el detto muro inde levare et in altro più convenevole luogo riponere.

479. Siehe Anhang Dok. Nr. 5.

von dem aus der Beschauer es betrachtet? Bekannt ist, daß byzantinische Mosaiken in den Proportionen ihrer Figuren auf diesen Standpunkt immer Rücksicht genommen haben. Konnten sie diese Einsichten als eine neue Lehre den Italienern vermitteln?

Was 1339 für die Straßen am Domplatz von Florenz begonnen wurde, vollenden die Bauarbeiten für die Via delle Fondamenta rings der Domapsiden 1388–1391. Wir haben die Dokumente darüber genannt. Die Wirkung der Domgruppe, wie sie uns heute entgegentritt, ist ein Werk des Trecento (Abb. 48).

Auch aus Pisa hat sich eine Nachricht erhalten, derzufolge 1340 eine Straße erweitert werden soll, um die schöne Porta della Pace sichtbar zu machen[480]. In Arezzo werden durch eine Verfügung des Statuts von 1327 Gebäude am Platz vor der heutigen Kathedrale eingerissen, damit die Kirche heller erleuchtet werde und einen schöneren Anblick böte[481]. In Lucca läßt 1411 Paolo Guinigi einige Gebäude am Dom einreißen, weil sie »schändlich seinen Anblick verunstalten«[482]. Im Jahre darauf wird durch großzügige Abbrucharbeiten der heutige Domplatz geschaffen. Wiederum wird ausdrücklich betont, daß man die Fassade besser sichtbar machen wolle[483]. Das Bedürfnis, Bauwerke übersehbar zu gestalten, aus dem heraus wenig später ein Brunelleschi das gotische Übermaß zugunsten der »Kleinbaukunst« der Frührenaissance aufgab, ist also schon alt. In ihm wird ein kennzeichnend italienischer Kunstsinn faßbar.

Deutlicher als die Dokumente sprechen die Bauwerke selbst. Bezeichnend ist, bei welchen Bauten sich das Bestreben nach Sichtbarmachung zuerst und am entschiedensten aufdrängt: bei den Baptisterien von Parma und Florenz, den Domen von Pisa und Lucca. In Siena umgeben die Häuser des großen Platzes wie Logen und Galerien eines Theaters, dessen Bühne der Stadtpalast bildet, das weite Halbrund. Wie eine Geste von überraschender Desinvoltura erhebt sich die »torre del Mangia« in vollem Bewußtsein ihrer Wirkung. Richa nennt 1754 die Piazza San Giovanni in Florenz »un bel teatro«. Für den Sieneser Platz, der zugleich als der Typus des gotischen Platzes schlechthin bezeichnet werden kann, gilt schon das gleiche Vergleichswort. Gotischer Sinnbezug und neuerer Augenbezug bilden hier keinen Gegensatz. Man erlebt zwar jeden Platz und jede Straße, indem man sie durchschreitet und sie benützt. Nacheinander erfaßt man jedes Bauwerk als sinnvoll und notwendig in der Gesamtanlage und dem Idealbild der Stadt. Aber zugleich sind die Baumeister darauf bedacht, die monumentalen Werke der Fernsicht und

---

480. Tanfani, p. 14, Anm. 1.

481. Arezzo, Statut von 1337, Lib. II, Rubr. 48: Ad hoc ut dicta Ecclesia clarius elucescat et prospectum habeat clariorem.

482. Staatsarchiv Lucca, Riformagione vom 15. Dezember 1411.

483. Ebd., Pergam. dell'Opera di St. Croce vom 8. August 1412.

damit der ästhetischen Würdigung zugänglich zu machen. Die Vorstellung, durch die ein Bauwerk in seiner geistigen Funktion mit der gesamten Stadt in Verbindung gebracht wurde – es wird davon noch in den folgenden Kapiteln zu sprechen sein –, bedurfte der Ergänzung durch die Anschauung.

Man kann das alles als einen Mangel an spezifisch mittelalterlichem Denken bezeichnen. Dieses Bestreben um Abstand für ein Fernbild konnte herangezogen werden, um die Entstehung der Renaissancegesinnung schon im Trecento nachzuweisen. Ich möchte bezweifeln, daß die Dinge so einfach liegen. Das Gegensatzpaar Renaissance – Mittelalter bedarf erneuter Überprüfung. Unser Quellenmaterial ist nicht groß genug und in seiner Erhaltung zu sehr vom Zufall bedingt, um derartige Schlüsse zuzulassen. Vieles, was erst im 14. Jahrhundert faßbar wird, ist sicher älter. Das Parmeser Dokument von 1262 ist keine Ausnahme. Einen gewissen Freiraum haben alle italienischen Dome beansprucht. Vor das gleichartig Geordnete drängt sich überall das monumentale Einzelwerk, in dem die Bürger das höhere Wesen ihrer Stadt erfassen. Das Verlangen, das ganze Stadtgebiet durch kluge Gesetze zu ordnen, wird ergänzt durch das Bedürfnis, dieser Ordnung immer und überall sichtbaren und ästhetisch nachvollziehbaren Ausdruck zu geben. Mittelalterliche Begriffe und Vorstellungsformen überlagern ältere, vielleicht noch seit der Antike fortlebende Empfindungsarten. Ich möchte annehmen, daß man in Italien immer geneigt blieb, vor einem Bauwerk in seiner gesamten Erscheinung das Wort »schön« auszusprechen. Wenn der Gedanke das Wesen der Civitas im Verlauf einer Wanderung nachvollzieht, so werden doch die einzelnen Stationen als »mirabilia« staunend erlebt und als schöne Werke begrüßt.

Zuletzt bleibt als das Neuartige, das sich im 13. und 14. Jahrhundert in den toskanischen Städten – und nicht nur in ihnen – entwickelt hat, jener reizvolle Doppelbezug auf Zukunft und Vergangenheit übrig, der auch Dantes und Giottos Werke kennzeichnet. Die Stadt als staatliche Ordnungsmacht hat mit dem Netz ihrer Straßenbauten das Chaos der älteren Wucherungen bezwungen. Jenes Häusermeer zu ordnen, das das 11. Jahrhundert noch nicht einmal sah, wurde als städtebauliche Aufgabe erfaßt. Man gliederte nach Gesetzen und Begriffen, die tief im geistigen Weltbild des Mittelalters verwurzelt sind. Zugleich aber begrüßt man jede Möglichkeit zur augenfälligen Schönheit. »Troppo è bella cosa l'ordine nella città,« sagte Fra Giordano da Pisa und fuhr fort, »e quest'ordine dà tre cose: bellezza, fortezza, grandezza«. Die Phantasie überbrückt mit Leichtigkeit den Weg von der Begeisterung am großen Gedanken zur Freude am Detail der Form. Es mag in Deutschland und Frankreich Verwandtes sich aufweisen lassen; in der Toskana – und deutlicher dort als in jeder anderen Landschaft Italiens – empfindet man es als das Zutagetreten des National-Italienischen.

IV. KAPITEL

DIE KIRCHEN

Rom als Vorbild.

Dante nennt Florenz die schönste und berühmteste Tochter Roms (Convivio I, III, 2). Er gibt an, daß sie nach dem Vorbild der ewigen Stadt und ihr ähnlich erbaut sei (ad ymaginem suam atque similitudinem. Ep. VIII, 7). Villani (I, 2) ist noch genauer. »Al modo di Roma«, wenn auch kleiner sei seine Vaterstadt gestaltet worden. Die Ansicht war dem Zeitalter allgemein. Schon die ältesten Florentiner Chronisten haben sie vorgetragen[484]. Ähnliche Aussagen finden wir über Lucca und Pisa. Es war selbstverständlich, daß jede jüngere Stadt, wie jedes jüngere Bauwerk, nach einem Exemplum errichtet sein mußte, und nur Rom besaß die Würde, als ein solches zu gelten. Später, als Florenz selbst groß und mächtig war und kleine Städte gründen konnte, wollte es in gleicher Weise zum Vorbild werden. Villani (X, 202) versichert, daß er persönlich auf den Gedanken gekommen sei, der bedeutendsten Gründung seiner Zeit den Namen Firenzuola zu geben, um schon in ihm die Absicht deutlich werden zu lassen. Ein kleines Florenz sollte entstehen. Heute findet man es erstaunlich, daß man zwei so verschiedene Städte, wie Florenz und Rom, ähnlich finden konnte. Das Mittelalter muß andere Vergleichsmöglichkeiten, ein anderes tertium comparationis besessen haben, wenn diese Aussage mehr als eine rhetorische Metapher sein wollte. Es müssen andere Bezüge ihm als kennzeichnend und wichtig aufgefallen sein.

Schon Konstantin hatte befohlen, seine neue Gründung am Bosporus der alten Roma ähnlich zu gestalten. Wie Rom sollte Konstantinopel auf sieben Hügeln erbaut werden. Besonderer Wert wurde darauf gelegt, die gleichen Einrichtungen, Behörden und Vorrechte der Neugründung zu verleihen, die die alte Hauptstadt der Welt besessen hatte oder noch besaß[485]. Gleich Rom mußte sie einen Senat erhalten, und eine späte Legende erzählt, daß Kon-

484. Chronica de origine civitatis von 1231 (?) bei Hartwig I, p. 59–60. Vgl. N. Rubinstein, The Beginnings of Political Thought in Florenze, Journal of the Warburg and Courtauld Institutes V (1940), 202 ff., wo ich den hier entwickelten Gedanken freilich in anderem Zusammenhang zuerst angedeutet finde.

485. Sozomenus, Hist. eccles. II, 3.

stantin die römischen Senatoren dadurch zur Übersiedlung bewogen habe, daß er ihre Villen und Paläste insgeheim am Goldenen Horn als genaue Kopien wiedererrichten ließ[486]. Sogar römische Erde soll zur Herstellung des Mörtels nach Konstantinopel verschifft worden sein. Für Konstantin und seine Zeit werden sich Städte dadurch ähnlich, daß sie die gleichen Rechte genießen und die gleichen Behörden in ihren Mauern beherbergen. Konstantinopel sollte mit Rom vor allem die Kennzeichen einer Hauptstadt gemeinsam besitzen. Die Florentiner Chronisten geben an, daß man in Florenz die Reliquien der gleichen Heiligen verehren könne wie in Rom. Dort wie hier könnte man die gleichen Prozessionswege gehen. Sie sahen das Gemeinsame in den Kirchen und ihren Titelheiligen.

Die älteste Chronik von Florenz – wohl noch aus dem ausgehenden 12. Jahrhundert – formuliert diesen Gedanken wie folgt: Wie an der einen Seite der Stadt Rom sich die Peterskirche befindet, also ist es auch in Florenz. Wie auf der entgegengesetzten Seite Roms die Paulskirche liegt, ebenso in Florenz. Wie die Kirche des Märtyrers Laurentius auf einer Seite Roms und des hl. Stephanus auf der anderen Seite, so auch in Florenz. Und wie auf einer Seite Roms San Giovanni im Lateran liegt, so auch die größte Kirche von Florenz[487]. Villani übernimmt den Passus fast wörtlich[488]. Doch ist er ausführlicher und erlaubt sich einige Korrekturen und Ergänzungen, die uns anzeigen, wie genau er den Text mit dem Befund verglichen hat. So nennt er unter anderem auch die nicht sehr große Kirche Santa Maria Maggiore, die ihren Namen nicht nach ihrer Größe, sondern nach dem römischen Vorbild erhalten hatte. Er beobachtet zutreffend, daß San Lorenzo sich in beiden Städten vor den Mauern befände, was freilich in Florenz nur bis zur Erbauung des dritten Mauerrings, den er, wie schon erwähnt, maßgebend mitbestimmt

---

486. J. Burckhardt, Das Zeitalter Konstantins, zitiert in diesem Zusammenhang den Anonymus des Banduri, c. I, p. 4.

487. Text nach Hartwig I, 59: Et sicut est ab uno latere urbis Roma ecclesia beati Petri, ita est in civitate Florentiae. Et sicut est ab uno latere urbis Romae ex adverso ecclesia beati Pauli, ita in civitate Florentiae. Et sicut est ecclesia beati Laurenzii martiris ex una parte urbis Romae, ex adversa parte ecclesia beati Stephani, et ita in civitate Florentiae. Et sicut est ex una parte urbis Romae ecclesia Sancti Johannis in Laterano, ita est major ecclesia civitatis Florentiae.

488. G. Villani, III, 2: ... e cominciossi della parte di levante alla porta di S. Piero ..., e dalla detta porta fu uno borgo infino a san Piero maggiore, al modo di Roma, e da quella porta seguirono le mura inverso il duomo, come tiene oggi la grande ruga che va a San Giovanni infino al vescovado; e ivi avea un'altra porta che si chiamò porta del duomo, e chi la chiamò porta del vescovo; e di fuori di quella porta fu edificata la chiesa di San Lorenzo, al modo ch'è in Roma San Lorenzo fuor di mura; e dentro a quella è San Giovanni, siccome in Roma san Giovanni Laterano. E poi conseguendo, come a Roma, da quella parte fecero santa Maria Maggiore; e poi da San Michele Berteldi infino alla terza porta di san Brancazio, ove sono oggi le case de'Tornaquinci e san Brancazio era fuori della città, e appresso san Paolo, a modo di Roma, dall'altro lato della città incontra san Piero, come a Roma ...

hat, zutraf. Auch von Sankt Paul weiß er, daß sie ursprünglich auch in Florenz vor den Mauern gelegen war. Die Lage der Kirchen im Stadtganzen, ihre Zahl und ihre räumliche Entfernung voneinander galten ihm als das entscheidend Vergleichbare. Außer den Kirchen wurden nur noch die Mauern gesehen. Alles andere galt für die Beschreibung einer Stadt als unwesentlich. Man hatte richtig erkannt, daß in beiden Städten sich viele Kirchen nahe dem Stadtrand befinden und daß eine unter ihnen, jeweils die Johanneskirche, als Bischofskirche hervorgehoben ist. In Florenz galt das Baptisterium als der älteste Dom der Stadt, und die Chronisten sahen in ihm den tatsächlichen Mittelpunkt, eine Art befestigte Burg, zu deren Schutz man rings die mächtigsten Familien angesiedelt hatte, obwohl er unmittelbar an der Stadtmauer und keineswegs erhöht lag. Santa Reparata, die rechtlich die Domkirche war, aber für die man in Rom nichts Vergleichbares fand, wird nirgends genannt. Einerseits also bestimmen verschiedene Kirchenbauten, die sich diagonal entsprechen und an den Toren der Stadtmauer liegen, das Gesamtbild, andererseits ein einziger, sie alle überragender. Auch für Lucca geben die Chronisten an, daß die vier Hauptkirchen am Stadtrand liegen, ähnlich wie in Rom, so daß ein Pilger in der Lage ist, sie in der gleichen Reihenfolge wie in Rom und unter den gleichen Gebeten zu besuchen[489]. Noch heute werden zahlreiche Städte um ihrer vielen Kirchen willen ein anderes Rom genannt. Köln heißt das deutsche Rom. Stiche der ewigen Stadt selbst bilden sie ab, indem sie nur ihre Hauptkirchen und die sie verbindenden Wege zeigen (Abb. 12). Der Kirchenkomplex von S. Stefano in Bologna wird mit Jerusalem verglichen, weil die Pilger dort die Abbilder oder Sinnzeichen der gleichen Heiligtümer wie in der Stadt Davids verehren können[490]. Bis auf den heutigen Tag ist es überall in der katholischen Welt üblich, in heiligen Jahren in den einzelnen Städten vier oder sieben Kirchen zu benennen, durch deren Besuch man die gleichen Ablässe wie in Rom gewinnen kann. Ein seltsam abstraktes und geistiges Bild seiner Heimatstadt hat Villani vor Augen, wenn er an die alte Stadt innerhalb ihres ersten Mauerrings denkt. Dieses abstrakte Bild entspricht der

---

489. Rangerio, Vita Anselmi, in M.G.SS XXX, ii (1934), p. 1171 f., v. 699–708:

Roma Petri sedes et rerum prima per orbem,
  Sed nec Luca sacris sedibus inferior.
Roma viris, opibus omni sublimior urbe,
  Et fidei titulo claruit et solio.
Luca fuit lucens et lucis tramite ducens,
  Et de Romana nobilitate cluens.
Nobilitas fidei de prima tradicone
  Lucensi formam contulit aecclesiae.
Contulit et mores festivos et staciones,
  Quod non est Tuscis omnibus aecclesiis.

490. R. Krautheimer, Iconography of Medieval Architecture, Journal of the Warburg and Courtauld Institutes V (1940), 17 ff.

ersten Stufe der mittelalterlichen Stadtbaukunst, von der wir oben sprachen. Nur was der Sicherheit des Volkes und dem Heil der Seelen dient, findet Beachtung, die Mauern und die Kirchen. Vor das optische Bild einer Stadt, wie wir es seit der Renaissance zu erfassen gelernt haben, schiebt sich ein idealeres, ein geistiges.

Das Ideal der heiligen Stadt.

Durch zwei Dinge wird den Florentiner Chronisten ihre Stadt der ewigen Roma vergleichbar: durch die Auswahl der Titelheiligen und durch die Lage der Kirchen zueinander. Nicht die Gestaltung oder die Größe der einzelnen Bauwerke sind bedeutsam, sondern allein die Reliquien, die in ihnen verehrt werden, und die Wege, die sie verbinden. Man merkt sich den Weg, den man zu gehen hat, um wie ein Pilger durch Rom von Kirche zu Kirche zu gelangen, nicht aber ein Bild, eine Vedute, eine Ansicht. Es sind die gleichen Bauwerke, die auch den Zeichnern der Stadt-, Land- und Pilgerkarten des frühen und hohen Mittelalters aufgefallen waren. Nur was dem Heil der Seelen Nutzen bringt, wird angegeben. Von anderen Städten erfahren wir, daß durch ihre Kirchen gemeinsam die Gestalt eines Kreuzes abgezeichnet werde. »In modum crucis«, wie es für Bamberg 1007 heißt, seien die Kirchen im Stadtgrundriß angeordnet[491]. 1050 wird in bezug auf die Kirchen von Paderborn noch ein zweiter Grund genannt, der ihre Stifter bewogen haben soll, sie im Stadtplan gerade so zu verteilen, wie sie der Chronist vorfand: das Zeichen des Kreuzes sollte alle Gefahren von der Stadt fernhalten[492]. Die ideale und symbolische Form gewährleistet Sicherheit.

Hätte ein Bildner des 11. oder 12. Jahrhunderts uns eine Karte von Pisa, Lucca oder Florenz hinterlassen, sie wäre dem Bild ähnlich geworden, das ein anonymer Schreiber in einem Manuskript in Cambrai aus der Mitte des 12. Jahrhunderts von Jerusalem gegeben hat[493]. Die heilige Stadt ist kreisrund gebildet. Aber sie ist nicht wie die Idealstätte der Renaissance zentralistisch angelegt. Zwar kreuzen sich die beiden Hauptstraßen von Westen nach Osten und von Süden nach Norden im Mittelpunkt des Kreises. Jedoch für den Pilger ist diese geometrische Mitte ohne Bedeutung. Er betritt die Stadt im Westen, durchschreitet die Straße, die nach ihrem Endpunkt, der Grabeskirche Christi heißt, erreicht den Schnittpunkt, von dem links der Weg zur »Porta S. Stephani« und rechts zur »Porta montis Syon« führt, um dann

491. Lehmann-Brockhaus, Nr. 99.

492. Ebd., Nr. 1050: ita a crucifixo ... contra omnia inimici iacula esset munita et insignita.

493. In »Expositio Beatis Angelami monachi super quatuor libros regium«, wiederholt abgebildet, so z. B. bei Lavedan, Qu'est-ce que l'Urbanisme, Paris 1926, 128, Fig. 42.

unmittelbar am Ostrand der Stadt den Tempel des Herrn zu betreten. Im ganzen Stadtplan werden nur diejenigen Gebäude aufgeführt, die entweder durch das Leben Christi und Mariens geheiligt sind, wie das Haus der hl. Anna und das Gefängnis der Geißelung, oder jene, die für den Pilger wichtig sind, Hospital, Herberge und Brunnen. Für unsere Kenntnis des idealen Bildes einer mittelalterlichen Stadt ist die Beobachtung bedeutsam, daß sich zwei Vorstellungen in diesem Plane überlagern, denen zuliebe die realen Gegebenheiten der Topographie von Jerusalem vernachlässigt werden. Einmal sei die heilige Stadt ein reines Rund, die ideale Civitas und ein Abbild der himmlischen Ordnung auf Erden. Zum anderen steht die Grabeskirche als das Ziel und der Höhepunkt der Pilgerfahrt am äußersten Ende des Weges, der durch die ganze Stadt hindurchführt, dicht an der äußersten Mauer. Ein Jenseits dieses Zieles ist nicht denkbar. Eine zentrale Anlage wird durch eine »via triumphalis« durchzogen, die in einem beherrschenden Bauwerk, wie in einer Burg, ihren Abschluß findet. Die Reihenfolge, in der der Pilger die Stadt erlebt, bestimmt auch für den Zeichner ihr Bild.

Zu allen Zeiten haben die Verfasser von Reisehandbüchern und Stadtbeschreibungen ihren Stoff nach Routen und Wegen eingeteilt. Von Pausanias über die »Notitiae Urbis Romae« der Spätantike zu dem »Anonymus« der karolingischen Zeit und dem modernen Baedeker hat sich diese Tradition nicht verloren. Den mittelalterlichen Jahrhunderten eigentümlich ist die Anschauung, durch die möglichen Pilgerwege einer Stadt ihre Gestalt selbst zu umreißen. Wir hörten, daß dem frühen und hohen Mittelalter die »civitas« als eine »Zentralmonade« aller Formen höheren Zusammenlebens galt. Der Idee nach zählte sie zu den ewigen Ordnungsmächten, durch die der göttliche Wille auf Erden verwirklicht wird. Erlebt aber wurde sie als ein Heiltum, als Ziel und Kreuzungspunkt von Pilgerwegen, als Komposition von Gnadenstätten über den Reliquien von Märtyrern und Stadtpatronen.

Es sei gestattet, diese Bedeutung des Weges, den man zu durchschreiten hat, um die Heiltümer einer Stadt zu besuchen, mit Hilfe eines Dokumentes zu beleuchten, das in unserem Zusammenhang als entlegen erscheinen mag. Aber was irgendwo im Abendland sich in dieser Frühzeit ereignet hat, gilt für den ganzen Bereich. 1133 suchte der Bischof von Würzburg einen Baumeister für seinen Dom. Man nannte ihm einen Mann, den Laien Enzelin, der den Weg und die Brücke erbaut hatte, die zum Dom führt, als Baumeister. Die Urkunde ist häufig zitiert worden, da durch sie bewiesen werden konnte, daß schon im frühen 12. Jahrhundert Laien als Kirchenbaumeister tätig waren[494]. Wichtiger scheint die Begründung, die der Bischof seiner Entschei-

494. Archiv des hist. Vereins f. d. Unter-Mainkreis, IV, 8. Die Übersetzung nach W. Jüthner, Beiträge z. Gesch. der Bauhütte und des Bauwesens im Mittelalter, Bonner Diss. 1935, p. 20.

dung zur Verpflichtung des neuen Meisters gab. »Da Gott gutem Trachten immer hilft, so ist uns durch den Zuruf aller unserer Bürger ein guter Mann bezeichnet worden, welcher uns auch die Brücke in hervorragender Weise gebaut hat, der Laie Enzelin, dem wir die Verwaltung und Bauleitung für die Wiederherstellung und Ausschmückung unserer Kirche in genugsam schöner und besonders reicher Weise übertragen haben, so daß der, welcher Brücke und Weg zur Kirche hergestellt hat, selbst auch durch die Wiederherstellung der Kirche zum königlichen Palast, das heißt zum himmlischen Palast, emporsteige.«

Man fragte sich also nicht, ob ein Mann, der im Brückenbau einiges geleistet hatte, auch zum Kirchenbau befähigt sei – was wohl als selbstverständlich galt. Die Tatsache, daß Weg und Kirche von der gleichen Hand stammen würden, begeisterte die Vorstellung. Man erkannte in dieser Steigerung der Aufgabe vom Weg zur Brücke und weiter zum Dom die ideale Erfüllung eines Künstlerlebens, wenn man diesen modernen Begriff gestatten möchte.

Vom Geist aus gesehen ist die mittelalterliche Stadt eine Einheit. Erkennt man in ihr eine Komposition aus Kirchen, die in der Domkirche ihre letzte Steigerung findet, so ist man befugt, sie als ein einheitliches Gebilde zu sehen. Die Stadtstifter und Heiligen hatten ihre Kirchen. Der Gottesmutter gehörte bald fast überall der Dom. Gemeinsam bilden sie ein Ganzes, die civitas, den Gottesstaat auf Erden. Aber ist sie deswegen einem Kunstwerk vergleichbar, ist sie ein Werk der Stadtbaukunst? Verdanken nicht alle diese Kirchen außerkünstlerischen Überlegungen ihre Entstehung? Das ideale Bild ist ja fast überall erst nachträglich entstanden, nachträglich aufgezeichnet worden. Haben die städtischen Behörden von sich aus irgend etwas unternommen, um ihr Gemeinwesen diesem Bild ähnlich zu gestalten? Hatte man bei den Stiftungen von Kirchen zu irgendeinem Zeitpunkt das Exemplum Roms im Auge?

Aus sehr verschiedenen Anlässen und zu verschiedenen Zwecken hat man Kirchen gebaut. Liest man im Kirchenbuch von Walter Paatz die Entstehungsgeschichte der Florentiner Gotteshäuser nach, so kann man keine gemeinsame Norm finden. Jede einzelne hat ihre besondere Geschichte. Äußerst selten sind Nachrichten über eine bewußte Planung von mehreren Kirchenbauten. Die Reformbischöfe des 11. und 12. Jahrhunderts scheinen in Arezzo und Florenz mit ihren Kirchenstiftungen lediglich eine strengere Kirchenzucht und Verwaltung im Auge gehabt zu haben. Daß man sich dabei in der Wahl der Titelheiligen an die römischen Vorbilder hielt, liegt in der Natur der Sache. Eine Statistik der Kirchengründungen im 10., 11. und 12. Jahrhundert führt hier zu keinem Ergebnis.

Anders liegen die Dinge, wenn man die Dokumente über die Stiftung einzelner Kirchen zu Rate zieht. In ihnen findet man die Notwendigkeit jedes neuen Kirchenbaus begründet. Sie liegt selten in praktischen Erwägungen. Aber das Empfinden, Wohl und Schutz der Stadt einem besonderen Heiligen zu verdanken, dem man besondere Ehren erweisen müsse, war im Mittelalter nie verloren gegangen. Das Fehlen einer Marienkirche, einer Petrus-, Paulus-, Johannes- oder Stephanuskirche hätte man in jeder großen Stadt als einen Mangel empfunden. Allgemein ist der Brauch, Kirchen und Kapellen jenen Heiligen zu stiften, an deren Feiertag die Stadt einen Sieg oder einen politischen Erfolg errungen hat. In profanierter Form lebt diese Sitte in den Straßennamen fort, die in Italien an das Datum einer Schlacht aus der neueren Zeit erinnern sollen. Der Legende, nach der mit dem Feiertag der hl. Reparata ein großer Sieg über die Goten zusammenfiel, verdankt die sonst unbekannte syrische Büßerin die große Verehrung, die man ihr an vielen Orten der Toskana entgegenbrachte. In Lucca, Pisa und Florenz waren die ältesten Dome ihr geweiht. Die Kirche San Sisto stifteten die Pisaner 1088 aus Anlaß ihres Sieges über die Sarazenen und der Eroberung zweier afrikanischer Städte. Sie sollte das ganze Mittelalter hindurch eine Art Staatskirche bleiben, in der der Stadtrat seine Sitzungen abhielt. In Florenz beschloß man nach der Vertreibung des Herzogs von Athen am 26. Juli 1343, dem Fest der hl. Anna, dieser Heiligen eine Kirche oder Kapelle zu bauen: weil die Mutter Mariä eine Gönnerin der Stadt sei[495]. Auch damals wurden Parteisiege vor allem gefeiert. Einige Jahre vorher wollte man aus Dank für den Sieg der Guelfen von Florenz über das ghibellinische Arezzo dem hl. Barnabas eine Kirche stiften. Das Statut von 1325 hat uns die Überlegungen des Stadtrats überliefert: es gezieme der Gemeinde und der Partei der Guelfen, den hl. Barnabas besonders in Anbetracht der Siege zu verehren, die das Volk und die Stadt Florenz durch ihn gewonnen habe und weiterhin zu gewinnen hoffe[496]. Später wurde diese Kirche der Zunft der Medici und Speziali zur weiteren Ausgestaltung übergeben. Jetzt hören wir noch von einem weiteren Grund, durch den ihre reichere Ausschmückung gerechtfertigt werden solle: sie sei zum ewigen Andenken an den Sieg erbaut worden und zum Heil der Seelen jener Guelfen, die im Kampf um einen solchen Sieg gefallen seien. Der Gedanke der Votivkirche und der eines Ehrenmals haben sich verbunden[497].

Eine späte Eingabe vom 25. Januar 1447 an den Stadtrat von Siena spiegelt den Geist des ganzen Zeitabschnittes[498]. Die Kirche des heiligen Paulus

---

495. G. Poggi, Or San Michele, Firenze 1895, Doc. 2, p. 57.

496. Florenz, Statut des Podestà, Lib. V, Rubr. 112: Consideratis victoriis, quas populus et commune Florentie recepit et habuit et recipere et habere sperat.

497. A perpetua memoria della Victoria ... e a salute dell'anime che per acquistatione di tanta victoria in battaglia della detta victoria morirono. Statuti dell'Arte dei Medici e speziali, Firenze 1922, 257, riforma del 1360, Rubr. 4.

498. Borghesi e Banchi, p. 160, Nr. 94.

zwischen der Croce al Travaglio und dem späteren Campo war aus Anlaß der Errichtung dieses Markt- und Stadtplatzes gegen Ende des 13. Jahrhunderts zerstört worden und hatte der Loggia der Kaufleute Platz gemacht. Seit dieser Zeit bemühte man sich um den Neubau einer Kapelle, die man diesem Heiligen zu weihen gedachte. Die Loggia selbst, die auch den Namen Pauli trug, fand man zu seiner Ehre und zur Fortsetzung der Tradition nicht ausreichend. Er habe sich immer der Stadt als nutzbringend erwiesen. Es sei daher unangemessen, daß man ihm in Siena so wenig Andenken (memoria) bewahre. 1470 bittet der Bischof von Pienza den Stadtrat von Siena um die Überlassung eines Grundstückes, auf dem er auf eigene Kosten eine Marienkirche erbauen lassen will. Er begründet seine Eingabe mit der Bemerkung, daß Siena außer dem Dom keine Marienkirche besitze, was ihr schlecht anstünde, da fast alle anderen Städte zwei Kirchen der Gottesmutter geweiht hätten[499]. Gleichzeitig beantragen andere Bürger von Siena den Bau einer Katharinenkirche, nachdem die große Heilige der Stadt kurz vorher kanonisiert worden war[500]. Sie kamen damit einer selbstverständlichen Verpflichtung nach. Die Vorstellung, daß die Stadt sich aus Kirchen bestimmter religiöser Bedeutung zusammensetzen müsse, ist noch im Quattrocento lebendig. Noch jetzt will jede Stadt eine heilige Stadt sein. Man empfindet es als notwendig und nützlich, das Andenken bestimmter Heiliger zu ehren. »Memoria« ist das Wort, dessen sich der Sieneser Notar bedient. Man wollte des hl. Paulus gedenken und zugleich ihm mit einer Kirche ein Ehrenmal setzen. Zur Ehre (in honorem) und zur Zierde (ad decorum) der Stadt, wie es immer wieder heißt, werden Kirchen gebaut. Religiöse Verpflichtungen sollen bildhafte Realität gewinnen. Kirchen sind nicht nur Bethäuser. Wo die Antike eine Statue stiftet, baut das Mittelalter einen Altar. Durch ein Monument eigener Art verpflichtet man sich die höhere Hilfe. Die Begriffe Kirche und Grabmal, Ecclesia und Mausoleum sind hier eng benachbart. Im Verlauf jener dunklen Jahrhunderte, in denen die Kirchen für die Anzahl ihrer Besucher viel zu groß wurden, und man dennoch stetig neue baute, entwickelte sich die Möglichkeit, in ihnen ein »monumentum« über den Gebeinen der Märtyrer zu erblicken. Das größte Heiligtum der Christenheit wurde das heilige Grab in Jerusalem. Die Pilgerfahrt zu den Heiligengräbern, der Weg von Kirche zu Kirche, vermittelte das Erlebnis der Stadt. Man sah nur ihn. Die ältesten »Stadtbaumeister« in den Städten der Toskana im 10., 11. und 12. Jahrhundert standen vor der Aufgabe, Raum für neue Pfarrkirchen dem Häusergewirr abzugewinnen, Plätze für ihre Erweiterung. Es konnte nicht Kirchen genug geben. 56 Pfarrkirchen hatte allein das kleine Florenz des zweiten Mauerrings. Zahlreiche Klosterkirchen und Eigenkirchen der großen Familien

499. Milanesi, Doc. II, 326 f., Nr. 229 und p. 339 f., Nr. 240.
500. Ebd., p. 341 ff., Nr. 241.

kamen hinzu. Zu den ältesten Nachrichten über eine kommunale Baupflege durch die gewählten Stadtregierungen gehören Zuschußbewilligungen für alle nur erdenklichen Kirchen- und Klosterbauten. Der Podestà von Siena wird 1262 aufgefordert, mit dem Bischof darüber zu verhandeln, auf welche Weise und wie man viele neue Kirchen in Siena erbauen könne[501]. Abgesehen von den Mauern scheinen die Kirchen das einzig sinnvolle Gemeinschaftswerk. Ansehen und Rang einer Stadt leiteten sich von der Zahl und der Pracht ihrer Kirchen ab.

Der Domplatz von Pisa.

Doch auch im einzelnen hat die geschilderte Anschauungsweise die Baukunst beeinflußt. Der Domplatz von Pisa ist das beste erhaltene Beispiel frühmittelalterlicher Stadtplanung in Italien. In Deutschland ließen sich unschwer weitere nachweisen. Es sei auf Speyer hingewiesen. Der Pisaner Dom wurde bekanntlich aus Anlaß des Sieges über die Sarazenen und der Eroberung Palermos 1063 begonnen. Mit seinem Bau war die Erweiterung der Stadt zu ihrer endgültigen Gestalt, wie sie die Mauer des 12. Jahrhunderts umschreiben sollte, festgelegt. Die Wahl dieses Platzes war durch ältere Traditionen bestimmt. Schon früh muß hier den Lagunen ein Streifen sicheren und trockenen Landes abgerungen worden sein, der sich zur Anlage von Gräbern eignete. Er lag naturgemäß weit von den Niederungen der Flußmündung ab. Die neue Kirche war ursprünglich auf das freie und offene Gräberfeld gerichtet, dann auf die Mauer, zuletzt auf das Baptisterium. Der Chor des prächtigen Marmorbaus ist dabei der Stadt zu-, der Haupteingang mit der Fassade ihr abgewendet. Im Widerspruch zu dem Bauplan entstand der noch heute gebräuchliche Eingang am Querhaus neben der Apsis, also eben an der Stelle, die der Besucher, von der Stadt kommend, zuerst wahrnimmt. Bonannus' Bronzetüre sollte nachträglich die Bedeutung dieses Eingangs hervorheben. Das Baptisterium ebenso wie die späteren Bauten Campanile, Camposanto, Porta Leone und Hospital schließen sich dem ersten Werk organisch an, so daß der Besucher den Eindruck gewinnt, daß ähnliches von Anfang an geplant war. Der Camposanto, der zuletzt entstand, hat die älteste Tradition. Zuerst war das Ganze ein Friedhof (Abb. 13 u. 16).

Dabei stehen alle diese Werke und jedes für sich völlig frei und unabhängig auf dem Rasenplatz, den ursprünglich antike und frühchristliche Sarkophage belebt haben. Die Beziehung der Bauten zueinander ist keine optische, son-

---

501. Siena, Statut von 1262, Dist. I, Rubr. 96: De tractando cum domino Episcopo, quomodo et qualiter plures ecclesie fiant in civitate senensi. Et ad inquisitionem domini episcopi Senarum ibo cum mea curia et aliis, quos voluero, ad eum et deliberabo et tractabo secum, quomodo et qualiter plures ecclesie fiant in civitate Senarum.

dern wird durch die verschiedenartigen Funktionen hergestellt, die sie zu erfüllen haben. Diese Monumente bilden ein geistiges Ganzes, eine geistige Stadt. Der Platz wird von ihnen nicht eingefaßt. Sie erheben sich auf ihm, jedes an seinem Ort, den es durch seinen Zweck wie selbstverständlich zugewiesen erhielt.

Baptisterium und Dom öffnen ihre Tore einander zu. Sie stehen wie im Zwiegespräch, doch weit auseinander. Sie bewahren genau die gleiche Achse, aber der Raum zwischen ihnen hat keine Form. Er ist nur ein Weg zwischen zwei Orten. Auch der Camposanto ist so weit zurückgenommen, daß er den Platz nicht beengt. Der Pilger fühlt sich nicht einbezogen in den heiligen Bezirk. Er ist ein Besucher, ein Fremder, der scheu und fromm zwischen den Mirabilia steht. Die Türen der Kirchen öffnen sich ihm nicht wie die Kolonnaden Berninis am Petersplatz zum Empfang. Er kann sich nicht als in einem geschlossenen Bezirk geborgen empfinden. Sein Geist erfaßt die Wegstrecke und das Ziel, die Mühsal der Fahrt und die Gnaden der Heiligtümer, hier Entbehrungen des Körpers, dort Freuden der Seele. Größe, Glanz, Kostbarkeit und der Anhauch des Fremden sollen den Eindruck bestimmen, nicht das schön überschaubar gefügte Bild (Abb. 15).

Der schiefe Turm hätte an keiner anderen Stelle erbaut werden können. Er steht der Stadt zugewendet. Vom Rand des Domplatzes aus sollen die Glocken das Volk herbeirufen. In der monumentalen Gruppe, die er zusammen mit Dom und Baptisterium bildet, wirkt er schon durch diesen seinen Ort am Chor des Domes und gegenüber jener Eingangstüre im Querhaus bedeutend und überraschend zugleich. Reicher als die irgendeines anderen Glockenturmes der Toskana, Giottos Florentiner vielleicht ausgenommen, ist seine Gestaltung. Durch Nachahmung antiker Formen, Verwendung antiker Versatzstücke, ewige Wiederholung des einen Motivs der Arkade und der sie tragenden Säulen und Säulchen, mit allen Mitteln war man mit den vererbten Monumenten einer größeren Vergangenheit in Wettbewerb getreten. Die ottonische Renaissance setzt hier ein romanischer Klassizismus fort, dessen Schmucksinn zugleich nach reicheren, plastischen Motiven greift. Dom und Campanile gewannen ihre Würde durch das, was die Zeit als Reminiszenz der Antike empfand, die ganze Gruppe ihre Wirkung durch die Absichtslosigkeit, mit der sie zusammengefügt scheint.

Noch eines anderen, bescheideneren Werkes muß hier gedacht werden. Dem Campanile schräg gegenüber, links neben der Straße, lädt ein Brunnen den Pilger ein, sich zu erfrischen. Noch seine heutige Gestaltung durch Giuseppe Vacca (1764) – drei Putten erheben auf hohem Sockel das Wappen der Stadt – weist darauf hin, daß auch sein Vorgänger in Pisa den Rang des Stadtbrunnens einnehmen konnte. Wann der älteste Brunnen an dieser Stelle entstanden ist, weiß ich nicht anzugeben. Sein Sinn an dieser Stelle ist augenfällig. Bevor man von der Stadt kommend den Dom betrat, sollte man sich reinigen. In dem durchdachten System dieses Platzes steht auch der Brunnen an jener Stelle, an der er seine Aufgabe am besten erfüllen kann.

Sorgfältiger in ihrem Steinwerk als jede andere gleichzeitige in Italien – soweit ich sehe – ist die Stadtmauer, die den Platz einfaßt und abschließt. Die heute geschlossene Porta Leone wird wegen ihrer mächtigen Rundtürme von den Chronisten einer Burg verglichen. Der Verlauf der Stadtmauer in seiner sicheren Führung um den Platz, nicht zu nah den Gebäuden und doch ihnen zugeordnet, erregt Bewunderung. Bei ihrer Planung um 1156 muß der Camposanto schon vorgesehen gewesen sein. Nur so erklärt sich jene Ecklösung, die für den Judenfriedhof vor der Mauer und für den der Christen in ihr zugleich Raum schuf. Ihre Toten wollte die christliche Stadt immer bei sich haben. Erst das 17. und 18. Jahrhundert haben Friedhöfe vor den Mauern angelegt. In den gleichen Jahrzehnten, in denen man sich in Florenz und Siena daran machte, die allzu störenden Grabsteine von den Domplätzen zu entfernen, baute man in Pisa (seit 1278) als vierten und letzten monumentalen Bau den Camposanto. Dieser schönste Gottesacker, den die Geschichte der Künste kennt, sollte das letzte große Gemeinschaftswerk der sterbenden Republik werden. Die Legende verlegt seine erste Planung in das Jahr 1203, in dem der Bischof Ubaldo dei Lanfranchi die heilige Erde von Golgatha auf Schiffen nach Pisa gebracht haben soll. Der Gedanke einer monumentalen Totenstadt neben Dom und Taufkirche scheint dem genius loci zu entsprechen und von jener rein geistigen Beziehung der einzelnen Bauwerke dieses Platzes zueinander abhangig. Das hohe Ansehen dieses Bauwerks bezeugt eine Notiz von 1383 aus Siena. Damals faßte man den schönen Plan, die begonnenen Teile des neuen Domes zu einem Friedhof umzubauen, und zwar: in quella forma et modo che é quello di Pisa el quale è delle nobile cose di christianita.

Wie die Monumente des Platzes erst jenseits aller optischen Bezüge sich zu einer Einheit verbinden, so ist auch die Stellung des ganzen Platzes zur Stadt eine durchaus ideale. Ohne räumlich ihr Mittelpunkt zu sein, ja in der äußersten Ecke gelegen, bildet er doch ihren geistigen Mittelpunkt. Aus den engen Straßen hinaus geht man auf ihn wie auf eine die Stadt beherrschende Burg. Das Exzentrische der Lage mag sich von der Geschichte der Lagune herleiten. Kennzeichnend für die frühmittelalterliche Stadtbaukunst ist, daß man es nicht als störend empfand. Die realen und optischen Zusammenhänge fallen bei der Gestaltung von Monumenten höherer Bedeutung gegenüber religiösen Traditionen wenig ins Gewicht. Der Platz blieb Mitte, Herzstück, ja Sinnbild der Civitas, auch wenn er außerhalb des Wohnbereichs ihrer Bürger lag (Abb. 14).

Die Stadt wurde in allen Lebensfunktionen durch die Domkirche und ihre Patronin Maria vertreten. Im Namen von Sankt Marien zu Pisa (Santa Maria de Pisis) wurden Verträge abgeschlossen, Beleidigungen zurückgewiesen, Eroberungen gerechtfertigt, Tribute eingezogen, Hoheitsrechte verteidigt und jede Rebellion als Sakrileg bestraft. Der Dom war Stadthaus, Ort und Sinnbild der Politik, Spiegel ihres Wesens, eine juristische Person, mit der sich die Stadt identifizierte, und bald verschmolz in der Vorstellung Maria, Dom und Stadt zu einem einzigen, unlösbaren Begriff. Wo die Antike eine Statue stiftet, baut das Mittelalter einen Altar, schrieb ich oben. Das gilt noch in einem genaueren Sinn. Die Stadt Athen erfaßte sich selbst und ihr Wesen in dem Bild und dem Wesen der Göttin, dessen Namen sie trug. Die Kirche übernahm sowohl als Kunst- und Geisteswerk, wie auch als Idee die politische Aufgabe der Stadtgöttin. Die plastische Formkraft war der oberste Kunstsinn der Griechen. Ihm verdanken sie ihre Götterbilder. Dieser Formkraft entspricht der Sinn für den Innenraum im Mittelalter. In seinen Kirchenräumen sind ihm die größten Werke gelungen. Das Langhaus des Pisaner Doms mit seinen fünf Säulenwegen wird Symbol und Ausdruck von Macht und Hoheit, eine andere »Dea Roma«, eine andere Pallas Athene.

Man hat die einzelnen Epochen der Menschheitsgeschichte oft unseren Lebenszeitaltern verglichen. Auf Jugendfrische folgt Reife und Alter. Ein Kennzeichen der Menschen dieser frühen Jahrhunderte des Abendlandes ist es, daß sie zugleich sehr alt und doch wieder jung erscheinen. Alt sind sie als die Erben spätantiker Geistigkeit, jung als die Kinder neuer Völker, die die antike Welt mit unverbrauchten, erlebniswachen Sinnen bestaunen. Alles ist ihnen ausdrucksstark und wundersam. Jeder Stein, jede Säule oder Arkade, der einfachste Raum wird zum Ereignis. Jedes Gebilde steht durch geheime und zugleich höhere Bedeutsamkeit mit allen anderen in Beziehung. Man muß bei Maragone die Schilderung der Aufrichtung der acht in Elba gefundenen antiken Basaltsäulen des Pisaner Baptisteriums in nur 15 Tagen nachlesen, um etwas von der Faszination nachzuempfinden, die von den kraftvollschlichten Formen ausging, um die herum man das erstaunliche Bauwerk errichtet hat[502]. Die Phantasie entzündet sich an der Materie und am Gedanken. Schmuckformen, Farben, Zustand und Verarbeitung des Materials erscheinen sinnbeschwert und von kaum deutbarer Wirkkraft. Dieser Sinn ist immer transzendent und irdisch zugleich. Die Polarität zwischen Geist und Leib, Leben und Idee, die das ganze Mittelalter mit Problematik belastet, ist auch hier gegeben. Die Vorstellungskraft wird aus zwei Quellen gespeist, die von weither kommend erst in den Herzen zusammenfließen und sich in den Kirchenbauten, die diese Menschen geschaffen haben, staunenswert offenbaren: den Kräften einer sinnenoffenen Leiblichkeit und einem nach dem Jenseits strebenden Glauben.

502. Maragone ad a. 1164, p. 30.

Das Baptisterium von Florenz.

Was in Pisa auf einem ganzen Platz zum Ereignis wurde, läßt sich in Florenz an einem einzigen Bauwerk aufweisen, dem Baptisterium. Wer Florenz und seine Kunst, wie sie war, sein mußte und immer blieb, kennenlernen will, muß in die Taufkirche treten. Florenz ist geworden, was es geworden ist, die Wiege der italienischen Kunst, weil in seinen Mauern, vielleicht im 11. Jahrhundert, ein genialer Baumeister gewirkt hat, ein Künstler vom Range Dantes und Michelangelos, unerklärt und wunderbar wie diese, der in seinem Werk ein Jahrtausend Geistesgeschichte, Antike und Mittelalter verbindet.

Wann diese Kirche erbaut wurde, wissen wir nicht. Immerhin ist es wahrscheinlich, daß sie ihre heutige Gestalt in den entscheidenden Merkmalen in der zweiten Hälfte des 11. Jahrhunderts erhalten hat[503]. Etwas vom Geist der ottonischen Renaissance klingt in ihr an und nach. Noch enger sind die Beziehungen zur Cluniazenser Reform. Florenz war um die Mitte des Jahrhunderts ein Zentrum der Reformbewegung. Hugo von Cluny, der Erbauer des größten Klosterdomes der Christenheit, war oft in Florenz. Der Stil von Cluny III und jener des Baptisteriums besitzen Beziehungen. Beiden waren Werke der frühchristlichen Kunst Roms Exemplum. Wenn in diesem Jahrhundert es überall in Italien üblich war, antike Säulen in den mittelalterlichen Bauten gewissermaßen zu »zitieren«, so wie die Dichter des lateinischen Mittelalters ihre Verse mit Sentenzen aus Virgil oder Ovid untermischten, so haben wir es im Falle des Baptisteriums mit einem Gebilde zu tun, das die antiken Vokabeln nicht nur übernahm, sondern in ihrem Wesen verstand und ergänzte. Das Latein, das hier gesprochen wird, ist spätantik und nur der Tonfall zuweilen mittelalterlich. Das Pantheon wird nicht nachgeahmt, seine Baugedanken finden wir im Baptisterium fortentwickelt. Das edle Pathos einer antiken Rhetorik dient mittelalterlichem Inhalt.

Unter den christlichen Taufkirchen nimmt die Florentiner eine einzigartige Stellung ein. Sie ist größer als jede andere und läßt sich in ihrem Anspruch nur mit den Palastkapellen von Aachen und Ravenna vergleichen. Das einzige ähnlich bedeutende Bauwerk der Gattung, das Pisaner Baptisterium, ist von dem Florentiner abhängig. Die Taufkirche von Florenz lag nicht unmittelbar vor der alten und bescheidenen Domkirche Santa Reparata, vielmehr von ihr durch eine schmale Häuserzeile getrennt, gleich einer Palastkapelle dicht neben und vor dem Bischofspalast und hinter dem Tor, das nach dem Bischof die »porta al Vescovo« heißt. Die ältere Forschung, zuerst Borghini und, ihm folgend, Richa und del Migliore haben angenommen, daß

---

503. W. Horn, Das Florentiner Baptisterium, Mitt. d. hist. Inst. in Florenz, V (1938), 112; Paatz, Kirchen, II, 218, Anm. 12.

das Baptisterium die älteste Kathedrale von Florenz gewesen sei und als solche ein Hauptportal im Westen, also dem Bischofspalast gegenüber, besessen habe. Ausgrabungen scheinen diese Ansicht zu widerlegen. Einen wahren Kern mag sie dennoch besessen haben. Baptisterium und Bischofssitz gehören zusammen. Die Verwandtschaft der Taufkirche mit der Pfalzkapelle in Aachen und mit San Vitale in Ravenna hat gute Gründe. Zunächst war das Baptisterium die Palastkapelle der Bischöfe. Als solche verfügte sie über eigene Kanoniker, ein eigenes Stift. Die alte Santa Reparata wird als »pieve« bezeichnet, das heißt als Volkskirche. Zwischen dem Bereich des Bischofs und dem des Volkes bestand eine Trennung. In Arezzo konnte der Bischof seine Kirche vor der Stadt errichten, während das Volk sich in der berühmten Pieve inmitten der Stadt versammelte. In Volterra besaß der Bischof eine Kirche in der Burg über der Volksstadt. In Florenz behält das Baptisterium in den späteren Jahrhunderten, nachdem längst die Vertreter des Volkes oder des Adels, Podestà und Konsuln die obersten Regierungsstellen erlangt hatten, seine alte Stellung als Stadtmittelpunkt und Staatskirche bei. Dadurch entstanden unklare Rechtsverhältnisse. Jetzt werden bald die Taufkirche, bald Santa Reparata als Dom bezeichnet. Gemeinsam bilden sie die Domkirche, und mehr und mehr sollte sich ihr Verhältnis zu Volk und Bischof umkehren. Santa Reparata wird die eigentliche Domäne des Bischofs, die Taufkirche Hort und Heimat des Volkes.

Man hat ihren Baubeginn mit einem Weihedatum, dem 6. November 1059, in Verbindung gebracht, von dem sich eine Kunde erhalten hat. Papst Nikolaus II., der wenige Wochen vorher in Siena den heiligen Stuhl bestiegen hatte, konnte nahezu als erste Amtshandlung zwei Florentiner Kirchen weihen, das Baptisterium und am Tag darauf, dem 7. November, Santa Felicità[504]. Zwei weitere sollten sich im Januar anschließen, am 16. die »in schöner Gestalt erneuerte« Michaels- und Eusebiuskirche nahe bei Ognissanti, die längst zerstört ist, und am 20. die ebenso erweiterte Ambrosianische Basilika von San Lorenzo[504a]. Diese Daten bringen den Bau des Baptisteriums mit der Reformbewegung Hildebrands und des Kardinals Humbert in Verbindung. Nikolaus II., der als Bischof Gerhard von Burgund hieß, war ein Freund und Gefolgsmann Gottfrieds von Lothringen und seiner Gattin Beatrix, der Mutter der großen Mathilde von Canossa. Ihnen verdankte er erst den Bischofssitz von Florenz, später dann den päpstlichen Stuhl. Es war in diesem Jahrhundert möglich, daß die Päpste, die sich in Rom auf keine reale Macht stützen konnten, ihre Bischofssitze beibehielten. Ebenso war es Brauch, daß der Papst einen Teil seiner neuen Mittel zur Verschönerung der Bischofskirche nutzte. So hat auch Papst Alexander II. als Bischof von Lucca wenige

504. Ebd.

504a. Davidsohn, Gesch. v. Florenz, I, 217.

Jahre später den dortigen Dom erweitern und erneuern lassen. 1070 wurde er mit großer Pracht in Gegenwart von Mathilde und Beatrix, sowie 23 Bischöfen geweiht. Dem Florentiner Papst mag man in dieser Frühzeit am ehesten die Kraft und die Mittel zu dem kühnen Werk des Baptisteriums zutrauen.

In einer durchweg aus braunen und grauen Steinen erbauten Stadt bildete die Taufkirche jahrhundertelang das einzige große und vollendete Marmorwerk. Nur San Miniato vor der Stadt erhebt einen verwandten Anspruch. Die Ansätze zu reicheren Marmorfassaden bei einigen Pfarrkirchen konnten nicht zur Vollendung gedeihen. Bis zur Erbauung des neuen Doms im 14. Jahrhundert galt das Baptisterium unbestritten als die Stadtkirche. Johannes war Stadtpatron. Das Johannisfest blieb bis auf den heutigen Tag das Stadtfest. Am Johannistag, dem 24. Juni, nicht wie in Siena oder Pisa am Tag der Assunta, dem 15. August, brachten die unterworfenen Städte und Grafen ihre Kerzenspenden nach Florenz. Im Namen des Stadtpatrons Johannes wurden Siege gefeiert, Verträge beschworen, Gebiete erobert. Der Täufer schmückte den Goldfloren und das Stadtbanner. Die Taufkirche nennt Dante seine wahre Heimat, »die schöne Hürde« – »il bel ovile« –, aus der er vertrieben wurde. Dorthin wünscht er zurückzukehren, um den Dichterhut zu erhalten. Von dem kleinen Dom, der alten Santa Reparata, spricht er nicht. Noch das ganze 14. Jahrhundert hindurch wird die Johanneskirche als der Dom von Florenz in Urkunden und Chroniken bezeichnet. Sie blieb der Stadtmittelpunkt, und auch in ihrer Form trägt sie dieser ihrer Funktion Rechnung. Wie der Domplatz von Pisa am Rande der Stadt gelegen, blieb sie ihr Zentrum, nicht kraft optischer oder räumlicher Bezüge, sondern kraft ihrer Funktion und kraft ihrer edlen Gestaltung. Den Jahrhunderten galt sie als Bürge ehemaliger römischer Größe. Daß man sie für einen antiken Marstempel hielt, dem die neueren Jahrhunderte nur die Laterne und die Apsis angefügt hatten, minderte nicht, sondern mehrte ihre Segensmacht. Das Baptisterium ist Mitte und Maß der Stadt.

Die Bedeutung der Dome.

Die Bedeutung, die ein Werk für den Charakter und die bauliche Gestaltung der ganzen Stadt erlangen konnte, wird an den späteren Domen von Siena und Florenz noch augenfälliger. Diese beiden Dome sind das große Gemeinschaftswerk der beiden toskanischen Hauptstädte während ihrer Blütezeit im 13. und 14. Jahrhundert. Wir wissen aus vielfachen Nachrichten, daß sie von den Chronisten als Meisterwerke verstanden wurden, an deren Gestaltung die besten Künstler und viele Zünfte mitgewirkt haben. Del Migliore hat uns – wenn auch wohl verstümmelt – eine inzwischen verschollene

Urkunde aus der Zeit der Grundsteinlegung des Florentiner Domes überliefert. »In öffentlichen und in privaten Versammlungen wurde gesagt und betont, daß man die Bauten der Kommune nur dann beginnen solle, wenn die Absicht besteht, sie nach einem Gedanken zu machen, der sehr groß ist, weil er von dem Geist vieler Bürger belebt wird, die sich in einem Wollen verbunden haben«[505].

Aus vielfältigen Notwendigkeiten sind die Dome erwachsen. Von ihrem höheren Sinn zu handeln, ist beliebt geworden. Eine Stelle aus dem Offizium der Grundsteinlegung, die von der Kirche als einem neuen Jerusalem spricht, hat der Forschung die Augen für ihre höhere, sinnbildliche Bedeutung geöffnet[505a]. Aber die Kathedrale ist nicht nur Darstellung des ewigen Jerusalems. Sie will auch als ein Spiegel und Sinnbild der eigenen Stadt verstanden werden. Was den Baumeistern des Florentiner Baptisteriums und des Pisaner Domes noch selbstverständlich war, wird später bewußt. Die Kommune als eine heilige Stadt empfindet sich selbst als von ihrem Dom noch einmal dargestellt. »Lo specchio di tutti e'cittadini« nennt eine Sieneser Bauurkunde des 15. Jahrhunderts den dortigen Dom[506]. Die Bischofskirchen mußten bei großen Anlässen alle Bürger der Civitas fassen können. Von ihren Pfarrherren angeführt, versammelten sich die einzelnen Kirchspiele oder Populi zu Weihnachten, zu Ostern, zu Pfingsten und an einigen anderen Festen im Dom. Die Civitas bildete noch eine einzige Gemeinde. Der Brauch reicht weit ins frühe Mittelalter zurück. Eine Bulle Coelestins III. vom 17. April 1192 hat ihn für Siena noch einmal bestätigt[507]. Am Dom begannen oder endeten die großen Prozessionen. Es war notwendig, daß die Dome mit ihren Städten wuchsen. Das Zeitalter war sich dieser Verpflichtung durchaus bewußt. Je größer die Stadt, desto größer der Dom. Man kann die Verlängerung des Pisaner Domes im 12. Jahrhundert durch Bonannus mit dem Anwachsen der Bevölkerung begründen. Städte, die sich nicht mehr entwickeln, bauen auch keine neuen Dome. Arezzo hat seine Kathedrale, die man 1277 mit großen Hoffnungen begann, nur noch als ein Fragment vollendet, nachdem der Niedergang der Stadt sich seit 1327 nicht mehr aufhalten ließ. Pistoia hat sich immer mit seinem romanischen Dom begnügt. Ein besonders aufschlußreiches Beispiel ist Lucca. Dort hat man den Dom nach der Befreiung der Stadt durch Karl IV. aus dem Joch der Pisaner zwar fast durchaus erneuert, aber

505. E stato detto e consigliato in pubblica, e privata adunanza, non doversi intraprendere le cose del Comune, se il concetto non è, di farle corrispondenti ad un cuore, che vien fatto grandissimo, perche composto dell'animo di piu Cittadini uniti insiema in un sol volere. Del Migliore, p. 6, gibt an, den Passus aus einem Dokument von 1294 entnommen zu haben.

505a. H. Sedlmayr, Die Entstehung der Kathedrale, Zürich 1950.

506. Borghese e Banchi, p. 160, Nr. 94.

507. Die Bulle im Archiv des Sieneser Domkapitels.

nicht vergrößert. Die Fassade und den Chor ließ man stehen und setzte lediglich prachtvolle gotische Arkaden und Triforienwände in ein romanisches Gehäuse. Man war sich der Verpflichtung, den Dom zu bereichern und zu verschönern, wohl bewußt. Die Stadtväter haben das wiederholt ausgesprochen[508]. Ihn zu vergrößern bestand kein Anlaß (Abb. 18, 19).

Anders in Siena und Florenz. Der Chronist Tommasi erklärt den Neubauentwurf des Domes von 1337 mit der Tatsache, daß die Bevölkerung der Stadt gewachsen sei, so daß der alte Dom nicht mehr alle Bürger bei großen Anlässen aufnehmen könne[509]. Bei dem Entschluß von 1355, den Neubau wieder aufzugeben und teilweise abzureißen, spielte auch die Überlegung eine Rolle, daß die Bevölkerungsverluste während der großen Pest von 1348 einen so großen Bau nicht mehr als notwendig erscheinen ließen[510]. Siena ist später nicht mehr oder doch nur unwesentlich gewachsen. Es hatte seine Einwohnerzahl von 1348 auch 1950 noch nicht wieder erreicht. Im alten Dom finden nach wie vor nahezu alle erwachsenen Einwohner der Stadt Raum.

Kirchenbau als Stadtdekor.

Villani (VII, 9) nennt unter den Gründen, die 1296 zum Entwurf Arnolfos für den neuen Florentiner Dom führten, daß die alte Santa Reparata »klein im Verhältnis zu der Stadt« gewesen sei. Der neue Dom sollte rund 30 000 Menschen fassen und ist erst im 19. Jahrhundert zu klein geworden. Der Stolz der Florentiner wollte mit seiner Domkuppel Macht und Volkszahl der Stadt weithin kenntlich machen. Man fand im Verlauf seiner späteren Baugeschichte die kühne Neuerung eines Tambours, der das hohe Gewölbe weit über das Häusermeer emporhält. Der neue Dom war wenig später als der dritte Mauerring begonnen worden, gleichzeitig mit ihm geplant. Für die Fernsicht steht er zu ihr in genauem Verhältnis: groß und monumental und doch dem Ganzen sich einordnend. Innerhalb des dritten Mauerrings wohnt die Gemeinde, die man dem Dom zurechnen möchte. Das späte 19. Jahrhundert hat den Stadtumfang so weit in die Ebene hinaus ausgedehnt. Nur was im Mittelalter gebaut wurde, empfindet man ihm zugehörig, nicht aber die unorganischen Wucherungen unserer Zeit. Seit langem faßt der Dom nicht mehr die Bevölkerung, die sich in den letzten hundert Jahren verfünffacht hat. Zugleich verlor er die rechte Proportion zum Stadtganzen als einem einheitlichen Bauwerk.

Alle Künste wetteifern in der Vollendung des Domes, schreibt der Chronist von 1339[511]. Die Schönheit der ganzen Stadt erweist sich an ihrem Dom. Das

508. Die Belege bei Ridolfi, L'Arte in Lucca studiata nella sua cattedrale, p. 30.
509. Zitiert nach Lusini, Duomo di Siena, p. 184, Anm. 20.
510. Ebd., p. 181; Milanesi, Doc. I, 254 f.
511. Frey, Loggia, p. 121.

Ansehen, das eine Stadt genießt, erwächst aus der Bedeutung seiner Domkirche. In Eingaben an den Stadtrat wird nachweislich seit der zweiten Hälfte des Dugento immer wieder betont, daß die Stadt für ihr »Decorum« durch Kirchenbauten zu sorgen hat. Was zunächst als eine religiöse Notwendigkeit verstanden wird, soll auch ästhetisch faßbar werden. Sah man im 11. und 12. Jahrhundert überhaupt nur die Kirchen im Geiste, wenn man an eine Stadt dachte, so bewahrten die folgenden Jahrhunderte den Glauben, daß jede höhere »Civilisation« sich an den Kirchen erweisen müsse. Früh finden sich Bestimmungen, durch die ihre Pflege und Erhaltung gewährleistet werden soll. In Ravenna hat man sich fast zu allen Zeiten um die Erhaltung der byzantinischen Kirchenbauten gekümmert, und die Verordnung, durch die diese Fürsorge im Statut des 13. Jahrhunderts zum Gesetz erhoben wird, erinnert an Bestimmungen der modernen Denkmalspflege[512]. Im Florentiner Statut von 1322 heißt es, daß der Bau von Santa Croce und Santa Maria Novella »den Seelen zum Heile und der Stadt zur Zierde gereiche« (ad utilitatem animarum et decorum civitatis expedit)[513]. In Geldgesuchen an die Gemeinde zur Unterstützung von Kirchenbauten wird versichert, daß besagte Kirchen und jede einzelne von ihnen das Dekorum der Stadt außerordentlich vermehre (quod dicte ecclesie et quolibet eorum cedunt ad decorum maximum civitatis)[514]. In Kirchen, wie dem Baptisterium von Florenz, San Marco in Venedig, den Domen zu Pisa oder Siena erkannten die Chronisten schon bald nach ihrer Erbauung den künstlerischen Rang. 1205 wird Florenz gerühmt: Du durftest aus wertvollen Steinen den weithin gefeierten und berühmten Tempel von Christi Vorläufer erbauen, zu dessen Ehre kein zweiter gleich glorreicher zu finden ist[515]. Schon hier wird also die Sonderstellung der Florentiner Taufkirche unter den Bauten gleicher Gattung betont. 1270 nennt der Astronom Guido Bonati das Baptisterium ein »prächtiges Bauwerk« und achtet ihm nur San Marco in Venedig, San Vitale in Ravenna und den Pisaner Dom gleich[516]. Man bewundert ein Kunsturteil, dem die neuere Kunstgeschichte nichts hinzuzufügen hat. Mit dem Aufkommen der Vulgärsprache gegen Ende des 13. Jahrhunderts finden wir in städtischen Verfügungen das Wort »bellezza« in bezug auf Kirchen an den gleichen Stellen genannt, an denen man früher »decorum« schrieb. Nach Villani (VIII, 3) hat das Baptisterium seine Marmorverkleidung von 1293 »per piu bellezza

512. Ravenna, Statuto del secolo XIII, Rubr. 348. De ecclesiis et veteribus hediffitiis non destruendis. Besonders hervorgehoben werden die »antiquissimis hediffitiis«. Die Rubr. 357 fordert einen Ausschuß von Sachverständigen, um das Wasser in San Vitale abzuleiten, ein Problem, das bis heute ungelöst geblieben ist.

513. Davidsohn, Forsch. IV, 482.

514. Gaye, I, 477 f., Dok. vom 27. August 1332.

515. Davidsohn, Gesch. v. Florenz, I, 437.

516. De Astronomia Tractatus, Basel 1555, p. 437.

della chiesa« erhalten. Vom »bel san Giovanni« spricht Dante. Die Bronzetüre Andrea Pisanos soll nach einem Beschluß der Arte di Calimala »più bella che si puo« gemacht werden[517]. Der Dom von Florenz wird schon als Modell ein »wunderbares Werk« genannt, das »über alle Maßen der Stadt zum Schmuck und zur Ehre gereiche«[518]. 1331, fünfunddreißig Jahre später, als freilich noch immer erst wenig vollbracht war, wird sie als »formosa« und »pulcra« gerühmt[519]. Die Stellen wären beliebig zu vermehren[520]. Das ästhetische Moment spielt schon deshalb auch für den Kirchenbau eine Rolle, weil Geistiges oft nicht auf die Ebene wirksamer Realität gehoben werden kann, ohne daß es auch im Bilde faßbar würde. Die Schönheit war ein Attribut des Heiligen. Ästhetische und religiöse Erwägungen werden in einem Satz genannt. Gelder werden angewiesen, »damit ein so schönes und ehrenwertes Werk, das begonnen wurde, auch vollendet werden könne, und die Gnade, die durch den Bau der Gemeinde zugekommen sei, auch weiterhin verschwenderisch und groß bleibe«[521]. Die Stelle stammt aus einer Eingabe von 1337. In seinem Streben nach ästhetischer Vollendung jedes Kirchenbaus unterscheidet sich das Mittelalter nicht von der Renaissance.

Für die Ausführung aller großen Kirchenbauprojekte war zu allen Zeiten die oberste städtische und staatliche Behörde zuständig. Sie mußte immer die Kosten tragen. Solange der Bischof Landesherr war, blieb er für die Errichtung der Kirchen verantwortlich. Auch die Grafen stifteten in ihren Städten die Kirchen. Die Pfarrvorsteher mußten vielerorts den Bau der kleineren Pfarrkirchen selbst übernehmen. Die Nachbarschaften werden für die Kirchen in ihrem Bezirk verantwortlich gemacht. Nachdem seit der Mitte des 12. Jahrhunderts sich die Verwaltung der Städte mehr und mehr zentralisiert, wird auch das Bauwesen in wachsendem Maße von der Regierung geleitet und gefördert. Während die Pfarrkirchen nach wie vor von den Gemeinden bezahlt werden müssen – ein Grund, weshalb sie immer klein blieben – zahlt die Stadt den Dom und die großen Klosterkirchen. Ohne größere städtische Zuschüsse wären weder Santa Croce noch Santa Maria Novella auszuführen gewesen. Erstere erhielt durch statutarischen Beschluß seit 1294 jährlich 1200 Lire, letztere sogar 2000 oder sollte sie erhalten, ein Viertel der Gelder, die man für den Dom aufwenden wollte[522]. Während die großen Familien die Kapellen im Chor und im Querhaus stifteten, mußte die Stadt das Langhaus zum überwiegenden Teil bezahlen. Ebenso wie Santa Croce

517. Davidsohn, Forsch. IV, 464.

518. Frey, Loggia, Abt. III, Dok. 27.

519. Guasti, p. 30, Nr. 35.

520. Man vgl. den häufigen Gebrauch von pulcher bzw. pulchritudo in den Chroniken des 11. und 12. Jahrhunderts im Registerband bei Lehmann-Brockhaus.

521. Guasti, p. 51, Nr. 52.

522. Gaye, I, 429 und 482; Frey, Loggia, p. 154; Davidsohn, Forsch. IV, 487; Paatz, Trecentoarchitektur, p. 92 und Anm. 348.

erhielten Santa Maria del Carmine, Santo Spirito, die Badia, Ss. Annunziata und Santa Trinità Zuschüsse[523]. Die Verwaltung der Bauhütten von San Miniato, des Baptisteriums, des Doms und seit 1361 auch von Santa Croce lag zwar bei der reichen und vornehmen Arte di Calimala, die Verwaltung von Or San Michele bei der Arte della Seta, die Kosten mußte in jedem Falle die Stadt aufbringen[524]. In Siena werden alle Orden immer wieder bei der Stadtverwaltung um Subsidien vorstellig. Das Statut von 1309/10 führt eine lange Liste von Kirchen- und Klosterbauten auf, die die Stadtkasse teils durch Stein- und Kalkdeputate, teils durch Geldspenden fördern mußte[525]. Solche Spenden erhielten praktisch alle Klöster. Kein einziges größeres Werk, zu dem nicht die Stadt bedeutende Beträge beigesteuert hätte! Auch viele Altarbilder und Skulpturen wurden unmittelbar durch die Stadtverwaltung bezahlt. Ein bekanntes Beispiel ist Pietro Lorenzettis Madonna für Santa Maria del Carmine in Siena von 1329. Die Regierung begründet die hohen Kosten damit, daß die Tafel sehr schön sei (valde pulcra) und die Heiligen in ihr überaus schön und ernst wiedergegeben seien (multa pulcerima seriosius sunt depicta)[526]. Besonders rechnete man mit öffentlichen Zuschüssen für die Fassaden. In Siena begründen die Franziskaner 1286 ein Gesuch um Gelder für die Vollendung ihrer Fassade mit der Bemerkung, daß viele hohe geistliche Würdenträger aus allen Städten Toskanas die Kirche besuchen würden, und daß die unvollendete Fassade das Ansehen der Stadt beeinträchtigen könnte[527]. Das Gesuch wurde abgelehnt. Größeren Wert legte man auf die Predigträume selbst. Die Predigt stand im Mittelpunkt des Kulturlebens der Städte. Die größten Kirchenräume zogen die berühmtesten Prediger an. Jede Stadt wollte die Nachbarstädte übertreffen. »Nicht um unseretwillen, die wir nach Ämtern und Einkünften streben«, heißt es in einer Predigt von 1293, die in Santa Maria Novella gehalten wurde, »sondern um des Florentiner Volkes Willen, das eine größere Dominikanerkirche besitzen soll als alle anderen Städte«, wird um eine Geldspende gebeten[528]. Wie heute mit der Größe ihrer Stadien wetteiferten die Städte im 13. und 14. Jahrhundert mit der Größe ihrer Kirchen.

Für die Dome reichten die laufenden Einnahmen in keiner Stadt. Sondersteuern wurden für sie ausgeschrieben. Das älteste Pisaner Breve nennt eine Kopfsteuer von einem Denar für diesen Zweck[529]. In Pisa zuerst hören wir

523. Davidsohn, Forsch. IV, 492ff.; Frey, Loggia, p. 155; Paatz, Kirchen, in den Anmerkungen zu den entsprechenden Kirchen.

524. Über die Bedeutung dieser Zünfte und ihrer Beziehungen zum Bauwesen Doren, II, 708.

525. Siena, Statut von 1309/10, Dist. I, Rubr. 54.

526. Milanesi, Doc. I, 193, Nr. 39.

527. Ebd., 160 f., Nr. 17, vom 16. November 1286.

528. Zitiert nach Wood-Brown, The Dominican Church of S. Maria Novella, Edinburgh 1902.

529. Maragone, ad a. 1164.

schon 1174 von der Bestimmung, einen gewissen Betrag von jedem Testament für den Dom abzuzweigen[530]. Alle anderen Städte haben das Gesetz übernommen. In Siena mußte während des ganzen 13. und 14. Jahrhunderts jeder Bürger vom 17. bis zum 70. Lebensjahr am 15. August, dem Tage der Assunta, seinen Beitrag zum Dombau in Form einer Kerzenspende leisten. Ähnliches war überall üblich. Zeitweise ging man dort und in Florenz dazu über, von jedem in die Stadtkasse eingezahlten Goldstück einen Betrag für den Dom einzubehalten. Letzterer Betrag entspricht 8½% der Gesamtsumme. Der Dombau sollte demnach in Florenz unabhängig von allen privaten Stiftungen, von den Abgaben für kirchliche Indulgenzien und den Einkünften aus den Besitztümern der Domopera 8½% der Staatseinnahmen erhalten. Darüber hinaus stellte man in allen Geschäften Sammelbüchsen auf, in die nach abgeschlossenem Handel ein Obolus zu entrichten war. Bei all dem war die Stadtverwaltung und nicht der Bischof oder eine andere kirchliche Behörde die treibende und zuletzt verantwortliche Instanz. Die kirchlichen Indulgenzien scheinen nicht sehr große Summen erbracht zu haben. In Siena hatte der Bischof schon 1259 seine und des Domkapitels Rechte auf Eintreibung von Mitteln für den Bau durch Sammlungen der Dombauhütte und deren Leiter und damit einem städtischen Beamten überlassen.

Die Domopera.

Von allen kirchlichen Bauaufgaben, die die Stadt unterstützte, nahm sie gemeinhin nur eine in Regie: den Dom und die ihm zugeordneten Bauten, Baptisterium und Campanile. Beim Dom saß auch die einzige »Baufirma«, über die die Stadtverwaltung unmittelbar verfügte, die »Opera del Duomo«. Ursprünglich, d. h. im 11. Jahrhundert und in Pisa wurde unter der »opera« der begonnene Bau selbst verstanden[531]. Später, in den ersten Jahrzehnten des 12. Jahrhunderts entwickelt sie sich zu einer Rechtsinstitution eigener Prägung. Als solche tritt sie uns in Florenz am Baptisterium seit 1157 und am Dom seit 1296 von vornherein entgegen. Von 1196 stammt das älteste Dokument der opera von San Martino in Lucca. Dort handelt es sich zunächst um eine besondere Bauhütte für den groß geplanten Neubau der Fassade, der eigene Konsuln zugeordnet wurden, die »Consules opere frontespitii Ecclesie S. Martini«[532]. In Siena hören wir von ihr seit 1196. Bald werden ihr auch andere dringliche Bauaufgaben übertragen, Abschnitte der Mauer, Tore, Brücken, Straßen. Wahrscheinlich sind der Palazzo Vecchio in Florenz

530. Pio Pecchiae, L'opera della Primeriala Pisana, Pisa 1906, p. 84 f. Eine ähnliche Bestimmung für Florenz bei Frey, Loggia, 146, Dok. 26.
531. Pecchiae, p. 14.
532. Ridolfi, p. 14.

und der Palazzo Pubblico in Siena, mit Sicherheit die Loggia dei Lanzi hier und die Loggia der Kaufleute dort von der Domopera erbaut worden. Gewinnen Tyrannen in einer Stadt Macht, kann es auch vorkommen, daß die Steinmetze dem Dombau entfremdet und für Festungsbauten zwangsverschickt werden. In bezug auf Ereignisse aus der Luccheser Geschichte hat man von der Deportation von Künstlern gesprochen[533].

Die Organisation der Opera war in allen Städten ähnlich und schon in den ältesten erhaltenen Statuten festgelegt. In der Frühzeit waren die Vorsteher der Dombauhütten Kleriker. 1110 finden wir in Pisa den ersten Laien, einen Richter, unter ihnen. Schon 1116 ist es eine rein weltliche Behörde. Als solche verfügt sie über Sonderrechte und umfangreiche Besitztümer. Friedrich I. verlieh ihr die Zollhoheit an den Pisaner Toren[534]. Der alte Kornmarkt war ihr Eigentum. Von allen Läden dort bezog sie Mieten, von jedem Verkauf ihren Anteil[535]. In Siena bestellt die Stadt 1226 zum erstenmal einen Laien zum Leiter der dortigen Opera, den Operarius. Er wird jährlich neu gewählt. Seit 1420 ist er Beamter auf Lebenszeit und gewinnt damit eine gewisse Unabhängigkeit von den ständig wechselnden Räten. Während dieses langen Zeitraums wird er von den städtischen Behörden ernannt und ist nur ihnen verantwortlich. Die Zuziehung des Bischofs zu wichtigen Entscheidungen ist schon während des 13. Jahrhunderts eine Formsache[536]. Im 14. hören wir nichts mehr davon.

Auch in Florenz galt die Opera des Baptisteriums als eine rein weltliche Organisation. 1306 verwahrt sich die Arte di Calimala in einer Eingabe an den päpstlichen Stuhl dagegen, zu einer Sondersteuer herangezogen zu werden, die den kirchlichen Körperschaften auferlegt wurde. Sie betont ihren Laiencharakter[537]. Die Opera del Duomo wird anfangs von einem Priester geleitet. Wir haben darüber eine Nachricht von 1307[538]. 1318 wählt man einen Ausschuß, bestehend aus einem Vertreter des Bischofs, einem des Domkapitels und einem der Stadtverwaltung. Die Vertreter des Bischofs und der Stadt sind Laien, der des Kapitels ein Priester[539]. Seit 1331 finden wir nur noch Laien.

Meistens waren diese Hüttenvorsteher keine Fachleute, in Pisa in der Regel Juristen, in Florenz Großkaufleute, in Siena von 1258 bis 1305 die

533. Enrico Ridolfi, Deportati artistici, in Atti della R. Accademia Lucchese, XVIII, 261.

534. Diplom Friedrichs I. vom 31. Januar 1178 bei Bonaini, I, 269.

535. Dokument von 1368 bei Tanfani-Centofani, Notizie di Artisti, Pisa 1898, p. 260.

536. So begaben sich laut Beschluß vom 27. Januar 1285 der Sieneser Hüttenleiter Fra Melano mit seinen vier Ratgebern zum Bischof, um ihm den an diesem Tag im Stadtrat schon endgültig genehmigten Plan für den Fassadenneubau zur Stellungnahme vorzulegen. Milanesi, Doc. I, 157 f., Nr. 15.

537. Davidsohn, Gesch. v. Florenz, IV, ii, 136.

538. Guasti, p. 22 f., Nr. 28.

539. Ebd., p. 24, Nr. 29.

baukundigen Zisterzienserkonversen von San Galgano, später Angehörige nahezu aller Berufe, Richter, Apotheker, Schmiede, Kaufleute, der Maler Andrea di Vanni, der Goldschmied Ambrogio di Benincasa. Von einigen wissen wir weder Stand noch Beruf. Er spielt auch keine Rolle. Man gewinnt den Eindruck, daß der Posten zwischen den einzelnen Zünften nach politischen Rücksichten ausgehandelt wurde. Gelegentlich müssen bei der Wahl Unregelmäßigkeiten vorgekommen sein, so daß z. B. durch das Statut für das Jahr 1296 eine Neuwahl befohlen wird, da der diensthabende Operarius weder lesen noch schreiben könne[540]. Ein ständiger Schreiber und ein Kassenverwalter, der in Siena »custos«, anderenorts »massarius« heißt, stehen ihm zur Seite. Daß der Operarius nicht ohne Einfluß auf die Baugestaltung war, beweist der Zisterzienserstil des Sieneser Domes während jener Jahrzehnte, in denen Mönche aus San Galgano die Hütte leiteten. Als man 1421 den Bau der Loggia des hl. Paulus der Domopera übertrug, für das Werk aber mehrere operarii, nämlich einen für jedes Stadtdrittel, im Turnus bestellte, konnten diese sich weder über den Stil noch über die Form einig werden. »Einer wollte genannten Bau in einer Weise und in dieser Form anordnen und aufbauen und der andere in einer anderen und so zum größten Schaden der Hütte von Sankt Marien, und mit großen Kosten mauerte man an einem Tage an diesem Bau in einer Weise, den anderen riß man es wieder ab und zerstörte es und gab ihm eine andere Form, alles wegen der großen Uneinigkeit der Hüttenleiter«[541]. Man glaubt, den Widerstreit zwischen den Anhängern der Spätgotik und denen der eben aufkeimenden Florentiner Frührenaissance nachklingen zu hören, der die Sieneser Kunst das ganze Quattrocento hindurch beunruhigt hat. Der Operarius greift also persönlich über die ausführenden Bau- und Maurermeister hinaus in den Baubetrieb ein, befiehlt Veränderungen, läßt Begonnenes abreißen.

Überwacht wurde die Tätigkeit des Hüttenvorstehers in Siena durch drei Angehörige einer religiösen Bruderschaft, die vor allem das Kassenwesen zu betreuen hatten[542]. Sie wurden jeweils auf drei Monate gewählt und hatten nach Abschluß ihrer Tätigkeit dem großen Rat der Dreihundert (dem consilium campanae, nach der Glocke, die ihn zusammenrief) Rechenschaft über ihre Geschäftsführung abzulegen. Außerdem waren dem Operarius von Siena ursprünglich neun Räte, später vier und dann wieder sechs als ständiger Ausschuß der Bürgerschaft beigegeben[543]. Darüber hinaus war der Podestà verpflichtet, jährlich einmal, und zwar im Januar, eine Sondersitzung über

540. Siehe Anhang Dok. Nr. 18.
541. Borghesi e Banchi, p. 88, Nr. 49.
542. Siena, Statut von 1262, Dist. I, Rubr. 9.
543. Milanesi, Doc. I, 142, Dok. vom 11. Februar 1260 und p. 157, Dok. vom 27. Januar 1285, sowie Siena, Statut von 1337, c. 7.

den Dombau anzusetzen. Er hatte sich zusammen mit den neun Prioren bzw. der älteren ihnen entsprechenden Körperschaft als der eigentlichen Stadtregierung auf den Domplatz zu begeben. Falls wir dem Wortlaut der Bestimmung folgen dürfen, die von »deliberare et videre et ordinare« spricht, war die Beratung mit einer Besichtigung des Baus und Anweisungen über seine Fortführung verbunden. Im einzelnen wird 1262 angegeben, daß man sich schlüssig werden solle, woran und wie man weiterbauen müsse, was die einzelnen Meister in Angriff nehmen sollten, wie hoch sie bezahlt würden und anderes mehr[544]. Die Dauer der Arbeitszeit, die Arbeitsbedingungen, die Stellung des Hüttenleiters und die Form seiner Buchführung werden durch das Statut festgelegt[545]. Aus dem gleichen Anlaß hören wir, daß man auf dem Domplatz Sitze oder Treppenstufen anbringen solle, damit die erwähnten Bausitzungen mit größerer Ruhe vor sich gehen könnten[546]. Außer den regelmäßigen Zusammenkünften fanden häufig Sondersitzungen statt, die vor der Erbauung des Stadtpalastes in Kirchen und Privathäusern abgehalten werden. In ihnen sind die entscheidenden Beschlüsse gefaßt worden. Für jede auch nur geringfügige Planänderung ließ man mehrere Sachverständige Gutachten abgeben. Diese »consigli« der Meister wurden Bürgerausschüssen vorgelegt, die aus den verschiedenen Entwürfen den endgültigen auswählten. In Pistoia und im 13. Jahrhundert mußte im Stadtrat über jeden einzelnen Bauabschnitt, jedes Fenster, jedes Portal, jedes Bild besonders abgestimmt werden[547]. In Florenz wurde zu diesen Ausschüssen alles, was Rang und Namen hatte, geladen[548]. Über das große Dommodell von 1366–68 haben nicht weniger als 480 Personen ihr Urteil abgegeben. Die Dombauverwaltung ließ die öffentliche Meinung entscheiden[549].

Der Operarius verpflichtete den Dombaumeister (caput-magister oder archimagister) und die Werkleute, deren Zahl in Siena von 1251 bis mindestens 1310 auf nur zehn festgelegt ist. Diese zehn Meister wurden regelmäßig und auf den Tag genau unmittelbar von der Stadtkasse bezahlt[550]. Früher scheinen es sogar nur sechs gewesen zu sein[551]. Der Dombaumeister bleibt in seiner Rechtsstellung umstritten. Wir werden auf ihn gesondert zurückkommen. Von allen Verhandlungen unmittelbar mit der Regierung war er de jure ausgeschlossen, doch wurde sein Rat immer wieder eingeholt

---

544. Siehe Anhang, Dok, Nr. 14.

545. Siena, Statut von 1309/10, Dist. I, Rubr. 57, 58, 59.

546. Siehe Anhang, Dok. Nr. 14.

547. P. Bacci, Documenti Toscani per la Storia dell'Arte, Firenze 1912, I, 67ff., teilt ein einschlägiges Protokoll von 1272 mit.

549. Guasti, p. 199, Nr. 190.

550. Belege unter anderem in Biccherna XII (1251), p. 4 und Biccherna XVII (1257), p. 136.

551. Beleg bei Borghesi e Banchi, p. 5.

und oft befolgt. Zuletzt entschied die Persönlichkeit. Giovanni Pisano scheint sich der Bevormundung durch einen Domhüttenleiter immer entzogen zu haben. Aus Pisa wissen wir es ausdrücklich[552]. Giotto vereinigte in seiner Person auch einen Teil der Aufgaben des Operarius. Gearbeitet wurde sommers wie winters von Sonnenaufgang bis Sonnenuntergang. Der Lohn schwankt zwischen den drei Soldi der gewöhnlichen Maurer bis zu den acht Soldi, die Giovanni Pisano für jeden Arbeitstag erhielt. In der zweiten Hälfte des 14. Jahrhunderts steigen diese Beträge erheblich an. Die Dombaumeister können jetzt bis zu 20 Soldi fordern. Auch wird es üblich, ihnen ein Beamtengehalt pro Jahr auszusetzen[553]. Wie genau sich die oberste Behörde um den Hüttenbetrieb kümmerte, beweist eine Verordnung, die in der großen Bausitzung von Siena vom 10. Mai 1297 ratifiziert wurde[554]. Durch sie erhalten die Werkleute Anweisung, behauene Versatzstücke innerhalb eines Monats nach ihrer Vollendung einzubauen. Es wird ausgeführt, daß der Hüttenleiter und seine Ratgeber die Bauhütte in großer Unordnung vorgefunden hätten, da viele der in früherer Zeit bearbeiteten Werkstücke zerbrochen seien, und man nicht mehr wisse, für welche Stellen sie bestimmt waren. Indirekt enthält diese Rubrik eine Kritik an der großzügigen Arbeitsweise Giovanni Pisanos, der 1296 oder 1297 den Bau der Fassade unvollendet verließ, nachdem viele für das Obergeschoß bestimmte Steine schon behauen waren. Auch die Arbeitsbedingungen der einzelnen Werkmeister wurden durch Sonderverfügungen unmittelbar durch die Stadt geregelt. So wird z. B. 1308 angeordnet, daß die Dombauhütte den Werkleuten mittags den Wein auf den Arbeitsplatz zu bringen habe, damit diese keine Zeit durch den Weg nach Hause verlören[555]. Eine ähnliche Bestimmung findet sich unter den Dokumenten über den Bau der Loggia dei Lanzi in Florenz, dort freilich unter besonderem Bezug auf den Bildhauer Simone Talenti, der sich, wie sein größerer Vater Francesco, allzu leicht in den Schenken vergaß[556]. In allen Fragen beschäftigte sich die oberste städtische Behörde mit dem Dombau als ihrer ureigensten Angelegenheit.

Dom und Stadtpalast in Siena.

Wichtiger als jene Anweisungen, die das interne Bauverfahren betreffen, sind naturgemäß die Eingaben und Ratsbeschlüsse, die sich mit der Planung der Gesamtanlage beschäftigen. Diese werden seit dem ausgehenden 13. Jahrhundert auch von städtebaulichen Gesichtspunkten bestimmt. Verglichen mit

552. Siehe Anhang, Dok. Nr. 23.
553. Siehe unten p. 219 u. 235.
554. Siena, Statut von 1309/10, Dist. III, Rubr. 264; vgl. Anhang Dok. Nr. 19.
555. Lusini, p. 115.
556. Frey, Loggia, p. 23.

den älteren Bauten von Pisa oder Lucca werden in Florenz und Siena die Dome in eine neue Beziehung zum Stadtganzen gestellt.

Die Dome dieser beiden Städte verlieren zu Beginn des 14. Jahrhunderts einen Teil ihrer alten Funktionen. Sie hören auf, auch der politische Mittelpunkt der Stadt zu sein. Das Stadtparlament, das bisher in den Domen oder in anderen Kirchen getagt hat, baut sich ein eigenes Haus. In dem Stadtpalast und dem Stadtplatz entsteht ein neues Zentrum staatlichen Lebens. Beherrschte bisher der Dom vor allem das Bild der Stadt, so wird sie jetzt doppelpolig. Neben den Dom als das geistige Abbild der Stadt tritt der Palast als ihr weltliches. Die »torre del Mangia« des Palazzo Pubblico in Siena und die »rocca« des Palazzo Vecchio in Florenz erheben sich neben und über den Türmen der Dome. Der politische Bereich wird säkularisiert. Auch der Palast will jetzt als ein Wahrzeichen und Sinnbild der Stadt verstanden werden. Der Palazzo Vecchio ist ein kleines Florenz. Hoch über den Fenstern trägt auch er den Zinnenkranz ihrer Mauern. Die Stadtbaumeister des 14. Jahrhunderts standen vor der Aufgabe, diese beiden Pole in das rechte Verhältnis zueinander zu bringen. Vergleicht man Pisa und Lucca, auf deren Stadtbild sich die neue Entwicklung nur noch wenig auswirken konnte, mit Florenz und Siena, so wird das Gemeinte augenfällig. Dort wirken neben den Domen nur die alten Pfarrkirchen dem Stadtganzen organisch zugehörig. Schon die Bettelordenskirchen sind nicht mehr einbezogen. Hier scheinen gerade diese volksnahen Bauten in den Blickpunkt gerückt, Santa Croce und Santa Maria Novella in Florenz, San Domenico und San Francesco in Siena. Der Stadtplatz, der in Pisa nicht mehr recht gelang, und den in Lucca erst das 16. Jahrhundert schuf, ist hier gleichbedeutend mit dem Domplatz, sein Palast gleichwichtig dem Dom selbst. Die Verlagerung vollzog sich in jenen hundert Jahren vom Auftreten Nicola Pisanos kurz nach 1250 bis zum Tode Ambrogio Lorenzettis an der großen Pest von 1348. Diese Epoche hat man zusammenfassend das Zeitalter Dantes genannt. Ihr entspricht eine allgemein europäische Entwicklung, die auch an den Domen von Florenz und Siena faßbar wird. Am Beispiel von Siena läßt sich nachweisen, daß die Neuordnung des Stadtgebietes, das In-Beziehung-Setzen der beiden Pole zueinander, auch die Gestaltung des Domes im einzelnen beeinflußt hat (Abb. 1, 23, 26).

Der Dom von Siena bildete städtebaulich ein schwer lösbares Problem. Seit dem Ausgang des 13. Jahrhunderts, seitdem die Florentiner 1296 den Grundstein zu ihrem gewaltigen Neubau gelegt hatten, dem sie voll Stolz den Namen Santa Maria del Fiore gaben, um ihn dadurch bewußt als ein Werk der Stadtgemeinschaft zu kennzeichnen[557], war den Sienesen ihre Kathedrale

---

557. Paatz, Trecentoarchitektur, p. 101 f., sieht in dieser Namensgebung ein Zeichen für eine neue staatliche Bedeutung der Domkirche. Er glaubt die »Polis« von Florenz um

zu bescheiden erschienen. Ihre Schönheit wußte man wohl zu schätzen. Ihren Stil hat man keineswegs als veraltet mißachtet[558]. Es waren die Ausmaße, die der Bedeutung der Stadt gegenüber nicht mehr als ausreichend empfunden wurden. Die Bevölkerung war in den vergangenen Jahrzehnten rasch gewachsen. Die neue Regierung der Neun versprach weiteren Aufstieg. Dem Platzmangel in der Stadt konnte man durch Erweiterung der Mauern an den Ausfallstoren der drei Stadtdrittel abhelfen. Mit den Mauern mußte die Kirche wachsen. Für sie aber fehlte der Raum. Darüber konnte weder die Kanzel des Nicola Pisano (1265–68) noch die Fassade Giovannis (1284–97) und die Maestà Duccios (1308–11), auf welche sich nacheinander das öffentliche Interesse konzentrierte, hinwegtäuschen. In Florenz lagen die Dinge einfach. Die kleine Kirche Santa Reparata, von deren Erneuerung man noch 1294 vorsichtig gesprochen hatte, wurde wenige Monate später als angeblich baufällig und unansehnlich aufgegeben. Raum für einen größeren Bau war auf dem ebenen Gelände unschwer zu schaffen, und so begann Arnolfo 1296 ohne größere äußere Schwierigkeiten sein berühmtes Werk.

Vergegenwärtigen wir uns die Situation in Siena. Der Domhügel fiel nach drei Seiten steil ab und war dicht bebaut. Einigermaßen eben war das Gelände nur an der Südwestseite, dort, wo sich die Via del Capitano der Fassade nähert. Der romanische Dom selbst war links und rechts zwischen das Haus der Kanoniker und dem Bischofspalast eingebaut. Vor der Fassade, wohl etwas nach links verrückt, stand zwischen dem Palast und dem noch heute bestehenden Hospital die alte Taufkirche San Giovanni, ein Rundbau, der 1296 als baufällig und erneuerungsbedürftig bezeichnet wird[559]. Über ihre Entstehungszeit sind wir nicht unterrichtet. Möglich, daß Duccio ihre Gestalt in der Versuchung Christi festgehalten hat, die einen achteckigen Zentralbau zeigt (Abb. 2). Der einzige freie Platz war somit der Raum zwischen der Domfassade und dem Hospital, auch er erst seit wenigen Jahren durch Häuserkäufe für die Domopera gewonnen[560]. Um die Ausgestaltung dieses Platzes hat man sich wiederholt bemüht. 1306 waren dort die Grabsteine eingeebnet

---

1300 als ein Gebilde definieren zu können, das einer aufkeimenden Renaissancegesinnung ihre Struktur verdankt. Unsere Auffassung geht von anderen Voraussetzungen aus. Die staatliche Bedeutung des Florentiner Domes ist geringer als die des Pisaner im 12. Jh., des Sieneser im 13. Der Name Santa Maria del Fiore ist eine poetische Fassung älterer Bezeichnungen wie etwa Santa Maria de Pisis und Santa Maria de Senis. Er wurde zu einem Zeitpunkt bestimmt, zu dem Dante im Stadtrat von Florenz Sitz und Stimme hatte.

558. Vgl. das Gutachten der Baumeisterkommission von 1321 bei Milanesi, Doc. I, 187ff., Nr. 34.

559. Siehe Anhang Dok. Nr. 15.

560. Ankäufe schon seit 1261 belegt bei Lusini, p. 62, Anm. 5; von einem Haus, das am 3. Dezember 1294 gekauft wurde, heißt es, daß es zur Herstellung der Treppe abgerissen werden müsse.

oder entfernt und an die Außenwände des Hospitals gerückt worden, wo sie sich im 17. Jahrhundert noch befanden[561]. Dort wahrscheinlich pflegte sich der Stadtrat gelegentlich seiner Beratungen über den Dombau zu versammeln. Hier wäre der gegebene Raum zur Vergrößerung des Domes gewesen. Das Baptisterium hat man ohnehin bald darauf abgerissen. Das Hospital hätte man ebenso wie in Florenz dem Erweiterungsbau opfern können. Sollte man in den zahlreichen Stadtratssitzungen, die sich mit dieser Frage beschäftigen, an die Vergrößerung nach der Fassadenseite überhaupt nicht gedacht haben? Die Forschung hat lange Zeit die Lösung als so selbstverständlich angenommen, daß man die beiden ersten Joche des alten Domes nach der Fassade als spätere Anfügungen bezeichnen konnte, obwohl Augenschein und Quellen dem widersprechen[562]. Man glaubte, daß man den Dom zunächst genau wie den Dom von Pisa nach vorn erweitert hätte (Tafel S. 67).

Wir unterscheiden im Laufe des Trecento drei Projekte zur Vergrößerung des Domes, die sich gegenseitig mehrmals abgelöst haben. Die einen schlugen einen völlig neuen Bau vor, wobei der notwendige Raum für seine größeren Ausmaße naturgemäß durch die Einbeziehung des alten Domplatzes vor der Fassade Giovanni Pisanos gewonnen werden sollte. Der Wortführer dieser Gruppe war der Sienese Lorenzo Maitani, der in Orvieto als Dombaumeister hoch in Ehren stand. Andere befürworteten die Erweiterung des Domes nach der Chorseite. Vor allem die Meister der Sieneser Domopera selbst sprachen sich für diesen Plan aus. Es war das technisch schwierigste und kühnste Projekt, dazu völlig neuartig, das zuletzt auch ausgeführt wurde. Die Dritten endlich träumten von einer Verbindung beider Entwürfe, wobei der alte Dom mit seinem neuen Chor ein etwas disproportioniertes Querhaus bilden sollte, während ein neuer nach Süden zu geplanter Bau als Langhaus gedacht war. Mit allen drei Projekten hat sich der Stadtrat wiederholt beschäftigt. Es sind nicht alle Urkunden hierüber erhalten geblieben. Es fehlen vor allem die Sitzungsprotokolle, von denen wir nur die Abstimmungsergebnisse kennen. Ich will versuchen, die Überlegungen zu rekonstruieren, die den Stadtrat erst das zweite Projekt beginnen, dann wieder an ihm zweifeln ließ, ihn endlich veranlaßte, das begonnene Werk zugunsten des dritten zu unterbrechen, und ihn zuletzt doch bewog, zu seinem ersten Entschluß zurückzukehren (Abb. 23–26).

Die Daten hierfür seien kurz zusammengestellt[563]. Giovanni Pisano hatte 1297 die Arbeit an der Fassade abgebrochen. In den folgenden zwanzig

561. Milanesi, Doc. I, 166, Nr. 21; Lusini, p. 97; auf einem Bild des 17. Jh. im Pal. Pubblico, das Lusini p. 252 abbildet, sind diese Grabsteine an der Wand des Hospitals noch zu erkennen.

562. Widerlegt erst durch Lusini, p. 102f.

563. Eine Übersicht bei H. Keller, Die Bauplastik des Sieneser Domes, Hertziana-Jahrbuch I (1937), 141f., 198f., 218f.

Jahren geschah so gut wie nichts an dem Bau. Nur schleppend laufen die Zahlungen für Duccios Maestà ein. Wir werden auf die Gründe für das plötzliche Erlahmen des Interesses für das bisher wichtigste Bauunternehmen noch zu sprechen kommen. Zwanzig Jahre lang, seit 1296, beratschlagte man über den Neubau eines Baptisteriums. Am 21. April 1316 wurde mit den Fundamenten zu der neuen Taufkirche begonnen und zwar an einer staunenswert neuen Stelle hinter und unter dem Domchor. 1321 zweifelte man an der Möglichkeit, diese Arbeiten rein technisch ausführen zu können. Es gab Intrigen gegen den Baumeister Camaino di Crescenzino, den Vater des berühmten Pisanoschülers Tino. Die Stadtregierung forderte andere Meister auf, ein Gutachten vorzulegen. Gemeinsam wurde es von zwei Sienesen, Lorenzo Maitani und Niccolo Nuti sowie drei Florentinern, Cino di Francesco, Tone di Giovanni und Vanni di Cione ausgearbeitet. Diese Meister aus Florenz sind uns sonst so gut wie unbekannt. Die Baumeisterkommission lehnte das begonnene Werk einstimmig und mit scharfer Kritik ab. Trotzdem ließ die Stadtverwaltung Camaino di Crescenzino seinen Bau fortsetzen. Man hörte nicht auf die Gutachter. Es tritt zunächst keine Unterbrechung ein. Erst 1333, also 12 Jahre später, tauchen erneut Bedenken gegen die technische Durchführbarkeit auf. Über die Frage, ob man die Fassade ohne ihre Marmorverkleidung allein aus Ziegelsteinen statisch hochführen könne, wurden zwölf Maurermeister oder Steinmetze zu Rate gezogen. Sie betonen die Wichtigkeit gerade dieser äußersten Mauerschicht für die Tragfähigkeit des Ganzen[564]. Aber erst 1339 ändert man den Plan und diesmal nicht aus technischen Erwägungen heraus. Jetzt entscheidet sich der große Rat mit 212 gegen 132 Stimmen – also nicht ohne lebhafte Debatte – für eine Erweiterung, die, die kühnsten Hoffnungen übertreffend, das Alte mit dem Neuen verbindet[565]. Man kam damit auf ein Projekt zurück, das innerhalb der Regierung schon lange von einer mächtigen Partei befürwortet wurde. Seit 1331 haben wir Belege für Häuserkäufe an der Südseite des alten Domes, der sogenannten Piazza Manetti und heutigen Piazza Jacopo della Quercia[566]. Einen neuen Baumeister, der das Projekt wahrscheinlich schon in früheren Jahren empfohlen hatte, den genialen Goldschmied Lando di Pietro, beordert man in aller Eile aus Neapel zurück. Seine Grundrißentwürfe haben sich erhalten[567]. Es sind die ältesten Grundrisse der italienischen Kunstgeschichte überhaupt, die auf uns gelangt sind. Man weiß, daß dieser Plan,

564. Milanesi, Doc. I, 204 f., Nr. 42.
565. Ebd. p. 226–228, Nr. 49.
566. Lusini, p. 161.
567. Die Urheberschaft Lando di Pietros ist nicht gesichert. Sie wurde zuerst von Carl Frey angezweifelt. Der Verfasser des betreffenden Artikels im Thieme-Becker spricht Lando den neuen Dom ab. Die italienische Forschung hält an der Zuweisung fest. – Über die Stellung des Künstlers in Siena vgl. unten p. 234 f.

an den die stolzesten Hoffnungen der Stadt geknüpft waren, 1355 wieder aufgegeben wurde. Ein Teil des Begonnenen mußte abgerissen werden. Die großen Arkaden schützte man als ein kostbares Vermächtnis über die Jahrhunderte hinweg. Erneut beschäftigte man sich fortan mit dem Baptisterium-Chorprojekt. 1358 werden die Gewölbe des neuen Chores geschlossen, anschließend Duccios großes Chorfenster aus dem alten Dom an seinen endgültigen Platz übertragen[568]. Gleichzeitig arbeitet man an der neuen Fassade des Baptisteriums, zu der Domenico di Agostino einen neuen Entwurf gezeichnet hatte[569]. Von den Mängeln, die die Baumeisterkommission von 1321 gerügt hatte, versucht man jetzt wenigstens einen zu beseitigen, der in diesen Jahrzehnten am Höhepunkt der Entfaltung des gotischen Stils in Italien besonders deutlich empfunden werden mußte. Man erhöhte seit 1369 das Langhaus der Kirche, um dadurch die gedrückten Proportionen des Ganzen zu korrigieren, die seit der Verlängerung der Kirche durch ihren neuen Chorbau augenfälliger geworden waren. Anschließend, als letzten Bauteil, vollendete man seit 1377 die Fassade Giovanni Pisanos, nicht ohne die Wirkung des genialen Werkes durch unglückliche Planänderungen zu beeinträchtigen. Gegen Ende des Trecento war der Bau in allen wesentlichen Teilen abgeschlossen (Abb. 23).

Von den drei erwähnten Bauprojekten für die Domerweiterung entsprach nur eines mittelalterlichen Gepflogenheiten. Die Baumeisterkommission von 1321 hat es als das einzig Mögliche hingestellt: die Zerstörung des alten Domes und den Neubau an seiner Stelle. Baumeister haben überall und zu allen Zeiten so geurteilt. Der Neubau ist für sie immer die beste Lösung. Hier verzichtete man sogar darauf, die alte Kirche als baufällig zum Abbruch zu verurteilen, womit man gemeinhin – so auch in Florenz – die Lust zu neuen Werken verbrämte. Der Stadtrat aber entschied anders. Er sprach sich gegen die Sachverständigen aus. Er bevorzugte erst den Baptisteriumplan, achtzehn Jahre später seine Verbindung mit dem kühnen Entwurf für ein neues Langhaus. Beide Projekte stellen etwas völlig Neuartiges dar. Unter einem Domchor war noch nie eine Taufkirche errichtet worden. Hier hatte sie nicht einmal die bekannte Form der Krypta, sondern war mit Geschick dem abfallenden Gelände abgewonnen, so daß ihre Fassade die Struktur des Inneren verkennen ließ. Man ist überrascht nach der Betrachtung der hohen Fassade in einen niedrigen und dunklen Raum zu treten. Ebenso kühn war der zweite Versuch, die Kirche gleich einer Wetterfahne um ihre eigene Mitte 90 Grad zu drehen, so daß, was eben noch Langhaus, nunmehr Querhaus, was eben noch unbedeutende Seitenschiffkapelle, jetzt zum hohen Chor der Kathedrale wurde, die sich so gegen alle Vorschriften nach Norden richten mußte. Allein

568. Enzo Carli, Vetrata Duccesca, Siena 1947, p. 18f.
569. Keller, Bauplastik, p. 198ff.

die Kuppel blieb. Sehr schwerwiegende Gründe mußten dem Stadtrat vorgelegen haben, damit er sich für einen solchen durchaus revolutionären Plan entscheiden konnte. Man darf annehmen, daß diese Gründe nicht allein mit dem Dom und seinen kirchlichen Aufgaben in Zusammenhang standen, sonst hätten sie wohl auch die Baumeister der ersten Kommission und der Dombauhütte gebilligt. Sie müssen höherer, allgemeinerer, zuletzt städtebaulicher Natur gewesen sein.

Die Mitglieder des Ausschusses von 1321, Lorenzo Maitani und seine Gefährten, gliederten ihre Bedenken gegen das Baptisterium-Chorprojekt in drei Punkte. Technisch hielten sie den begonnenen Neubau für undurchführbar, liturgisch schien er ihnen unvernünftig, künstlerisch unglücklich[570]. Zum technischen Befund merkten sie an, daß die Fundamente zu schwach seien, außerdem noch »arbeiten« würden und somit sich nicht dafür eignen könnten, zusammen mit älteren, die sich schon gesetzt haben, Gewölbe zu tragen. Auch seien die Mauern der neuen Fassade, verglichen mit denen der Fassade von Giovanni Pisano, nicht stark genug, zumal sie weit höher aufragen müsse. Aus liturgischen Gründen lehnten sie die übermäßige Verlängerung des Chores über die Kuppel hinaus ab, weil dadurch der Hochaltar nicht mehr in der Mitte des Kreuzes unter der Kuppel verständlich bliebe. In der Tat wurde er später in die Chorapsis verlegt, wodurch die Kuppel ihren Sinn verlor. Der Gemeinderaum erhielt eine Betonung, wie sie nur für den Altarraum angemessen ist. Die Kuppel, dieses Abbild des Himmels, wölbt sich nunmehr nicht über dem Sakrament, sondern über der betenden Menge. Künstlerisch beanstandeten sie die Proportionen des Baues, seine Länge, Höhe und Breite. Den Gotikern mußte der langgestreckte neue Raum zu niedrig erscheinen. Die alte Kirche sei in ihren Ausmaßen schön. Wenn man irgendwo etwas anfügen wolle, so würde man sie besser ganz zerstören. »Quod si aliqua parte aliquid jungeretur, poteret invite ut dicta ecclesia destrueretur in totum, vollendo eam reducere rationaliter ad rectam mensuram ecclesiae.« Man schlug vor, eine völlig neue Kirche zu bauen: »incipiatur et fiat una ecclesia pulcra, magna et magnifica, quae sit bene proportionata in longitudine, altitudine et amplitudine et omnibus mensuris que ad pulcram ecclesiam pertinent et cum omnibus fulgidis ornamentis, que ad tam magnam tamque honorificam et pulcram ecclesiam pertinent et expectant.« Während sie noch schrieben und der Stadtrat beriet, baute Camaino di Crescenzino an seinem Baptisterium an der Ostseite des Domes in der Valle Piatta fort. 1325 waren die Gewölbe geschlossen[571]. Was veranlaßte die Regierung, sich gegen so gute Gründe zu entscheiden?

---

570. Milanesi, Doc. I, 226 f., Nr. 49.
571. Lusini, p. 157 u. 184, Anm. 14.

Rein äußerlich wäre die Öffentlichkeit schwer dazu zu überreden gewesen, einen fast vollendeten Bau, an dem man seit Menschengedenken arbeitete, wieder einzureißen. Der gesunde Bürgersinn sprach dagegen. Die Baumeister selbst hatten die Proportionen der alten Kirche, so wie sie war, nicht getadelt. Sie galten nicht als veraltet. Man scheute die Kosten und die verlorene Zeit. Warum aber dachte man nicht daran, den Dom nach der Fassadenseite hin zu erweitern? Dort war noch Raum. Weder technisch noch administrativ wären Schwierigkeiten entstanden. Man mußte weder sehr viele fremde Häuser erwerben, noch Geländeabfall durch Substruktionen überwinden. Und ich möchte annehmen, daß man auch daran gedacht hat. Lange Jahre hindurch wurde erwogen, ein neues Baptisterium vor der Fassade des Domes oder schräg vor ihr zu erbauen. Ich erwähnte den Erlaß vom 9. Mai 1296. Noch 1309/10 findet er sich im Statut[572]. In ihm wird verordnet, einige Häuser beim Bischofspalast zu kaufen und einreißen zu lassen, um an ihrer Stelle eine Kirche zu Ehren des hl. Johannes zu bauen, da das alte Baptisterium dem Einfallen nahe sei. Giovanni Pisano wird ausdrücklich als der Meister genannt, der die Pläne zu entwerfen habe. Ich wiederhole, 1296 hat man diese Verordnung erlassen. 1310 wartete man noch immer auf die Zeichnungen Giovannis. 1316 begann man die Fundamente zu einem neuen Baptisterium unter dem Ostchor des Domes. Was hatte sich inzwischen ereignet, um eine so grundsätzliche Änderung der Anschauungen herbeizuführen?

Die Verteidiger des neuen Projektes konnten einen wichtigen Gesichtspunkt in die Debatte werfen, der erst seit wenigen Jahren, seit der Vollendung des ersten Bauabschnittes des neuen Stadtpalastes bedeutsam geworden war: das neue Baptisterium unter dem Domchor lag an einer verkehrstechnisch günstigen und durchaus sinnvollen Stelle, am kürzesten Weg zwischen dem neuen Mittelpunkt der Stadt, dem Campo mit dem Palazzo Pubblico, und dem Dom (Abb. 26, Tafel S. 67).

Es war alte Tradition, die Taufkirchen vor die Dome zu setzen. Wir wissen nicht mit Sicherheit, womit diese Tradition zusammenhängt. Im Atrium vor den alten Basiliken wusch man sich die Hände und Füße. Das Weihwassernehmen beim Betreten der Kirche allein ist von diesem Brauch übrig geblieben. Auch in der Taufkirche erfuhr man eine höhere Waschung. Vielleicht hatten sich hier Vorstellungen überschnitten. Pilger betraten zuerst das Baptisterium, dann den Dom. In Florenz, Pistoia, Pisa und Volterra ist es heute noch so. Auch in Siena stand vor dem Dom jener kleine Zentralbau des hl. Johannes, von dem wir hörten, daß er 1296 baufällig war. Lange Jahre bildete der Platz zwischen Baptisterium und Dom den repräsentativen Mittelpunkt der Stadt. Erst im 13. Jahrhundert entwickelte sich der Campo zu

572. Siehe Anhang Dok. 18.

einem neuen wirtschaftlichen und politischen Zentrum. 1308 ist der Palazzo Pubblico in wesentlichen Teilen vollendet. In ihm erhielt der Podestà Sitz und Wohnung, die Neune und das oberste Gericht ihre Amtsräume, der Stadtrat seinen Versammlungssaal. Man mußte versuchen, das neue Zentrum zum alten in den rechten Bezug zu bringen. In den gleichen Stadtratssitzungen vom 10. Mai und 2. Juli 1297, in denen der Bau des Palastes endgültig beschlossen wurde, sprach man auch nachdrücklich vom Bau eines neuen Baptisteriums[573].

Der Weg von der Piazza zum Dom war im 13. Jahrhundert sehr weit und unübersichtlich. Als man 1311 Duccios großes Marienbild im Triumph zum Hochaltar der Kathedrale trug, ging man von der Piazza aus über die Hauptstraßen der Stadt, die heutige Via di Città und die Via del Capitano, zum Domplatz. Das Volk und wer immer es eilig hatte, mag damals schon den kürzeren Weg über die Via dei Pelligrini bevorzugt haben, den man heute noch nimmt, wenngleich freilich die herrliche Treppe, die uns den Anstieg erleichtert, noch nicht begonnen war. Dieser »Pilgerweg«, der Name hat einen guten Sinn, führte unmittelbar zunächst vor das spätere Baptisterium. Für die Vorstellung, die die Stadt von ihrem neuen Mittelpunkt, der Piazza und dem Stadtpalast, aus erlebte, lag das Baptisterium wiederum vor dem Dom. Der alten Tradition war man gerade durch dieses kühnste und neuartigste Projekt treu geblieben. Die organische Verbindung zwischen den beiden Polen der Stadt, dem kirchlichen und dem politischen, war auf eine neue Weise wiederhergestellt. Das Baptisterium öffnete seine Tore nach dem kürzesten Weg zwischen Piazza und Dom. Es sei daran erinnert, daß auch in Venedig die Taufkapelle der Markuskirche an jener Seite angefügt wurde, wo man sie, vom Dogenpalast kommend, zuerst betrat. Gleichartige Erfordernisse brachten verschiedenartige Lösungen.

Wir hörten, daß man 1339 auch dieses Projekt wieder verwarf oder wenigstens zurückstellte. Wir kennen den Tag der entscheidenden Stadtratssitzung und das Ergebnis der Abstimmung, wenn auch leider nicht das ganze Protokoll ihres Verlaufs. Das Baptisterium selbst wollte man wohl nicht mehr verändern. Aber der gesamte Dom sollte neu orientiert, vergrößert und allem kirchlichen Brauch entgegen nach Süden gewendet werden. Das alte Langhaus sollte als Querhaus Verwendung finden und ein neues gewaltiges Langhaus mit einer neuen Fassade entstehen. Der Stolz der Bürger forderte den größten Dom Italiens. Ist es Zufall, daß er sich noch entschiedener als das Baptisterium dem Stadtmittelpunkt, der Piazza, zuwendet?

Die alte Situation ist schwer zu rekonstruieren. Auch der Stadtplan vermittelt kein zuverlässiges Bild, da er den großen Höhenunterschied nicht

573. Siehe Anhang Dok. 15–17.

berücksichtigen kann. Heute ist die Fassade des begonnenen neuen Langhauses umgeben von unscheinbaren Häusern. Kein Weg führt auf sie zu. Aber sie erhebt sich steil aufragend unmittelbar über dem tiefliegenden Platz, von dem sie wenig mehr als hundert Meter trennen. Es ließe sich eine Treppe herstellen, die Platz und Kirche verbindet. Von den Stufen der Fassade hätte man auf den Stadtpalast blicken können, von diesem empor zur Kirche. Ein Teil dieser Straße, die heutige Via delle Campane, ist damals tatsächlich dem Häusergewirr abgewonnen worden. Dem Zeitalter hätte der Gedanke an die höhere Bedeutung einer solchen Verbindung nicht fern gelegen. Von den irdischen Dingen, die im Palast verhandelt wurden, hätten die Stufen aufwärts zu den himmlischen des Domes geführt. Die Verteidiger des Projektes hätten ihren baukünstlerischen Plänen einen höheren Sinn zuordnen können. Auch das Auge wäre zu seinem Recht gekommen. Wir haben in dem vorangehenden Kapitel nachgewiesen, daß das Zeitalter den optisch-ästhetischen Bezug keineswegs verkannt hat (Tafel S. 67).

Es haben sich für dieses Erweiterungsprojekt zwei Pläne in der Sieneser Domopera erhalten. Das Problem erwuchs für den Kirchenbaumeister aus der Verpflichtung, die romanische Kuppel zu erhalten. Die Versuche zu seiner Lösung können den Charakter von Kompromissen nicht verleugnen. An die fünf weiten Joche des Langhauses schloß sich unglücklich eingeengt durch zwei schmalere Joche die Kuppelzone an, wobei im ersten Projekt eine kümmerlich knappe Apsis, im zweiten ein weiträumig, doppelter, von französischen Vorbildern entnommener Umgang den Abschluß bildet. Jedesmal hat man den Eindruck, daß das alte Langhaus und der alte Chor nicht ernsthaft in die Gesamtkomposition einbezogen werden sollte. Man ließ sie stehen, um den Stadtvätern das kostspielige Projekt nicht von vornherein zu verleiden. Später hätte man sie dann immer noch zu Sakristeien oder selbständigen Seitenkapellen umbauen und dadurch von dem einheitlichen Hauptraum abtrennen können. Jedenfalls wäre nach der Vollendung des gewaltigen Langhauses sowohl die Fassade Giovanni Pisanos links, wie die eben begonnene des Baptisteriums rechts unwesentlich geworden. So begann man auch – genau wie in Florenz im Gegensatz zu allen gleichzeitigen Bettelordenskirchen – das neue Werk mit der Fassade[574], deren Grundriß ein ähnlich reiches Hauptgewände andeutet, wie es in Orvieto wenige Jahre früher ausgeführt wurde, während der Verzicht auf die Mittelrose zugunsten des noch erhaltenen gewaltigen Fensters einen neuen Baugedanken darstellt. Dieses hohe Fenster mußte vom Platz aus gesehen besonders zur Wirkung kommen. Es war dies also die dritte Fassade, die die Sienesen begannen, ohne eine der vorangehenden vollendet zu haben.

---

574. Lusini, p. 184, Anm. 24.

Die erste von Giovanni Pisano war schon 1297 liegen geblieben. Man hatte das Erdgeschoß damals eben beendet[575]. Es ist unwahrscheinlich, daß man, wie manche Bearbeiter der schwierigen Frage glauben, noch bis zum Tode des großen Bildhauers 1319 an diesem Bauteil langsam weitergearbeitet hat[576]. Vertraut man den Quellen und unserer Kenntnis von dem Arbeitsverfahren italienischer Bauhütten, so hatte man damals längst alle Energie der zweiten Fassade zugewandt. 1316 wurde der Grundstein gelegt. Die Baugeschichte dieser Baptisterium-Chorfassade ist noch nicht in allen Teilen geklärt. Der Befund legt nahe, die drei Portale in die zwanziger Jahre anzusetzen, die beiden Obergeschosse nach 1355. Wiederum wurde die Arbeit nach dem ersten Bauabschnitt abgebrochen, obwohl die Steinmetzkommission von 1333 es für ratsam hielt, aus statischen Gründen Ziegelmauerwerk und Marmorverkleidung gemeinsam hochzuführen (siehe oben S. 159). Die dritte Fassade begann man zugleich mit dem neuen Langhaus schon 1339, wenngleich man sie auch aus dem Bestreben heraus, den Innenraum möglichst schnell zu schließen, nur wenig förderte[577]. Nach Aufgabe des Neubauprojektes kehrte man erst – seit 1355 – zu der Baptisteriumsfassade zurück, um dann, bevor jene noch vollendet war, seit 1377 als letzten Bauabschnitt des ganzen Domes Giovanni Pisanos Fassade fortzuführen, wobei man sich nicht mehr an die Entwürfe des großen Bildhauers hielt[578].

Man hat die Gründe für den Abbruch der Arbeiten an dieser ersten Fassade in der Person des Künstlers gesucht[579]. Seit 1296 ist er häufig in Pisa und siedelt 1299 ganz nach dort über. Gleichzeitig arbeitet er an der Kanzel für Pistoia (vollendet laut Inschrift 1301) und am Pisaner Baptisterium. Auch um die Erhaltung des schiefen Turmes mußte er sich kümmern. In fast zehn Jahren ist dann in Pisa sein reifstes Werk, die dortige Domkanzel entstanden. Siena – so liest man gemeinhin – sei für ihn uninteressant geworden. Bacci hat noch zuletzt (1944) von einer Flucht aus Siena gesprochen. Aber Zeit seines Lebens war er dort hochgeehrt und ist auch zuletzt dort begraben worden. Warum verließ er plötzlich sein Hauptwerk?

Man ist nicht ohne weiteres berechtigt, die Schuld bei dem Künstler zu suchen. Giovanni Pisano verfolgte hohe Ziele, die große Mittel und viele Arbeitskräfte erforderten. Gerade in den Jahren nach seinem Fortgang liest man von Geldmangel, von Mißwirtschaft und Unordnung im Baubetrieb. An

---

575. Keller, Bauplastik, p. 144; Lusini, Duomo di Siena, p. 60.

576. Die Dok., auf die sich Keller und Lusini bei der Annahme einer Fortführung der Fassade über 1297 beziehen (Milanesi, Doc. I, Nr. 19–21 und 31), beweisen die Anteilnahme Giovannis an diesen Arbeiten nicht.

577. Immerhin ist die Marmorverkleidung auch der neuen Fassade begonnen worden.

578. H. Keller, Die Risse der Orvietaner Domopera und die Anfänge der Bildhauerzeichnung, Festschr. W. Pinder, Leipzig 1938, p. 200ff.

579. P. Bacci, Documente e commenti per la storia dell'arte, Firenze 1944, p. 43.

das alte Gesetz, nur zehn Meister zu beschäftigen, wird erneut erinnert. Verordnungen schleppen sich Jahrzehnte lang durch die Statuten, ohne durchgeführt zu werden. Von 1296 oder 97 bis 1316 geschieht so gut wie nichts. Die Stadt scheint das Interesse an Giovannis Fassade verloren zu haben. Der Künstler scheint gezwungen gewesen zu sein, Aufträge in Pisa und Pistoia anzunehmen. Nicht allein beim Künstler, auch bei dem Auftraggeber muß man die Gründe für den Abbruch der Arbeiten suchen. Das Interesse der Stadt hatte sich einem anderen Bauprojekt zugewendet. Während an der Domfassade die Baufreudigkeit erlahmt, wächst in ungewöhnlicher Schnelligkeit das große Werk des Palazzo Pubblico an der Piazza empor. 1298 wurde der Grundstein gelegt. 1308 war der erste Bauabschnitt vollendet. Eine Kommission von zwölf Bürgern hatte sich mit den Planungsarbeiten seit mehr als zehn Jahren befaßt. Jetzt werden jährlich 2000 Lire für den Bau ausgeworfen[580]. Kaum hatten die Maurer die Räume verlassen, beginnen die Maler jene berühmten Fresken, die die Größe der Stadt und die Vorzüge ihrer Regierung verherrlichen. Simone Martini schafft 1315 die Maestà, 1328 den Guidoriccio, den siegreichen Feldherrn, zwischen zwei eroberten »castelli«. Ambrogio Lorenzetti malt 1338 sein »Gutes und schlechtes Regiment«, nachdem er schon vorher in der nach ihr benannten Sala di Mappamondo die heute zerstörte monumentale Land- und Sternenkarte vollendet hatte.

Die Verlagerung des Interesses vom Dom auf den Stadtpalast in Siena ist kein Einzelfall. Ein ähnlicher Wandel vollzieht sich in den gleichen Jahren in Florenz. Dort hatte Arnolfo di Cambio 1296 den Dom mit der Fassade begonnen. Auch dort blieb sie, vielleicht durch den Tod des Künstlers zunächst bedingt, 1302 liegen. Seit Villani hat man immer wieder betont, daß die politischen Wirren der Zeit verantwortlich zu machen seien, wenn nunmehr ein Menschenalter lang nichts oder fast nichts am Dom geschah. Das mag für einige wenige Jahre, namentlich während der Kriege mit Castruccio von 1321 bis 1328 stimmen. Vorangegangen waren auch einige gute Friedensjahre. In ihnen hat man aber nicht am Dom, sondern am Palazzo Vecchio gebaut, der von dem gleichen Arnolfo begonnen wurde, und an dem die Arbeiten mit seinem Tode durchaus nicht sich verlangsamt haben. Der Palast war 1284 geplant, 1298 in Angriff genommen und in seinem Hauptbau 1314 vollendet worden. Versetzt man sich in die immerhin bedrängten Verhältnisse der Zeit zurück, denkt man an die begrenzte Zahl von Bauhandwerkern, an die Schwierigkeiten bei der Gewinnung von Baumaterialien und ihrem Transport, so kann man sich in Florenz und Siena des Eindrucks nicht erwehren, als habe man Geld, Menschen und Steine von den Domen und ihren Fassaden

580. Siena, Statut von 1309/10, Dist. I, Rubr. 83, gibt die einschlägige Bestimmung vom 10. Mai 1297.

abgezweigt, um sie für die Paläste zu benutzen. Es ist verständlich, daß nach den großen Verfassungsänderungen der letzten Jahrzehnte die Stadtpaläste vordringlich notwendig erschienen. Kirchenfassaden konnten billig warten. In Perugia, dessen Dom mit seiner Breitseite dem Stadtplatz zugewendet ist, begann man dort, und nicht an der Fassade, das Ziegelsteinwerk mit einem reichen Marmormuster zu überziehen, und nur dort wurde es teilweise vollendet. In Siena hat man später auch mählich Giovannis Fassade vollendet. Aber in Florenz konnte keine einzige mittelalterliche Kirche ihre Fassade fertig bauen. Der Dom und Santa Croce erhielten erst im 19. Jahrhundert ihre ungeheuerlichen Schauseiten. Noch Brunelleschi ließ bekanntlich seine Kirchen ohne Fassaden. Hatte die Stadt kein Interesse an diesen monumentalen Prunkstücken, handelte es sich um künstlerische Aufgaben, die zu lösen man nicht in der Lage war? Das Mißgeschick, das vom 13. bis zum 15. Jahrhundert keine Florentiner Fassade gelingen ließ, und das die Sienesen immer wieder zwang, ihre Pläne zu ändern, muß eine tiefere, im Problem selbst verwurzelte Ursache besessen haben. Der Wandel des Interesses von den Domfassaden zu den Stadtpalästen in Florenz und Siena ist nicht nur durch die äußeren Umstände bedingt worden. In ihm spiegelt sich ein Wandel der Anschauungen über Sinn und Gestaltung einer guten und festen Stadt.

Die Bedeutung der Kirchenfassade.

Was bedeutet die Fassade den Italienern im Mittelalter? Die Fassaden französischer Kathedralen sind auf das Innere bezogen. Ihr ikonographisches Programm ist ein Teil eines Ganzen, zu dem Innenraum und Außenschmuck, Glasfenster und Statuen zusammenwirken. Die Skulpturen, die die Portalgewände schmücken, berichten von den Geheimnissen, die uns im Innern erwarten. Es sind Erscheinungen aus jenem Reich, das sich uns im hohen Schiff eröffnet. Man hat wiederholt betont, daß in Deutschland dieser Skulpturenschmuck gern in das Innere der Dome verlegt wurde. Bamberg und Naumburg waren die bedeutendsten Beispiele. Die Profanbaukunst der italienischen Renaissance sah in der Gestaltung der Palastfassaden ihre vornehmste Aufgabe. Diese Schauwände spiegeln oft nicht die Raumgliederung des Inneren[581]. Ebenso unorganisch und ihren eigenen Gesetzen folgend sind die Fassaden den Kirchenschiffen vorgeblendet. Vielfach haftet ihnen etwas Profanes an. Römische Palastfassaden waren Vorbild[582]. Sie sind nach außen gewendet, der Kirche vorgelegt oder angefügt. Wo in Frankreich Portalgewände,

581. Hierüber H. Kauffmann, Über »rinascere«, »rinascità« und einige Stilmerkmale der Quattrocentobaukunst, in Concordia decennalis, Köln 1941, p. 123–145.

582. Swoboda, op. cit. weist in diesem Zusammenhang auf die Straßenseite von San Giovanni Fuorcivitas hin, die einen römischen Palast abbildet.

Skulpturen und Mauerwerk aus ein und demselben Stein gebildet sind und gemeinsam Schicht für Schicht emporwachsen, haben in Italien die Ziegelsteinwand und der Marmorschmuck wenig miteinander zu tun. Die Kirche bedarf dieses Schmuckes zu ihrer Vollendung nicht. Man kann sie auch ohne ihn benutzen. Wichtig jedoch ist die Fassade für die Gestaltung des Platzes, auf dem die Kirche steht, wenn immer diesem Platz eine höhere und allgemeinere Funktion im Leben der Stadt zugeordnet ist (Abb. 17).

Die Fassade von San Miniato al Monte grüßt als ein schön gegliedertes Bild von ihrem Hügel herab. Die fünf Bogen über ihren Dreiviertelsäulen entsprechen nicht den drei Schiffen des Inneren und die Geschoßeinteilung hat nichts mit der des hohen Schiffes gemein, das sie abschließt. Das Obergeschoß zeichnet mit ungeschickt zaghaften Strichen eine antike Tempelfront ab. Noch die Fassade von Orvieto ist als eine Schauwand nach außen gerichtet. Trotz des französischen Einflusses auf ihre Gestaltung verleugnet sie nicht den Charakter eines offiziellen Repräsentations- und Prunkstückes. Ramo di Paganello, der sie begonnen hat, mochte Wesenszüge seines Stils als Bildhauer aus Frankreich übernehmen, den Charakter einer italienischen Fassade konnte er damit nicht verändern. Sie blieb eine Schau- und Bilderwand. Seit den frühchristlichen Jahrhunderten – man denke an die »Navicella« an der Fassade von Alt-Sankt-Peter – ist das Mosaik das bedeutsamste Ausdrucksmittel der italienischen Fassaden. Der glänzende Goldgrund, der das dargestellte Geschehen in den transzendenten Bereich erhebt, den Beschauer aber eher abweist denn einlädt, entspricht ihrem nach außen hin gerichteten Wesen. Das 12. Jahrhundert greift diese Tradition wieder auf. San Miniato in Florenz, San Frediano in Lucca sind dafür Beispiele. In Orvieto und in Siena wird der reizvolle Versuch gewagt, das Mosaik einem marianischen Gesamtprogramm französischer Herkunft dienstbar zu machen. Über Vor- und Nachteile einer solchen Verbindung von Skulptur und Mosaik läßt sich streiten. Sie bleibt ein Kompromiß.

In Pisa begegnen wir rund zweihundert Jahre früher dem zweiten Kunstmittel, das die italienische Auffassung von den Fassaden kennzeichnet: die Reihung von Säulen und Arkaden. Diese Vorliebe für Säulchen und Bögen ist das bezeichnende Merkmal des Pisaner-Luccheser Stiles. Noch an der Pieve von Arezzo muß in ungeschickter Häufung und schematischer Wiederholung das gleiche Motiv die Gestaltung allein bestreiten. Man glaubt schon viel zu leisten, wenn man die Säulen und Kapitelle untereinander verschieden bildet. Hier wird das Exemplum eines römischen Palastes deutlicher faßbar. Dieser ihrer Herkunft verdanken es Bogenhallen, die Arkaden und Gewölbe auf Säulen im offenen Freiraum, daß man sie als Ausdruck und Zeichen der Würde empfand. So konnte noch im 13. und 14. Jahrhundert die Loggia zum Sinnbild adeliger Lebensformen werden. Die Vorliebe für sie erwuchs aus der Achtung für das antike Formengut und aus dem in Italien natürlichen Bestreben, den freien und offenen Raum mit Hilfe der Architektur zu präzisieren. Die Arkadenreihen der Kirchenfassaden betonen die Würde des Bauwerkes und dienen der Gestaltung des Platzes vor ihm. Gewiß bezeugen die Bogenreihen, die die Fassade des Domes von Pisa gliedern, zunächst nichts anderes als das Wohlgefallen an einer seit der Antike geehrten, mühsam zurückgewonnenen Bau- und Schmuckform. Aber dennoch gefällt sich die Vorstellung darin, sie mit Madernas Fassade von Sankt Peter über die Jahrhunderte hinweg zu vergleichen, um jenen Gedanken an die beiden Aufgaben der Fassade in Italien zu verdeutlichen: Repräsentation des Heiligen und Gestaltung des Domplatzes. Von Bonannus bis Maderna und darüber hinaus hat man die Säule als Würdezeichen »ad majorem Dei gloriam« den Fassaden vorgeblendet.

Im Gegensatz zu der italienischen Tradition haben Arnolfo di Cambio und Giovanni Pisano danach gestrebt, ein plastisches Programm zu verwirklichen. Giovanni stand noch unter dem Eindruck des Erlebnisses der französischen Kathedralen. Arnolfo hatte zum mindesten von ihnen genaue Kunde. Beide waren von Haus aus Steinmetzen, also weder Maurer noch Maler. Arnolfo kam seiner Aufgabe als Gestalter des Domplatzes insofern entgegen, als er sich bei dem Entwurf zur Fassade des Domes an das Vorbild des gegenüberliegenden Baptisteriums hielt. Giovanni hatte ähnliche Rücksichten nicht zu nehmen und konnte sich frei seiner plastischen Phantasie anvertrauen. Wenn immer er auch Einzelheiten der Gestaltung von der Fassade des Luccheser Domes entnommen hat, so schuf er doch ein Kunstwerk ganz eigener Prägung, das sich in Italien auf keine Tradition stützen konnte und keine Schule gemacht hat. Sogar in Orvieto hat man an Stelle des Statuenprogramms Giovannis Reliefs bevorzugt (Abb. 49), die sich bescheiden der Fläche einordnen. Reliefs, nicht Figuren hat Jacopo della Quercia für die Fassade von San Petronio in Bologna geschaffen. Giovannis Fassade selbst war auf die genannten Aufgaben der italienischen Kirchenfronten nur schlecht eingerichtet (Abb. 23). Zwar sollte auch sie, eingeordnet zwischen Bischofspalast und dem Haus der Domkanoniker, dem Platz ein repräsentatives Aussehen verleihen. Aber ihr Statuenprogramm bezog sich wie das der französischen Kathedralen auf das Innere. Es sollte mit den Mitteln der Skulptur verwirklicht werden, die man damals in Italien noch unvollkommen beherrschte. Keiner konnte das Werk Giovannis fortsetzen, wenige haben es verstanden. Nicht alle Figuren erhielten ihren rechten Platz – wir hörten die Klage darüber im Stadtstatut – und die spätere Verbindung der kraftvollen Marmorarbeiten mit den schillernden Mosaiken ist nicht geglückt. Aus dem Geiste der Skulptur heraus konnte die Lösung in Italien schlecht oder eben nur durch Giovanni Pisano und Arnolfo di Cambio gefunden werden. Aus dem Geiste der Malerei heraus war sie überhaupt nicht zu finden, und die Architektur selbst hat noch mehr als ein Jahrhundert gebraucht, bis sie die den Italienern gemäße Form der Fassade schaffen konnte, die später Europa erobert hat.

In Siena erfüllte sich das Schicksal der Domfassade zugleich infolge der Verlagerung des Schwerpunkts in der Gesamtkomposition des Stadtorganismus. Der Domplatz verlor einen Teil seiner repräsentativen Bedeutung. Die Piazza oder der Campo wurde der politische Mittelpunkt der Stadt. Wir haben das fesselnde Schauspiel geschildert, wie sich der Dom gleich einer Wetterfahne drehend mit seinen beiden neuen Fassaden dem Campo zuwendet, und wie man jeweils diejenige in Angriff nahm, die ihm am nächsten lag. Das Schicksal Giovanni Pisanos selbst scheint in diesen stadtgeschichtlichen Vorgang einbezogen. Sein Werk, an dem er zwölf Jahre mit der Hingabe einer leidenschaftlichen Persönlichkeit gearbeitet hatte und in dessen Schatten er begraben sein wollte, wird den Stadtvätern unwichtig. Der Künstler muß die alte Arbeitsstätte verlassen. In einem neuen Idealbild der Stadt erscheint die Domfassade nicht mehr das dringlichste Werk. Erst nachdem der Palast vollendet war, hat man sich ihr wieder zugewandt.

Dom, Stadtpalast und Loggia dei Lanzi in Florenz.

Auch in Florenz hat man erst Jahre nach Beendung des Palazzo Vecchio sich erneut auf den Dom besonnen. Erst jetzt glaubte man wieder Mittel für ihn frei machen zu können. Ein weiterer Bau fesselte noch auf lange einen Teil der Kräfte: das Zunfthaus Or San Michele. Giotto, dem man 1334 die oberste Stelle am Dom gab, verzichtete auf den Weiterbau der Fassade. Er begann nach Überwindung von Widerständen aus persönlicher Initiative seinen berühmten Glockenturm[583], an dem man über zwanzig Jahre lang gebaut hat. Wir möchten darauf hinweisen, daß, während der alte Turm von Santa Reparata, der 1357 eingerissen wurde, auf der nördlichen Seite der Kirche lag, Giottos Campanile südlich, also am Eingang der heutigen Via Calzaiuoli und des damaligen Corso degli Adimari, sich erhebt, jener Straße, die Dom und Piazza verbindet und an Or San Michele als dem dritten Zentrum des öffentlichen Lebens vorbeiführte. Auch der bescheidenere Bau des Bigallo fügt sich in diesen Organismus ein. Als Francesco Talenti in den fünfziger Jahren den alten Fassadenplan vorübergehend wieder aufgriff, fand man bald wichtigere Bauaufgaben dringlicher. Neben der Fortführung von Langhaus und Chorbau des Domes nach einem neuen und erweiterten Modell taucht ein anderes und neuartiges Bauprojekt auf: die Loggia dei Lanzi (Abb. 44).

583. Braunfels, Giottos Campanile, in Das Münster, I, Heft 7/8.

Es ist ein Kennzeichen einer neuen Zeit, daß man, statt die Fassade des Domes zu vollenden, eine Loggia für die Beherrscher der Stadt errichtet hat. Die beiden Bauaufträge haben mehr miteinander zu tun, als es zunächst scheint. Vor der Fassade des Pisaner Domes fanden Empfänge und feierliche Staatsakte statt. Auch in Florenz wurde schon in frühen Jahrhunderten vor dem Dom Recht gesprochen[584]. Dort empfing der Podestà die Zeichen seiner neuen Würde, dort wurden die Prioren vereidigt. Das ändert sich seit der Erbauung des Palazzo Vecchio. In der sog. Ringhiera vor dem Palast, die man 1323 erbaut hat, vollzogen sich jetzt die öffentlichen Akte und nach der Vollendung der Loggia wurden sie in dieser vorgenommen. An Stelle des Domplatzes mit dem Baptisterium, dem Campanile Giottos, den von den Pisanern überlassenen Porphyrsäulen als den Sinnbildern des Sieges über die Ungläubigen und dem Kreuz des Stadtpatrons Zenobius am Ort der alten Gerichtslinde traten Palazzo Vecchio, Löwenzwinger[585], Marzocco und Loggia. Späteren Jahrhunderten blieb es vorbehalten, durch die Judith Donatellos, den David Michelangelos, den Perseus Cellinis und den Herkules Bandinellis Sinn und Bedeutung der Piazza als der Mitte der Stadt und des Staates noch eindringlicher auszudeuten. Am 1. November 1382 wurde der Bau der Loggia dei Lanzi von der Domopera als der ausführenden Baufirma der Kommune übergeben. Schon am 4. November fand die erste feierliche Staatshandlung in ihr statt[586]. Man begrüßte einen hohen Gast – es war kein weltlicher, sondern ein kirchlicher Würdenträger, der Bischof von Ravenna – nicht mehr an den Stufen des Domes, sondern am neuen Stadtmittelpunkt. Das Zeitalter hat den Gegensatz empfunden. Vielen galt die Loggia weniger als Sinnbild einer freien Kommune als der Tyrannis. Matteo Vilani hatte sich 1356 zum Wortführer dieser Anschauung gemacht[587]. Es entstand eine öffentliche Diskussion. Sie konnte den Bau um dreißig Jahre verzögern. Das konservative Volk blieb seinem Domplatz treu. Noch heute ist die Piazza della Signoria unpopulär. Nur Fremde nehmen dort ihren Kaffee, während der Domplatz und die Piazza Vittorio Emanuele oder della Repubblica, in der die Traditionen des Mercato Vecchio fortleben, überfüllt sind. Die Stadtregierung aber drängte auf den Bau der Loggia und ließ die Fassade liegen. Etwas überheblich heißt es in einer Verordnung von 1376, daß die Hüttenleiter des Domes sich um die Loggia kümmern sollen, zumal die Hütte mehr Geld als notwendig besitze[588]. Kaum war sie vollendet, bemühte man sich, sie auch städtebaulich in das rechte Verhältnis zum Dom zu bringen. Die Kirche

584. Richa, VI, 340.
585. Davidsohn, Forsch. IV, 514 f.
586. Frey, Loggia, p. 34.
587. Siehe unten p. 204 f.
588. Dok. bei Frey, Loggia, Abt. VIII, Nr. 10, 256 f.

Santa Cecilia, die vom Westen her weit in die Piazza hineinragte, wurde zurückgenommen, die Via Calzaiuoli erweitert. In Siena, dessen Geist immer dem gotischen Mittelalter zugewendet blieb, konnte man das Werk Giovanni Pisanos, wenn auch bescheidener, vollenden. Über die 1417 begonnene Loggia di San Paolo, die heutige Loggia della Mercanzia, wurde man sich lange nicht einig. Vergeblich betonte man, daß es sich auch hier um ein religiöses Bauwerk handele[589]. Noch 1430 wendet sich eine Eingabe gegen die Benutzung von Geldern der Domopera für die Repräsentationshalle. Schon einmal haben wir in anderem Zusammenhang die Stelle erwähnt. »Es scheint nicht angemessen und gut, alle Einkünfte der Bauhütte für die Loggia des hl. Paulus zu verwenden, so daß die Kathedrale unserer Stadt selbst Mangel leide, denn sie ist Spiegel aller Bürger[590]«. Mit der Frage nach Sinn und Aufgabe der Loggia sind wir in Gedankengänge eingetreten, deren genauere Entwicklung dem folgenden Kapitel vorbehalten ist.

Noch einmal müssen wir auf die Dome selbst zurückkommen. Ihre städtebauliche, weil stadtbeherrschende Bedeutung wird in Siena und in Florenz weniger in den Fassaden als in den Kuppeln augenfällig. Glockenturm und Kuppel von Siena haben nicht erst durch die barocke Laterne der letzteren ihre dekorative Wirkung für die Fernsicht erhalten. Von jedem der drei Stadtteile aus überrascht uns ein neues Bild, und die Sieneser Meister wußten, was sie schufen. Wenn sie sogar eine Mauer einreißen ließen, um die Fernwirkung von San Domenico zu gewährleisten[591], um wieviel wichtiger war ihnen dann die des Domes. Den Gegenpol zu dem Turm des Palazzo Vecchio in Florenz bildet weniger Giottos Campanile als, ihn weit überragend, Brunelleschis Kuppel mit ihrer edlen Laterne. Die Meister der Frührenaissance gestalteten Baugedanken, die das Trecento entwickelt hat. In der Kuppel von Florenz sollte die Macht und Größe der Republik ihren Ausdruck finden. Wie die vier mächtigen Rundsäulen, die hoch auf der Spitze des Stadtturms die Stadtglocke tragen, weithin Stolz, Freiheit und Macht der Gemeinde verkünden, so zeigt uns die Kuppel ihre Volkszahl an. In Pistoia heißt eine Straße, von der aus man zuerst die Florentiner Kuppel erblickt, die Straße der Erscheinung (Via del Apparenza). Von fern schon wurde die Kuppel als ein Sinnbild Florentiner Vorherrschaft von den besiegten Gemeinden begrüßt.

In diesem Zusammenhang sei eine Episode aus der Baugeschichte des Florentiner Domes hervorgehoben. Es läßt sich nachweisen, daß man bei ge-

---

589. Borghesi e Banchi, p. 88 ff., Nr. 49.

590. Ebd., p. 98, Nr. 55 (Dok. vom 4. Februar 1430): Et non parendo lo' convenevole nè bene lo spendere tutte l'entrate dell'Opera ne la loggia et defizio di Sancto Pavolo, la chiese Maggiore de la nostra Città, la quale è et debba essere lo specchio di tutti e' cittadini, abbia mancamento ne le cose sue . . .

591. Siehe oben Anm. 478.

wissen Einzelheiten der Gestaltung die Fernwirkung des Baus im Auge hatte. Die Erhöhung der Kuppel durch einen Tambour, wie er durch die Meisterkommission von 1366, wahrscheinlich auf Anregung von Orcagna, vorgeschlagen wurde[592], hatte für die Raumwirkung des Inneren nur geringe Bedeutung. Nicht erst infolge der Kuppelfresken Vasaris wirkt der Dom innen niedriger als er ist. Durch den Tambour entrückt, verliert die Kuppelschale im Inneren ihre Proportion. Für die Fernsicht aber wird erst durch diesen Tambur die Kuppel völlig frei über das Häusermeer gehoben. 1366 standen sich zwei Parteien gegenüber. Die eine wurde angeführt von den Meistern der Dombauhütte. Giovanni di Lapo Ghini war ihr Wortführer. Die andere bestand aus gewählten Vertretern der Maler, Bildhauer und der Goldschmiede. Orcagna war unter ihnen der führende Kopf. Ich habe an anderer Stelle nachgewiesen, daß es bei ihrem Streit vor allem um den Tambour ging, den die Hüttenmeister ablehnen mußten, weil er jeder statischen Rechnung im Sinne der gotischen Gewölbetechnik widersprach. Am 26. Oktober 1367 fand die entscheidende Sitzung statt. Alles, was in Florenz Rang und Namen besaß, war geladen. Man vermißt Boccaccio, der damals gerade in Rom war. 480 Bürger sollten ihr Urteil abgeben. Jacopo degli Alberti faßt das Entscheidende zusammen: das Modell der Künstler sei schöner von außen, jenes der Hütte schöner von innen[593].

Zwei Anschauungen stehen sich gegenüber. Die Hütte vertritt den Standpunkt, aus dem die gotischen Kathedralen erwachsen sind. Alles Äußere ist nur im Dienst an dem Inneren sinnvoll. Von innen muß das hohe Langhaus als ein geheiligter Bezirk, ja als Sinnbild und Spiegel der heiligen Stadt und des ewigen Jerusalem verstanden werden. Demgegenüber ist die Gestaltung des Äußeren von geringerer Bedeutung. Die Künstler, unter denen die Maler aus Giottos Tradition die Führung hatten, dachten an das Bild der Kirche, wie es sich von außen darstellt. Die Bürgerschaft gab den Malern recht. Städtischer Gemeinsinn forderte ein weithin beherrschendes Monument. Brunelleschi sollte die Kuppelschale noch weiter erhöhen. Die Jahrhunderte haben das Kunsturteil der Florentiner bestätigt. Von fern schon sucht das Auge des Reisenden, der von Bologna kommend über die Berge des Apennin in die Toskana herabsteigt, die Kuppel von Florenz. In ihr erfaßt er Sinnbild, Wahrzeichen, ja das Wesen der ganzen Stadt (Abb. 48).

---

592. Hierüber ein demnächst erscheinender Aufsatz des Verfassers über Orcagna und den Florentiner Dom.

593. Guasti, p. 200, Nr. 190: Messer Jachopo degli Alberti disse: che la detta chiesicciuola era più bella di fuori, ma quella che fu trovata per Giovanni di Lapo era più bella dentro.

V. KAPITEL

DIE PROFANBAUTEN

Die Primitivform des Hauses.

Wer in den Jahren nach der großen Katastrophe durch die Straßen der zerstörten Städte Deutschlands ging, dem fielen hier und dort zwischen den Trümmern einige wenige neu erbaute Häuser auf, die sich in Stil und Bauweise völlig von allem unterscheiden, was man bisher bei uns zu Lande sehen konnte. Es sind meist einstöckige, selten zweistöckige Gebäude, deren Straßenfronten nur wenige Achsen zählen. Ihre Bewohner haben sie mit eigenen Händen ohne oder fast ohne die Hilfe von Fachleuten errichtet und dabei die Ziegelsteine der zertrümmerten Mietskasernen als billiges Baumaterial benutzt. Wie selbstverständlich fanden sie mit diesen Bauwerken, ihren unverputzten Mauerflächen, den einfachen Fensterhöhlen, dem flachen oder nur wenig ansteigenden Dach und der kargen Türöffnung die Primitivform des frühmittelalterlichen Hauses wieder. Es ist zugleich die Grundform aller Bauten, die von Laien, also nicht von Fachleuten, errichtet wurden. Auch im Mittelalter hat man oft älteren Bauschutt benutzt. Man forderte lediglich eine gewisse Anzahl von Räumen für den täglichen Bedarf. Wo aber immer ein Fachmann, auf den Traditionen seines Gewerbes fußend, ein Gitter, einen Türsturz, das Dach oder ein Fenster hinzufügte, begegnen wir heute wie damals einem bestimmten Stil- und Geschmacksideal, dessen Geschichte sich von geistigen Voraussetzungen ableiten läßt.

Man muß sich die Städte des 10. und 11. Jahrhunderts durchweg aus solchen oder ähnlichen Häusern erbaut denken, wobei freilich Material und Bautradition in bezeichnenden Einzelheiten mit den Landschaften wechseln. Holz herrscht überall vor. Die Profanbaukunst der nachantiken europäischen Stadt war von dieser Architektur der Nicht-Fachleute abhängig. Man kann ihre Wachstumsgeschichte schreiben, die Biologie der Hausarten und Gattungen, nicht ihre Kunstgeschichte.

Selbstverständlich haben die Wohlhabenden niemals ihre Häuser selbst gemauert. Es gab immer Maurer. Aber diese Maurer haben rein additiv, wie sie Stein auf Stein setzten, Haus an Haus gereiht, die Fenster ausgespart, die Türöffnungen freigelassen, die schweren, rechteckigen Türme Schicht für

Schicht nach oben geführt. Man wetteiferte mit der Höhe und Festigkeit dieser Türme, nicht mit ihrer Schönheit. Wer reich wurde, baute sich zuweilen ein größeres, meist nur ein festeres Haus. Wie im ganzen so auch im einzelnen suchte man Sicherheit. Verhältnismäßig spät sind vornehme Familien dazu übergegangen, einige Fensterrahmen und das Türgewände Steinmetzen in Auftrag zu geben, die an Kirchenbauten geschult waren. Den Anfang machten die Bauten der Bischöfe und Fürsten. Hier mögen antike Traditionen nie ganz verloren gegangen sein. Römische Paläste blieben das Vorbild[594]. Bekannt sind die Biforienfenster des alten Florentiner Bischofspalastes, die Erneuerungsarbeiten zutage gefördert haben. Sie stammen von den gleichen Meistern wie die Fenster des Baptisteriums. Häuser, die mit Sicherheit vor dem 12. Jahrhundert entstanden sind, gibt es in der Toskana nicht, und auch die Paläste behielten die überlieferte, sehr schlichte Grundform bei. Man beschäftigte den qualifizierten Fachmann nur an den Details. So erklärt es sich auch, daß die ältesten Kommunalpaläste Italiens wenig neue Architekturformen aufweisen. Es sind größere Häuser mit mächtigeren Türmen, die oft unvermittelt auf der ungegliederten Fläche durch ein reiches Fenster, einen Balkon oder den Türrahmen geschmückt werden. Als Beispiel mag man den Broletto von Brescia betrachten, einen Kommunalpalast, dessen Turm noch aus dem frühen 12. Jahrhundert stammt, während das Haupthaus in seinen letzten Jahrzehnten geplant und wohl gegen 1230 vollendet wurde. Die sorgfältige Bearbeitung der Hausteine setzt natürlich für den ganzen Bau geschulte Kräfte voraus. Aber nur die drei großen Bogenfenster – der Balkon ist jünger – verraten ästhetische Zielsetzungen. Mit ihnen wird dann auch der Name des Meisters verknüpft, den eine Inschrift nennt: magister Literius. Auch hier war der Architekt des Ganzen, wenn immer man von einem solchen sprechen will, ein Nicht-Fachmann. Der Auftraggeber traf die Anordnungen, forderte Fenster dort oder hier. Für die Details wird man Typenreihen zusammenstellen können. Das große Dreibögenfenster hat gute Tradition. Für den ganzen Bau gab es nur eine allgemeine Konvention. Während die Kirchenbaukunst sich nach Schulen und Landschaften ordnen läßt, gibt sich jeder Kommunalpalast in der Grundform ähnlich, in der architektonischen Erscheinung individuell (Abb. 42 u. 43).

Man hat über die Herkunft dieser Grundformen einige Vermutungen formuliert. Angeregt durch Thesen von Strzygowski schildert Bernhard Patzak[595] die toskanische Profanarchitektur als einerseits vom byzantinischen Osten und andererseits vom germanischen Norden abhängig, wozu als das eigentlich belebende Moment seit der zweiten Hälfte des 13. Jahrhunderts noch provenzalische Einflüsse kämen. Für Italien selbst bleibt nichts übrig.

594. Swoboda, op. cit., p. 232ff.
595. Palast und Villa in der Toscana, Leipzig 1912, I., p. 10ff.

Naturgemäß wurde dieser extremen Meinung oft widersprochen[596]. Aber schon der Ausgangspunkt ist unglücklich gewählt. Es geht nicht an, Saalbauten mit Außentreppen, wie den Bargello in Florenz oder den Palast des Podestà in Orvieto aus ihrer Abhängigkeit von deutschen Kaiserpfalzen verstehen zu wollen. Man wird den italienischen Arkadenhöfen nicht gerecht, wenn man sie von byzantinischen Kurien und orientalischen Herbergshöfen ableitet. Es ist absurd, die Loggia dei Lanzi mit den sagenhaften Waldlauben, in denen die Germanen Recht sprachen, in Zusammenhang zu bringen, und ebenso abwegig ist eine Herleitung von den byzantinischen Arkadenstraßen[597]. Durch solche Feststellungen diskreditiert die Gelehrsamkeit eine Form, ohne ihren Sinnbezug zu erfassen. Denn die Gestaltung erwuchs zuletzt aus den besonderen Vorstellungen, die die Italiener mit den Bauten verbanden. Diese Formen treten uns erst in Italien mit neuem monumentalen Anspruch entgegen. Eine »Ikonologie« der Architekturformen muß versuchen, die Bedeutungsgehalte zu rekonstruieren, die man den einzelnen Baugliedern in Italien zugeordnet hat. Was bedeutet der Pfeiler, der Bogen, die Säule den Italienern des Dugento und Trecento? Die Geschichte der Gehalte bedingt zuletzt die Geschichte der Formen, man mag sie finden und aufgreifen, wo immer man will. Wandersteinmetze haben schon früh allerhand Formengut verbreitet. Der römische Maßstab war noch an vielen Orten gegeben. Notwendig werden die Formen erst durch die jeweils neue Bedeutung, lebendig allein innerhalb einer bestimmten Vorstellungswelt. Die Kunstgeschichte beginnt erst dort, wo eine Form allgemeinere Aussagekraft gewinnt. In der Geschichte der Stadtbaukunst wird man ihrer nur dann gedenken, wenn diese Aussage selbst im Gesamtorganismus der Stadt notwendig erscheint.

Es entsteht somit die Frage, welche Profanbauten erregten das höhere Interesse der Behörden des Stadtstaates? Zu welchem Zeitpunkt begann man weltliche Sinnbilder der staatlichen Repräsentation zu fordern? Wann wurde erkannt, daß auch das Privathaus dem Dekorum der Stadt diene? Es kommt weniger darauf an, daß schon früh die Stadtverwaltungen bestimmte Gebäude – die Münze, das Arsenal, das Gefängnis, die Markthalle – erbauen ließen. Es kommt darauf an, den Augenblick zu erfassen, zu dem sich diese Dinge durch ihre reichere Gestaltung als die Träger höherer Sinnbezüge kenntlich machen. Den Begriff des »publicum decus« kennt schon das Justinianische Gesetzbuch[598]. Säulen, Statuen und kostbare Materialien dürfen auch von privaten Bauwerken nicht entfernt werden, wenn sie dem Ansehen der Stadt dienen[599]. Wann hat sich das Mittelalter diese oder ähnliche

596. Birnbaum, Besprechung von Patzak, Kunstgesch. Anzeigen, 1914, p. 47 f.; Swoboda, loc. cit.

597. Patzak, loc. cit.

598. Cod. Just., VIII, 6.

599. Ebd., VIII, 7.

Gedanken wieder zu eigen gemacht? Dieses Kapitel stellt sich die Aufgabe, den Prozeß zu schildern, in dessen Verlauf nicht mehr allein Mauern, Kirchen und Straßen, sondern auch der Stadtpalast und das Privathaus in den Gesichtskreis der öffentlichen Baupflege treten.

Es muß auffallen, daß man in allen toskanischen Städten erst im 13. Jahrhundert auf den Gedanken kam, der Regierung des Stadtstaates ein eigenes Haus zu erbauen. Jahrhundertelang hatte der Dom allein die Stadt repräsentiert. Später hat man zunächst versucht, dem auswärtigen Podestà eine Wohnung zu geben, deren dieser schlechterdings nicht entraten konnte. Jahrzehntelang mietete man ihm ein Privathaus. In Florenz wohnte er häufig im Bischofspalast. Die Tatsache könnte den Gedanken nahelegen, daß ebenso, wie der Podestà selbst der Nachfolger von Bischöfen und Konsuln im politischen Leben war, auch der Kommunalpalast die Traditionen der älteren Bischofs- oder Adelssitze fortgesetzt hat. Das ist jedoch keineswegs der Fall. Mit dem Haus des Podestà verband die Vorstellung zunächst nicht den Gedanken an einen repräsentativen Stadtpalast. Der Bürgerrat tagte weiter in Kirchen – in San Sisto in Pisa, San Cristoforo in Siena, San Pier Scheraggio in Florenz – und die engere Stadtregierung mietete sich bei Privatleuten ein. Angolo di Tura kritisiert in seiner Chronik die Stadt, weil sie für die Wohnung des Podestà, die Amtsräume der Neune, die Gefängnisse, ja sogar den Turm, der die Stadtglocke trug, Miete zahle[600]. Die gesetzgebende Versammlung der Bürger war in Florenz noch lange heimatlos, nachdem der Podestà, der Volkskapitän oder der Bannerträger der Gerechtigkeit, wie sein schöner Titel lautete, ihre Wohnungen längst erhalten hatten. Kirchen mögen auch bei allen wirklich großen Augenblicken der Stadtgeschichte als der einzige würdige Schauplatz erschienen sein. Wenn es noch lange üblich blieb, vor wichtigen Entschlüssen Gott und alle Heiligen anzurufen, so war dies schon durch den Ort selbstverständlich, an dem man sich befand.

Der Begriff der Profanbaukunst.

Der Begriff der Profanbaukunst ist dem Mittelalter fremd. Vitruv benutzt genauere Bestimmungen. Er unterscheidet (Lib. I, c. III) zwischen der öffentlichen und der privaten Baupflege. Die öffentlichen Bauten unterteilt er in solche, die der Verteidigung (defensio), der Religion (religio) oder praktischen Zwecken (opportunitas) dienen. Zu letzteren gehören der Hafen, der Marktplatz, die Gerichtshalle und die Bäder. Für den klaren römischen Geist war jedes Bauwerk einem einzigen Zweck zugeordnet, und Alberti wie Filarete haben sein Einteilungsschema auf die neueren Verhältnisse übertragen.

---

600. Cronaca, p. 258.

Die Architekturtraktate des 16. Jahrhunderts und die von ihnen abhängigen Lehrbücher der Akademien leiteten daraus die Berechtigung ab, ihren Stoff in zwei Bände zu gliedern, von denen der zweite, der von der »architectura civile e militare« handelt, stetig an Umfang und Bedeutung zunahm und zuletzt den ersten fast ganz verdrängt hat. Diese Einteilung setzt eine genaue Trennung des religiösen Bereichs von dem weltlichen oder profanen voraus, die im Mittelalter nicht vollzogen werden konnte. Religiöses und Profanes sind noch nahe benachbart. Der Kaiser hat kein rein weltliches, der Papst kein rein geistiges Amt, und unlösbar schienen die Konflikte, die aus dieser Überschneidung des regnum und des sacerdotum erwuchsen. Zur Kaiserpfalz gehören die Pfalzkapelle, zum Lateran die Kurien. Wir sahen, daß die Mauern der Städte nicht reine Wehrbauten und die Kirchen nicht reine Sakralbauten waren. Diese haben auch einen religiösen Sinn, jene auch weltliche Aufgaben. Die ganze Stadt ist ein geheiligter Bezirk und verfolgt doch höchst weltliche Ziele. Es kam darauf an, die rechte Entsprechung für alles Diesseitige im Jenseitigen zu finden.

Bevor die Stadtpaläste in den toskanischen Städten bedeutsam wurden, hatte sich die Aufmerksamkeit schon anderen Bauaufgaben zugewandt, die wir heute in gleicher Weise dem rein profanen Bereich zurechnen. In der Frühzeit sind es vor allem die Türme, mit deren Zahl und Höhe die Städte in Wettbewerb standen. Pisa war damals die erste Stadt der Toskana. Die Bedeutung, die in Pisa der Hafen und seine Wachttürme besaß, nehmen in Florenz die Brücken über den Arno ein, in Siena die Brunnen. Alle diese Bauten hatten für das Empfinden des Mittelalters einen halb weltlichen, halb sakralen Charakter. Sie stehen in der Mitte zwischen den Dingen von rein diesseitigem und jenen von rein jenseitigem Bezug. Brückenbau, Brunnenbau, Turmbau waren gute Taten. Man gab jedem Werk den Namen eines Heiligen, man schmückte es mit Sinnbildern aus dem religiösen Bereich. Das Gesicht Pisas war auf das Meer gerichtet und sein Reichtum ruhte in seinen Schiffen. Das Wasser, das bei den Alten Götter beherbergte, hatte auch im Mittelalter nicht ganz den sakralen Charakter verloren. Florenz hatte zwei durch den Fluß getrennte Stadtteile zu vereinen. Sienas Wassernot drohte das blühende Färbereigewerbe zum Erliegen zu bringen. Dante hatte über die Bürger der feindlichen Stadt gespottet, die immer, wenn Trockenheit herrschte, nach der sagenhaften unerschöpflichen Quelle gruben, die im Volk den wundersamen Namen Diana trug (Pur. XIII, 51–54). Alle diese Bauaufgaben, die Türme und der Hafen von Pisa, die Brücken dort und in Florenz, die Brunnen in Siena und den Hügelstädten der Toskana, Volterra, San Gimignano, Massa Marittima, waren schwer lösbar und erforderten Fachleute. Auch waren sie teuer. Der Stadtrat hatte sich wiederholt mit ihnen zu beschäftigen. Sie galten als eine Aufgabe, an deren Vollendung Wohl und

Ehre der Stadt hing. Es ist kein Zufall, daß Siena zuletzt mit der Fonte Gaia von Jacopo della Quercia den schönsten Brunnen der Toskana erhielt, und Florenz mit dem Ponte Vecchio und noch mehr mit dem Ponte Santa Trinità, für die Michelangelo selbst die Plananweisungen gegeben hat, seine schönsten Brücken. Sie waren das Endergebnis langer Bemühungen. Vielleicht ist es sogar kein Zufall, daß Pisa durch seinen schiefen Turm mehr als durch alle seine Großtaten berühmt wurde. Im Eifer um einen neuen Turm hatte man die Fundamente in dem Lagunenboden zu flüchtig gesichert.

Türme.

Pisas Türme waren schon im 12. Jahrhundert berühmt. Von den angeblich 10 000, die Benjamin von Tudela 1159 bestaunt hat, steht keiner mehr aufrecht. Das Turmhaus, die casa torre, ging dem Palast oder Etagenhaus in allen Städten der Toskana voraus. Bevor die Familien ihre Räume nebeneinander anzuordnen gelernt hatten, richtete man sich übereinander ein. Eine Leiter, die man hinter sich heraufziehen konnte, ersetzte die Treppen. Das Bedürfnis nach Sicherheit schloß jede andere Rücksicht aus. Später umkleidete man den Turm mit seitlichen Anbauten und bezog zugleich seine kargen Räume den reicheren Wohnungen ein. Der Turm des Podestà in Volterra ist dafür ein Beispiel. Zwischen dem Turm und den neben ihm aufgemauerten Häusern wurden die Wände eingerissen. Es entstand ein Appartement. Die ersten Privatfestungen innerhalb der Stadt waren Türme. In Turmgesellschaften schloß sich der Adel zusammen. Seit dem späten 12. Jahrhundert sind die Stadtverwaltungen der toskanischen Kommunen bestrebt, aus Gründen der öffentlichen Sicherheit die Höhe der Türme gesetzlich zu beschränken[601]. Dabei blieb man sich durchaus bewußt, daß Anzahl und Höhe der Türme den Städten zum Ruhm und zur Schönheit gereichen. Schon im 14. Jahrhundert werden sie in einigen Plätzen gerade wegen ihrer Schönheit durch das Gesetz geschützt[602]. Fast für jede Stadt rühmen die Chronisten die Menge, Höhe und Stärke der Türme, so Villani und Malespini für Flo-

601. So die Statute von Viterbo von 1252 (Rubr. 119), von Bologna von 1245 (ed. Frati, I, 280), von Lucca von 1308, Lib. IV, Rubr. 68, von Florenz, Statut des Podestà von 1325, Lib. IV, Rubr. 41. Der Erlaß über die Beschränkung der Turmhöhen geht in Florenz auf 1254 zurück (Villani, VI, 39). In Rom wurden schon 1144 viele Adelstürme zerstört. Genua griff, soweit ich sehe, als erste Stadt zu dieser Maßnahme im Jahre 1143 (Breve Consolare, in Cod. Dipl. della Republica di Genua, Fonti It. d. Storia Patria, Roma 1936, I, 135 ff.)

602. Perugia, Statut von 1342, Lib. IV, Rubr. 93: De le torre da non guastare overo scarcare. Cun ciò sia cosa le citade, casteglle e fortezze de le terre avere grandissima consegaescano bellezza e alcuna fiade utilità de le torre, e esse sarcare en alcuno modo paia laidezza de la citade, dicemò e ordenamo ... che niuno ... possa vendere alcuna torre en la città overo borghe a derovinare overo destruggere ...

renz[603], Sercambi für Lucca[604]. Die Eroberung einer Stadt bedingt in der Regel die Zerstörung ihrer Türme, die Niederlage einer Partei den Abbruch der ihren. Friedrich Barbarossa ließ sogar den Campanile des Mailänder Domes, der als der schönste Turm Italiens galt, einreißen, obwohl damit zugleich ein Teil der Kirche zerstört wurde, die er zu schonen befohlen hatte[605]. Denn Kirchturm und Stadtturm waren in der Frühzeit identisch. Es gab nur eine Glocke, die das Volk zur Kirche, zum Heeresdienst und später zum Parlament rief. Auch die Kirchtürme waren befestigte Wachttürme. Noch 1329 wird in Pistoia die Verstärkung des »campanile communis« gefordert, der als die »fortezza del campanile della chiesa maggiore« bezeichnet wird[606]. Schon der Name ist bezeichnend. Zugleich ordnete man ihnen symbolische Bedeutung zu. Durch den Bericht über den Turmbau zu Babel – der freilich ein Tempel war – erschienen in den Augen des Mittelalters die Türme Ausdruck der Macht und Überheblichkeit. Die Reformorden blieben seit dem berühmten Verbot Bernhards von Clairvaux – turres lapideae ad campanas non fiant[607] – zu allen Zeiten bestrebt, ihren Bau einzuschränken. Anders die Städte. Der Pisaner Chronist begeistert sich aus Anlaß des Baubeginns des schiefen Turmes an dem Gedanken, daß nunmehr die Stadt neben den beiden mächtigen Türmen des Hafens noch einen weiteren in ihrem Zentrum erhalten solle[608]. Der Brauch, den Turm von der Kirche abzusetzen, mag aus technischen Erwägungen sich herleiten. Doch spiegelt er zugleich die symbolische Bedeutung der Türme. Man wollte sie als Monument der städtischen Macht und Freiheit in ihrer ganzen Größe überschaubar gestalten. Deshalb steht der Campanile von Venedig wie eine Fahnenstange weit abgesetzt vor der Fassade der Markuskirche, deshalb wählte man in Pisa das vollkommene Rund für seine Gestaltung, das umzogen wird von den edelsten Arkadenreihen. Der Bedeutungsgehalt der Türme für das Gemeinwesen erklärt auch den Aufwand, den die Florentiner dem Giotto beim Bau ihres Campanile gestattet haben (Abb. 47).

Wir sind auf dieses Meisterwerk des Begründers der neueren Malerei schon mehrmals zu sprechen gekommen. In dem Kapitel über die Straßen erwähnten wir die Bestrebungen zu seiner Freilegung, in jenem über den Kirchenbau wurde seiner städtebaulichen Bedeutung gedacht. Auch in unserem letzten Kapitel über den Stadtbaumeister wird er wiederkehren. Der Gang unserer Untersuchung bringt es mit sich, daß ein und dasselbe

603. Chronica, cap. 45.
604. Cronaca, II, p. 101.
605. Lehmann-Brockhaus, Nr. 2247.
606. Storie Pistoresi, Muratori, N. E. XI, v, 133.
607. Statuta selecta capitulorum generalium ordinis Cisterciensis, in Mortet-Deschamps, p. 33.
608. Maragone, ad a. 1174.

Bauwerk in immer neuen Zusammenhängen neue Seiten seines Wesens enthüllt. Soll man ihn der Profanbaukunst, soll man ihn den kirchlichen Gebäuden zurechnen? Gerade vor Giottos Turm wird deutlich, daß die Alternative unangebracht ist. Versucht man die Bedeutung des ganzen Bauwerks aus dem Programm der Reliefs abzuleiten, die Giotto für das Erdgeschoß vorgesehen hat, so fällt der weltliche Charakter auf. Von den Reliefs der oberen Reihe mit den sieben Planeten, den sieben Kardinaltugenden, den sieben freien Künsten und den sieben Sakramenten wissen wir nicht, ob sie schon Giotto so oder ähnlich geplant hatte. Sein Riß, der sich in einer weitgehend getreuen sieneser Kopie in der Domopera von Siena erhalten hat, sah dieses Obergeschoß nicht vor (Abb. 47). Auch hat ein Teil der freien Künste schon einmal im Untergeschoß einen sinnvollen Platz gefunden. Dort spiegelt das Programm die Entstehung der Künste, der freien wie der mechanischen, aus denen die Städte erwachsen sind, deren Vorsteher Florenz damals regierten, und aus denen es seine Macht und Größe abzuleiten liebte. Die Reihe beginnt mit der Schöpfung des ersten Menschen. Es folgen die Handwerke, unter ihnen auch die Jagd, das Hirtenleben, der Weinbau, weiter Schmiede, Leineweber, Maurer, in belebter Reihe wechseln Landwirtschaft und Schiffahrt, Gesetzgebung und Verwaltung, Musik und Sport. Das Ganze gipfelt in den drei Künsten, die Giotto selbst ausgeübt hat, der Baukunst, der Malerei und der Skulptur. Dann bricht die Erzählung ab. Fünf aus der Reihe der sieben freien Künste hat Luca della Robbia hundert Jahre später angefügt. Für Giotto war der Turm ein Monument dieser vielfältigen Fähigkeiten, die die Kultur der Städte erzeugt hat. Er war ein Stadtdenkmal, ein Würde- und Ehrenzeichen. Von keinem anderen Bauwerk in Florenz – dem Baptisterium ausgenommen – berichten die Chronisten des späten 14. und des 15. Jahrhunderts mit gleicher Begeisterung. Sercambi nennt den Campanile das Wahrzeichen von Florenz, Goro Dati schreibt, wer ihn nicht gesehen habe, könne seine Schönheit sich nicht vorstellen – chi non la vede, non può immaginare la sua bellezza[609]. Man muß diese Dinge wissen, um die höhere Notwendigkeit zu erfassen, der der Campanile seine Entstehung verdankt. Keine spätere Zeit hat wieder ähnlich aufwendige Türme gebaut. In der Renaissance werden sie selten, im Barock verkümmern sie zu Glockenstühlen. Zwischen den Wehrtürmen der mittelalterlichen Stadt besitzt der Campanile einen genaueren Sinn.

---

609. Op. cit. p. 109.

Brunnen.

Die gleiche Beziehung zwischen Bedeutung und Aufwand erklärt die Geschichte von Sienas Brunnen[610]. Wasser galt auf den kahlen Hügeln der Stadt als die größte Kostbarkeit. Pflege und Förderung des Brunnenbaus war nach dem Dom und der Mauer die wichtigste Aufgabe der städtischen Behörde. Auch hier waren die kirchlichen Stellen vorausgegangen. Im Statut von 1262 hat sich eine um einige Jahrzehnte ältere Verordnung erhalten, laut deren der Podestà den Bischof aufsuchen soll, um ihn inständig um die Erneuerung bzw. den Neubau von Brunnen in den einzelnen Kirchsprengeln zu bitten. Man kann dieser Anweisung entnehmen, daß jede Kirche der Stadt und der Vorstadt einen Brunnen zu unterhalten hatte, die gemeinsame Wasserquelle der Pfarrgemeinde, die auch hierin ihre enge Zusammengehörigkeit erweist[611]. Wasser war die erste Voraussetzung für das Blühen der Stadt und ihrer Gewerbe. Noch die durstigen Seelen in Dantes Hölle sprechen von dem Genuß, den der Anblick von Sienas größtem Brunnen, der Fonte Branda bereitet[612]. »Er sei der Brunnen, zu der die ganze Welt um Wasser gehe«, heißt es im Kommentar des Ottimo, »man denke, wieviel er wert ist und wie er geliebt wird«[613]. Benvenuto da Imola nennt ihn 1375 »den lieblichsten und schönsten Brunnen Sienas auf einem überaus schönen Platz«[614]. Fazio degli Uberti im 14.[615], Leandro Alberti im 16. Jahrhundert heben ihre Bedeutung hervor[616]. Seit dem 11. Jahrhundert wird er in den Dokumenten genannt[617]. Ursprünglich lag er wie die meisten Brunnen der toskanischen Hügelstädte vor den Toren der Stadt. Dort bedurfte er des besonderen Schutzes durch mächtige Mauern mit hohem Zinnenkranz. Sienas Brunnen bildeten lange zugleich die befestigten Vorwerke der Stadt. Diese ihre zweite Bedeutung, hat ihren Baustil auch noch im 14. Jahrhundert bestimmt, als

---

610. Vgl. Bargagli-Petrucci.

611. Siena, Statut von 1262, Dist. III, Rubr. 240: Et ibo, cum quibus et cum quot mihi placuerit, per totum mensem Marcii vel antea, si voluero, ad dominum episcopum Senensem et rogabo eum affectuose, ut cum bono et utilitate civitatis Senarum et commode ecclesiarum comitatus Senensis intendere teneatur, ut compellat rectores ecclesiarum Senensium et burgorum, qui cisternas non habent, facere cisternas, et eos qui habent, facere reactari suarum ecclesiarum cisternas.

612. Ma s'io vedessi qui l'anima trista
Di Guido, d'Alessandro o di lor frate,
Per Fontebranda non darei la vista (Inf. XXX, 76–78).

Neuere Forscher haben angenommen, daß mit der Fonte Branda bei Dante ein gleichnamiger kleiner Brunnen im Casentin gemeint sei (Guida del Casentino Firenze 1889, p 207). Dem widersprechen alle Kommentare des Trecento und die Wahrscheinlichkeit.

613. Bargagli-Petrucci, I, 183.

614. Die Stelle bei Muratori, Antiquitates III, 485.

615. Dittamondo p. 8.

616. Descrizione d'Italia, Bologna 1550, p. 55.

617. Bargagli-Petrucci, I, 187.

sie schon längst in den schützenden Mauerring einbezogen waren. Man behielt den Zinnenschmuck bei. 1246 hören wir zuerst von einer reicheren Ausstattung der Fonte Branda. Ein Meister Johannes wird für einige Löwen bezahlt, durch deren Maul Wasser floß[618]. Es ist dies die älteste Nachricht über ein Fort- oder Wiederaufleben des berühmten antiken Motivs im italienischen Mittelalter. Wo immer eine Stadt das Bild des Löwen setzen ließ, wollte sie es als Hoheitssymbol verstanden wissen. In Pisa und Lucca begegneten wir ihm auf den Toren, hier in Siena, wo man den Löwen als ein Sinnbild des Volkes gern in Gegensatz zu dem Wolf, dem Sinnbild der Regierung stellte, am Brunnen, in Florenz vor dem Stadtpalast und in der Loggia dei Lanzi. Das Statut von 1262 beschäftigt sich mit der Fonte Branda und nahezu allen anderen Sieneser Brunnen – ich zähle rund zwanzig Namen, und im 14. Jahrhundert sollte sich diese Ziffer fast verdoppeln – in vielen Rubriken[619]. Stetig ist der Podestà darum bemüht, den Brunnenhof auszugestalten, die Becken zu erneuern oder zu erweitern, und was im 13. Jahrhundert die Fonte Branda war, ist im 14. die Fonte Nuova, im 15. die Fonte Gaia, ein Zentrum städtischen Lebens. Wir hörten, daß das Bedürfnis nach bequemen Zufahrtsstraßen zu den Brunnen die Stadt zu zahlreichen Straßenbauten veranlaßt hat. Die Gesetze zur Brunnenordnung aus dem Statut von 1309/10 könnten ein eigenes Corpus füllen. Mit der Wahl von Ausschüssen zur Überwachung, Reinigung und zur Förderung des Wasserertrages hat sich der Stadtrat in fast jedem Jahr zu beschäftigen. Darüber hinaus sucht man ständig nach neuen Wasserquellen. Jeder Bürger ist durch das Gesetz verpflichtet, die mögliche Entdeckung einer Wasserader sofort zu melden[620]. 1295 wird der Leiter der Dombauhütte aufgefordert, die wundersame »Diana« zu suchen und zu finden[621]. Giovanni Pisano war damals Dombaumeister. Man wollte seine hohe Kunst auch für dieses dringliche Anliegen der Stadt nutzen. Im gleichen Jahr wird der Meister gemeinsam mit vier anderen Steinmetzen und dem Maler Duccio in einer Brunnenbaukommission genannt[622]. Seit 1337 ist der Operarius des Domes offiziell auch oberster Aufseher über alle Brunnen der Stadt[623]. Diese erste und einzige Baufirma, die der Regierung unmittelbar unterstand, mußte Mittel und Kräfte für den Brunnenbau abzweigen. In allen Verordnungen wird betont, daß der Brunnenbau nicht nur

618. Ebd., II, 80.
619. Alle Belege ebd.
620. Statut von 1262, Dist. III, Rubr. 238.
621. Ratsbeschluß von 1295 bei Bargagli-Petrucci, II, 157: ... deliberatum fuit et provisum quod aqua que dicebatur Diana debeat cercari et invenire ... per operarium Sancte Marie. Es liegt auf der Hand, daß der Domhüttenleiter mit dieser Aufgabe den Dombaumeister, also Giovanni Pisano, betraut hat.
622. Bargagli-Petrucci, II, 161.
623. Ebd., p. 92.

dem Nutzen, sondern ebenso dem Dekorum der Stadt diene. Schon die Anwesenheit eines Malers wie Duccio kann darauf hinweisen, daß man ästhetische Erwägungen durchaus nicht unberücksichtigt ließ. Beim Neubau von Brunnenanlagen spricht man von ihrer Schönheit an erster Stelle[624]. In Viterbo, das heute noch die Stadt der schönen Brunnen genannt wird, befiehlt das Statut von 1251 dem Podestà, einen schönen und an anderer Stelle einen überaus schönen Brunnen zu bauen[625]. Perugia erkannte in seinem Stadtbrunnen bald nach seiner Vollendung das schönste Denk- und Ehrenmal der Stadt[626]. Durch besondere Erlasse wird er geschützt[627]. In Siena gipfeln alle Bestrebungen seit dem Beginn des 14. Jahrhunderts in dem Verlangen, auf dem Campo, der keine natürliche Wasserquelle besitzt, einen Brunnen zu errichten. Ohne Brunnen war der Stadtplatz unvollständig. Seit mehr als einem Jahrhundert hatte man sich mit Zisternen ausgeholfen. 1334 machte sich ein Meister Jacopo, den man später voll Spott Jacopo dell'aqua genannt hat, anheischig, für 6000 Goldstücke ebensoviel Wasser nach dem Campo zu leiten, als die Fonte Branda hervorbringen könne[628]. Ein Ausschuß von drei Bürgerschaftsvertretern wird dafür eingesetzt, die Möglichkeiten dieser Wasserleitung zu überprüfen. Sie mißlang zunächst nach kostspieligen Versuchen. Einen kleinen Brunnen konnte man 1343 immerhin eröffnen. 1360 betont man erneut die Notwendigkeit, dem Marktplatz Wasser zuzuführen. Interessant ist die Begründung: weil Wasser eines der vier Elemente sei, ohne die man nicht leben könne, und der Brunnen am Campo zum Nutzen und zur Zierde der ganzen Stadt diene (Abb. 38, 39)[629].

Die Geschichte der Entstehung von Jacopo della Quercias Brunnen (1409 bis 1419) ist zu bekannt, um sie hier berichten zu müssen. In diesem schönsten Brunnen der Frührenaissance gipfeln die jahrhundertealten Bemühungen der Stadt. Die Fonte Gaia trägt ihren Namen nach der überschwenglichen Begeisterung des Volkes aus Anlaß der Eröffnung des ersten Brunnens 1343. Man wird der Leistung Quercias nicht gerecht, wenn man sie allein aus der Entwicklung des Künstlers oder der Formgeschichte des Jahrhunderts erklärt. Die Stadtgeschichte gehört dazu. Die Anlage des Platzes stellte be-

---

624. Ebd., p. 231ff. Ich zitiere daraus: Item, cum inter cetera ornamenta que decorent spetiosius et utilis civitates sit potissimum illas fontibus habundare, si igitur videtur et placet dicto Consilio providere ... quod ... fiat fons formosus. Und an anderer Stelle: Item, cum inter cetera commode que ornent spatiosius civitates sit illas gaudere fontibus et aquis irriguis habundare ...

625. Viterbo, Statut von 1252, Rubr. 55 und 200.

626. Perugia, Statut von 1342, Lib. IV, Rubr. I. Diese erste Rubrik des Buches über die Lavorie e extraordenarie beginnt mit dem capitolo de l'ornato de la fonte prencepalmente adornante. Der Brunnen der Pisani galt in Perugia immer als ein Wunderwerk.

627. Ebd., Rubr. 3.

628. Bargagli-Petrucci, I, 214 und II, 94.

629. Ebd., I, 220 und II, 250.

stimmte Forderungen, die genial gelöst wurden. Die Sehnsucht nach Wasser fand in diesem Werk zeitlos gültigen Ausdruck. Amannatis Fontana del Nettuno auf der Piazza della Signoria in Florenz hat nur ästhetische Bedeutung, Quercias Brunnen wurzelt tiefer in der Vorstellungswelt der Sienesen. Er dient keinem antiken Wassergott. Er ist Sinnzeichen und Bürge für den Fortbestand und den Reichtum der Stadt. Die älteste Fonte del Campo von 1343 wurde durch eine Venus, vielleicht eine Kopie der Anadyomene des Lysipp geschmückt, die man kurz vorher in Siena gefunden hatte[630]. 1357 sei die Statue entfernt, in Stücke geschlagen und auf Florentiner Gebiet vergraben worden, berichtet ein alter Mönch 1417 dem Lorenzo Ghiberti. Man fand sie »inhonestum« und schrieb ihr Unglück und Wassermangel der letzten Jahre zu[631]. In diesem Gesinnungswandel spiegelt sich ein Stück Geistesgeschichte des 14. Jahrhunderts. Im Zeitalter Ambrogio Lorenzettis hatte der Kunstsinn sich dem Verständnis antiker Gebilde genähert. Ghiberti hat eine Zeichnung Ambrogios nach der Statue gesehen. Er berichtet, daß alle Künstler sie staunend bewundert haben. Nach der großen Pest von 1348 mußte man sie wieder entfernen. Dringlicher wurde nun die Forderung nach dem »christlichen« Brunnen. Damals mag jenes Madonnenbild auf der Fonte Gaia entstanden sein, von dem wir zuerst 1394 hören, und dem die Handwerker der Stadt besondere Verehrung erwiesen. 1403 ist es erneuerungsbedürftig[632]. Es scheint die älteste Brunnenmadonna zu sein, von der die Geschichte weiß, Vorbild der Madonna Quercias und Stammutter unendlich vieler bis in die neueste Zeit.

Perugias großer Stadtbrunnen hatte der Verherrlichung der »Civilisation« gedient, also der irdischen Aufgaben einer Stadt. Dieses Thema behandeln zuletzt in ihrer kargen Bildersprache die Reliefs des unteren Beckens. Eine Ehrengalerie sind die Figuren, die das obere schmücken[633]. Einen sinnverwandten Gedanken wollte Jacopo della Quercia in seinem Werk zum Ausdruck bringen. Man kann es nur aus dem Bezug auf die Idee der Civitas verstehen. Wir haben ähnliches von Giottos Campanile gesagt. Die Erschaffung Adams und Evas, ihre Vertreibung aus dem Paradies in Zusammenhang mit der Madonna und den sieben Tugenden verkünden hier eine verwandte Lehre. Jedesmal gibt man ein Stück Stadtgeschichte, beginnt mit Adam und Eva und endet mit Maria, als der Patronin der Stadt. Die schönste unter den Tugenden ist die Caritas. Aufrecht steht sie an einem Ehrenplatz am rechten vorderen Rand des Brunnens, zwei Kinder behütend. Ihr gegenüber grüßt

---

630. Einzelheiten bei J. v. Schlosser, L. Ghiberti, Basel 1941, p. 152ff.
631. Das Protokoll bei Lisini, Miscellanea die Storia Senese V (1898), 175f.
632. Bargagli-Petrucci, II, 284 und 294.
633. Braunfels, Zur Gestaltikonographie der Kanzeln der Pisani, in Das Münster, II, (1948/49), Heft 11/12.

sie eine zweite ähnliche Gestalt, von der wir nicht wissen, was sie darstellt. Man hat angenommen, daß mit ihr Rhea Silvia mit Romulus und Remus gemeint ist, von denen sich Siena gegründet glaubte. Die Wölfin mit den beiden Knaben ist das Wappen der Stadt. Beide Gruppen bezeugen hier die nährende und belebende Kraft des Wassers.

Noch in einem anderen Sinn ist der Brunnen ein Werk der Stadtbaukunst. Dem sorgfältig, gleichmäßig gefügten Rund des Stadtplatzes ordnen sich seine zarten Formen ein. Hier war kein allseitig gleichgerichtetes Werk denkbar. Man mußte auf die herkömmliche Rundform verzichten, und auch die älteren großen Stadtbrunnen mit ihren schweren Säulen und den hohen, reichgegliederten Gewölben konnten nicht als Vorbilder herangezogen werden. Quercia wollte den Eindruck erwecken, als entströme das Wasser unmittelbar dem ansteigenden Arenarund des Platzes, in das der Brunnen eingeschnitten ist. Er öffnet sich mit seiner einzigen Schauseite dem Palast zu. Nichts sollte durch das neue Marmorwerk verstellt werden. Die geringen Ausmaße der Figuren und Bauglieder wurden von der Situation vorgeschrieben[633a].

Brücken.

In noch stärkerem Ausmaß als bei den Türmen und Brunnen haben wir es bei den Brücken mit Bauten zu tun, die in der Mitte zwischen dem profanen und dem sakralen Bereich ihre mannigfaltigen Funktionen erfüllen. Die Daten ihrer Baugeschichte sind für Florenz wie für Pisa oft zusammengestellt worden[634]. In Pisa verliert sich der Ursprung des Ponte di Mezzo im Dunkel der frühmittelalterlichen Jahrhunderte. Er mag aus dem 10. oder 11. Jahrhundert stammen, doch gab es schon in der Antike am gleichen Ort einen Flußübergang. Das 12. Jahrhundert hat dann drei weitere Brücken erbaut, die ursprünglich alle als Ponte Nuovo von dem einen älteren Ponte Vecchio unterschieden wurden, und die man später Ponte della Spina, Ponte del Mare oder della Degazia und Ponte Nuovo schlechthin nannte. Heute sind sie alle erneuert und tragen alle neue Namen. In Florenz heben schon die ältesten Stadtbeschreibungen aus dem 14. Jahrhundert die vier Steinbrücken voll Stolz hervor[635]. Goro Dati rühmt ihre sorgfältige Gestaltung aus Hausteinen[636]. Sie stammen mit Ausnahme des Ponte Vecchio, der älter ist, alle aus dem 13. Jahrhundert. Der Ponte Nuovo und heutige Ponte alla Carraia wurde 1220 erbaut, der Ponte des Podestà Rubaconte und spätere Ponte

633a. Man weiß, daß die heutige Kopie dieses Brunnens nicht am alten Ort Aufstellung fand. Dieser lag nicht auf der Platzmitte, sondern um ein Weniges nach Osten verschoben.

634. Für Florenz vgl. Davidsohn, Gesch. v. Florenz, IV, iii, 276 f.; für Pisa, Tanfani.

635. Frey, Loggia, p. 120, und Villani IX, 257.

636. Dati, p. 107.

delle Grazie 1237, der Ponte Santa Trinità 1252. Durch Hochwasser wurden sie mehrmals zerstört, aber stets rasch wieder aufgebaut. 1333 fielen drei von ihnen der großen Arnoüberschwemmung zum Opfer, die Villani beschrieben hat. Kurze Zeit später – 1345 – entstand der heutige Ponte Vecchio, die einzige mittelalterliche Arnobrücke, die der zweite Weltkrieg verschont hat. Die Mieten der neuen Kaufläden auf der Brücke sollten in zwanzig Jahren die Baukosten decken. Hier, wie auf den anderen Brücken von Florenz und Pisa oder dem Rialto in Venedig verdanken die reizvollen Buden fiskalischen Überlegungen ihre Entstehung. Der neue Ponte alla Carraia kostete 1346 21 700 Goldstücke, etwa ebensoviel wie eines der großen Tore des letzten Mauerrings. Diese Brücke wird als besonders reich und sorgfältig gestaltet beschrieben[637].

Bauherr der Brücken war bis in das 13. Jahrhundert hinein überall die kirchliche Behörde. Für den Ponte alla Carraia tritt 1229 der Bischof von Florenz seine Rechte an den Abt des Klosters von Santa Trinità ab[638]. Vor 1234 sind sie an die Stadt übergegangen. Aber noch das Statut von 1325 macht für die Brückenordnung des Ponte Vecchio die Pfarrvorsteher von Santa Felicità und Santo Stefano verantwortlich, deren Pfarreien links und rechts den Brückenkopf umlagen[639]. Die Bauhütten der Brücken waren Rechtsinstitute, die den Dombauhütten in mancher Beziehung ähnlich sind. Von der Hütte des Ponte Vecchio in Florenz, dem opus pontis, hören wir zuerst 1206. Sie besaß Güter am Platz von Santo Stefano[640]. Über das Amt des Brückenbauverwalters oder »Pontenaio« sind wir aus Pisa am besten unterrichtet[641]. Dort gehören die Brücken schon 1162 zu »den verehrungswürdigen und heiligen Orten», deren Erhaltung und Förderung die Konsuln beschwören müssen[642]. Die Brückenverwaltung des Ponte di Mezzo verfügte über große Stiftungen. Zahlreiche Häuser und Ländereien gehörten zu ihrem Besitz. Der Brückenmeister war zugleich für zwei der drei neuen Brücken verantwortlich – die dritte war Privatbesitz der Anwohner. Auch alle kleineren Brücken über die Kanäle im Pisaner Gebiet unterstanden seiner Aufsicht. Er mußte – ähnlich wie der Operarius des Domes – ein Gasthaus mit 10 Betten unterhalten. Am Dom und an der Brücke kehrten also die Fremden ein, am Dom die Gäste der Stadt, an der Brücke vornehme Kaufleute. Hospital oder Pilgerherbergen gehörten zu den Brückenstiftungen von Florenz. Das Spedale des Folco am Ponte Vecchio bestand schon seit 1068[643]. Ihm entsprach auf der

637. Villani, XII, 47.
638. Davidsohn, Forsch. IV, 442.
639. Florenz, Statut des Podestà, Lib. IV, Rubr. 69.
640. Davidsohn, Gesch. v. Florenz, I, 679, Anm. 6.
641. Tanfani, p. 40ff.
642. Pisa, Breve von 1162, p. 3.
643. Paatz, Kirchen, II, 120.

anderen Seite des Arno das Spedale di San Martino[644]. Mindestens seit 1256 gab es auch eine Herberge am Ponte Santa Trinità[645].

Der Brückenmeister bestimmte und bezahlte die Werkleute, die die Brücken zu erneuern hatten. Wer die mittelalterlichen Brücken von Florenz und Pisa gebaut hat, ist nicht mehr in allen Fällen festzustellen. Meist wird man auf die bau- und wölbekundigen Konversen aus den Zisterzienser- und Dominikanerklöstern zurückgegriffen haben. Für den zweiten Neubau des Ponte alla Carraia von 1269 nennt die Tradition mit guten Gründen Fra Ristoro aus Santa Maria Novella. Der heutige Ponte Vecchio ist von einem Meister aus den Kreisen der Dombauhütte erbaut worden. Die Tradition gibt ihn dem Andrea Pisano.

Bekrönt wurde das Werk des Brückenbaus immer mit einer Kapelle an ihrem Eingang oder auf der Brücke selbst. Die Kapelle des Ponte alla Carraia wurde 1304 geplant, 1329 ein erstes Mal erneuert, 1867 abgerissen. Vor 1323 hatte der Ponte Santa Trinità ein Oratorium zu Ehren des hl. Michael erhalten[646]. 1321 sollte auf dem Ponte Rubaconte dem hl. Barnabas eine Kapelle erbaut werden[647]. Später – 1394 – entstand am Eingang dieser Brücke eine Kapelle um ein Madonnenbild, von dem man sich Hilfe in Liebesnöten erhoffte. Mehrmals zuvor waren Privatpersonen an die Stadtverwaltung mit der Bitte herangetreten, für dieses Bild eine Kapelle stiften zu dürfen. Francesco Sacchetti berichtet, daß die Votivgaben, die man am Samstag vor dem Marienbild niedergelegt hatte, schon am Sonntag wieder entfernt werden mußten, um neuen Platz zu machen. Die Kapelle der Maria zur Gnade – nach der später die Brücke ihren Namen änderte – war nicht das einzige Oratorium auf ihren Pfeilern. Seit 1326 ließen sich Einsiedler auf ihr nieder – Giana di Vanni von den Büßerinnen von Santa Croce war die erste – und bauten sich dort kleine Hütten. Auf dem dritten Pfeiler errichteten andere Eremiten 1347 ein Oratorium zu Ehren der Märtyrerin Allessandrina, auf dem fünften zu Ehren des hl. Barnabas. Die Gnadenbrücke wurde zum Prozessionsweg. Von 1390 bis 1396 lebte eingemauert in ihrer Hütte auf dem ersten Pfeiler die fromme Frau Apolonia. Sie empfing, wie alle jene Einsiedler, die Nahrung von den Vorübergehenden. Auch die Brückenbettler haben also Tradition[648]. Wie die Kapelle an dem Ponte alla Carraia wurden auch die Oratorien des Ponte delle Grazie im späteren 19. Jahrhundert entfernt. Ihr Sinn war unverständlich geworden. Sie förderten nicht den Verkehr, dem von nun an die Brücken ausschließlich zu dienen haben (Abb. 37).

---

644. Davidsohn, Gesch. v. Florenz, IV, iii, 247.

645. Davidsohn, Forsch. IV, 443.

646. Ebd.

647. Gaye I, 461,

648. Einzelheiten nachgewiesen bei Passarini, Curiosità Storico-Artistice Fiorentine, Firenze 1866, II, Il ponte delle Grazie.

In Pisa hören wir schon im 12. Jahrhundert von einer Kapelle des hl. Donatus auf dem Ponte Nuovo. Sie war eine private Stiftung[649]. 1322 ist die Kirche Santa Maria del Ponte Vecchio, 1332 Santa Maria del Ponte alla Degazia erbaut worden[650]. Als reifste Frucht dieser Tradition entstand seit 1323 die kleine Kirche Santa Maria della Spina[651]. In Gestalt und Schmuck einem silbernen Reliquienschrein vergleichbar, erhebt sie sich dicht neben der Brücke, die ihren Namen trägt, unmittelbar über den Ufermauern des Arno. Wie in der in Form und Sinn ähnlichen Santa Maria della Rosa in Lucca die Verehrung zum Ausdruck kommt, die man einem Bild an der alten Stadtmauer und mit diesem Bild der ganzen Mauer selbst seit Jahrhunderten entgegenbrachte, so erwuchs mit Santa Maria della Spina in Pisa aus dem Glauben an die höhere Bedeutung der Brücken von Ufer zu Ufer diese zarteste und reichste Blüte, die die hohe Gotik in der Toskana hervorgebracht hat. Ohne ihre Kirchen und Kapellen waren die Brücken nicht vorstellbar. Sie gehören zu ihrer Idee wie zu ihrer Gestalt. Die Brückenheiligen des Barock setzen diese Tradition fort. Der Weg über den Fluß, diesen Streifen aus der gefahrvollen Natur in der Ordnung der Civitas, bedurfte der besonderen Weihe.

Der Bargello.

In der wiederholt genannten Stadtbeschreibung von 1339 von Florenz werden neben den Mauern, den Kirchen, den vier Brücken und einer allgemeinen Bemerkung über Anzahl und Reichtum der Privathäuser nur die beiden Stadtpaläste hervorgehoben, der Palast des Podestà, den man später Bargello nannte, und der Palast der Prioren, der seit seiner Erweiterung in den dreißiger Jahren des 14. Jahrhunderts gelegentlich auch der Palazzo Vecchio genannt wurde. Villani gibt in seiner Stadtübersicht von 1324 die Länge der Mauer, die Zahl ihrer Türme und Tore und ebenso die Zahl der Kirchen genau und zuverlässig an, der Bürgerhäuser aber gedenkt er nur mit einem kurzen Wort. Auch hier werden allein die beiden Stadtpaläste und die Halle von Or San Michele im einzelnen erwähnt, wozu später in der Chronik seines Neffen und in der schönsten Stadtbeschreibung des alten Florenz von Goro Dati noch die Loggia dei Lanzi kommen sollte. Es ist bezeichnend, daß Dati, wie alle seine Vorläufer, zuerst von der Mauer spricht, deren schöne Tore er betont. Dann werden die Brücken und die Wassermühlen erwähnt. Dann erst beginnt der eigentliche Rundgang mit dem Palazzo Vecchio, dessen »Schönheit« hervorgehoben wird. Der Weg führt über die Loggia dei Lanzi und Or San Michele zum Baptisterium, dem Dom und dem Campanile[652].

649. Tanfani, p. 19.
650. Ebd. p. 21.
651. Ebd.
652. Dati, p. 107 ff.

Mit den Brücken, den beiden Palästen, der Loggia und Or San Michele ist der Kreis der Gebäude umschrieben, die man, abgesehen von Mauer und Kirchen, an der Schwelle der mediceischen Zeit für die gesamte Stadt als bedeutsam ansah. Sogar der Bischofspalast wird weder hier noch in Siena oder Pisa besonders genannt. Er gehörte der Gattung nach zu den Feudalpalästen der Landgrafen und Barone, die, auf ihre Freiheiten und Sonderrechte bedacht, ihre Häuser lieber nach innen als nach außen orientierten, also auf den Hof, nicht auf die Straße. Man war bestrebt, sich von dem öffentlichen Leben wie in einer Burg abzuschließen (Abb. 40).

Im Gegensatz zum Palazzo Vecchio ist noch der Bargello ein solcher nach innen gerichteter Bau. Zu keinem Zeitpunkt bildete er ein städtebauliches Problem. Er fügt sich gleich den Privatpalästen organisch den bestehenden Straßenzügen ein. Er wirkt keineswegs als ein Monument der Staatsmacht. Man wollte um ihn herum keinen Platz schaffen. Nach außen blieb er festungsartig abgeschlossen und fast schmucklos. Türen und Fenster sind klein, letztere waren vor dem Brand von 1334 noch kleiner, die Mauern gewaltig und fast ungegliedert. Holzbalkone nahmen dem Ganzen den Monumentalcharakter völlig. Die wahre Fassade ist dem Innenhof zugekehrt. Der private Bereich ist kostbar gebildet, der öffentliche karg. Dennoch muß eine Episode aus seiner fast hundertjährigen Baugeschichte hervorgehoben werden[653].

Der große Saal im ersten Geschoß des Haupttraktes an der Via del Proconsole von 1254 war am 28. Februar 1332 niedergebrannt. Man hat sich sofort entschlossen, ihn erneut und erweitert wiederaufzubauen, diesmal aber der größeren Feuersicherheit wegen einzuwölben[654]. Diesen und ähnliche Saalbauten hat man als Typus von Kaiserpfalzen wie Goslar und Dankwarderode hergeleitet, was in seiner Weise richtig sein mag[655]. Bedeutsamer ist, daß der Stadt für eine solche Bauaufgabe keine irgendwie für den Profanbau spezialisierten Baumeister zur Verfügung standen. Man mußte Steinmetzen, die an kirchlichen Bauten geschult waren, den Auftrag erteilen. In Florenz und im 14. Jahrhundert suchte man sie nicht mehr unter den Conversen der Reformorden, sondern in den Kreisen der Dombauhütte. Für den großen Saal von 1332 kennen wir die Namen der Erbauer. Es sind Neri di Fioravanti und seit 1345 Benci di Cione. Ersterem kann man die Gewölbe und Pfeiler zuschreiben, letzterem das hohe Südfenster. Beide Künstler sind uns aus der Geschichte des Dombaus wohl bekannt, für beide war es ihr erster selbständiger Bauauftrag. Von Neri di Fioravanti hören wir zuletzt 1367. Benci di Cione war noch am Bau der Loggia dei Lanzi 1376 beteiligt.

---

653. Alle Einzelheiten bei W. Paatz, Zur Baugesch. d. Palazzo del Podestà (Bargello) in Florenz, Mitt. d. Kunsthist. Inst. in Florenz, III (1931), p. 287–321.

654. Villani, X, 182.

655. Patzak, I, 11–20; Paatz, Bargello, p. 290.

Alles, was sie für den Bargello vorschlagen, stammt nach Form und Technik aus der Domarchitektur. Es entstehen zwei gewaltige Kirchenjoche mit monumentalen Pfeilern und machtvollen Rippen (Abb. 41). Erstmalig tauchen hier jene überaus kraftvollen Gliederformen auf, die wenig später in der Loggia von Or San Michele, in der spanischen Kapelle im Klosterhof von Santa Maria Novella, im Langhaus des Domes und endlich in der Loggia dei Lanzi wiederkehren. Zwischen die Pfeiler, schmucklos und ohne jede tektonische Aufgabe, sind wie Segel oder Zeltbahnen die Wände gespannt. Nur jene Bauglieder sind künstlerisch gestaltet, für die es Exempla in der kirchlichen Baukunst gab. Die Fenster, die in die Mauer eingebrochen sind, haben keine Beziehung zum Raum. Es sind nur Lichtschächte. Dort, wo es die regelmäßige Gestaltung des Außenbaus vorschreibt, kommen sie im Innern an, ohne auf Joch und Geschoßeinteilung Bezug zu nehmen. In der Südwestecke überschneidet der Pilaster im Inneren das halbe Fenster, das von außen als ein Ganzes vorgetäuscht wird. Niemand würde von der Straße aus in diesem Gebäude so hohe und weite Räume vermuten. Schon hier beginnt jener Gegensatz zwischen der Fassadenarchitektur und dem Inneren sich auszuwirken, der die Kunst der Frührenaissance kennzeichnet, und den noch die französischen Theoretiker des 18. Jahrhunderts aller von Italien beeinflußten Baukunst vorwerfen [657]. Gerade vor diesen Fenstern wird man sich klar, wie wenig die Profanbaukunst zur Gestaltung eines solchen Saalraumes beitragen konnte. In ihren Traditionen fand man nichts, was hier zweckdienlich wäre. Patzak spricht von nordischen Pfalzen, Paatz von antikem Raumgefühl. Wie kommt es, daß man von dort kein Bauglied mehr oder es noch nicht entnehmen konnte?

Der Saal diente den Stadträten als Sitzungsraum. Früher hatte man in Kirchen getagt. An ihre Größe und Weihe war man seit langem gewöhnt. Die Forderung, die man an einen Sitzungssaal stellte, war aus dem Vergleich mit den kirchlichen Räumen erwachsen. Die Joche des großen Saales im Bargello gehören in die Geschichte der kirchlichen Baukunst und haben dort ihren genau bestimmbaren Platz [658]. Kirchenbaumeister haben sie geschaffen. Es gab keine vergleichbare Profanbaukunst. Es gab auch keine auf sie spezialisierte Meister. Der Palast des Stadtoberhauptes entstand zuletzt aus der Verknüpfung zweier Aufträge. Das Volk brauchte einen Sitzungssaal, der Podestà eine Wohnung. Ersterer entwickelte sich aus dem Kirchenbau, letztere aus dem privaten Bauwesen. Aus dem Gegensatz von der Herkunft der Formen und ihrer Aufgabe erwuchs ein reizvoller Doppelbezug. Es gibt nichts Regelmäßigeres als eine gotische Kathedrale. Die gleichzeitigen Paläste aber

657. So beschuldigt François Blondel, Cours d'Architecture, I, Paris 1772, 31, die italienische Architektur, weil in ihren Bauten »les dedans sont sacrifiés à la beauté des dehors.«

658. Vgl. Paatz, Bargello, Anm. 62.

sind seltsam unregelmäßig. Dem Schematismus seiner hohen Ordnung zuliebe opfert der Dom von Florenz seine Überschaubarkeit. Das einmal begonnene überreiche Programm der Gliederung wird durchgeführt, jede einmal begonnene Linie setzt sich bis zu ihrem Zielpunkt fort. Der Innenhof des Bargello hingegen entbehrt jedes Schemas. Man findet keine rechten Winkel im Grundriß, und jedes Stockwerk besitzt seine Unabhängigkeit von dem unter ihm liegenden. Im einzelnen geht die Rechnung nirgends auf. Die Pilaster des Obergeschosses richten sich nicht nach denen des Erdgeschosses. Aber das Ganze scheint wohlgegliedert und ist leicht überschaubar. Die Improvisation mit Formen, die aus anderen Zusammenhängen erwachsen sind, erweist sich auch hier als die entscheidende Begabung Italiens.

Die Festungsbaukunst hat zu einem Werk wie dem Bargello nur wenig beigetragen. Es gibt in der Toskana keinen Kommunalpalast, der ursprünglich einem Tyrannen als Burg gedient hätte. Das Kastell Friedrichs II. in Prato, Castruccios Zwingburg Augusta in Lucca gehören einem anderen Typus an. Ersteres war ein Stützpunkt des Kaisers in der Stadt seiner Vasallen, der Grafen Alberti, letztere eine kleine, regelmäßig gebaute und befestigte Stadt innerhalb der größeren. Sie nahm ein Fünftel ihrer Grundfläche ein. Villani (IX, 154) nennt sie ein »wunderbares Schloß, das man für eine große Neuerung und ein herrliches Werk hielt«. Vasari greift nach dem ersten Namen der Zeit, um den Baumeister der schon 1370 zerstörten Burg zu benennen. Er schreibt sie Giotto zu. Anderenorts bauten die siegreichen Städte in den besiegten ihre Festungen, die »cassari«. Solche Festungen hat Florenz in Pistoia, Arezzo, Volterra und San Gimignano im 14. Jahrhundert anlegen lassen. Die durch den Herzog von Athen in Volterra erbaute Fortezza von 1343 ist unter ihnen die bedeutsamste. Lorenzo il Magnifico hat ihr nach dem »Sacco di Volterra« eine noch machtvollere beigefügt. Siena besaß Cassari in Massa Marittima (1337), Grosseto (1345), Montepulciano (1495) und vielen anderen Plätzen. Der von Massa erhebt sich fast vollständig erhalten als das schönste Befestigungswerk der Toskana des Trecento zwischen der Bischofsstadt und der des Volkes. Vielerorts haben die Großherzöge später die Festungen zu modernen und schwer bestückten Stützpunkten ihrer Macht ausgebaut. Siena und Florenz selbst mußten diese Sinnbilder der Unfreiheit ertragen.

Die Versuche des Herzogs von Athen 1340 und später bis zu seinem Sturz 1343, den Palazzo Vecchio zu einer Burg umzubauen, erregten die Erbitterung der Bürgerschaft. Die Legende will, daß man damals zugleich mit dem Herzog auch den gefälligen Baumeister, Andrea Pisano, verjagt hat[659]. Burgen entsprachen anderen politischen Bedürfnissen. Sie mußten in den toska-

659. Diese Legende berichtet unter anderen Guasti, p. LI.

nischen Städten Fremdkörper bleiben. Bei Aufständen wurden sie mit einer unbeschreiblichen Begeisterung zerstört. Das ganze Volk beteiligte sich 1368 in Lucca an der Zerstörung des »Tyrannennestes« Augusta. Frauen und Kinder, Nonnen und Priester bewaffneten sich mit der Spitzhacke und zogen den Männern zu Hilfe[660]. Solchen Festungen gegenüber entwickelten sich die Kommunalpaläste folgerichtig aus dem, was der Stadt gemäß war. Es wurden mächtige Privathäuser, geschmückt durch Bau- und Zierglieder aus der kirchlichen Architektur. Erst im 14. Jahrhundert bildeten sich aus diesen Verbindungen neuartige oder neuartig verwendete Bauformen, die auf den höheren Bedeutungsgehalt der Regierungspaläste hinweisen.

Der Palazzo Pubblico in Siena.

Mit dem Bau der beiden größten toskanischen Kommunalpaläste, des Palazzo Pubblico in Siena und des Palazzo Vecchio in Florenz, entstanden darüber hinaus schwer lösbare städtebauliche Probleme. Der Unterschied in der jeweils gestellten Aufgabe war dabei grundsätzlich. In Siena baute man den Palast am Marktplatz, in Florenz in der Enge eines am dichtesten besiedelten Stadtviertels. In Siena mußte man lediglich den Platz auf seine veränderte Aufgabe hin monumentaler gestalten und zu dem zweiten Stadtmittelpunkt, dem Dom, in das rechte Verhältnis bringen. In Florenz hatte man ihn neu zu schaffen. Fast alle städtebaulichen Überlegungen im Trecento kreisen um dieses Problem (Abb. 43).

Über den Ort des zukünftigen Stadtpalastes war man in beiden Städten lange unschlüssig geblieben. In Siena hören wir schon 1194 davon, daß die Konsuln der Republik ein Haus am Fuße des Marktplatzes kaufen[661]. Hier wurde, nachdem eine große Mauer Erdaufschüttungen ermöglicht hatte, ein bescheidener Neubau errichtet, der 1250–1274 mehrmals erweitert oder verändert wurde. Man nannte ihn die Dogana (das Zollamt), doch wohnten dort weder die Konsuln noch der Podestà. Für die Beamten der Gemeinde mietete man Privathäuser. Die Stadtglocke blieb bis 1344 auf einem privaten Turm. 1284 zog der Podestà in die Dogana. Dort hatte man gleichzeitig für den »Consiglio della Campana« einen kleinen Saal eingerichtet, in dem am 20. Mai

660. Sercambi I, 188. Nachdem der Chronist geschildert hat, wie man über die Kirche San Romano bequem auf das Haupttor steigen könne, fährt er fort: Bis zum Abend blieb weder Mann noch Frau, weder die Großen noch die Kleinen, die nicht mit Hacken, Stangen und anderen Eisen auf die Mauer gestiegen wären, um schlimmstenfalls mit den Händen die Zinnen abzutragen. Da war weder Priester noch Mönch, der nicht etwas niedergerissen hätte, und das mit solchem Übermaß an Freude, daß viele vor Vergnügen weinten und andere verrückt und außer sich schienen. Die Begeisterung läßt sich nicht schildern. Es war ein Kommen und Gehen, und jeder zerstörte, was immer er konnte.

661. F. Donati, Il palazzo del Comune di Siena, Notizie storiche, in Boll. Senese di Storia Patria, II (1904), p. 311–345.

1284 die erste Sitzung stattfand. Drei Jahre vorher, am 3. Januar 1281, hatte dieser Rat zum erstenmal über den Palastbau gesprochen. Damals war man sich über die Stelle noch nicht einig[662]. Wir müßten nicht in Siena sein, wenn nicht auch diese Frage alsbald an einen Bürgerausschuß überwiesen worden wäre, der »gut und fleißig die Stelle zu finden und festzulegen habe, zugleich die Bauweise und die Gestalt, in der der Stadtpalast am besten und nützlichsten und für die geringsten Kosten erbaut werden könne«[663]. Sieben Jahre hat dieser Bürgerausschuß getagt. Am 12. Januar 1288 scheint die Entscheidung über den Bauplatz gefallen zu sein[664]. Neun weitere Jahre lang beschäftigte man sich mit dem Ankauf der nötigen Grundstücke und Vorarbeiten. Seit 1297 wird im Statut verfügt, jährlich 2000 Lire für den Palastbau aufzuwenden, und zwar »pro honore Communis Senensis pulcritudine civitatis«[655]. In der großen Bausitzung vom 10. Mai 1297 scheint der endgültige Bauplan festgelegt worden zu sein. Zwei Monate später befiehlt der große Rat den Neunen, einen Ausschuß von Bürgern für den Palastbau wählen zu lassen[666]. 1310 ist der erste Bauabschnitt vollendet. Seit 1325 arbeitet man an den neuen Gefängnissen und dem großen Ratssaal in der heutigen Via di Salicotti, der 1342 abgeschlossen war. 1338–1344 entsteht der Turm.

Über die Gründe, die den Stadtrat diesen tiefgelegenen Punkt am Marktplatz der Stadt wählen ließ, enthalten Quellen und Literatur nichts. Man darf vermuten, daß sie politischer Natur waren. Siena ist durch die Vereinigung dreier Ortschaften auf drei Hügeln entstanden. Zu allen Zeiten blieb man bedacht, keines der Stadtdrittel durch größere Rechte zu bevorzugen. Jede Behörde, jedes Amt, jeder Ausschuß wurde von Beamten geleitet, die gerecht aus Vertretern der drei Stadtteile zu gleichen Teilen ausgewählt waren. Die drei Hügel vereinigten sich in einem Tal. Dort haben die Sienesen ihren Marktplatz aus zwei älteren Plätzen gewonnen, die man vom Croce di Travaglio aus durch den Chiasso di San Pietro und den Chiasso di San Paolo betrat. Dieser neue Platz hatte schon vor der Erbauung des Stadtpalastes eine Bedeutung erlangt, die seine Verlegung an eine andere Stelle der Stadt nicht gut zuließ. Ein Vorschlag von 1282, ihn am Travaglio zu erbauen, fand keine Beachtung[666a]. Da es undenkbar war, den Palast mit seiner Rückseite auf Dom und Hauptstraße hin auszurichten, mußte man ihn an der tiefsten Stelle dieses Marktplatzes bauen. Die lange Zeit zwischen dem Bauentschluß und

662 Ebd., p. 322.

663. Ebd.: Qui bene et diligenter debeant invenire et ordinare locum et modum et formam quomodo et qualiter palatium pro comuni habeatur et fiat.

664. Ebd., p. 323.

665. Siena, Statut von 1309/10, Dist. I, Rubr. 83.

666. Die Sitzung fand am 2. Juli 1297 statt. Siena, Staatsarchiv, Cons. Generale, Bd. 54, c. 23 f.

666a. F. Donati, op. cit. 322.

Baubeginn erklärt sich aus der Notwendigkeit, durch gewaltige Substruktionen seinen Unterbau zu festigen und den Baugrund einzuebnen. Auch die erstaunliche Höhe, zu der man die »Torre del Mangia« später emporführte, hat in diesem Zusammenhang städtebauliche Bedeutung. Man mußte den Höhenunterschied des Geländes überwinden, um diesen zweiten bürgerlichen Mittelpunkt der Stadt mit dem ersten kirchlichen vergleichbar zu machen. In derselben Stadtratssitzung vom 10. Mai 1297, in der die Gelder für den Bau bewilligt wurden, verabschiedete man das berühmte Gesetz über die Fenster sämtlicher Palastfassaden, dessen oben gedacht wurde. Damals mußte schon die Zeichnung oder das Modell des Palastes vorgelegen haben. Es ist sogar anzunehmen, daß auch die Gesamtgestaltung des Platzes zeichnerisch festgehalten worden war. Die Frage entzieht sich der Nachprüfung. Wir wissen auch nicht, wer eine solche Zeichnung herzustellen in der Lage war. Der Dombaumeister Giovanni Pisano verließ gerade damals die Stadt. War es ein Maler aus der Schule Duccios gewesen, ein Goldschmied wie Lando di Pietro, oder ein Laie? Sicherlich wäre ein solcher Plan kunstgeschichtlich ein staunenswert neues Ding gewesen. Erst dreißig Jahre später malt Ambrogio Lorenzetti die erste Stadtansicht. Vielleicht sind die kleinen Täfelchen der Sieneser Pinakothek mit dem Hafen von Talamone und einem Kastell Reste einer Tafel, auf der die Werke der Commune im Landgebiet der Stadt dargestellt waren. Man weiß, daß Simone Martini 1326 auf Reisen geschickt wurde, um zwei Kastelle abzumalen, die später im Palazzo Pubblico in Fresko wiedergegeben werden sollten. Es ist dies die älteste Nachricht eines Landschaftsbildes nach der Natur, die uns aus der nachantiken Malerei bekannt ist. Die »vita cittadino« des Buon Governo von Ambrogio Lorenzetti verrät eine Kraft der Zusammenschau, die solche Vorstufen denkbar macht. Der Operarius – also der verantwortliche Bauleiter des Sieneser Palastes – war ein Maestro Giovanni, der als Miniaturmaler und Kalligraph vorgestellt wird. Möglich, daß er selbst den Vertragsentwurf mit der Feder auf das Pergament gezogen, auf dem die Kosten des Baus berechnet und die Maurermeister verpflichtet wurden. Man darf ihn sich ähnlich wie den ältesten Entwurf für einen Privatbau vorstellen, der sich in Siena erhalten hat. Er stammt von 1340 und bezieht sich auf die Fassade eines Palastes der Sansedoni[667]. Immer wieder heißt es in der Urkunde, deren Kopf er ziert und die die gegenseitigen Verpflichtungen des Bauherrn und der drei Maurermeister festlegt, daß man sich in allen Einzelheiten nach dem Plane zu richten habe, wie er oben gezeichnet sei – come e designato di sopra.

---

667. Das Dok. bei Milanesi I, Nr. 51, p. 232 ff. ist nicht mit dem Familienarchiv, in dem es sich befand, versteigert worden, sondern ging in den Besitz des neuen Eigentümers des Palastes über.

Wer auch immer der Meister des Palazzo Pubblico gewesen ist, erstaunlich war seine Kenntnis von dem Sinn und der repräsentativen Bedeutung eines Stadtpalastes. Hat die Stadt ihren Charakter auf den Palast übertragen oder hat erst der Palast für uns das festgelegt, was man seither als das Sienesische empfindet? In weiser Beschränkung haben die Stadtväter darauf verzichtet, wie viele der großen Adelshäuser der Stadt, der Bischof, die Tolomei und später die Piccolomini neben zahlreichen anderen, ihre Residenz aus dem kostbaren Travertin zu erbauen. Aus Ziegelsteinen, wie die Häuser des Volkes und die Stadtmauer, führte man auch den Palast und seinen Turm empor. Nur der prachtvolle Glockenstuhl nach dem Entwurf des Malers Lippo Memmi ist Travertin. Wie die Stadtmauer ist der Palast mit Zinnen geschmückt. Wie diese von den Hügeln getragen auf- und abwärts steigt, so ist auch die Linie, mit der der Stadtpalast sich von dem Himmel abzeichnet, frei und unverhofft kühn bewegt gezogen. Man möchte von einer gotischen Linie sprechen, von dem Duktus Simone Martinis, und dieser Vergleich trifft vor der Errichtung des zweiten Obergeschosses der Seitenflügel 1680/81 noch genauer. Grundsätzliches hatte freilich auch der Barock nicht ändern wollen. Stadt und Palast sehen sich ähnlich.

Der Sieneser Stadtpalast ist ein Meisterwerk der Gotik. Wer die bildfreudige, heitere Zierkunst gotischer Profanarchitektur in Italien kennenlernen will, wird sich diesen Palast einprägen müssen. Aber die Sienesen vermeinten mit ihm mit den Palästen der alten Römer in Wettbewerb zu treten. Von ihrer römischen Herkunft leiteten sie ihren Anspruch auf Freiheit und Unabhängigkeit ab. Die Regierung der Neune scheint sich solche Gedankengänge im besonderen Maße zu eigen gemacht zu haben. Erst jetzt finden wir als Stadtsymbol die Wölfin mit Romulus und Remus erwähnt, das man in Siena für »uralt« hält. Höher konnte man nicht greifen. Der Vorgang entspricht dem Entschluß der Florentiner von 1274, mit dem Bild des Herkules im Stadtsiegel das Bild des Täufers zu ersetzen[668]. Die Wölfin blieb auch später noch das Zeichen der Regierung und stand als solches im Gegensatz zu dem Löwen, dem älteren Symbol der Macht durch das Volk. Die erste Wölfin Sienas stammt von Giovanni Pisano und war vor dem Dom auf eine Säule erhöht [668a]. Sie ist also vor 1297 entstanden. Bald darauf mögen jene vier Wappentiere geschaffen worden sein, die als Wasserspeier von den vier

668. Es ist mir nicht gelungen auszumachen, wann in Siena die Lupa als Wappen eingeführt worden ist. Nachfragen bei Sieneser Lokalforschern blieben ergebnislos. In Biccherna XII (1251) findet sich eine Zahlung an einen Bürger, der einen Wolf für die Gemeinde eingefangen hatte. Ob man diese Notiz für eine ältere Entstehung des Wappens deuten kann, bleibt dahingestellt. Über das Herkulessiegel in Florenz vgl. Davidsohn, Gesch. v. Florenz, II, ii, 125, Anm. 2, und auf ihm fußend Paatz, Trecentoarchitektur, p. 181, Anm. 428.

668a. Über die Wölfin Giovanni Pisanos vgl. den Katalog der Domopera von 1948 (Enzo Carli).

Kanten des Palastes herabsehen. 1359 wird die Wölfin vor dem Palast in Auftrag gegeben mit der kuriosen Begründung, daß sie den Fremden anzeigen solle, wo die Regierung ihren Amtssitz habe[669]. Verstärkt werden sollte der Eindruck römischer Würde durch die Bilder aus der römischen Geschichte, die Ambrogio Lorenzetti auf die Außenwand des Palastes gemalt haben soll[670]. Wir wissen nicht mehr, welche Episoden sie festgehalten haben, doch werden durch sie ähnliche Erinnerungen erweckt worden sein, wie sie die Gestalt des Marcus Attilius Regulus hervorrief, die der Simone Martini 1330 im Amtsraum der Neune schuf [671]. Ein Mahnbild von römischer »virtus«, die Opferung des einzelnen für das Wohl des Gemeinwesens, wurde mit ihr den Stadtvätern vor Augen geführt. Auch Ambrogio Lorenzetti läßt es in seinem »Guten und schlechten Regiment« an Hinweisen auf die römische Vergangenheit nicht fehlen. Im Rahmen der Darstellung der Tyrannis sind mehrere Rundfelder mit Köpfen römischer Herrscher angebracht, die, alle weitgehend zerstört, nur noch durch die Unterschrift unter einem von ihnen ihren Sinn erkennen lassen. Es ist Nero, der Prototypus des bösen Kaisers im Mittelalter. Klassische Vorbilder haben die Gestaltung der berühmten »Pax« und auch der »Securitas« bedingt, in denen Ambrogio seine staunenswerte Freiheit gegenüber den Bildschemata der eigenen Zeit beweist. Von dem Standbild der Venus am Stadtbrunnen vor dem Palast und seiner Kopie durch Ambrogio Lorenzetti wurde schon gesprochen. Die Hinweise auf Rom wurden durch das Abbild der ewigen Stadt selbst am Eingang zur Sala di Mappamondo von Taddeo di Bartolo abgeschlossen. Die Darstellung gehört zu den bedeutendsten Aufnahmen Roms, die uns aus dem Mittelalter erhalten sind[672]. Die Stadtansicht wird eingefaßt von den Gestalten Jupiters, Apollos, Minervas und des Mars, die hier nicht als Götter, sondern als Sterne aufgefaßt sind, durch die die Geschicke der Städte gelenkt werden. Auch die Mappamondo, nach der der Saal genannt wurde, und die man drehen konnte, war ein Sternbild und keine Landkarte, als welche sie seit dem späten 18. Jahrhundert

669. Milanesi, Doc. I, 217.

670. Die Notiz aus der Chronik des Agnolo di Tura gibt u. a. Van Marle, II, 378 mit der Einschränkung, daß es sich dabei vielleicht um eine Verwechslung mit dem Guten und Schlechten Regiment im Inneren des Palastes gehandelt habe. Das sei dahingestellt. Es wäre freilich für die hier vorgetragene Ansicht in hohem Maße bedeutungsvoll, wenn ein Zeitgenosse diese Schilderungen aus dem Leben der Stadt zugleich als Schilderungen von Szenen aus der römischen Geschichte hätte auffassen können. Wahrscheinlicher hat Agnolo di Tura recht berichtet. An der Ostseite des Palastes in der Via di Salicotto haben sich Reste eines breiten Streifens Verputz über dem sonst rein gefügten Ziegelsteinwerk erhalten, die nicht gut einen anderen Zweck als den, Frescomalerei zu tragen, gehabt haben können. Spätere Nachrichten über eine Bemalung dieser Stelle mit Verbrecherbildnissen brauchen dem nicht zu widersprechen.

671. Ebd., p. 218.

672. C. Scaccià Scarafoni, Le Piante di Roma, Roma 1939, p. 66, Nr. 111.

beschrieben wird[673]. Caesar, Pompeius, Cicero, Cato, die beiden Scipionen und andere Figuren aus der römischen Geschichte schließen sich dem Rombild an. Gotik neben Antike, man glaubt sich in Faustens Schloß in Griechenland versetzt. Und bei all dem hatte man nicht nur den Symbolsinn, sondern zugleich auch die Wirkkraft des Schönen auf die Herzen des Volkes im Auge. Schon eine Eingabe von 1316 zur Erhaltung der Rathausfresken, die durch Feuer geschwärzt zu werden drohten, spricht den Gedanken aus: »Es sei den Augen erfreulich, den Herzen eine Wonne und allen menschlichen Sinnen angenehm, dazu eine große Ehre für die einzelnen Städte, wenn ihre Leiter und Vorsteher gut, schön und in würdigen Räumen wohnen«[674].

Der Palazzo Vecchio.

In Florenz hat man weder beim Bau des Bargello noch bei dem des Palazzo Vecchio daran gedacht, am Mercato Vecchio, dem ehrwürdigen römischen Forum, nach einem Bauplatz zu suchen. Das ist um so erstaunlicher, als man ihn und nicht den Domplatz als den geographischen Mittelpunkt der Stadt empfand. Villani rechnet die Hauptstraßen bei einer Stadtvermessung von 1324 vom Marktplatz aus[675]. Seine Erwägungen beziehen sich auf das Jahr 1284, in dem man den Verlauf der dritten Stadtmauer festgelegt hat. Damals wurde – wie oben schon erwähnt – auch der Dom- nud Palastbau beschlossen. Eine Kommission wird eingesetzt, die geheim den Platz für den Neubau bestimmen sollte[676]. Wenn man dennoch weder damals noch 1298 ernsthaft daran gedacht hat, den Palast an den Marktplatz zu verlegen, so kann das rein technische Gründe haben. Die lange Verzögerung des Baubeginns hatte nachweislich politische Gründe. Freilich ist schwer einzusehen, daß die Stadtverwaltung am Marktplatz beim Erwerb von Baugelände größere Schwierigkeiten gehabt hätte als auf der späteren Piazza della Signoria. Näher liegt der Gedanke, daß man ursprünglich einen größeren Vorplatz für den Stadtpalast noch nicht als notwendig erachtete. Erst sollte er nur die Wohnung der Prioren werden, dann Versammlungsraum des Stadtrates, zuletzt Sinnbild der Staatsmacht. Erst für diese letzte Aufgabe wurde der monumentale Platz als Versammlungsraum notwendig – und bis hin zu dem Großherzog

673. Bargagli-Petrucci, Bull. Senese di Storia Patria 1911, hat darauf hingewiesen, daß man sich diese Mappamondo Ambrogios ähnlich wird vorzustellen haben, wie das bekannte Himmelsbild des Piero di Puccio im Camposanto von Pisa.

674. Milanesi, Doc. I, p. 180 f., Nr. 30: nunc autem oculo est delectabilis, cordi letabilis et singulis sensibus humanis amabilis, et magnus honor etiam comunibus singulis, ut eorum rectores et presides bene, pulcre et honorifice habitent. Ich werde auf diese Stelle durch ein Zitat in der reizvollen Studie von Hélène Wieruszowski, Art and the commune in the time of Dante, in Speculum XIX (1944), p. 31, aufmerksam gemacht.

675. Villani, IX, 257.

676. Consulte I, 195.

Cosimo I. blieb er ein Sorgenkind der Stadtverwaltung. Seine Grundform entzog sich der regelmäßigen Gestaltung (Abb. 42).

Der Stadtratsbeschluß über den Bau des Palazzo Vecchio vom 30. Dezember 1298, also 18 Monate, nachdem man in Siena über den gleichen Gegenstand verhandelt hatte, spiegelt in einigen wenigen Bemerkungen die Bedeutung, die die Bürger dem Palast zumaßen. »Von mehreren klugen und ehrbaren Bürgern wurde leidenschaftlich und mit eindringlicher Beredsamkeit für die Ehre und den Nutzen der Stadt gesprochen«[677]. Im Rat der Hundert hatte schon 1294 der große Volksführer Giano della Bella sich für das Projekt eingesetzt. Mit 56 gegen 31 Stimmen war damals der Bau von dieser Körperschaft bewilligt worden. Im Rat des Volkskapitäns, den Giano fast ganz beherrschte, sprachen sich 57 von 59 Stadträten für ihn aus. Das Jahr des endgültigen Baubeschlusses, 1298, wird von Macchiavell als ein Beispiel für ein wahrhaft glückliches Jahr in der Florentiner Geschichte hervorgehoben[678]. Am 24. Februar 1299 konnte der Grundstein gelegt werden. Die allerorts wiederholte Angabe, nach der schon 1301 große Teile des Palastes vollendet waren, so daß die Prioren in ihn übersiedeln konnten, beruht auf einer ungenauen Durchsicht der Dokumente. Schon unmittelbar nach Baubeginn, im März 1299, haben sich die Prioren in den Häusern und Palästen eingerichtet, die für den Neubau zum Abbruch angekauft worden waren[679]. Zu ihnen gehörte unter anderen der ansehnliche Palast der Foraboschi, dessen Kaufpreis 1310 noch nicht bezahlt war. In dem Maße, in dem der Neubau emporwuchs, wechselte man in ihn über. Gleichzeitig wurden Stück für Stück die alten Gebäude abgerissen. Wieviel von ihrem Mauerwerk wiederverwendet werden konnte, entzieht sich unserer Kenntnis. Das Mittelalter verstand es meisterlich, verschiedene Bauteile zur Einheit zu verbinden. 1308 scheint das Werk soweit gediehen zu sein, daß man an den Bau des Turmes denken konnte[680]. Am 10. Oktober 1313 tagte zum erstenmal der große Rat in den Räumen des neuen Palastes. Am 26. März 1314 konnten gleichzeitig beide Räte in ihnen getrennt voneinander ihre Sitzungen abhalten[681]. Erst jetzt

677. Frey, Loggia, p. 183: Et auditis et intellectis orationibus super infrascriptis, per quam plures sapientes et bonos populares civitatis Florentie affectuose et cum multa suasionis instantia factis pro honore et evidenti utilitate populi etc. Das Dokument (Florenz, Staatsarchiv, Provv. IX, c. 120) wurde schon durch Gaye, I, 440 und später oft abgedruckt. Weitere Sitzungen über den Bau vom 2. Januar 1299 führten zum gleichen Ergebnis (Florenz, Staatsarchiv, Provv. IX, c. 126 v und 239 f.). Das Ergebnis selbst verzeichnen Villani, VII, 26; Stefani Rubr. 211 und Simone della Tosa ad a. 1298.

678. Storie fiorentine, lib. 2.

679. Isidoro del Lungo im Apendix III seiner Ausgabe der Chronik des Dino Compagni, p. 277 ff., hat als erster auf diese Zusammenhänge aufmerksam gemacht.

680. Am 26. Oktober 1308 werden Beamte eingesetzt: pro murando et super murando turrim Palatii Populi in quo priores Artium et Vexillifer Justitie pro Communi morantur. Florenz, Staatsarchiv, Provv. XIV, c. 27 v.

681. Florenz, Staatsarchiv, Provv. XIV, c. 135 und 138.

darf man das Werk als im wesentlichen vollendet ansehen. Am Turm und vielleicht auch an dem mächtigen Kranzgesims wird man auch später noch gearbeitet haben. Doch hat man hier im Gegensatz zum Dom die Bauarbeiten niemals unterbrochen[682]. Das große Stadthaus ist also in seinen wesentlichen Teilen 1299–1314 erbaut worden.

Einen kleinen Platz unmittelbar um das Gebäude hat man sofort angelegt. Er wurde 1306 gepflastert. Am 15. Dezember dieses Jahres fand dort zum erstenmal ein öffentliches Parlament statt[683]. Das ganze Jahrhundert hindurch blieb man bestrebt, den Platz zu vergrößern. In einer Eingabe von 1319 wird betont, daß die Vergrößerung der Piazza della Signoria durch den Abbruch weiterer Häuser der Schönheit und Festigkeit des Palastes diene[684]. Man gewann so den nötigen Abstand zu einer freien Verteidigung und zur offenen Sicht. Den Abschluß bildete der Bau der Loggia dei Lanzi, eines der sehr seltenen Werke des italienischen Mittelalters, das allein und ausschließlich der staatlichen Repräsentation dienen sollte.

Die Vergrößerung der Piazza bis zu ihrer heutigen Gestalt lag nicht in der ursprünglichen Absicht des Baumeisters, der den Entwurf für den Palazzo Vecchio gezeichnet hat. Im Gegensatz zu Siena ist der Palast zuerst und der Platz nachträglich um ihn herum gebaut worden. Daher ist der Palast einerseits für einen näheren Blickpunkt entworfen, andererseits für die Fernsicht über die Dächer der umstehenden Häuser hinweg, die er überragt. Daß solche Rücksichten dem Zeitalter nicht ganz fern lagen, beweisen neben den obenerwähnten Bestrebungen zur Freilegung von kirchlichen Gebäuden ihrer besseren Sichtbarmachung wegen Bemerkungen Villanis, in denen die unregelmäßige Gestaltung des Grundrisses getadelt wird – fu grande difetto però di non farlo quadro (VIII, 26). Der Chronist schreibt diesen Mangel dem Bestreben der Gemeinde zu, die Grundstücke der zerstörten Häuser der Söhne und Enkel des Farinata degli Uberti nicht zu überbauen. Man wollte nach Villani nicht, daß etwas von dem Geist des stolzen Ghibellinen im Palast der Republik weiterlebe. Diese Absichten konnten jedoch nur den Ort des Palastes, nicht seine Grundform beeinflussen, deren Unregelmäßigkeit durch die Straßenzüge bedingt wird. Auch wurde der Mangel im Grundriß erst sichtbar, nachdem die größere Piazza um den Palast herum angelegt worden war. Dem Baumeister, der mit viel engeren Räumen gerechnet hatte, mußte er unwesentlich erscheinen. Nachträglich hat Villani ihn mit politischen

---

682. Davidsohn, Gesch. v. Flor., IV, 3, 241, Anm. 2 nimmt an, daß die „sinnlosen Ghibellinenzinnen“ spätere Zutaten seien. Dem widersprechen die älteren Abbildungen (vgl. unsere Abb. 8).

683. Frey, Loggia, p. 195.

684. Pro decore et fortificatione Palatii populi florentini. Florenz, Staatsarchiv, Provv. vom 19. Juli 1319, c. 77.

Rücksichten zu begründen gesucht. Die Lage des Turmes, der nicht in der Mitte der Gebäudefront steht, erklärt sich aus dem Bauverfahren der Zeit, das abschnittweise vom Alten zum Neuen übergehend den Turm der Foraboschi wiederbenutzt hat. Er dient in einer Höhe von 50 Ellen dem Stadtturm als Sockel. Vielleicht glaubte man auch, daß in diesem Turm ein gutes Omen nachlebe, wie in den Häusern Farinatas, die längst geschleift waren, ein schlechtes. Möglich, daß mit diesem Turm die Erinnerung an den »Guardingo« verbunden war, den alten germanischen Wachtturm, der eben dort oder nicht weit davon gestanden haben muß. Er bildete das älteste weltliche Sinnbild des Staates. Man hatte seiner noch nicht vergessen. »Intorno al guardingo«, wo die Häupter der Ghibellinen saßen, klagte man über den Sieg der Guelfen, schreibt Dante (Inf. 23, 108). Einen Wachtturm sollte auch der Palast erhalten. Ein neues Wahrzeichen des Staates sollte das kirchliche ergänzen.

»Per non dare più rincrescimento alle chiese«, schreibt ein Sieneser Chronist des frühen Trecento, sei der dortige Stadtpalast erbaut worden[685]. Wie bisher die Dome als Spiegel und als Abbild ihrer Städte verstanden wurden, so gilt das gleiche nunmehr auch von den Palästen. Diese Bemerkung deutet viele Einzelheiten ihrer Gestaltung, durch die sie sich von den älteren und zunächst ähnlich erscheinenden Bauten in Volterra oder in Poppi unterscheiden. Im Palazzo Vecchio begegnen wir einem Ernst und Pathos im Vortrag, wie er bisher unbekannt war. Der Palast ist ein kleines Florenz. Seine Gestalt weist uns darauf hin. Steil und hoch über die Dächer der Häuser, die ihn ursprünglich eng umschlossen, hebt er das Kranzgesims empor, das ihn bekrönt und zugleich die Stadtmauer abbildet. Es umfaßt das ganze Gebäude gleichmäßig auf allen Seiten und bezieht auch den Turm und den Hof ein. Wie die Stadtmauer ist es mit Torbogen und hohen Zinnen geschmückt. Nicht von der Tiefe der Palastfront aus, wie es statisch notwendig scheint, sondern kühn aus dieser vorragenden Mauer heraus erhebt sich der hohe Turm einer kleinen Festung vergleichbar. Das Zeitalter selbst hat diesen Turm eine Burg – una rocca – genannt[686]. Wie die Türme der Stadtbefestigung ist er fensterlos und ungegliedert (Abb. 48).

Den Abschluß bildet eine weitere zweite Mauer. Auf ihr stehen vier gewaltige Säulen, die die Stadtglocke tragen. Der Sienese Lando di Pietro hat sie 1322 durch die geniale Erfindung seines Läutwerks zum Erklingen gebracht. Die Florentiner priesen ihre Glocke als die größte der Welt[687]. Mit einem

---

685. Die Stelle bei einem anonymen Autor des frühen 14. Jahrhunderts bei Muratori, N. E., XV, vi, 78.

686. Dati, p. 108, sagt von dem Palazzo Vecchio: Il quale è tutto di pietra di maravigliosa fortezza, e bellezza, e sopra il ballatoio di beccatelli e merli è una rocca alta sopra il Palazzo altre braccia sessanta, nel della quale è un bel ballatoio soprà beccatelli...

687. Ebd.: La campagna grossa, che presa ventiquattro migliaie di libra, che non ha pari al mondo...

Honorar von 300 Goldstücken, dem dreifachen Jahresgehalt Giottos als Stadtbaumeister, hat man den Sienesen belohnt[688]. Die Säulen auf der Spitze des Turmes sind Sinnbilder des kommunalen Stolzes und Ausdruck der Macht und der Freiheit. Als solche wurden sie auch andernorts verstanden, wieviel mehr noch auf einem Turm. Aus der Beute des Balearensieges der Pisaner erbaten sich die Florentiner für ihre Hilfe von allen Schätzen lediglich die beiden Porphyrsäulen, die noch heute links und rechts der Paradiesestüre des Baptisteriums stehen. Ob der Bericht Villanis und Malespinis der Wahrheit entspricht oder Legende ist, bleibt für unseren Blickpunkt Nebensache. Die Säule war zu allen Zeiten Ausdruck der Macht. Als die Sienesen 1268 den Palast der Tolomei schleiften, raubten sie als kostbarste Beute 13 Marmorsäulen[689]. Die stolzen Barone antworteten der Stadt mit dem glücklichen Einfall, die Säulen der Biforien ihres neuen Palastes als Träger von Löwen dem Mauerwerk vorzublenden. Im Hochgefühl der eigenen Stärke wollten die Florentiner den Fremden aus der Ferne die vier mächtigen Säulen als Träger des Sinnbilds ihrer Einigkeit, der Stadtglocke, zeigen. Möglich, daß die Säulen von dem Turm Kaiser Friedrichs II. in San Miniato al Tedesco das Vorbild waren. Der Turm ist zerstört, und die Ähnlichkeit der beiden Bauwerke war niemals sehr groß. Auch dort wurden die Säulen auf der Turmspitze als Machtgebärde verstanden. Der ganze Stolz der aufblühenden Stadt spiegelt sich in den Säulen ihres Turmes. Über ihnen wünschte man sich als ein letztes Sinnzeichen auf der äußersten Spitze den vergoldeten Löwen mit der blühenden Lilie in der Pranke[690].

Zinnenkranz und Säulen auf dem Turm des Palazzo Vecchio sind also Sinnbilder. Der große Griff gelang im Dienst einer großen Idee. Der Palast vertritt die Stadt. Auch den Palazzo Pubblico von Siena haben wir in seiner Form der Stadt verglichen. Wie die Stadtmauer ist er aus Ziegeln erbaut. Wie das Stadtbild gibt er sich schmal und schlank und in seinen Profilen kühn gezeichnet. Der Palazzo Vecchio und Florenz sind aus den gleichen braunen Quadern erbaut. Wie die ganze Stadtanlage ist er breit, schwer, regelmäßig gebildet, und seine Formen sind streng und feierlich.

Den anderen Städten der Toskana ist die Verwirklichung einer solchen engen Beziehung von Palast und Stadt nicht gelungen. Deshalb sind alle diese Bauten auch künstlerisch schwächer. In Pisa und Lucca gibt es und gab es auch nichts Vergleichbares. Pistoia hat seine beiden Stadtpaläste, den Palazzo del Commune, der 1294 begonnen wurde, alsbald aber liegen blieb

688. Villani, IX, 158.

689. Bei Muratori, N.E., XV, vi, 42. Vgl. über die Säule H.G. Evers, Tod, Macht u. Raum als Bereiche der Architektur, 1939.

690. Stadtratsbeschluß von 1396: Providerunt quod lilius qui fieri debet pro ponendo in mano leonis morandis sub turri palatii dominorum priorum sit floritus. Zitiert nach Lensi, Pal. Vecchio (1929), p. 114, Anm. 35.

und erst 1336 vollendet werden konnte, und den Palazzo del Podestà von 1367 zu einer Zeit begonnen, als seine Unabhängigkeit schon nicht mehr gesichert schien. Der Grundstein des älteren Baus ist von dem Florentiner Podestà Giano della Bella gelegt worden, dem gleichen, der auch für den Palazzo Vecchio sich einsetzen sollte. Beide Paläste liegen am Kirch- oder Marktplatz. Beide haben keine Türme und tragen keine Glocken. Der ganze Reichtum ihrer Gestaltung entfaltet sich erst im Innern. Berühmt sind die Höfe. Diese Paläste konnten nicht zu Sinnbildern und Wahrzeichen ihrer Stadt werden.

Sucht man in den anderen Landschaften Italiens nach Palästen, die dem Florentiner und dem Sieneser verwandt oder doch ebenbürtig sind, so findet man nur ein einziges Beispiel: den Dogenpalast in Venedig. Er trägt zwar weder Turm noch Säulen. Diese stehen vor und neben ihm. Türme haben in Venedig nur die Kirchen. Der Zinnenkranz ist zu einem dekorativen Motiv geworden: eine reine Ornamentform. Aber Venedig besaß auch keine Stadtmauer. Es steht offen am Meer, und das Meer ist ihm Schutz und Grenze. Ein Abbild der Stadt kann man den Dogenpalast doch nennen, »halb ein Wellenschloß, schimmernd und zaubervoll, und halb eine Staatsburg, unheimlich und böse« (Kretschmayr). In jahrhundertelanger Arbeit und Mühe hatten die Bürger ihre Häuser durch Pfahlroste gegen die Lagune geschützt. Die ganze Stadt ist auf Rosten erbaut worden, die in den Schlamm gerammt wurden. Wie auf solchen Pfählen wächst der Palast über den Stützen auf, die ohne Sockel und Basen dem Grund entsteigen. Sie tragen über zartem, kunstreich verschlungenem Maßwerk den mächtigen Bau. Was lange notwendig war, wird hier schön. Burckhardt fand diese Pfeiler unproportioniert kurz. Nachgrabungen haben ergeben, daß sie niemals länger waren. Der Grund wurde nicht erhöht. Gerade durch seine kurzen Stützen wird der Palast der Stadt ähnlich. In seinem Oberbau wirkt er schwerer als irgendein anderer Venedigs. Um so zierlicher ist das Spitzengewebe, das ihn trägt. Mühevoll erscheint das Ganze dem Meer entrungen, ein Denkmal der kühnen Kunst, mit der die Venezianer ihre Stadt zwischen die Lagunen gesetzt haben.

Loggia dei Lanzi.

Kehren wir in die Toskana zurück. 1281 wollte man in Siena den Palast »nützlich und für die geringstmögliche Ausgabe erbauen«[691]. 1297 soll er der »Ehre und Schönheit der Stadt« dienen[692]. 1298 wird in Florenz mit Leidenschaft für das Wohl und den Nutzen der Stadt über den Palastbau gesprochen. Der Notar notiert, daß man »affectuose et cum multa suasionis

691. Donati, op. cit., p. 322.
692. Ebd., p. 324.

instantia« gesprochen habe[693]. War es der damals schon verbannte Giano della Bella oder war es Dante, an den er dabei gedacht hat? Das Dokument gibt darüber keine Auskunft. Dante hatte sich oft und gern zum Wort gemeldet, und seine Beredsamkeit wird noch von Villani gerühmt. Verglichen mit allen anderen Bauaufgaben förderte man in beiden Städten das Werk mit staunenswerter Schnelligkeit. In Siena bleibt man weiterhin auf seine kostbare Ausgestaltung im Inneren bedacht. In Florenz erweitert man stetig Palast und Piazza. 1323 beschließt der Stadtrat, eine Rednertribüne vor dem Palast zu erbauen. Man fordert »unam pulcram nobilem et decentem arengheriam«[694]. Arengo oder aringus nannte man in der Lombardei eine Halle, in der sich das Volk versammelte, um gegen die Feudalherren zu sprechen. Der »Arengario« von Monza aus der Mitte des 13. Jahrhunderts ist bekannt. Die »Ringhiera« von Florenz wurde durch vier Löwen geschmückt, das Wappentier der Volksbewegung, das man nach seinem ersten Standort am Fuß der Marssäule Marzocco nannte, und dessen Vergoldung Matteo Villani als »vanagloria« tadelt[695]. Das staatliche Leben drängte mehr und mehr an die Öffentlichkeit. Doch als man 1356 diesem allgemeinen Bestreben in »einer schönen und ansehnlichen Loggia«[696] Ausdruck zu verleihen suchte, wehrte sich die Bürgerschaft. Matteo Villani tadelt die Prioren, weil sie übereilt »den edlen Palast und den Wachtturm der Münze« abgerissen hätten. Eine Loggia gezieme einem Tyrannen, nicht dem freien Volk[697].

Wir wissen nicht, ob es diese Bedenken aus weiten Kreisen der Bürgerschaft waren, die den Bau der Loggia um 20 Jahre verzögert haben. Stefani, und wohl von ihm bestimmt, Ammirato begründen nunmehr das Unternehmen mit der Tatsache, daß am 1. Januar 1374 der feierliche Amtsantritt der Prioren infolge Regenwetters nicht auf der Ringhiera vor dem Palast hätte stattfinden können[698]. Doch war das bestenfalls der Anlaß, nicht der Grund. In bescheidenerem Ausmaße kommen Stadtloggien auch andernorts vor. San Gimignano ist ein frühes Beispiel. Es bestand schon 1338 und war mit Statuen Mariens und des Stadtheiligen geschmückt. In Bologna und später in Siena fand die Loggia dei Lanzi in den Loggien der Kaufleute Nachfolger, wobei ihnen allerdings die Aufgabe, die in Florenz Or San Michele zu erfüllen hatte, zugeordnet wurde. Wir haben oben den Bau der Loggia mit der Vernachlässigung der Domfassade in Zusammenhang gebracht. Ein Zeitgenosse notiert, daß die Loggia zur Ehre und zum Ansehen der Gemeinde

---

693. Siehe oben Anm. 677.

694. Florenz, Staatsarchiv, Provv. XX, c. 2 v. vom 27. Mai 1323.

695. M. Villani, III, 73.

696. Unam pulcram et honorabilem logiam. Dok. vom 21. November 1356 (Florenz, Staatsarchiv, Provv. XVL, c. 1) bei Gaye, I, 509 f. und bei Frey, p. 213.

697. M. Villani, VII, 41.

698. Stefani, Rubr. 741; Ammirato ad a. 1374.

erbaut worden sei[699]. Vom Standpunkt der Geschichte der Bauformen gehört sie ebenso wie der große Saal des Bargello, in die Geschichte der kirchlichen Architektur. Der Rundbogen, der hier den Spitzbogen ersetzt, mag in diesem Zusammenhang das Profane vertreten. Er ist als solcher weder ein Nachfahre romanischer Baugesinnung noch Vorläufer der künstlerischen Zielsetzungen der Renaissance. In seiner ruhigen, gelassenen Größe wird er zum Ausdruck von Macht und Würde. Diese Rundbogen werden außen durch schwere und altertümliche Dienste betont und unterstrichen, während jene, die die Gewölbe im Inneren tragen, zarter gebildet sind und die Einwirkung der fortschrittlicheren Bauformen der späten Gotik verraten. Auch die Pfeiler sind innen und außen nicht gleich gebildet. Der Festraum des Inneren erforderte andere Bauglieder, als sie für den Außenbau notwendig schienen, wo aus sich überschneidenden Vorstellungen eine Symbolform einmaliger Art und von großem Bedeutungsgehalt entstanden ist (Abb. 44).

Matteo Villani bezeichnet die Loggia als der Tyrannis angemessen. In Florenz rühmten sich ihrer allein die adeligen Familien. Man zählte über sechzig im Quattrocento. Mittelalterliche Tyrannen vom Schlage eines Ezzelino hätten sie als für ihre persönliche Sicherheit unzureichend verachtet. Alberti empfiehlt in seinem Lehrbuch der Architektur, Loggien an Kreuzungspunkten von Straßen zu erbauen. »Abgesehen davon, daß sie der Stadt zur Zierde gereichen, gewähren sie außerordentlichen Nutzen, Schutz vor der Hitze und den Sonnenstrahlen. Es ist ein Ort, wo bejahrte Männer sitzend oder im Gespräch auf und ab gehend den Tag hinbringen können. Die Anwesenheit der Älteren würde zugleich die ausgelassene Jugend zügeln und sie vor losen Streichen zurückhalten«[700]. Es sind also ästhetische, praktische und pädagogische Gründe, die er für den Bau von Loggien anführt. Als Pius II. 1462 die berühmte Loggia der Piccolomini in Siena stiftete, wollte er sich und seiner Familie damit zugleich ein dem Zeitalter verständliches Denk- und Ehrenmal setzen. Wie die Loggia di Pio II. in Siena und die Loggia dei Lanzi lagen die Adelsloggien in der Regel zu ebener Erde, vom zugehörigen Palast durch eine Straße getrennt und meist einem offenen Platz zugewandt. Die Loggia der Rucellai ist dafür ein spätes Beispiel aus Florenz, die Loggia der Guinigi aus Lucca. Die Stellung schräg gegenüber dem Palast hat die Loggia dei Lanzi von diesen Ehrenhallen des Adels übernommen. Hochzeiten und festliche Bankette konnten in ihnen stattfinden. Sie gaben den großen Familien die Möglichkeit, einen Teil ihres privaten Lebens der Öffentlichkeit zu zeigen. Albertis klassizistischer Gesinnung war diese Durchdringung privater und öffentlicher Lebenskreise nicht mehr bedeutsam er-

699. A onore e stato del Comune di Firenze, Diario Anonimo fiorentino, in A. Gherardi, Cronache dei Secoli XIII e XIV, Bd. VI, 303.

700. Alberti, Lib. 8, cap. 6.

schienen. Ästhetische Forderungen und Erziehungsideale sind für ihn bestimmend. Villani witterte Tyrannis. Gedanken an ältere, vielleicht langobardische Gerichtshallen und die Arkaden am Forum Romanum, unter denen man sich die Caesaren sitzend und ihre Urteile verkündend vorzustellen liebte, können mitgespielt haben. Das Gegensatzpaar »freie Gemeinde« und »Tyrannis« erzeugte verworrene Begriffe. Auch ein Ressentiment des Popularen gegen die Nobili mag Villani gegen die Loggia eingenommen haben. Man muß den besonderen Tonfall seiner Worte prüfen: »Die Prioren, die nicht viel zu tun hatten, haben, als sie die große Loggia bauen wollten, nicht an das Wohl des Volkes gedacht«, beginnt der Abschnitt[701]. Ein rebellischer Konservativismus klingt an. Die Staatsmacht der Republik hob sich bisher allein von dem Hintergrund ihrer religiösen Bezogenheit als sinnvoll ab. Jetzt sucht man nach Formen, durch die die besondere Würde des Staates kenntlich wird. Analog dem Geschehen im Leben der großen Familien wollte man einen Teil des staatlichen Lebens der Öffentlichkeit zur Schau stellen. Damit war eine neue Stufe auf dem Weg der Gemeinde zum Bewußtsein ihrer selbst erreicht. Man könnte von der Emanzipation der Idee des Stadtstaates sprechen. Zu seiner Verherrlichung entstehen der Palast und die weiten Bogen der Loggia mit ihrem stolzen Gestus, deren Pilaster Löwen und deren Gewände die Kardinaltugenden schmücken. Man löste sich von den strengeren mittelalterlichen Ordnungsvorstellungen und gibt sich weltlicher. Zugleich kündigt sich das Ende dieser Regierungsform an. Die Notwendigkeit der Sichtbarmachung von Zusammenhängen wird empfunden, die bisher selbstverständlich waren. Der Stadtstaat, dessen Stärke im Dugento allein auf der Macht des Volksheeres sich begründet hat, schafft sich einen Palast und beginnt mit Söldnerführern zu verhandeln. Das Volk sammelt sich nicht mehr zum Kampf um die Tore, sondern zur Diskussion auf der Piazza. Die Ciompi, das Industrieproletariat der Wollkämmer, rebellierten. In ihrer Loggia erhöht sich die Regierung wenige Jahre später.

Wir sahen, daß man zugleich bestrebt war, den neuen Stadtmittelpunkt ins rechte Verhältnis zu dem alten zu bringen. Der äußeren Doppelpoligkeit der Stadt entspricht bald die innere. Weltliche und kirchliche Ordnung beginnen sich zu trennen. Nicht wie feindliche Brüder streben sie auseinander. Der jüngere scheint mündig geworden. Man wird sich, um mit Burckhardt zu

701. M. Villani, VII, 41: Costoro cioè i priori ch'avevano poco a fare a di 3 di dicembre del detto anno (1356), volendo fare una gran loggia per lo comune in sulla via di Vacchereccia, non bene proveduti al benificio del popolo, subitamente feciono puntellare e talgiare da pie il nobile palagio e la torre della guardia della moneta, dov'era la zecca del comune, ch'era dirimpetto all'entrata del palagio de'priori in sulla via di Vacchereccio, e quella abbattuta e fatta la stima delle case vicine fino al chiasso de'Baroncelli e de'Rangi (biasimati dell'impresa, e che loggia si convenia a tiranno e non a popolo) vi rimase la piazza de'casolari, a la moneta assai debolo e vergognosa a cotanto comune.

reden, des Staates als eines Kunstwerks bewußt. Zugleich verliert er an Selbstvertrauen. Der Gedanke der Civitas als einer höheren Ordnungsmacht kann im 15. Jahrhundert nicht mehr vollzogen werden. Die Person tritt vor die Stadt. Der einzelne beginnt auch dort zu herrschen, wo die äußeren Formen einer Volksregierung gewahrt bleiben. Es sind weniger die Bauten der Gemeinde als die Stiftungen der Mediceer, die das Stadtbild des 15. Jahrhunderts bestimmen. Cosimo der Alte mochte sich äußerlich noch so bescheiden geben, sein Palast an der Via Larga wurde ein neuer Mittelpunkt. Luca Pitti und Filippo Strozzi haben die ihren dann gewaltsam den älteren Gefügen übergeordnet. Man muß bei Landucci nachlesen, wie Strozzi ein ganzes Quartier für sein neues Haus einreißen ließ[702]. Die Grenze zweier Pfarreien, der Pfarrei von Santa Trinità und jener von San Gaetano, die man früher immer gewahrt hätte, führt mitten durch den neuen Palast hindurch. Pitti fand eine neue staunenswerte Lösung, indem er als erster Privatmann sein Haus nicht an der Straße, sondern weit zurückliegend und erhöht auf einem Hügel erbaute. In grandioser Verschwendung überließ er dabei einen weiten Vorplatz der Öffentlichkeit. Schon Macchiavelli betont, daß nie zuvor ein Privatmann ein ähnlich königliches Schloß sich habe bauen lassen[703]. Der Gedanke hat die Baukunst im Süden wie im Norden bis zum Ende des 18. Jahrhunderts bestimmt. Mit den Florentiner Monumentalpalästen im Besitz von Privatpersonen beginnt ein neues Kapitel in der Geschichte der Architektur.

Die Loggia dei Lanzi steht als ein einzigartiges Denkmal an einem Wendepunkt. In ihr sucht der Kommunalsinn nach Verselbständigung. In Venedig war man vorsichtiger. Der Dogenpalast bleibt der Markuskirche verbunden. Mit dem venezianischen Löwen wird dem Staatswappen zugleich ein religiöser Sinn gegeben. Im Namen des Evangelisten Markus eroberte man die Levante und die Inseln der Ägäis. Im Gegensatz dazu ist der Marzocco Zeichen der Volksmacht in einer Stadt, deren Wappen die Lilie und deren Patron der Täufer mit dem Lamm war. Was sollte zuletzt eine Loggia? Bald wird sie, jedem echten Sinn entfremdet, Spielplatz von Landsknechten oder Ruhmeshalle der Kunst. Cosimo der Alte ist in ihr nicht mehr denkbar. Großherzog Cosimo überläßt sie seinen Lanzenträgern, den Lanzi. Zwar beweist Cellinis Perseus, daß man von ihrer alten Bedeutung noch wußte. Der Medusentöter und Befreier der Andromeda wird zum Denkmal des machtvollen, doch guten Herrschers. Aber man bedurfte zu seiner Erhöhung nicht mehr der Loggia. Ein Reiterstandbild tat bessere Dienste als jene Ehrenhalle, die sich nicht so sehr über einem einzelnen als über der Gemeinschaft wölben sollte. Wenige Jahrzehnte nach ihrer Erbauung hatte sie die innere Notwendigkeit verloren.

702. Landucci, Diario, p. 59.
703. Macchiavelli, Storie fiorentine, Lib. 7, ad a. 1463.

Die Münchner Kopie, in der ein romantisches Pathos sein Vorbild mißverstand, vermochte sie nicht wiederzugewinnen. Die Feldherrnhalle ist Kulisse wechselnder Historienbilder.

Der Emanzipation des Staatsgedankens, die seine Zersetzung ankündigt, entspricht die Emanzipation des Ästhetischen. Die Kunst rückt mit dem 15. Jahrhundert in den Mittelpunkt des Denkens. Der Begriff der schönen Stadt, selbst alter und ehrwürdiger Herkunft, bezieht sich zunächst nur auf Mauern und Kirchen, dann auf einige »dignitates«, endlich auf jedes einzelne Haus. Wir haben in unserem Kapitel über den Straßenbau gesehen, daß es an einer allgemeinen und genauen Bauordnung nicht gefehlt hat, durch die eine gewisse Gleichartigkeit der Häuser erzwungen wurde. Das Jahrhundert war weit davon entfernt, ein Gesetz über die grundsätzliche Freiheit des Bauens zu erlassen, wie es seit 150 Jahren zum Schaden unserer Städte besteht. Es bleibt noch die Frage zu erörtern, was die Stadtverwaltung im einzelnen zur Förderung der privaten Bauwerke tat. Wann hat man das schöne Haus als solches zuerst gewürdigt?

Privathäuser.

Sowohl Villani in seinem Bericht von 1324 als der anonyme Schreiber über Florenz von 1339 erwähnen beiläufig die vielen schönen Paläste als einen Ruhmestitel der Stadt. Schon vorher hatte Dino Compagni von den »casamenti bellissimi« gesprochen, »pieni di molte bisognevoli arti, oltre de'altri città d'Italia. Per la quale cosa molti di lontani paesi la vengono a vedere, non per necessità ma per bontà de mestieri e arti e per bellezza e ornamento della città«[704]. Es ist dies das älteste Florentiner Dokument für die Werbekraft, die die Schönheit der Stadt auf den Fremdenverkehr ausübte. Ähnliche Überlegungen haben eine Verordnung des Sieneser Statuts von 1309/10 entstehen lassen, die eine Gemeindewiese, den »prato communis« fordert, »damit die Fremden, die in andere Städte der Vergnügungen und der Lustbarkeiten wegen ziehen«, auch nach Siena kämen[705]. Die Schönheit der Städte und einzelner Gebäude wird schon von Reisenden des 12. und 13. Jahrhunderts beobachtet. Aber erst aus dem 14. haben sich Verordnungen erhalten, die eine Begünstigung von Bauunternehmen vorsehen, die der Schönheit der Stadt dienen.

704. Cronaca, p. 8.

705. Siena, Statut von 1309/10, Dist. III, Rubr. 291. Anco, intra li studii et sollicitudini e'quali procurare si debiano per coloro, e'quali anno ad intendere al governamento de la città, è quello massimamente che s'intenda al la belleza de la città, et de le principali belleze e di ciascuna gentile città che abiano prato o vero luogo a deletto et gaudio de li cittadini, et de' forestieri, de li quali prati et luoghi le città di Toscana et anco certe castella et altre onorevoli città, onorevolmente sono dotate et guernite ... imperciò ... statuimo ... che si compri et si faccia ... uno prato el quale fare si potrà molto bello ...

Hervorgegangen sind alle diese Bestimmungen aus dem Bestreben, den Häuserbau als solchen zu fördern. Man wollte die Stadt volkreich und möglichst dicht bebaut. 1339 wird rühmend betont, daß Florenz innerhalb seines eben vollendeten Mauerrings schon wieder beinahe voll sei (quasi plena)[706]. In fast allen Städten finden wir das Gesetz, daß Fremde, die das Bürgerrecht erlangen wollen, sich ein Haus bauen sollen. In Viterbo steht dieser Erlaß im Statut von 1251[707]. In Florenz finden wir ihn 1377[708]. 1489 erhält dort jeder Bürger Steuerfreiheit auf fünf Jahre, der auf einem noch nicht bebauten Platz sich sein Haus errichtet[709]. In Ravenna muß im 13. Jahrhundert ein Bürgerausschuß dafür Sorge tragen, daß die Bewohner des Landgebietes jährlich fünfzig Häuser innerhalb der Stadt bauen lassen[710]. Die Einwohner kleinerer und unfreier Städte werden von den Hauptstädten dazu gezwungen, sich Häuser zu bauen[711]. In Siena wird 1325 der Baumeister Agnolo di Ventura beauftragt, die Durchführung eines Bauerlasses für Neubürger zu überwachen[712]. Besonders vornehme Neubürger, auf deren Anwesenheit in der Stadt Wert gelegt wurde, unterstützt man mit Zuschüssen, sei es an Baumaterial, sei es an Geld. Die älteste mir bekannte Nachricht hierfür stammt aus Siena und von 1251, doch scheint man darin älterem Brauch gefolgt zu sein[713]. Davon, daß man Neubürgern in strategisch wichtigen, befestigten Plätzen besondere Vergünstigungen einräumte, wenn sie sich bereit erklärten, ein Haus zu bauen, war schon die Rede[714]. Andernorts – freilich nur selten – hören wir von Verboten, Häuser oder Türme einzureißen. »Damit Lucca durch die Zerstörung von Häusern nicht sein Aussehen entstelle«, wird das Einreißen von Häusern als Strafmaßnahme dort schon 1308 untersagt[715]. In Perugia werden 1342 die Türme durch ein besonderes Gesetz geschützt, da sie »der Stadt zur Zierde gereichen und von vielfachem Nutzen sind«[716]. In

706. Frey, Loggia, p. 120.

707. Viterbo, Statut von 1251, Lib. III, Rubr. 102.

708. Die Verordnung von 1377 im Statut von 1415, Lib. V, Rubr. 204. Die Häuser müssen mindestens 100 Goldstücke wert sein.

709. Landucci, Diario, p. 59, Anm. 5.

710. Ravenna, Statut sec. XIII, Rubr. 351.

711. Perugia, Statut von 1342, Lib. IV, Rubr. 62 und 82: Che gli uomini da Torsciano siano costrette de gire e avetare e case edificare en lo dicto castello. Ebenso: Che en lo castello Grifone se facciono le case. Vgl. auch die Beispiele bei M. Richter, loc. cit.

712. Belege bei W. Cohn-Goerke, Scultori senese del Trecento, Riv. d'Arte 1938, p. 247.

713. Biccherna XII (1251), p. 66: Item XXXII. libr. et X. sol. Bernardo Ranucci Ponzi, operaio palatii comitis Ildebrandini, pro pretio XXV miliorum mactonum, de summa centum miliarium mactonum quos comune Senarum promisit dare dicto comiti secundum formam Consilii Campane pro suo palatio actando.

714. Siehe oben p. 68.

715. Ne lucane urbis ex destructione domorum lucane civitatis deformatur aspectus, providemus quod nulla domus seu turris lucane civitatis destruetur pro aliqua datia ... Lucca, Statut von 1308, p. 247.

716. Vgl. Anm. 602.

dem kleinen San Gimignano gab es freilich schon 1273 vier Beamte, die darüber zu wachen hatten, daß kein Haus der Stadt zerstört werde[717]. Hatte man schon früh – in Bologna 1250, in Ferrara 1288[718] – die Strohdächer ganz, die Holzhäuser teilweise verboten, so betont man jetzt nicht nur den Nutzen und die größere Brandsicherheit, sondern auch die Schönheit der Steinfassaden. Wir haben die wichtigsten Verordnungen hierüber für Florenz und Siena angeführt[719]. In einem anderen Erlaß von 1413 wird verfügt, daß jeder berechtigt sei, zum Zweck des Neubaus eines größeren Palastes die Enteignung kleinerer Häuser und Grundstücke gegen angemessene Bezahlung zu beantragen[720]. Es wird betont, daß durch die Hartnäckigkeit der Nachbarn mancher schöne Bau zur »Schande und zum Schaden der ganzen Stadt« verhindert worden sei. Wir stehen mit diesem Gesetz an der Schwelle der Frührenaissance, und in ihrem späteren Verlauf greifen die Stadtverwaltungen durch Aufforderungen zur Fertigstellung oder Restaurierung von Palästen in das private Bauwesen unmittelbar ein. Die »Ufficiali dell'Ornata« – man kennt diese Schönheitsbehörde seit 1359 – beschäftigen sich mit den angesehensten Privatpalästen in zahlreichen Erlassen. 1444 sollen die Palazzi Salimbene und Marsili restauriert werden, 1471 die Palazzi Piccolomini und Spannocchi vollendet werden[721]. Man befiehlt den Besitzern die Wiederherstellung ihres Palastes unter Strafe. Stadträte beanstanden dieses oder ein anderes Gebäude. Verbesserungsmöglichkeiten werden diskutiert. Der einzelne ist bestrebt, das Ansehen der ganzen Stadt durch den Bau seines Hauses zu mehren. Wo seine Mittel nicht ausreichen, greift die Behörde mit Unterstützungen ein. Arme erhalten Schuldennachlaß, damit sie zur Verschönerung einer Straße ihre Balkons an ihrem Haus entfernen können[722], Höhergestellte erklären sich bereit, eine schöne Fassade an ihrem Palast zu bauen, falls sie ein hohes Amt erhalten sollten[723]. 1465 stellen die »Ufficiali dell'Ornata« bei der Stadtregierung den Antrag, dem Haupt der Familie Sansedoni eine Podestàstelle zu verschaffen, damit dieser dadurch in die Lage versetzt werde, die Fassade seines Palastes am Campo zu vollenden, die auf 15 Fensterachsen berechnet war und laut dem alten Gesetz von 1297 mit Triforienfenstern und Säulen ausgestattet werden sollte[724]. Der Kunstsinn

717. E. Castaldi, La vita in San Gimignano ai tempi di Dante, Rassegna d'Arte Senese XIV (1921), p. 39.

718. Bologna, Statut von 1250, Lib. VII, Rubr. 6; 1141 gab es in Bologna nur Stroh oder Schindeln auf den Dächern (Cronaca di Bologna, p. 11). Vgl. Ferrara, Statut von 1288, Lib. II, Rubr. 23.

719. Siehe oben Anm. 433 und 434.

720. Borghese e Banchi, Nuovi Doc., p. 75 f., Nr. 40.

721. Ebd., p. 148 f., Nr. 85; p. 140, Nr. 81 und Milanesi, Doc. II, 337 f., Nr. 239 und p. 345 f., Nr. 244.

722. Siehe Anhang Dok. Nr. 11.

723. Siehe Anhang Dok. Nr. 9 und 10.

724. Borghese e Banchi, Nuovi Doc., p. 220 f., Nr. 132.

durchdringt das Gemeinwesen und läßt zuletzt das Ganze als ein einziges Meisterwerk erkennen, das sich aus dem Zusammenwirken aller Zünfte entwickelt hat.

Doch ist es nicht die Gesinnung der Frührenaissance, deren Aufkommen dieses Interesse an der Schönheit der Stadt bedingt. Es wurzelt tief in den mittelalterlichen Jahrhunderten und ist dem Italiener angeboren. Wo immer er neuartige Formen findet, bei den Byzantinern, den Normannen, in Burgund oder der Ile de France, greift er sie auf, um sie in den Dienst seines hohen Schönheitssinns zu stellen. Das gleiche Bestreben nach dem schlechthin Vollkommenen läßt ihn immer wieder auf die Gebilde der eigenen Vergangenheit zurückgreifen, und zuletzt ist die Renaissance nichts anderes als ein solcher Rückgriff, diesmal freilich auf Formen, an denen sich jener Schönheitssinn mit der edelsten Natürlichkeit bewähren kann. Schon die Einrichtung des »Ufficio dell'Ornato« in Siena weist darauf hin, daß sich die Stadtverwaltung ihrer Verantwortung für die Gestaltung der Stadt bewußt geworden ist. In Pisa bestand das Recht zur Enteignung von Privatbesitz zwecks Erbauung eines repräsentativen Palastes praktisch seit 1351. Damals erhielt ein Privatmann die Erlaubnis, eine gewisse Anzahl von Häusern gegen eine entsprechende Entschädigung der Besitzer einreißen zu lassen, um ein »schönes Gebäude zu errichten, das dem ganzen Stadtteil zur Ehre gereiche«[725]. In Florenz stellt die Stadt 1359 der Kaufmannszunft an der Piazza della Signoria ein Grundstück zum Bau eines »schönen und ehrbaren Hauses« zur Verfügung[726], das dann dem Dombaumeister Giovanni di Lapo Ghini in Auftrag gegeben wurde. Wir haben oben von den zahlreichen Bestimmungen zur Gestaltung der Via Calzaiuoli und des Domplatzes gehandelt[727]. Besonders deutlich spiegelt sich das Verlangen nach ästhetischer Perfektion in den Verordnungen über den Bau und die Ausstattung von Or San Michele.

Or San Michele.

Am 25. September 1336 hatte der Stadtrat den Neubau des Getreidespeichers und des zugehörigen Oratoriums beschlossen. Der geplante Bau sei »ein repräsentativer Palast, der inmitten des Stadtkörpers läge« (una ex dignitatibus civitatis ... in medio corporis ipsius civitatis)[728]. »Eine Kirche

725. Bonaini, III, 185.

726. Gaye, I, 511.

727. Siehe oben p. 114 f.

728. Die wichtige Urkunde oft abgedruckt, zuerst bei Gaye, I, 48. Der Begriff der »Dignitas« kommt auch sonst in ähnlichen Zusammenhängen vor. Soweit ich sehe zuerst im italienischen Mittelalter 1124 in einem Vertrag des Bischofs Andrea di Luini von Lucca mit dem Markgrafen, Malespini: Gloriosa civitas Luca multis dignitatibus decorata, atque super universam Tuscie Marchium caput ab exordio constitutam. (Muratori, Antichità Estense, I, 154.)

in der Form eines Palastes«[729] sollte entstehen, »in dem man die ruhmreiche Jungfrau Maria besser verherrlichen und das Korn und Mehl besser aufbewahren könne«[730]. Religiöser und praktischer Zweck werden in einem Satz genannt, sie gehören zusammen und bedingen sich gegenseitig. Die Aufbewahrung des Korns und die Verherrlichung des wundertätigen Marienbildes sind gleich wichtig für Wohl und Gedeihen der Stadt. Der Bau sollte »über die Maßen prächtig« werden[731], damit sich »die Herrlichkeit der Stadt an ihren Künsten und Kunstwerken zeige«[732]. Für den Bau hatte die Kommune zu sorgen, für die Innenausstattung die wohltätige Gesellschaft von Or San Michele – man nannte sie die Laudesi –, für die Figuren des Äußeren die Zünfte. Die Gemeinde beauftragte ihrerseits die Zunft von Por San Maria mit der Durchführung des Auftrags, in der die Goldschmiede die maßgebenden Entscheidungen zu fällen hatten. Das ganze Werk sollte 80 000 Goldstücke kosten, wahrscheinlich mehr, als man für den Palazzo Vecchio aufgewendet hatte. Ausgeführt wurde er zuletzt von Meistern der Dombauhütte. Wir kennen den Namen des leitenden Architekten in den entscheidenden Jahren bis zur Vollendung des Erdgeschosses vor 1350 nicht. Vasari nennt Taddeo Gaddi. Später werden Neri di Fioravanti und Benci di Cione in Zusammenhang mit dem Bau erwähnt (seit 1349). Sie gehörten zum Freundeskreis Orcagnas. Sicher hat die Stadt für dieses wichtigste Monument einer Regierung, in der die Zünfte die Führung hatten, die besten Kräfte verpflichtet. Seit der Vertreibung des Herzogs von Athen am Sankt-Annen-Tag 1343 wurde dem Bau noch eine neue Aufgabe zugeordnet. Neben dem Oratorium der Madonna sollte eine Annenkapelle aus Dank für die wiedergewonnene Freiheit entstehen. Es ist bezeichnend, daß man die Votivkapelle nicht am Dom oder am Baptisterium, sondern am Zunfthaus erbauen ließ. Später beschloß man, sie auf die gegenüberliegende Straßenseite zu verlegen, und heute ist sie dem heiligen Carlo dei Lombardi geweiht. Orcagna hat für Or San Michele seit 1352 sein berühmtes Tabernakel geschaffen. Die erste Enthüllung noch vor der Vollendung 1359 löste ungeheure Begeisterung aus. Marchionne di Coppo zählt es unter die Weltwunder und beteuert, es sei in Marmor schöner und ebenso kostbar, als wenn man es in Silber gebildet hätte[733]. Der Kunstwert der Arbeit, die »subtilitas« des Meisters wird zum

729. Templum in statura et forma Palatii. Der Passus aus einer heute verschollenen Urkunde von 1339 wird von Richa überliefert. Vgl. Passarini, op. cit., p. 119.

730. In quo veneratio gloriose Virginis Marie posset aptius celebrari, et granum et bladium melius conservari. Gaye, I, 48.

731. Super modum superbissimum. Passerini, op. cit., p. 119.

732. Die Umschrift der Münze, die man in die Fundamente einmauerte, lautete: Ut magnificentia populi florentini artium et artificum ostendatur. Passarini, op. cit., p. 121.

733. Negli anni del Signore 1359 si compiè lo tabernacolo della Vergine Maria d'Orto S. Michele di Firenze, che veramente per chiunque lo vide mai al mondo infino a quello di non s'era veduto si adorna cosa di quella grandezza. E molti tengono che sia delle belle

erstenmal seit der Antike in Italien über den Metallwert des Materials gestellt. Zwei Jahre früher schon fällt eine Eingabe, in der die Verlegung des Kornmarktes gefordert wird, »weil wegen des Korns, das dort verkauft wird, und wegen des Marktes, der dort stattfindet, der Glanz und die Schönheit des Tabernakels verblasse«[734] (Abb. 46).

Die Bemühungen um die Erhaltung dieses Glanzes haben dann dazu geführt, daß man die Loggia mit jenen reichen Fensterwänden schloß, deren Entwurf und Ausführung von Simone Talenti stammen. Der Getreidemarkt wurde verlegt. Die Getreidebörse fand nunmehr im Obergeschoß statt. Der ästhetische Zweck, der dem religiösen verbunden bleibt, drängt den praktischen zurück. Wir stehen an der Schwelle der Renaissance. Von nun an wird man Werke schaffen, deren Kunst sich weit über den Anlaß erhebt. An Stelle der Ordnung, der das einzelne sich einfügt, tritt die Wirkung. Ein anderes Wort wird den Notaren mehr und mehr vertraut und geläufig, neben dem »decorum« das »ornamentum«. Orcagnas Tabernakel wird zu einem Meisterwerk und Ruhmestitel der Stadt, das man den »Fremden« zeigt. Es gibt einen Erlaß, nach dem der Pförtner von Or San Michele berechtigt ist, gegen Entgelt den Vorhang vor dem Madonnenbild zurückzuziehen, falls Fremde es zu sehen wünschen. Das Ästhetische rückt zunächst unabhängig von jedem Bezug auf ein antikes Vorbild in den Vordergrund.

Eine Kirche in Form eines Palastes hat man 1336 bauen wollen. Der Palast diente auch als Getreidekammer. Es entstand in Gestalt und Aufbau ein ganz ungewöhnliches Bauwerk, überaus hoch, aber unbefestigt, turm- und zinnenlos. Es mißt im Grundriß 32,40 zu 22,10 m und ist 40 m hoch. Ohne Rücksicht auf irgendeine Baukonvention bedingt der Zweck die Form. Drei Stockwerke von nahezu gleicher Höhe sind aufeinandergesetzt. Vorder- und Rückseite werden nicht unterschieden. Inmitten des »Stadtkörpers« gelegen, bildet die Loggia selbst eine Mitte, und ihr gemäß mußten alle vier Seiten gleich gebildet werden. Der Baugrund bedingt die rechteckige Gestalt: zwei Hallen mit je drei Jochen, ein jedes quadratisch. Die Weite der Bögen zwingt zum größten Maßstab auch für die Fenster. Der Bau ist regelmäßiger als jeder ältere, homogen, achsengerecht und darin sehr modern. Brunelleschi hat von ihm gelernt. Der Mut zur freien, allein dem Zweck dienenden Gestaltung aber ist ein Kennzeichen der mittelalterlichen Profankunst. Ihm verdanken die Städte die Mannigfaltigkeit, das Unübersehbare und doch Sinnvolle, jene Absichtslosigkeit, die man primitiv genannt hat. Man setzt sich nicht in Szene, sucht nicht nach Wirkung. Aber der gewaltige Baublock von Or San Michele ist deswegen seinen Meistern nicht weniger zum ästheti-

---

cose che si truovi, ed ancora si tiene che sarebbe fatto d'ariento per lo denario che gostò quello di pietro, marmora e proferito e lavorio. Stefani, cap. 680 a.

734. Gaye, I, 52.

schen Problem geworden. Maßvoll überläßt man die Ordnung des Ganzen den zartesten Baugliedern, schlanken Gesimsen zwischen den Stockwerken und jenen Rundstäben oder Diensten, die gerade stark genug sind, um uns darauf aufmerksam zu machen, daß die Schichten, ja der ganze Block nicht nur hochgetürmt, sondern kunstvoll geformt sind. Die große braune Macignofläche kann zum Anlaß für den sublimsten Schmuck werden, jener Ehrengalerie der Zunftpatrone, die das Quattrocento geschaffen hat, und in der weder Ghiberti, noch Donatello oder Verrocchio fehlen sollten.

Es sei wiederholt: Noch nicht das Bedürfnis nach Wirkung, wie es in den folgenden Jahrhunderten mehr und mehr hervortreten sollte, hat diesen Bau geformt. Noch hat man den Eindruck, daß aller Schmuck nur Fassung eines kostbareren Inhalts ist und daß der Sinn mehr als die Kunst gilt. Aber schon wird man sich voll Stolz auch der ästhetischen Vollendung dieser Werke bewußt. Die Meister von Or San Michele, Taddeo Gaddi, Francesco Talenti oder Orcagna sind weit entfernt von jeder revolutionären Umkehr. Die Arbeiten der Vätergeneration bleiben als Exemplum geehrt und werden noch nicht als »gotische Barbarei« oder erstarrte »maniera greca« verachtet. Die natürliche Entwicklung vom »decorum« zum »ornamentum«, vom Schmuck als Würdezeichen zum Schmuck als Prunkstück vollzieht sich innerhalb der Werkstatt der Künstler-Handwerker, ohne daß eine jüngere Auffassung eine ältere verdrängt. Sie kommt hinzu. Die zahlenmäßige Zunahme von Malern, Steinmetzen und Goldschmieden und ihre raschere Arbeitsweise vermindert die Symbolkraft der Gebilde und läßt ihren ästhetischen Reiz in den Vordergrund treten. Wo Bilder, Skulpturen und reiche Paläste nicht mehr selten sind, schwindet die Scheu eines Beschauers, der hinter jeder bedeutenden Form einen großen Inhalt vermutet, und der Geschmack wird zum Richter der Dinge. Man vergleicht die Objekte. Das Kunsturteil der Kenner wird bedeutsam. Es ist in allen uns bekannten Fällen schon im Trecento von verblüffender Treffsicherheit.

Emanzipation des Ästhetischen.

Dieser Prozeß der Emanzipation des Ästhetischen spiegelt sich auch in den Urteilen der Dichter über die Künstler, wenn noch nicht bei Dante, so doch schon bei Boccaccio und Petrarca. Petrarca sagt, daß die Malerei seines Jahrhunderts der der Alten überlegen sei. Wir werden auf diese Zusammenhänge noch im folgenden Kapitel zu sprechen kommen. Aber schon jetzt sei betont, dieser Prozeß ist nicht die Folge der Rückbesinnung auf die Antike noch der Lösung vom inhaltlichen Bezug. Er ist also weder antikirchlich noch klassizistisch. Das Inhaltliche bleibt während des ganzen Quattrocento das maßgebliche Vehikel zum Kunstverständnis. Von einer neuen Seite aus erweist sich somit die Renaissance als vorbereitet. An gotischen Formen schärft sich der Sinn für das Ästhetische, lange bevor Brunelleschi oder Alberti antike Formen vermaßen. Die Stadt selbst betont die Wichtigkeit der Hausfassaden für ihr Ansehen. Die Erkenntnis, daß die Stadt ein Kunstwerk sei, zu dem sich alle ihre Bauten zusammenschließen, wurzelt in der mittelalterlichen Vorstellung von den Aufgaben der Civitas. Die ungewöhnliche Entwicklung, die die italienische Palastfassade später als Folge der Berührung mit antikem Formengut nehmen sollte, war durch diese ältere Ansicht über die Funktion der Hausfronten im Stadtganzen vorbereitet. Der Gestaltungswille der Stadtverwaltung geht der Ruhmsucht der Medici, Rucellai, Pitti oder Pazzi voraus.

Auch im Dugento gab es schon Privatleute, wie die Tolomei in Siena oder die Mozzi in Florenz, die nach dem größten Maßstab griffen. Der lange zerstörte Palast der Tosinghi am Mercato Vecchio, der vielleicht schon im 12. Jahrhundert eine mit Säulen geschmückte Fassade besaß, war berühmt. Römische Palastformen leben in ihnen fort. Doch waren solche Gebäude selten. Kennzeichnend für das 12. und 13. Jahrhundert sind die Feudalburgen, die meist am Rande der Stadt gelegen und nach innen gerichtet eigener Gesetzlichkeit vertrauen. Wo sie sich mit einer Prunkfassade, wie der Sieneser Palazzo Tolomei, nach außen wenden, muß angenommen werden, daß der ganze Vorplatz mit den seitlichen Gebäuden und der gegenüberliegenden Kirche ursprünglich zu dem Besitz der Grafen gehörte. Wie die Stadt erst allmählich ihre Landgebiete erobern konnte, so vermochte sie auch erst im Laufe von Jahrhunderten die Sonderrechte der Magnaten zu schmälern und ihre Paläste, Türme und Burgen dem Stadtganzen einzugliedern.

Die Zeit der Einheit war kurz, und niemals gelang die vollkommene Stadt. Wo man noch im Dugento Rang und Reichtum in den Dienst der Bewahrung von Unabhängigkeit und Eigenständigkeit oder der Verteidigung von Sonderrechten stellte, suchte man sich im Quattrocento durch Kunstsinn auszuzeichnen. Dazwischen liegt das große Jahrhundert des toskanischen Städtebaus, dem wir in Siena die monumentalen Gemeinschaftswerke der Bettelordenskirchen, des neuen Domes, des Stadtpalastes, der schönsten Brunnen und Tore, in Florenz den großen Saal des Bargello, den Palazzo Vecchio, Or San Michele, die Loggia dei Lanzi, den dritten Mauerring und nicht zuletzt Santa Croce, den Campanile und den Dom verdanken. Am Anfang dieser großen Zeit stehen Giovanni Pisano und Arnolfo di Cambio. 1284 schien uns ein entscheidendes Datum für Florenz, 1297 für Siena. Das Ende dieser Epoche ist mit dem Jahr 1434 gesetzt. Es ist das Jahr, in dem Cosimo der Alte aus der venezianischen Verbannung zurückkehrte, Leo Batista Alberti mit seinem Traktat über das Malen das Gesetzbuch einer neuen Ästhetik schrieb und Brunelleschi seine Kuppel beenden konnte, das letzte echte Gemeinschaftswerk, zu dem die freie Stadt alle ihre Kräfte zusammengefaßt hat.

VI. KAPITEL

DER STADTBAUMEISTER

Giotto als Dombaumeister.

In dem Bestreben, die toskanischen Städte des ausgehenden Mittelalters möglichst allein vom Blickpunkt des Auftraggebers, also der planenden und zuletzt entscheidenden Behörde, als einheitlich gebautes Werk zu verstehen, haben wir bisher die Figur vernachlässigt, die gemeinhin namentlich in Italien im Mittelpunkt aller Bemühungen um die kunstgeschichtliche Erkenntnis der Vergangenheit steht: den Künstler. Er wurde nur gelegentlich nebenbei und absichtslos genannt, und wir haben ihm vielleicht noch weniger Achtung zugebilligt, als er in den Augen seiner Zeitgenossen besaß.

Die Stellung des Künstlers im Leben der Gemeinde des Dugento und Trecento ist in den vergangenen Jahren mehrmals behandelt worden[735]. Man schildert sie meist als in einem steilen Anstieg begriffen, der im Mittelalter, das ihn verkannt und oft sogar mißachtet haben soll, zögernd beginnt und in der Hochrenaissance gipfelt. Wenn man Vasari glaubt, sah das 16. Jahrhundert in ihm die zentrale Gestalt im Weltgeschehen überhaupt. Auch lag es nahe, daraus den Schluß zu ziehen, daß die Wertschätzung, die dem Künstler entgegengebracht wurde, ein bezeichnendes Merkmal der aufkeimenden Renaissancegesinnung sei. These und Antithese standen von vornherein fest. Das dunklere Mittelalter hat den Künstler mißachtet, die hellere Neuzeit ihn wiederentdeckt. Überall, wo man Namen hört und die individuelle Leistung lobt, möchte man eine Renaissance beginnen sehen. Die Toskana erwies sich auch hier wie auf allen anderen Gebieten als die Provinz, in der man den Künstler zuerst und am entschiedensten rühmt. Giottos und der Pisani Namen ständen am Anfang einer von der Person des Künstlers ausgehenden Kunstgeschichte. Doch ist diese These selbst richtig?

Nicola und Giovanni Pisano, Arnolfo di Cambio und Giotto, Andrea Pisano und Lorenzo Maitani, Lando di Pietro und Ambrogio Lorenzetti, Taddeo Gaddi und Orcagna haben in der zweiten Hälfte des 13. Jahrhunderts

735. Das Problem wird unter anderem von Paatz, Trecentoarchitektur, und R. Oertel, Wandmalerei und Zeichnung in Italien, Mitt. d. Kunsthist. Instituts in Florenz, V (1937–40), p. 217–314, behandelt.

und im 14. Jahrhundert im Leben der Gemeinde eine bedeutende und geachtete Stellung eingenommen. Sie waren bekannte, ja berühmte Männer. Spiegelt diese Tatsache den Beginn einer neuen Zeit oder das Zu-Tage-Treten von älterem Brauch? Sind Giotto oder Arnolfo als Dombaumeister in Florenz Vorläufer Brunelleschis oder Michelangelos oder Nachfahren jenes unbekannten Baumeisters, der im 11. Jahrhundert dem Baptisterium seine geniale Neugestaltung gab? Wenn immer man dieses Zeitalter der großen monumentalen Gruppen, dem wir in Florenz Dom und Palazzo Vecchio verdanken, gegen die Protorenaissance des 11. und 12. Jahrhunderts und die Frührenaissance des 15. abgrenzen will, was ist gerade in dieser Frage nach der Stellung des Künstlers im Leben der Gemeinde ihr Kennzeichen? Denn eines muß man billig einräumen: wenn es auch den Künstler vielleicht als eine schätzenswerte Persönlichkeit immer gab, und er nur zuweilen verkannt wurde, die Gemeinde in jener wunderbar artikulierten Form, deren bedeutendstes Denkmal die Städte wurden, die sie baute, gab es erst seit dem Ende des 12. Jahrhunderts oder wenig vorher und im 16. Jahrhundert gab es sie schon nicht mehr. Was konnte der einzelne Künstler zur Gestaltung dieses Organismus beitragen? Hat man ihm einen entscheidenden Einfluß zugebilligt? Gab es in Florenz oder Siena Stadtbaumeister?

Wir müssen uns die Rolle, die der einzelne bei der Erbauung der toskanischen Städte tatsächlich gespielt hat, sehr genau ansehen und können uns dabei wiederum nur auf einige wenige Dokumente stützen, deren Erhaltung wir dem Zufall verdanken.

Am 12. April 1334 wurde der Maler Giotto zum Dombaumeister von Florenz gewählt und ernannt. Die Urkunde, die uns diese Tatsache überliefert, gehört zu den bekanntesten Dokumenten der Florentiner Kunstgeschichte. Sie ist oft abgeschrieben, noch häufiger zitiert, zuletzt eingehend gedeutet worden[730]. In dem schlechten Latein der Florentiner Notare enthält das Schriftstück nur einen einzigen, vielfach verschnörkelten Satz. Jeder Versuch einer Übersetzung wird schon durch die Wortwahl zur Interpretation. Aber gerade ihr Wortlaut ist es, der uns Einblicke in die Überlegungen der städtischen Behörden gewährt, bevor sie ein so wichtiges Amt, wie es das des obersten Baumeisters war, vergaben. Der Text lautet im Auszug:

»Die Vorsteher der Zünfte, der Bannerträger der Gerechtigkeit und das Amt der zwölf guten Bürger haben den Wunsch, daß die Bauten, die in Florenz im Auftrag der Stadt begonnen sind oder begonnen werden müssen, zu ihrer Ehre und Zierde vorangehen. Sie haben erkannt, daß sie ihr Ziel nur erreichen können, wenn sie einen erfahrenen und berühmten Mann mit der Leitung dieser Arbeiten betrauen. In der ganzen Welt gäbe es, wie man

---

736. W. Paatz, Die Gestalt Giottos im Spiegel einer zeitgenössischen Urkunde, Festschrift zum 60. Geburtstag von C. G. Heise, Berlin 1950, p. 85–102.

sagt, niemanden, der zu diesem und vielem anderem geeigneter sei als Meister Giotto Bondone, der Florentiner Maler. Man müsse ihn als einen großen Meister in seiner Vaterstadt aufnehmen und lieb und wert halten, damit er die Möglichkeit habe, in ihr seinen dauernden Aufenthalt zu nehmen, und man während dieses Aufenthalts möglichst großen Nutzen aus seiner Wissenschaft und Lehre ziehen könne, und die Stadt an Schönheit zunehme.« Hierüber war mehrmals, wie das Statut es vorsieht, zwischen den Vorstehern der Zünfte, dem Bannerträger und den zwölf guten Bürgern eifrig verhandelt worden. Die geheime Abstimmung mit weißen und schwarzen Bohnen hatte ein positives Ergebnis. Es wurde festgestellt, daß genannte Behörde befugt ist, Meister Giotto in das Amt des Dombaumeisters und des Leiters der Dombauhütte zu berufen. Zu seinem Amtsbereich gehört auch der Bau der Stadtmauer, die städtischen Festungen und alle anderen Arbeiten der Gemeinde, die als zum Bauwesen gehörig gelten oder gelten können.«[737] Es folgen in der umständlichen Sprache der Notare noch zwei wichtige Angaben. Giotto ist in seinem Finanzgebaren von den zuständigen Beamten der Dombauhütte abhängig. Über die Gestaltung des Domes selbst – das Dokument spricht von »modus, forma et tempus« – entscheidet die Zweidrittelmehrheit der Stadträte[738].

Das Dokument stellt die Zusammenfassung eines Sitzungsprotokolls im Stadtrat dar. Es hatte den Rat der 300 und den Rat der 250 unter dem Vorsitz des Podestà zu passieren, bevor es von der eigentlichen Regierung, den sechs Zunftvorstehern, ihren zwölf Beratern und dem Bannerträger der Gerechtigkeit, wie sich der Vorsitzende dieses Kollegiums nannte, ratifiziert werden konnte. Einige Punkte aus der Tagesordnung der entscheidenden Stadtratssitzung läßt der Text noch deutlich erkennen:

1. Die Eingabe oder Rede eines Ratsmitgliedes, aus der hervorging, daß man mit dem Fortschreiten der städtischen Bauaufgaben nicht zufrieden war und daß man den Grund dafür in der Personalfrage, dem Fehlen eines erfahrenen und berühmten Meisters sah.
2. Angaben über die Verdienste und Fähigkeiten des vorgeschlagenen Kandidaten Giotto.
3. Beratung und Abstimmung über den Vorschlag.
4. Angaben über den Aufgabenbereich des neuen Meisters.
5. Die Gehaltsfrage.
6. Abgrenzung der Befugnisse Giottos gegenüber den Beamten der Hütte.
7. Abgrenzung der Befugnisse Giottos gegenüber der Stadtregierung.

---

737. Siehe Anhang Dok. Nr. 27.

738. Die Abhängigkeit Giottos in allen Geldfragen von der Domopera und in allen Fragen der Baugestaltung von der Stadtregierung kommt in den beiden letzten Nebensätzen des Dok. Nr. 27 zum Ausdruck, die nur im Text, nicht in einer Übersetzung verständlich sind, weil sie ausschließlich aus Notarformeln bestehen.

Von diesen sieben Punkten sind zwei für uns unergiebig. Wir erfahren nichts über das Ergebnis der Abstimmung, nicht also, ob Giotto »glatt« durchkam, oder ob sich Bedenken gegen den Maler regten (Punkt 3). Die Frage nach seinem Gehalt wird an die Hüttenbehörden verwiesen (Punkt 5). Aus anderen Quellen wissen wir, daß er 100 Goldstücke erhielt, ebensoviel, wie fünfzig Jahre später die ersten öffentlichen Dante-Lektoren und hundert Jahre später Brunelleschi[739]. Die anderen fünf Punkte jedoch gestatten Einblicke von großer Bedeutung in das Bauwesen der Zeit.

Die Antragsteller begründen unter Punkt 1 das unbefriedigende Fortschreiten der Bauaufgaben der Stadt mit dem Fehlen eines leitenden Baumeisters. Villani gab dem Geldmangel die Schuld daran, daß seit Menschengedenken nichts mehr am Bau geschah. In der Opera selbst glaubte man seit einigen Jahren durch eine Umorganisation der Aufsichtsbehörde dem Übelstand abhelfen zu können. Am gleichen 12. April fand auch hierüber eine Sitzung statt, in der neue Verwaltungsbeamte ernannt wurden[740]. In der Tat war über 30 Jahre lang, seit dem Tode Arnolfos 1302 oder doch bald danach, nichts oder nur wenig am Dom geschehen. Während dieser ganzen Zeit hören wir auch nichts von einem diensthabenden Capomaestro. Man hat daraus den Schluß gezogen, daß der Künstler beim Dombau von Florenz und Siena – wo die Fassade mit dem Weggang Giovanni Pisanos liegenblieb – die treibende Kraft gewesen sei. Wir bemerkten oben, daß dieser Schluß kein unbedingt zwingender war[741]. Die Stadt hatte in eben diesen 30 Jahren andere Bauaufgaben sich vorgenommen, den Palazzo Vecchio, eine Reihe kleine Städte und Kastelle im Landgebiet und vor allem die Stadtmauer mit ihren mächtigen Torburgen. Man war in diesen Jahrzehnten in erster Linie darauf bedacht, die Macht und Wehrkraft der Stadt nach außen wie nach innen zu mehren. Die Vollendung eines Teiles dieser Arbeiten geht dem Wiederaufleben des Interesses für den Dom unmittelbar voraus. Gewiß, ohne Baumeister kann man keine Dome bauen. Wo man aber einen Dom bauen will, findet sich auch ein Baumeister. Das Bewußtsein, daß die Voraussetzung für jedes bedeutende Bauwerk ein kundiger Meister sei, war dem ganzen Mittelalter vertraut. Bekannt ist eine Bemerkung aus der Beschreibung der Baugeschichte des Domes von Modena, die schon im frühen 12. Jahrhundert verfaßt wurde. »Im Jahre 1099 haben sich die Bürger besagter Stadt gefragt, wo eines solchen Werkes Zeichner, wo einer solchen Gestaltung Erbauer gefunden werden könnte. Durch die Barmherzigkeit Gottes fand man einen gewissen Mann namens Lanfrancus, der ein wunderbarer Künstler, ein wunderwirkender Baumeister war«[742]. Bevor man also an den Bau des Domes

739. Siehe unten p. 254.
740. Guasti, p. 41 f., Nr. 43.
741. Siehe oben p. 165.
742. Anno 1099 ab incolis prefate urbis quesitum est, ubi tanti operis designator, ubi

sich wagte, suchte man nach einem Künstler – einem »designator, artifex« oder »edificator«, wie man ihn nannte –, nach dessen Rat und durch dessen aus besserem Wissen erwachsene Machtbefugnis – denn so etwa müßte man »auctoritas« übersetzen – der Bau begonnen werden konnte. Vierhundert Jahre später suchten die Mailänder für ihren Dom in Frankreich und Deutschland und bis nach Köln um einen »maximo inzignerium«, und es meldeten sich viele[743]. Während dieses langen Zeitraumes lebte man in Italien genau wie in allen späteren Jahrhunderten in dem Bewußtsein, daß nur ein großer »artifex« ein bedeutendes Werk schaffen könne. Auch wußte man, daß bedeutende Meister selten sind. Man mußte sie suchen. Daß man namentlich im 14. Jahrhundert überall im westlichen Europa nach großen Meistern Erkundigungen einholte, sobald man irgendwo einen neuen Dom plante, war nicht nur eine Redensart[744]. Was in Bourges, Köln oder Prag geschah, war für Florenz, Siena oder Lucca nicht gleichgültig. Manetti berichtet, daß man selbst für den Bau der Florentiner Kuppel nach Sachverständigen in alle Länder der Christenheit geschickt habe – nach »maestri, architetti e muratori e maestri ingegnieri che si trovassono tra christiani« und die Dokumente bestätigen, daß damals auch ein Meister Gerhard von Deutschland nach Florenz gekommen ist[745]. Lanfrancus aus Modena wird als »artifex« und »edificator« bezeichnet. In Mailand spricht man von einem Ingenieur. Arnolfo di Cambio nennt sich selbst einen Architekten[746]. Chronisten sprechen wiederholt von dem »bonus«, dem »devotus«, dem »fidelis«, dem »sapiens architectus«, der ihre Dome erbaut habe[747]. Schon der hl. Paulus nennt sich einen »sapiens architectus«, der die Fundamente legt, auf denen andere dann bauen werden[748]. Von hier aus mag der Begriff dem Mittelalter vertraut geworden sein. Giotto war ein Maler, sein Nachfolger Andrea Pisano und Lando di Pietro in Siena waren Goldschmiede, Nicola und Giovanni Pisano Bildhauer. Waren sie alle in gleicher Weise zum Baumeister geeignet?

---

talis structure edificator inveniri possit ... Dei misericordia inventus est vir quidem nomine Lanfrancus, mirabilis artifex, mirificus edificator. Eiusque denique consilio et auctoritate ceperunt Mutinenses ... Lehmann-Brockhaus Nr. 2262.

743. Item quod dentur Anni (Hans) de Fernach, teutonico, magistro a lapidibus vivis super dicta fabrica mutuo flor. 12. auri, de quibus satisdet, pro eundo Colloniam, et in casu quo ducat unum maximum inzignerium pro dicta fabrica, ut promisit, fiant bonae expensae, quas fecit in ducendo ipsum, et in casu quo ipsum non ducat teneatur ipsos denarios restituere. Annali della Fabrica del Duomo di Milano, I, 45. Vgl. H. Siebenhüner, Deutsche Künstler am Mailänder Dom, München 1944, p. 63.

744. So bemerkt Stefani 1360 (Rubr. 683), daß man für das Modell des Domes in viele Teile der Welt geschickt habe.

745. Guasti, Cupola, p. 61, Nr. 127 u. 128.

746. Am Tabernakel in S. Paolo fuori die Inschrift: Hoc opus fecit Arnolfus architectus.

747. Lehmann-Brockhaus, Nr. 259, 805, 1164.

748. Secundum gratiam Dei quae data est mihi, ut sapiens architectus fundamentum posui, alius autem superaedificavit. I. Kor. III, 10.

Als Voraussetzung für die Anstellung eines Architekten gelten in unserer Urkunde zwei Eigenschaften: Erfahrung und Ruhm. Man sucht einen »vir expertus et famosus«. Erfahrung war die vornehmste Qualität des mittelalterlichen Handwerkers, Ruhm der Lohn des Künstlers in den Augen des spätantiken Menschen, das Merkmal seiner Größe. Schon 1234 wird der Meister Ventura aus Bologna ein »nobilis et famosus architectus« genannt[749]. Arnolfo wird 1300 als der berühmteste und erfahrenste Meister für den Kirchenbau bezeichnet[750]. 1352 sucht die Dombauverwaltung von Lucca die »fleißigsten, berühmtesten und erfahrensten Steinmetzen und Zimmerleute, die man in der Toskana finden könne«[751]. 1389 stützten die Stadtväter von Bologna ihre Entschlüsse auf die Einsicht, daß man zum Bau von San Petronio einen »rechtschaffenen, erfahrenen und berühmten Mann« benötige[752]. Erfahrung und Ruhm galten also überall als Voraussetzung für die Bestellung zum Dombaumeister. Verfügen alle diese Meister über ähnliche Erfahrungen? Berechtigen Kenntnisse in einer Disziplin zu Arbeiten in jeder anderen? Schon im 11. Jahrhundert begegnen uns Männer, die in Malerei, Skulptur und Baukunst in gleicher Weise Erfahrung besaßen[753]. In der Renaissance, mit Raffael, Leonardo und Michelangelo kehren sie wieder. Haben Ingenieure, Bildhauer, Goldschmiede oder Maler zu verschiedenen Zeiten die Führung im Bauwesen ihrer Städte erlangt?

Die Anteilnahme sämtlicher Zünfte am Dombau ist mehrfach bezeugt, und daß jede »Kunst« danach strebte, das Ihre zu seiner Vollendung beizutragen, war eine Selbstverständlichkeit[754]. Daß man den Maler Giotto gerade in diesem Augenblick wählte, hat viele Gründe. Wir werden davon noch zu handeln haben. Zuvor noch ein Wort über seinen Aufgabenbereich am Dom. War seine Erfahrung im Bauwesen oder in der Baukunst gemeint? Sollte Giotto die oberste Stellung in der Dombauverwaltung erhalten oder den Posten des Dombaumeisters? Wir hörten, daß in Siena und Pisa im 12. und 13. Jahrhundert der Hüttenleiter und der Baumeister zwei verschiedene Personen waren. Der »operario« ist ein Mann der Verwaltung, der »capomaestro« ein Maurer. Dabei ist es durchaus nicht immer ausgemacht, wer von beiden die Plananweisungen auszuarbeiten hatte. In den sechziger und siebziger Jahren war es in Siena der »operario« Fra Melano aus Gal-

749. J. B. Supino, L'arte nelle chiese di Bologna, 1932, I, 141.

750. Siehe Anhang Dok. Nr. 24.

751. Ridolfi, p. 31. Man suchte: magistri carpentariis et lapicidis et magis industriosis, famosis, prospicuis ac expertis qui haberi potuerint de partibus tuscie.

752. Siehe Anhang Dok. Nr. 29.

753. Lehmann-Brockhaus, Nr. 3606.

754. Vgl. die Stelle in der Stadtbeschreibung von 1339 bei Frey, Loggia, p. 121: Omnesque artifices contribuunt in augmentum ecclesie cathedralis ex ordine inter artes spetialiter stabilito. Der Verfasser denkt dabei an eine Ablösung der Bauaufsicht am Dom durch die einzelnen Zünfte, wie sie freilich nur bis 1331 bestanden hat.

gano, später der »capomaestro« Giovanni Pisano. In Florenz leitet 1307 ein Priester Albonectus die Dombauhütte. Er war vom Domkapitel eingesetzt und gewiß kein Fachmann[755]. 1318 finden wir einen Dreierausschuß mit der Finanzverwaltung des Domes betreut, wovon ein Mitglied als Vertreter des Bischofs, ein weiteres als Vertreter des Domkapitels und das letzte als Vertreter der Gemeinde gewählt wurde[756]. Dieser Vertreter der Stadt war Lapo Ghini, der Vater des späteren Dombaumeisters Giovanni di Lapo Ghini, also auch wohl Fachmann. 1321 traf man eine neue Regel. Abwechselnd, jede ein Jahr lang, sollten die fünf mächtigsten Zünfte den Dombau leiten[757]. Jede hatte während ihrer Amtszeit die Vorsteher der Hütte zu benennen. Schon diese Organisation zeigt an, daß die Opera zu einer reinen Finanzaufsichtsbehörde herabgesunken war. Wieder einige Jahre später, 1333, überträgt man dann das ganze Werk einer einzigen Zunft, den Wollwebern[758]. Diese ernennen eben an jenem selben 12. April 1334, an dem der Stadtrat die Anstellung Giottos gebilligt hatte, vier Verwaltungsbeamten und einen Vorsteher der Dombauhütte[759]. Ihre Aufgaben werden genau festgelegt. Sie haben die Gelder zu beschaffen und dafür zu sorgen, daß der Opera genügend Baumaterialien zugeführt werden. In Punkt 6 der Tagesordnung werden ihre Befugnisse gegenüber denen Giottos abgegrenzt. Sie hatten lediglich das Finanzgebaren des Meisters zu überwachen. Über die Planung, die früher und auch später wieder von diesen Beamten beeinflußt werden konnte, hatten sie nichts zu befinden. Über diesen wichtigsten Punkt konnte der Meister unmittelbar mit der Stadt verhandeln.

In unserer Urkunde ist er der letzte, auf den man zu sprechen kommt. Von den nachfolgenden Baumeistern hatte nur Brunelleschi und auch erst in den letzten zehn Lebensjahren ähnliche Freiheiten. Seit 1367 war das Bauwesen am Dom so bürokratisiert, daß keiner der nachfolgenden Meister seine eigenen Gedanken hätte zur Geltung bringen können. Keiner war auch nur als »capomaestro« allein verantwortlich. Der hochgeehrte Erbauer von San Petronio in Bologna, Antonio di Vincenzo, dessen Lob uns aus zahlreichen Dokumenten entgegenklingt, und der zeitweise die obersten Regierungsämter anvertraut erhielt, ist in Fragen der Bauplanung unfreier als Giotto. Seine Bestallungsurkunde von 1390 hat mit unserem Dokument vieles gemeinsam[760]. Auch er war nicht nur Baumeister, sondern zugleich auch der oberste Verwaltungsbeamte der Hütte, der als solcher alle nachgeordneten Werkleute einzusetzen hatte und auch bei der Festlegung ihrer Bezüge das

755. Guasti, p. 22, Nr. 28.
756. Ebd., p. 24, Nr. 29.
757. Ebd., p. 26 ff., Nr. 31.
758. Ebd., p. 37 ff., Nr. 42.
759. Ebd., p. 41 f., Nr. 43.
760. Siehe Anhang Nr. 29.

letzte Wort sprach. In der Planung aber mußte er sich nach den Entscheidungen des ihm beigeordneten Pater Andrea Manfredi da Faenza richten, der ihm in diesem für uns vor allem wichtigen Punkt vorgesetzt war[761]. Ich habe an anderem Ort den Nachweis zu liefern versucht, daß Giotto und nicht die Stadtverwaltung auf den Gedanken gekommen ist, zuerst den Glockenturm in Angriff zu nehmen und Arnolfos Baufragmente ein weiteres Lebensalter unvollendet zu lassen[762]. Giottos hohes Ansehen ermöglichte es dem Künstler, im Stadtrat wie in der Domopera seine Pläne durchzusetzen.

Für diese Sonderstellung des Meisters in Florenz ist unser Dokument nicht die einzige Quelle. Villani, der in der fraglichen Bausitzung vom 12. April 1334 wahrscheinlich auch anwesend war, spricht in dem Bericht über Giottos Tätigkeit, den er seiner Chronik einfügt, davon, daß Giotto zum »soprastante e provveditore della detta opera« ernannt worden sei, wörtlich zum Vorsteher und Vorseher[763]. Er fügt hinzu, daß er von der Gemeinde einen Ehrensold wegen seiner Fähigkeiten und seiner Vorzüge erhalten habe[764]. Als Dombaumeister allein wäre er ohnehin ausreichend bezahlt worden. Daß eine außerordentliche Remunifikation in Aussicht genommen war, klingt auch in unserem Dokument an[765]. Mit dem »soprastante« ist in den späteren Domurkunden fast immer der Leiter der Domhütte und nur sehr selten ein Baumeister gemeint. Der »provveditore« war der Leiter des Baubüros, in dem die Pläne auflagen, nach denen die einzelnen Maurermeister ihre Bauabschnitte zugewiesen erhielten. Er konnte ein Notar, ein Mann der Verwaltung und ein Künstler im neueren Sinne sein. Auch Brunelleschi und Ghiberti wurden zunächst als »provveditori« des Kuppelbaus angestellt[766]. Ihr Gehalt von nur drei Goldstücken im Monat zeigt an, daß sie noch nicht die Aufgaben des eigentlichen »capomaestro« im Alltag des Dombetriebs zu übernehmen hatten[767]. Diesen unterzog sich ein dritter Mann in ihrem Bunde, der dafür auch im Tagelohn mit zwanzig Soldi bezahlt wurde. Brunelleschi trat als Konstrukteur und Zeichner von technischen Rissen in das Büro der Dombauhütte ein. Wie Giotto war er ein »Planer«, der zunächst nicht dem engeren Kreis der Hüttenmeister zugerechnet werden darf.

---

761. Ebd.

762. Vgl. meinen Aufsatz über Giottos Campanile, loc. cit.

763. G. Villani, XI, 12.

764. E fugli dato salario dal comune per remunerazione della sua virtù e bontà.

765. Et ut materiam habeat in ea moram continuam contrahandi ... Paatz, Die Gestalt Giottos a. a. O. übersetzt: und daß er den Unterhalt habe, um darin ohne Unterbrechung zu weilen ...

766. Guasti, Cupola, p. 35, Nr. 71.

767. Daß Brunelleschi am Anfang seiner Laufbahn schlechter bezahlt wurde als jeder seiner Vorgänger, hat schon Manetti, p. 94, betont.

Zum Zeichner von Plänen schien ein Maler besonders berufen. Giotto besaß im Bauwesen keine Erfahrungen. Vasari schreibt ihm Castruccios berühmte Zwingburg Augusta zu, die zu seiner Zeit seit bald 200 Jahren zerstört war, und die Giotto schon aus politischen Gründen nicht gebaut haben kann. Castruccio war Ghibelline und ein Feind von Florenz. Es ist wahrscheinlich, daß Giotto den Bau der Arenakapelle in Padua geleitet hat. Doch gerade sie ist ein gutes Beispiel für die Laienarchitektur der Zeit, ein einfaches Haus, das lediglich Rahmen und Anlaß für Wandbilder sein will. Auf seine Erfahrungen in der Baukunst im engeren Sinne konnten also Giottos Freunde im Stadtrat schwerlich hinweisen. Auch Villani weiß lediglich anzugeben, daß Giotto der erste Maler seiner Zeit ist, »il piu sovrano pittore«, wie er ihn mit einem kühnen Attribut nennt. Als man 1300 seinem Vorgänger am Dom, Arnolfo, eine besondere Ehre erweisen wollte, bemerkt der Antrag ausdrücklich dessen große Erfahrungen im Kirchenbau. Man betont, daß der Stadt aus »seinem Fleiß, seiner Erfahrung und seinem Ingenium« großer Nutzen erwachsen könne[768]. Bei Giotto drückt man sich allgemeiner aus. Man erwartet sich Vorteile von seiner Wissenschaft und Lehre, der »scientia et doctrina« des Meisters. Was war damit gemeint?

In dem zweiten Punkt unserer Tagesordnung wird gerade auf diese Frage nach der Eignung des neuen Mannes im einzelnen eingegangen. Der Erfahrungen Giottos im besonderen wird nicht gedacht. Dagegen betont man, daß er ein großer Meister sei, und man in der ganzen Welt keinen geeigneteren für diese und viele andere Aufgaben finden kann. Man leugnet nicht, daß er kein Baumeister ist. Aber sein erster Nachfolger im Amt des Dombaumeisters sollte ein Bildhauer, Andrea Pisano, sein, der sich den Anspruch auf die hohe Stellung durch den Erfolg seiner Bronzetüre am Baptisterium errungen hat, und Brunelleschi war ursprünglich Goldschmied. Am Florentiner Campanile, dem Werk, das der Maler Giotto, der Bildhauer Andrea Pisano und der Baumeister Francesco Talenti nacheinander fortzuführen hatten, lassen sich die für die einzelnen Künste kennzeichnenden Anschauungsweisen ablesen. Malerarchitektur, Bildhauerarchitektur und gotische Hüttenkunst beherrschen von unten nach oben die Stockwerke des Turmes[769]. Die Wissenschaft und Lehre des Malers geht von anderen Grundanschauungen aus als die des Bildhauers, und dennoch können beide am gleichen Werk sich nützlich erweisen.

---

768. Per ipsius industriam experentiam et ingenium, siehe Anhang Dok. 24.

769. Paatz, Trecentoarchitektur, p. 130, hat Giottos Campanile Malerarchitektur genannt; H. Keller die Sieneser Fassade Giovanni Pisanos Bildhauerarchitektur; Filarete, p. 429, die Gotik Maler- und Goldschmiedearchitektur: Et venuto poi, quando per Ytalia

Von der »scientia architecturae« haben schon Vitruv und die Bibel gesprochen[770], und der Begriff kehrt auch im Mittelalter immer wieder. Seit dem 11. Jahrhundert gibt es Belegstellen[771]. Später sollte man von der »scientia inzignerii« reden, worunter man im 14. Jahrhundert die Reißbrettgeometrie oder Meßkunst verstand, das Vermögen aus einigen wenigen auf der Grundfläche abgesteckten Maßen den ganzen Bau zu entwickeln. Auch in Florenz sollte man dreißig Jahre nach Giottos Wirken nach Meistern suchen, die in den »Maßen« Erfahrung besäßen[772]. Der »gelehrte« Künstler ist ein Begriff, der dem Zeitalter durchaus vertraut war. Die höheren Fähigkeiten, die man seit der Frührenaissance als etwas Göttliches bezeichnet hat, erfaßte das Mittelalter als Gelehrsamkeit. Man suchte nach »artificis doctis«[773]. Guido da Como rühmt sich in der Inschrift der Kanzel von San Bartolomeo in Pontano als »doctus in arte probatus«. Nicola Pisano spricht von der gelehrten Hand des Bildhauers, der »tam bene docta manus«[774], mit der er sein Werk vollendet hat. In einem Lehrvertrag von 1294 verspricht ein Florentiner Malermeister, seinen Schüler in die »dottrina« und das »exercitium« seiner Kunst einzuführen, also in Theorie und Praxis[775]. In Siena werden für den neuen Dombau 1339 »magistri docti et experti« gefordert[776]. In Orvieto sucht man 1362 »personas scientificas« zur Fertigstellung des Fassadenmosaiks[777]. 1364 preist man den neuen Dombaumeister, Paolo di Antonio aus Siena, als einen in der Bildhauerei gelehrten Meister[778]. 1390 wird Antonio di Vincenzo in Bologna als ein Mann voller Gelehrsamkeit gerühmt, ein »vir plenissime eruditus«[779]. Die Beispiele ließen sich beliebig vermehren.

---

s'e voluto fare alcuno hodificio, sono ricaisi quegli, che anno voluto fare, a orefici e dipintori.

770. Vgl. Exod. XXXI, 1: Locutusque est Dominus ad Moysen, dicens: Ecce, vocavi ex nomine Beseleel filium Uri filii Hur de tribu Juda, et implevi eum spiritu Dei, sapientia, et intelligentia, et scientia opere ad excogitandum quidquid fabricari potest ex auro, et argento, et aere, marmore et gemmis, et diversitate lignorum. Hinweis bei R. E. Swastwont, The Monastic Craftsmann, Cambridge 1932, p. 95 f.

771. Nachweise bei W. Paatz, Die Gestalt Giottos, p. 92 ff. Über die Bedeutung der Begriffe „scientia" und „doctrina" vgl. G. Poré, La Renaissance du XIIe siècle, Paris 1933, p. 104 f. Hierzu auch Edgar de Bruyne, Etudes d'Estétique médiévale, III Bde, Bruges 1946, II, 371 und 385.

772. Bei dem Streit um den Kuppel- und Tribünenbau von Florenz schlagen die Goldschmiede 1366 vor, nach einem Künstler zu suchen: che sia sofficente in misure e in deficho e in disengno. Guasti, p. 167, Nr. 141.

773. Lehmann-Brockhaus, Nr. 3034.

774. Die Stelle in der Inschrift der Pisaner Baptisteriumskanzel.

775. Die Vertragschließenden versprechen: quod dictus Gierardus hinc ad dictum terminum perseveranter et continue diebus convenientibus cum dicto magister suo Dino morabitur et fideliter et studiose faciet et operabit quecumque dictus magister circa dottrinam et exercitum ipsius artis sibi preceperit. Milanesi, Nuovi Doc., p. 10 f., Nr. 8.

776. Milanesi, Doc. I, 226, Nr. 49.

777. Fumi, p. 29, Doc. 86.

778. Ebd., p. 479.

779. Gatti, p. 295. Vgl. Anhang Dok. Nr. 29.

Kunst als Wissenschaft aufzufassen, ist mittelalterlich. Auch außerhalb Italiens ist der »gelehrte« Künstler eine bekannte Figur. Peter von Montereau (gest. 1266) wird auf seinem Grabstein in St. Germain ein »doctor lathomorum« genannt[780]. Ebenso wird die »dottrina« Brunelleschis wiederholt von seinen Zeitgenossen gerühmt. »Dotissimo« ist das Lieblingsattribut Ghibertis, mit dem er große Künstler auszeichnet. Von Giotto weiß er zu berichten: »fu inventore et trovatore di tanta doctrina la quale era stata sepulta circa d'anni 600«. Von seinen Schülern heißt es: »furono dotti al pari delli antichi Greci«[781]. Ghiberti mag zu dieser Ansicht auch durch die Überlegung gekommen sein, daß sich in der Kunst Giottos und seiner Nachfolger etwas Neues kundtat, was sich als italienisch und für ihn daher auch als klassisch von der Kunst des Nordens unterscheidet. In Malerei und Skulptur war damit vielleicht die der Gotik gegenüber größere Naturnähe gemeint. In der Baukunst hat sich der Gegensatz des Südens gegen den Norden noch in anderer Weise ausgewirkt, die uns in den Disputen zwischen deutschen und französischen Künstlern einerseits und den Italienern andererseits aus Anlaß des Mailänder Dombaus greifbar werden.

Von vornherein standen sich hier zwei Parteien feindlich gegenüber[782]. Die »inzignerii franceschi«, wie die deutschen und französischen Hüttenmeister bezeichnet werden, schlagen den italienischen Behörden Pläne vor, die, folgerichtig aus den Maßen entwickelt und ganz in Stein gebaut, auf die innere Logik ihrer Konstruktion aufgebaut, sich wenig um die optische Erscheinung kümmern. Die Italiener wollen von dieser Logik des werkgerechten Bauens nichts wissen. Solchen Berechnungen gegenüber verläßt man sich lieber auf Erfahrungen, mit denen sowohl handwerkliche als auch optische gemeint sind. Um die weiten Rundbögen des Mailänder Domes zu ermöglichen, nimmt man lieber Eisenbinder in Kauf, wie sie dann auch an kaum einer einzigen gewölbten gotischen Kirche großen Formats in Italien fehlen. Das Optische ist wichtiger als das Statische[783]. Die deutschen Baumeister empfanden eine solche Umgehung der Gesetze ihres Gewerbes als unehrenhaft und des heiligen Zwecks nicht würdig. Wo die Italiener betonen: »quod scientiam geometriam non debet in iis locum habere, quia scientia est unum et ars aliud« antworten ihre Gegner aus dem Norden: »ars sine scientia nihil est«. Platonische Gedankengänge klingen an. Die »practica«, als welche man die Kunst bezeichnen kann, muß von der »theoria« geleitet werden, oder sie

780. Bouillart, Hist. de l'abb. de St. Germain, p. 133.

781. Denkwürdigkeiten I, 36.

782. Ich stütze mich im Folgenden auf J. S. Ackermann, Ars sine scientia nihil est, Gothic theory of architecture at the cathedral of Milan, in The Art Bulletin, 1949, p. 84–111.

783. Die Bedeutung der optischen Erfahrungen scheinen mir in der Studie von Ackermann nicht genügend betont. H. Siebenhüner, op. cit., wo ich diese Gedankengänge schon einmal entwickelt finde, und den Ackermann nicht nennt, hat hier klarer gesehen.

bleibt nur Spiel ohne höhere und innere Notwendigkeit. Der ganze Gegensatz zwischen dem Formgefühl des Südens und dem gotischen Formdenken klafft auf. Dem logischen System setzt man in Italien optische Bedürfnisse entgegen, dem gotischen Gefüge, das unübersehbar bleibt, das gefällige Aussehen.

In dieser Kunst der sichtbaren Dinge, des schön Gestalteten, das sich vor dem Auge bewährt, ist Giotto der große Erneuerer gewesen. Es ist kein Zufall, daß sich mit dem Entwurf Giottos für den Campanile die älteste Architekturzeichnung der Florentiner Kunstgeschichte erhalten hat. Für Giotto ging dem Bau des Turmes das Bild des Turmes voraus. Das war dem Zeitalter noch keineswegs eine Selbstverständlichkeit. Ghiberti preist Giottos Entwürfe als »egregissamente designati«. In dem späteren Verlauf der Baugeschichte des Domes bestaunt man die Tatsache, daß der Zeichner und Entwerfer und der Baumeister keineswegs immer derselbe ist. Eine Kommission von Malern und Bildhauern, unter denen Orcagna der führende Kopf war, schuf das Modell, nach dem die Hüttenmeister den Dom bauen mußten. In der Zeichnung konnte sich der Architekt und der Hüttenleiter bewähren, der »magister« und der »gubernator«. Das Zeitalter, in dem ein Notar die Vertragszeichnungen schuf, nach denen die Maurer das Werk emporführten, war noch nicht beendet. Sogar für die Loggia dei Lanzi gab es noch eine solche Vertragszeichnung[784]. Giottos Ansehen und seine Doppelstellung am Dom erklärt sich aus der Funktion, die dem Zeichner und der neuen Zeichenkunst in einer italienischen Dombauhütte des Trecento zukam.

Die Geschichte der Architekturzeichnungen ist noch wenig geklärt. Wir wissen nicht, wie romanische Bauzeichnungen ausgesehen haben. Gab es je einen Entwurf für den Dom von Pisa? Gewisse Unregelmäßigkeiten vor allem am Äußeren machen es unwahrscheinlich. Alles, was vom Grundriß abhängig ist, der auf dem Boden abgesteckt werden konnte, ist ungleich genauer. Die Pläne von Sankt Gallen aus dem 9. Jahrhundert und von Canterbury aus dem 12. können uns lediglich darüber belehren, daß die ältesten Risse des Mittelalters noch wenig mit den Bauzeichnungen der neueren Zeit gemein hatten. Romanische Miniaturen zeigen an, daß man jahrhundertelang nicht in der Lage war, die Ansicht eines geplanten oder schon vollendeten Bauwerks zuverlässig wiederzugeben[784a]. Der Mönch, der den Kirchenbau leitete,

---

784. Operarii predicti providerunt . . ., quod due cholonne logie, site versus plateam dominorum priorum fiant . . . modo et forma quibus est modellus seu exemplum, designatum in quodam folio per me Jacobum, notarium subscriptum, et predicta fecerunt de consilio, consensu et voluntate Benci Cionis, Simone Francisci et Taddei Ristori, capudmagistrorum dicti operis. Frey, Loggia, p. 285 f.

784a. Über die mittelalterliche Architekturzeichnung neuerdings: Walter Überwasser, Deutsche Architekturdarstellung um das Jahr 1000, Festschrift für Hans Jantzen, Berlin 1951, p. 45–70.

konnte dem Mönch, der in der Zelle daneben an der Chronik des Klosters schrieb, keine Vorlage für die Illustrationen in seine Stube reichen. Man entwickelte alles aus dem Grundriß, den man an Ort und Stelle ausmaß, und hielt sich im übrigen für jedes Baudetail an ein Exemplum. Einfache Hausbauten werden noch das ganze 14. Jahrhundert hindurch ohne Baupläne ausgeführt, und selbst für große Paläste begnügte man sich mit ungenauen und allgemein gehaltenen Vertragszeichnungen[785]. Auch für Kirchenbauten sind erst in der hohen Gotik schematische Pläne nachzuweisen, Grundrisse, Ansichten, zuletzt noch Schnitte. Die ältesten erhaltenen Risse der Gotik sind Palimpseste in einer Reimser Handschrift, die aus dem zweiten Viertel des 13. Jahrhunderts stammt[786]. Die »scientia geometria« hat sich im Norden im Verlauf des 13. Jahrhunderts rasch und stetig vervollkommnet. Wunderwerke an Präzision der Durchführung waren notwendig, um die vielgestalte Formenwelt der Fassaden von Reims oder Amiens als Zeichnung wiederzugeben. Der große Fassadenriß für den Kölner Dom von etwa 1320 ist das bedeutendste erhaltene Werk[787]. Die älteste Kunde von einer maßstäblich genauen Zeichnung stammt dann erst aus dem Ende des 14. Jahrhunderts und aus Italien. Es ist der große Entwurf Antonio di Vicenzos für San Petronio in Bologna, der freilich zunächst noch immer nicht dazu gedient hat, den Dom zu bauen, sondern nur das Dommodell[788]. Aber noch immer blieben die maßstäblich genauen Zeichnungen selten. Brunelleschi, der die neue Kunst zur höchsten Vollendung entwickelt hat, wurde von seinen nachgeordneten Werkmeistern nur schwer verstanden. Sie hatten noch nicht gelernt, nach Zeichnungen zu bauen[789].

Die Zeichenkunst der deutschen und französischen Hüttenmeister ist erst in der zweiten Hälfte des 13. Jahrhunderts in Italien bekannt geworden. Wahrscheinlich kommt Giovanni Pisano die vermittelnde Stellung zu[789a]. Er durfte seine Wanderjahre in Frankreich verbringen. Als er 1284 mit 35 Jahren nach Siena kam, räumte man ihm von vornherein die erste Stelle am Dom und große Vorrechte ein. Es ist denkbar, daß Giovanni mit einem solchen neuartigen Riß für die Domfassade den Sieneser Stadtrat für seine Pläne und seine Person gewonnen hat. Genauere Kenntnisse in der neuen Reißkunst vermochte dann Lorenzo Maitani in seinen beiden erhaltenen Ent-

---

785. Vgl. unten p. 195.

786. Didron, Annales archéol. V (1846), vgl. Heydenreich, in Reallexikon z. Deutsch. Kunstgesch., »Architekturzeichnung«, I, p. 1004 ff.

787. Über diesen Riß vgl. Hans Kauffmann, Die Kölner Domfassade, in »Der Kölner Dom«, Festschrift des Zentral-Dombau-Vereins, Köln 1948, p. 78–137.

788. Dok. bei Gatti, op. cit., p. 293.

789. Manetti, p. 101 f.

789a. P. Bacci, Doc. e Com. hat wahrscheinlich gemacht, daß G. Pisano 1248/9 geboren wurde.

würfen für die Domfassade von Orvieto unter Beweis zu stellen[790]. Hier zum erstenmal treffen wir in Italien auf ein Bauwerk, das in seiner Gestaltung von dem Schematismus der gotischen Bauzeichnungen beeinflußt wurde. Die Fassade von Orvieto ist das erste Werk, von dem wir mit Sicherheit sagen können, daß es auf der Reißtafel ersonnen wurde.

Die sieneser Kopie Giottos Entwurf steht kennzeichnenderweise nicht in dieser Tradition. Wir haben es im genaueren Sinne mit keinem Bauriß zu tun (Abb. 47). Es ist ein Abbild, ein Malwerk, das nicht aus einem konstruktiven Schema entwickelt wurde, sondern aus den Erfahrungen des Malers im Bereich des Sichtbaren und des Darstellbaren erwachsen konnte. Ähnlich wird die »pittura« ausgesehen haben, die Lippo Memmi für die Bekrönung der Torre del Mangia in Siena geschaffen hat, nach der dann ein Schreiner das Modell und die Maurermeister den Turm zu arbeiten hatten[791]. Die Malerei unter Giottos Führung hat neue Methoden ausgebildet, um Bauwerke zur Darstellung zu bringen, und diese haben die italienische Baukunst des Trecento, vor allem den Florentiner Dombau, maßgeblich beeinflußt.

Giottos »scientia« und »doctrina« erwuchs aus der Fähigkeit, den Gesamtplan für ein Bauwerk in einem »disegno« festzuhalten und ihn in einem »Rat«, dem »consiglio« des Fachmannes und Kunstverständigen vor der Behörde zu vertreten. Beide Begriffe finden sich zwar nicht in unserem Dokument, doch sind sie andernorts vielfach belegt. In diesem Jahrhundert, in dem die Baukunst sich nach festen Regeln bewegte, und man jedes Bauwerk aus den Exempla zu entwickeln suchte, konnte der Rat eines kundigen Mannes ebensoviel bedeuten wie heute ein Entwurf. »Secondo il consigli di Giotto, in quelli tempi dipintore famosissimo, edificarono la torre di Santa Reparata«, schreibt Macchiavelli im zweiten Buch seiner Geschichte von Florenz. Wir hörten, daß schon 1099 die Bürger von Modena sich auf den »consiglio« des Laufrancus verlassen wollten. Villard de Honnecourt verspricht, daß man in seinem Buch »grand consel de la grand force de maconerie« finden werde[792]. Nicola Pisano erhält vertraglich die Erlaubnis, während der Arbeit an der Sieneser Kanzel viermal im Jahr nach Pisa auf jeweils vierzehn Tage zu reisen »ad consiliandum ipsa opera«[793]. In Siena werden durch die Stadtverwaltung vor jedem neuen Bauabschnitt des Domes Sachverständige aller Richtungen um ihren Rat angegangen[794]. Die Baumeister selbst werden verpflichtet, ihre Arbeitskraft, ihren Rat und ihre Kunst in den Dienst des

790. H. Keller, Die Risse der Orvietaner Domopera und die Anfänge der Bildhauerzeichnung, Festschrift für W. Pinder, Leipzig 1938, p. 193–222.

791. Über Lippo Memmis Entwurf zuerst A. Lisini, Chi fu l'Architetto della Torre del Mangia, in Miscellanea storia senese, 1894, p. 128.

792. H. R. Hahnloser, Villart de Honnecourt, Wien 1935, p. 11.

793. Das Dokument unter anderem bei Nicco-Fasola, Nicola Pisano, Roma 1941, p. 212.

794. Ein gutes Beispiel bei Milanesi, Doc. I, 186, Nr. 34.

Werkes zu stellen (»opera, consiglio et arte«)[795]. Der Wert des Rates eines Lando di Pietro für das gesamte Bauwesen der Stadt wird in seiner Anstellungsurkunde von 1339 besonders hervorgehoben[796]. Nach dem »conseil« des Meisters Henry Yevele, lesen wir in einer englischen Urkunde von 1395, wurde das Modell für Westminster Hall hergestellt[797]. Auch Brunelleschi sollte zunächst – von 1404 bis 1406 – nur als Berater von der Dombauhütte gehört werden[798]. In der zweiten Trecentohälfte finden wir in Florenz ständig viele Berater um den Dom bemüht. Während langer Jahre – nachweislich von 1357 bis 1367 – scheint die ganze Bürgerschaft in zwei Parteien gespalten, die sich für verschiedene Baugedanken einsetzen. Die Dombauhütte und ihre führenden Baumeister stehen im Ringen mit einer Partei von Malern und Bildhauern, zuletzt von Außenseitern, unter denen Orcagna die bedeutendste Gestalt ist. Die Maler werden immer wieder um Rat gefragt und müssen zuletzt das Modell liefern, nach dem sich trotz allem Widerstreben die Dombaumeister zu richten haben. Diese Partei der Außenseiter, der Maler und Ratgeber, ist die Partei Giottos. In ihr lebt die »scientia« und »doctrina« fort, um derentwillen Giotto das hohe Amt erhalten hatte. Es spiegelt sich in ihr eine Anschauung, die das monumentale und zugleich gefällige Aussehen über das logische, werkgerechte Gebautsein setzt, die italienische »Augenkunst« über die Kunst der »Maße«, wie sie der Norden entwickelt hat.

Giovanni Pisano.

Gibt es in der Toskana andere und frühere Meister, die ein ähnliches Ansehen genossen und mit ähnlichen Vollmachten ausgestattet wurden wie der greise Giotto? Es sei zunächst an die Stellung erinnert, die Giovanni Pisano von 1284–1297 in Siena und später in Pisa einnahm. In beiden Städten war er nacheinander Dombaumeister. Und wenn er auch in jeder Stadt nur ein Hauptwerk geschaffen hat, in Siena die Fassade, in Pisa die Domkanzel, so wurde er doch hier wie dort für zahlreiche andere Bauaufgaben um seinen Rat gefragt. Giovanni ist der einzige »artifex«, mit dem sich in beiden

---

795. Ebd., p. 241, Nr. 52.

796. Siehe Anhang Dok. Nr. 28.

797. Selon le purpat d'une forme e moldo faite par conseil de Mestre Henry Yevely. Zitiert nach Douglas Knoop and G. P. Jones, The Mediaeval Mason, Manchester 1933, p. 23. Damit in dieser Reihe auch ein deutsches Beispiel nicht fehle, sei auf eine Notiz über den Tod des Erbauers von St. Kunibert in Köln hingewiesen: Obiit Vogelo ... huius consilio et magisterio inchoata et promota est nove fabrica ecclesie. P. Clemen, Romanische Monumentalmalerei in den Rheinlanden, Düsseldorf 1916, p. 591, Anm. 3, dem ich diese Stelle entnehme, zieht aus ihr den umgekehrten Schluß. Mit dem Berater sei ein Verwaltungsbeamter gemeint.

798. Guasti, p. 299, Nr. 425.

Städten – in Siena wiederholt – die Statute zu beschäftigen hatten[799]. Es war auch andernorts und schon früher vorgekommen, daß auswärtige Facharbeiter durch besondere Begünstigungen in Fragen der Steuer und der Heeres- und Wachtdienste zur Übersiedlung in eine fremde Stadt bewogen wurden[800]. Giovanni ist der erste, dessen Rechte in den Statuten verbrieft werden. Man war sich in Siena durchaus bewußt, daß man es in ihm mit einer außerordentlichen Persönlichkeit zu tun hatte. Außer ihm erhalten nur noch die »maestri de la gramatica«, also die Lateinlehrer, ähnliche Vorrechte, was darauf hinweist, daß schon im Dugento die bildenden Künstler sich in ihrer Rangstellung den Vertretern der freien Künste anzunähern suchten[801]. Die Verordnung über die Befreiung vom Heeresdienst und von allen Steuern für Giovanni Pisano bedeutet einen ersten Schritt auf dem Wege zur Emanzipation der bildenden Künste. Der Baumeister Arnolfo di Cambio konnte es erst in seinem letzten Lebensjahr wagen, die gleichen Rechte bei der Florentiner Stadtverwaltung – wohl nicht ganz ohne Bezug auf die Stellung Giovannis in Siena und Pisa – zu beantragen[802]. Sie wurde ihm nur zögernd und unter besonderem Hinweis auf seine außerordentlichen Verdienste um den Dombau gewährt. Man betrachtete sie als persönliche Ehrung[803]. Vor Arnolfo war es in der Florentiner Geschichte nur sehr selten vorgekommen, daß ein einzelner Bürger um seiner besonderen Verdienste willen von den städtischen Steuern befreit wurde. Der erste, von dem wir hören, war ein Techniker, der 1220 auf den Gedanken gekommen war, eine feindliche Burg durch das Unterminieren ihrer Mauern zu Fall zu bringen. Es war also eine für die Geschichte der Kriegskunst bedeutsame Erfindung, die die Stadt Florenz in so außerordentlicher Weise zu ehren gesucht hat[804]. Giovanni und Arnolfo geraten dadurch in die Gesellschaft der zu allen Zeiten gefeierten Mechaniker, denen sich auch Lando di Pietro und Brunelleschi später zugesellen sollten. Auch Lorenzo Maitani konnte in Orvieto, wo er als Dombaumeister überaus großes Ansehen genoß, ähnliche Vorrechte beantragen und erhalten[805]. Daß gerade die Befreiung von den Wacht- und Kriegsdiensten auch von großer Bedeutung für den Fortgang der Bauarbeiten an den Dom-

799. Siehe Anhang Dok. 17–23.

800. So die Steinmetze Donato, Lapo und Goro 1271/72 in Siena. Milanesi, Doc. I, 153, Nr. 11. Über diese Künstler zuletzt E. Carli, Lapo, Donato e Gori, in L'arte 1948, p. 177–189.

801. Siena, Statut von 1309/10, Dist. I, Rubr. 95: Che li maestri de la gramatica non facciano la guardia di notte. Ferner Dist. IV, Rubr. 13: Che chi insegna gramatica non vada ne l'oste.

802. Siehe Anhang Dok. Nr. 24. Es sei darauf hingewiesen, daß Arnolfo dieses Recht erst auf eigenen Antrag erhielt.

803. Ipsius magistrum personam honorare volentes, heißt es in dem im Anhang Nr. 24 wiedergegebenen Schriftstück.

804. Es handelt sich um die Burg des Grafen Scarcialupi bei Poggibonsi, Davidsohn, Gesch. v. Florenz, II, i, 72, Anm. 1. Vgl. Sanzanome, in Hartwig, Quellen und Forsch. I, 18 ff.

805. Siehe Anhang Dok. Nr. 25.

kirchen werden konnte, beweisen Vorgänge aus anderen Städten. Benci di Cione und Neri di Fioravanti mußten ihre Arbeit an Or San Michele 1351 abbrechen, um Wälle und Befestigungsanlagen für die kriegerischen Unternehmungen der Stadt zu erbauen[806]. In Lucca hat man geradezu von der Deportation von Dombaumeistern durch die verschiedenen Tyrannen gesprochen, die diese Stadt nacheinander beherrscht haben[807]. Der Maler Duccio mußte 1299 eine hohe Geldstrafe zahlen, weil er den Kriegsdienst in einem Feldzug gegen die Barone der Maremma verweigert hatte. Es ist auffallend, daß die Vorrechte, wie sie Giovanni Pisano, Arnolfo und Lorenzo Maitani genossen haben, in der zweiten Jahrhunderthälfte und in der Toskana keinem Künstler mehr gewährt wurden.

Die Steuer- und Kriegsdienstbefreiung ist nicht das einzige Recht, das Giovanni durch die Sieneser und Pisaner Statute zugesichert erhielt. In Siena verhandelt Giovanni nahezu unabhängig von den diensthabenden Hüttenleitern unmittelbar mit der Stadt. Während Fra Melano mit seinem Vater Nicola Pisano über den Kanzelbau abschließt, ohne des damals diensthabenden »capomaestros« auch nur zu gedenken, bestimmt jetzt der Bildhauer und nicht der Beamte den Gang der Arbeit. In seinem Streit mit dem ihm beigeordneten Ramo di Paganello erhält Giovanni zuletzt doch insofern Recht, als dem Rivalen nur dann Arbeiten zugewiesen werden können, wenn er sie vorher gebilligt hat. Der vor der Ankunft des Pisaners in Siena hochgeehrte Steinmetz hatte sich beschwert, daß man ihm keine Arbeiten mehr für sichtbare Stellen am Dom zugewiesen habe. Zum Leiter der Sieneser Dombauhütte wird während Giovannis Amtszeit ein Bürgerschaftsvertreter bestellt, der weder schreiben noch lesen kann, also in allen wichtigen Fragen von dem bedeutenden »capomaestro« abhängig bleiben mußte. Hohe Geldstrafen, die sich Giovanni durch eine leichtsinnige Lebensführung zugezogen hatte, übernimmt zuletzt die Stadtkasse, um sich den wertvollen Mann zu erhalten.

In Pisa bestätigt man ihm allem Brauch zum Trotz seine völlige Unabhängigkeit von dem leitenden Operarius und verspricht ihm lebenslängliche Anstellung. Er durfte also unmittelbar mit dem Stadtrat in Sachen der Planung verhandeln. Bisher war noch nie ein Künstler anders als auf ein bestimmtes Werk und eine bestimmte Zeit verpflichtet worden. Nach ihm sollte, soweit ich sehe, nur noch Lorenzo Maitani in Orvieto in diesem Jahrhundert einen lebenslänglichen Vertrag erhalten. Selbst Brunelleschi hatte bis in sein letztes Lebensjahr zu warten, bis man für ihn diese Ehrung auf das Drängen vieler Bürger durchsetzte[808]. In dem lebenslänglichen Anstel-

---

806. Es handelt sich um einen der vielen Feldzüge gegen die Ubaldini, Florenz, Staatsarchiv, Provv. vom 18. Juli 1351.

807. Ridolfi, Diporti artistici, in Atti della R. Accademia lucchese (,) XVIII, 261.

808. Siehe Anhang Dok. Nr. 30.

lungsvertrag Giovanni Pisanos kommt die Achtung zum Ausdruck, die man hier erstmalig einer Künstlerpersönlichkeit ganz unabhängig von dem Werk zum Ausdruck brachte, das sie zu einem gegebenen Zeitpunkt in Auftrag hatte. Wenn sich Giovanni in seiner berühmten Kanzelinschrift in Pisa dennoch bitter beklagt, ungünstig mit den Stadtverwaltungen abgeschlossen zu haben – non bene cavi [809] – so hat das einen besonderen Grund. Der Bildhauer wurde Zeit seines Lebens immer im Tagelohn als Handwerker bezahlt. Über acht Soldi im Tag ist er nie herausgekommen. Hierin blieb er ein Knecht. Man hat nicht den kühnen Planer und Erneuerer, sondern nur den Werkmann honoriert. Was er sonst noch als Berater in den Fragen des Brunnenbaus in Siena, des schiefen Turms in Pisa und vielleicht auf vielen anderen Gebieten geleistet hat, wurde bestenfalls durch ein Mittagessen abgegolten[810], blieb also im Grunde ein ehrenamtlicher Rat, wie er von jedem anderen Bürger auch gefordert werden konnte und von dem Dombaumeister mit noch größerem Recht verlangt wurde. Für seine geistige Arbeit, für die schon Giotto einen Ehrensold erhielt, wurde Giovanni Pisano noch nicht bezahlt.

Lorenzo Maitani.

Ähnlicher der Stellung Giottos in Florenz war die des Lorenzo Maitani in Orvieto. Die Figur des Sienesen in der kleinen Domstadt hebt sich weit aus allen Bindungen mittelalterlicher Zunftgesetze heraus. Wiederholt hat sich mit seiner Person der Stadtrat zu beschäftigen. Von vornherein werden ihm ganz besondere Rechte und Freiheiten eingeräumt. Auf 15 Jahre wird ihm völlige Steuerfreiheit zugesichert [811]. Gleich einem Ritter erhält er das Recht, innerhalb der Stadt und ihrer Vorstädte jede beliebige Waffe zu führen[812]. Ähnlich wie in der Giotto-Urkunde wird von der Liebe und Wertschätzung der Bürger zu ihrem Baumeister in dem nüchternen Dokument gesprochen. Nicht nur der Dombau und seine Fassade werden ihm anvertraut, um alle anderen städtischen und privaten Bauarbeiten soll er sich kümmern, um Tore und Mauern, Brücken, Brunnen und Paläste[813]. Man genehmigt ihm ein großes Baubüro, in dem Schüler in Zeichnung und Bildhauen ausgebildet werden[814]. Nach Ablauf des fünfzehnjährigen Vertrages wird er sofort bis auf Widerruf mit allen seinen Klauseln erneuert [815]. Als man 1327 gleichzeitig

---

809. Cavere ist ein juristischer Terminus und heißt einen Vertrag abschließen. Non bene cavi heißt, ich habe keinen günstigen Vertrag gemacht.

810. Die Domurkunden von Florenz und die Rechnungsbücher von Siena sind voll von Belegen für die Kosten von Festessen, die die Opera der Dome ihren Beratern gab.

811. Siehe Anhang Dok. Nr. 25.

812. Ebd.

813. Ebd.

814. Ebd.

815. Fumi, Doc. IX, p. 23 f.

Stadtmauer, Tore und Stadtpalast wiederherstellen lassen will, räumt man ihm diktatorische Vollmachten ein[816]. Das Riesenwerk, für das alle Handwerker zwangsverpflichtet werden, die besten Steinbrüche beschlagnahmt und ein Mann aus jedem Haus zur Arbeit beordert wird, hat er nahezu uneingeschränkt zu leiten. In einem durchaus modernen Sinn war Lorenzo Maitani nicht nur Dombaumeister, sondern auch Stadtbaumeister von Orvieto. Alles, was im ersten Drittel des 14. Jahrhunderts dort geschah – und es sind die entscheidenden Jahre in der Baugeschichte dieser kleinen Stadt – ist sein Werk. Auch in den Disputen über den geplanten neuen Dom seiner Heimatstadt Siena tritt er mit großem Selbstbewußtsein auf. Sein Urteil ist frei, kühn und bestimmt. Er vor allem war es, der einen völligen Neubau gefordert hat[817].

Lando di Pietro.

Die Sieneser Stadtverwaltung entschied sich damals für den Rat eines anderen großen Meisters, den Rat Lando di Pietros. Das Dokument, durch das er 1339 – ein Jahr vor seinem Tode – in das Amt eines Dombaumeisters eingesetzt wird, entspricht in vielen Einzelheiten der Bestallungsurkunde Giottos in Florenz[818]. »Es sei in der ganzen Stadt bekannt, daß der Goldschmied Lando ein überaus ehrenwerter Mann sei, der nicht nur in seinem Handwerk, sondern auch in vielen anderen Künsten erfahren sei. Er sei ein Mann von großer Geschicklichkeit und voller Erfindungen, sowohl was den Bau von Kirchen betreffe, wie auch den von Palästen und anderen Gemeindebauten, wie ebenso Straßen, Brücken, Brunnen und die übrigen öffentlichen Bauaufgaben. Lando halte sich zur Zeit in Neapel auf, um dort seinen Ruhm und sein Ansehen zu mehren. Es sei für die Stadt Siena vorteilhaft und nützlich, wenn ein Mann mit solchen Fähigkeiten nicht abwesend und fern seiner Heimat sei, sondern besser immer in ihr weile, da von seinem Rat und seiner Hilfe sowohl die Arbeiten im Dom abhängig seien als auch die obengenannten der Gemeinde Siena.«

Lando stand am Ende seiner Laufbahn, als man ihn für den Dombau nach Siena zurückrief. Einige wenige Nachrichten werfen ein Licht auf die vielseitige Tätigkeit des Goldschmiedes: 1311 arbeitet er in Mailand den Kronreif, den Heinrich VII. bei seiner Krönung zum König von Italien trug. 1321 ist er in Siena damit beschäftigt, das mechanische Geläute der Stadtglocken in Ordnung zu bringen. 1322 berichtet Giovanni Villani von einer ähnlichen Tätigkeit für die große Glocke von Florenz. 1328 baut er die Belagerungsmaschine, mittels deren Guidoriccio Montemassa erobert, eine Tat, die

816. Siehe Anhang Dok. Nr. 26.
817. Milanesi, Doc. I, 186, Nr. 84.
818. Siehe Anhang Dok. Nr. 28.

letzterem eine so ungewöhnliche Ehrung einbrachte, wie sie Simone Martinis berühmtes Fresco im Ratssaal zu Siena darstellt. 1334 baut er Mauern und Tore des Städtchens Paganico in den Maremmen, mit dessen Baugeschichte wir uns schon mehrmals zu beschäftigen hatten[819]. 1337 ist jener edle Kruzifixus in der Osservanza vor Siena entstanden, dessen Zuschreibung an Lando erst durch seine fast völlige Vernichtung im vergangenen Krieg gesichert werden konnte. Man fand in dem zerschmetterten Haupt ein Schriftstück mit einem Gebet des Bildhauers von ergreifendem Ernst, das seinen und seiner Söhne Namen nennt[820]. Diesem Mann also, der im Laufe seines Lebens so verschiedenartige Dinge wie Kaiserkronen, Glockenstühle, Belagerungsmaschinen, Stadtmauern und Holzskulpturen geschaffen hat, überträgt man am Ende den Dombau seiner Heimatstadt und ihr gesamtes Bauwesen. Seine Doppelstellung an Stadt und Dom kommt auch in seiner Bezahlung zum Ausdruck. Unabhängig davon, was immer er leistet, erhält er, solange er persönlich in Siena anwesend ist, 200 Lire pro Jahr, und zwar die Hälfte von der Domopera für seine Arbeiten dort, die Hälfte unmittelbar von der Stadtverwaltung für jene Leistungen, die ihm im Stadt- und Landgebiet der Gemeinde übertragen werden.

In der Person Landos scheinen sich zwei ältere Berufe vereinigt zu haben, der des Stadtingenieurs und der eines Goldschmiedes oder Bildhauers. Außer in der Malerei war er in jeder anderen Disziplin der bildenden Künste tätig und nicht nur in ihnen. Man fühlt sich an Brunelleschi, ja an Leonardo erinnert. Wiederum wird man sich bewußt, daß gerade diese Vielseitigkeit in ihrem Doppelbezug auf Vergangenheit und Zukunft ebensosehr Kennzeichen der großen Persönlichkeiten im Zeitalter Dantes ist wie der Künstler der Früh- und Hochrenaissance.

Der Vergleich des Sienesen mit Brunelleschi macht weitere gemeinsame Wesenszüge deutlich. Beide waren Goldschmiede, beide haben Bildhauerarbeiten in Holz und Bronze geschaffen, und für beide bildete die Goldschmiedekunst den Ausgangspunkt für Arbeiten auf dem Gebiet der Mechanik. Schon Manetti – Brunelleschis Schüler und ältester Biograph – hat hervorgehoben, daß es ein technisches Interesse gewesen sei, das ihn das Goldschmiedehandwerk wählen ließ, eine Angabe, die die Wahrscheinlichkeit für sich hat. Als einer der ersten in der neueren Geschichte überhaupt hat Brunelleschi eine Art vom Staat geschütztes Patent erhalten, ein Monopol für ein neues System, Schiffe auf dem Arno zu bewegen[821]. Sein Probewerk

---

819. Milanesi, Doc. I, 230 f., Nr. 50.

820. Werk und Gebet ist von der Presse veröffentlicht worden. Eine wissenschaftlich genaue Wiedergabe steht noch aus.

821. Frank D. Prager (Chikago), Brunelleschi's Patent, Journal of the Patent office Society, Vol. XXVIII (1946), p. 109–135.

freilich, der sog. »badalone« oder das Seeungeheuer, mit dem er die Marmorsteine für den Dom von den Brüchen bei Pisa nach Florenz bringen wollte, ging schon auf der ersten Fahrt unter. Vasari glaubt, in der zweiten Ausgabe seiner Künstlerleben von 1568 die besseren Angaben der ersten von 1551 abändern zu müssen, um seinen Helden nicht auch als Mechaniker, sondern allein als Künstler der Nachwelt darzustellen. Noch Fabriczy hielt es für notwendig, sein technisches Interesse und das Patent zu entschuldigen[822]. Aber gerade hier steht der Erbauer der Domkuppel in einer alten Tradition. Als Erfinder erwarben sich viele Künstler des Trecento Ruhm, und das Außerordentliche ihrer Begabung wurde früher dort erkannt, wo es um technische Neuerungen ging, als im ästhetischen Bereich. Ein zeitgenössischer Chronist nennt Lando »uno sanese di grande magistro e di sottile ingegno«[823]. Das »Ingenium« erweist sich an technischen Erfindungen, ehe man es im künstlerischen Bereich zu werten gelernt hat[823a]. Der Begriff »Ingenieur« verdankt dieser Einstellung die Entstehung.

Die Stadtingenieure von Bologna.

Bevor er Dombaumeister wurde, war Lando di Pietro vor allem als Ingenieur im Dienste der eigenen Stadt und fremder Gemeinden tätig. Die Gestalt des Stadtingenieurs begegnet uns schon im Dugento in den Statuten zahlreicher Städte Mittel- und Oberitaliens. In verschiedenen Plätzen lesen wir davon, daß der Podestà den Auftrag erhalten habe, nach Ingenieuren für den Straßen- und Festungsbau, für Dämme und Flußregulierungen, für Kanäle und Brücken zu suchen[824]. Besonders eingehend unterrichten die Statute von Bologna über die Tätigkeit dieser Meister. In den Büchern von 1245 bis 1267 wird der Arbeitsbereich einer solchen Persönlichkeit in allen Einzelheiten umschrieben. Dieser »Magister Albertus von der Dombauhütte«, wie er wiederholt genannt wird[825], ist der erste Künstler seiner Art, dessen Lebenswerk sich zuverlässig überblicken läßt. Damit soll nicht gesagt werden, daß es keine früheren gleich vielseitig beschäftigten Meister gegeben habe. Der geringe Bestand an früheren Nachrichten verschließt uns den Blick in das 12. und 11. Jahrhundert. Zu dem Arbeitsbereich des Magister Albertus

822. C. v. Fabriczy, Filippo Brunelleschi, 1892, p. 350 f.

823. Agnolo di Tura, p. 396.

823a. Über die Bedeutung des „Ingenium“ in der Geschichte der „artes“ hat auch das Mittelalter nachgedacht. So etwa Hugo von St. Victor, Eruditio Didasc. III, 771: Ingenium invenit et memoria custodit sapientiam. Ingenium est vis quaedam naturaliter animo insita, per se valens ... Ingenium a natura profiscitur, usu juvatur, immoderato labore retunditur et temperato acuitur exercitio.

824. Ravenna, Statut sec. XIII, Rubr. 347, p. 162: De uno ingignerio vel pluribus inveniendis per potestatem Ravenne.

825. Magister Albertus de laborerio Sancti Petri.

gehören alle Straßenbauten der Stadt, in deren oberster Aufsichtsbehörde er Sitz und Stimme hatte[826], ferner die Brunnen und Zisternen, die Abwässer, die Flußregulierung[827], die Dämme[828], der Steinbruch für die Mauerbauten[829], der Bau des Turmes für den Stadtpalast mit der Gemeindeglocke[830] und nicht zuletzt der Bau des Domes und die Verlegung des Baptisteriums[831]. Auch für Streitigkeiten in Vermessungsfragen bildete er die oberste Instanz[832]. Es gibt kein Gebiet des öffentlichen Bauwesens, mit dem er nicht betraut gewesen wäre. Wir haben es zum ersten Male mit einer Persönlichkeit zu tun, die im modernen Sinn als Stadtbaumeister bezeichnet werden kann.

Der Vorgänger dieses Meister Albertus war ein Meister Venturi, der als ein »nobile e famoso architetto« gerühmt wird, wenngleich ihm freilich nur zwei Werke zugeschrieben werden können, die Löwen vor dem Portal der Petrikirche von 1220 und das neue Kirchendach von 1234[833]. Nachfolger Albertis war Enrico da Como, der von 1289 bis 1291 an dem heute seit langem zerstörten Baptisterium arbeitete, 1296 am neuen Stadtpalast tätig war und wiederholt für die Reinigung des Reno-Kanales verantwortlich gemacht wurde[834].

Die Reihe der mittelalterlichen Stadtingenieure von Bologna gipfelt in dem schon oft genannten Erbauer von St. Petronio, Antonio di Vincenzo, einem Meister, der um 1340 geboren sein mag und 1401 oder 1402 hochgeehrt starb[835]. 1382 finden wir ihn erstmalig in den Stadtbüchern genannt. Er ist mit dem Bau auswärtiger Kastelle und der Ausbesserung der Stadtmauer beschäftigt. 1384 leitet er zusammen mit einem anderen Meister den Bau der Loggia della Mercanzia, des Bologneser Gegenstücks zur Loggia dei Lanzi. Im gleichen Jahr arbeitet er am Palast der Società dei Notai. 1385/86 ist er an den Befestigungen für den Krieg gegen Imola und Faenza beteiligt und leitet zugleich den Umbau des Palazzo del Podestà. 1387 muß er den Dammbruch des Renoflusses ausbessern. 1396 baut er die Mühlen des Castelbologna, 1397 Turm und Sakristei der Franziskanerkirche. Seit 1390 wächst sein Hauptwerk, die riesengroße Kirche des Stadtpatrons St. Petronius, kein Dom,

826. Bologna, Statut von 1267, ed. Frati, II, 527.
827. Ebd., II, 489 und 504.
828. Ebd., I, 156 f.
829. Ebd., II, 796.
830. Ebd., II, 433.
831. Ebd., I, 440; vgl. auch I. B. Supino, L'Arte nelle chiese di Bologna, Bologna, 1932, I, 135 f.
832. Bologna, Statut von 1267, ed. Frati, III, 335.
833. Supino, op. cit.
834. Ebd., p. 137, Anm. 19.
835. Sämtliches Material nachgewiesen bei Agnolo Gatti, Maestro Antonio di Vincenzo, Archivio Storico dell'Arte, 1891. Zusammenfassend derselbe, La Basilica Petroniana, 1913, p. 101 ff.

sondern eine Staatskirche, die nur als ein Bruchteil, wenn auch immer noch gewaltig, erst von den nachfolgenden Generationen vollendet werden konnte. Zwischendurch ist dieser vielseitige Meister wiederholt als Schiedsrichter in Rechtsstreiten zwischen anderen Künstlern tätig und bekleidet hohe Staatsämter. 1387 ist er Bannerträger der Gerechtigkeit, 1390 Gesandter in Florenz, 1400 »riformatore dello stato di libertà«. Wir haben es nicht nur mit einer bedeutenden, sondern zugleich mit einer hochangesehenen Persönlichkeit zu tun. Die einzige Frage, in der er freilich unselbständig blieb, war die Frage nach der künstlerischen Gestaltung seines Hauptwerkes. Hier war ihm ein anderer zumindest gleichgeordnet, wenn nicht vorgesetzt[836]. Meister Albertus im 13. Jahrhundert, Meister Antonio im 14. und Brunelleschi im 15. haben den gleichen Aufgabenkreis, genießen ähnliches Ansehen, erhalten ähnlich bedeutende Bezüge. Auch Antonio di Vincenzo steigt während seiner Tätigkeit für St. Petronio aus den Kreisen der Tagelöhner in die Kreise der für das Jahr bezahlten Stadtbeamten auf[837]. Mit dem Heranwachsen der Basilika wächst auch sein Ansehen. Seine hohen Fähigkeiten hatte man schon 1390 betont. Man nannte ihn einen »virum probum expertum practicum famoxum et subtili ministerio edotatum«. 1392 findet man noch wärmere Worte. Es wird von dem »prudenti viro magistro Antonio vicencii muratori dilectissimo civi nostro« gesprochen[838]. Die Anteilnahme des Volkes, nicht nur am Werk, sondern auch an der Person des Meisters tritt uns hier, wie bei Giotto, Lorenzo Maitani und Lando di Pietro, auch in der Sprache der Dokumente entgegen.

Giotto als Stadtbaumeister.

Vor dem Hintergrund dieser Lebensbeschreibungen eines Lorenzo Maitani, Lando di Pietro oder Antonio di Vicenzo gewinnt ein Passus in der Bestallungsurkunde Giottos neue Bedeutung. Giotto wurde berufen: »in magistrum et gubernatorem laborerii et operis ecclesie Sct. Reparate, et constructionis et perfectionis murorum civitatis flor. et fortificationis ipsius civitatis et aliorum operum dicti comunis, que ad laborerium vel fabricam cuiuscunque magisterii pertinere dicerentur vel possent«. Im einzelnen werden genannt: der Dombau, der Bau der Stadtmauer, die (auswärtigen) Befestigungen der Stadt, alle anderen zum Bauwesen gehörigen Unternehmen, wozu Straßen,

836. Über den sicher nicht unbedeutenden Anteil dieses Paters Andrea Manfredi da Firenze, Gatti, p. 105 f.

837. Anfangs (1390) erhält er 10 solidi pro Arbeitstag. Seit 1392 ein Jahresgehalt von 100 Liren, von dem er freilich nur 80 annimmt und auf den Rest zugunsten der Dombaukasse verzichtet. Vgl. Gatti, p. 108 f. Am Mailänder Dom sollte es vorkommen, daß ein Steinmetz, mit dem man unzufrieden war, vom Jahresgehalt in den Taglohn zurückgestuft wurde.

838. Letzte Stelle im Dok. Nr. 8 bei Gatti, p. 305.

Brücken, Brunnen und die Bauaufsicht über die städtischen Paläste gehören. Betont wird auch, daß alle diese Dinge dem Amt des Dombaumeisters ihrem Wesen nach unterstellt sind, also nicht mit besonderem Bezug auf Giotto erst unterstellt wurden. Wir wissen aus zahlreichen Belegen, daß man unter den »fortificationes« jene kleinen ummauerten Städte verstand, die die Stadt zum Schutz ihrer Verkehrswege und ihres Landgebietes anlegen ließ. Auch die zahlreichen Kastelle gehören dazu. Zwei dieser Städte, La Scarperia (seit 1306) und Firenzuola (seit 1330), waren eben im Bau. 1335, ein Jahr also nach Giottos Amtsantritt, wurde der Auftrag für die Tore von Firenzuola erteilt, dessen oben gedacht ist (Seite 79 f.). Wenn also überhaupt aus der Werkstatt oder dem Baubüro eines Künstlers die Vertragszeichnung für diese Tore hervorgegangen ist, so nur aus der Werkstatt Giottos am Dom. Jede andere Stelle hätte besonders honoriert werden müssen, wovon mit größerer Wahrscheinlichkeit eine Kunde in den Ratsbeschlüssen der Stadt auf uns gekommen wäre. Auch hörten wir, daß im Vorjahr in Florenz eine Kontroverse über die Gestaltung der Porta San Frediano entstanden war (Seite 81 f.), die von einigen als allzu groß geplant gescholten wurde, was den autoritativen Rat eines Fachmanns wünschenswert erscheinen läßt. Nach allem, was wir von dem Brauch des Zeitalters erfahren haben, hätte man diesen zuerst von dem Dombaumeister eingefordert. Von den übrigen Bauaufgaben, deren Planung oder Beginn in die Amtszeit Giottos fallen, seien zwei hervorgehoben: der Ponte Vecchio und Or San Michele. Die berühmte Brücke war 1333 durch die große Überschwemmung zerstört worden, und wenn ihr Neubau auch erst 1345 vollendet werden konnte, so ist doch gewiß, daß die Pläne dazu unmittelbar in Angriff genommen wurden. Man darf sich also Giotto auch mit den Rissen für die Arnobrücken beschäftigt vorstellen. Der Bau von Or San Michele wurde noch zu Lebzeiten Giottos beschlossen. Wenige Monate nach seinem Tode wurde der Grundstein gelegt. Vasari schreibt den Entwurf dem Taddeo Gaddi zu. Neuere Forscher halten die Angabe für frei erfunden. Stilistische Erwägungen ließen für die Loggia an Francesco Talenti denken. Von Amts wegen war nur Giotto dazu verpflichtet, die Zeichnungen herzustellen. Es ist durchaus wahrscheinlich, daß der Erbe seiner Werkstatt, der auch später immer wieder als Sachverständiger in den Fragen des Dombaus selbst gehört wird, den ersten Entwurf geliefert hat. Man sollte sich das Bauwerk in bezug auf Taddeo noch einmal genauer ansehen. Die Dokumente über den Dombau aus diesen Jahren sind fast vollständig verloren gegangen. Manche Aktenstücke, die noch Rumohr sah, hat schon Guasti nicht mehr aufzufinden vermocht. Sollte Vasari nicht doch bessere Grundlagen besessen haben als man gemeinhin annimmt?

Daß so viele und verschiedenartige Bauaufgaben noch dem greisen und bald kränklichen Maler Giotto aufgetragen werden konnten, ist nur dadurch zu erklären, daß alle diese Dinge seit altersher zum Amt des Dombaumeisters gehörten. Was für Giotto kaum mehr recht genannt werden darf, ist für Arnolfo di Cambio billig. Dieser große Schüler Nicola Pisanos ist in Florenz die erste Gestalt, der Vasari alle jene städtischen und halbstädtischen Bauten zuschreibt, die während seiner Amtszeit am Dom, ja schon rund ein Dutzend Jahre vorher geplant oder gebaut wurden. Nach ihm hat Arnolfo Teile des dritten Mauerrings, die neue Badia, Santa Croce, den Palazzo Vecchio und die regelmäßigste und vollkommenste Stadtgründung des Mittelalters in der Toskana, San Giovanni Val d'Arno gebaut[839]. Ebenso gehen auf ihn die Gestaltung der Piazza del Duomo durch die Erneuerung des Baptisteriums, die Vollendung seiner Marmorbekleidung und die Entfernung der Grabsteine von den Wegen zurück. Viele neuere Forscher und mit seiner ganzen Autorität Toesca haben ihm fast alle diese Bauten wieder abgesprochen. Man sah in ihm lediglich den Dombaumeister und den Schöpfer des plastischen Schmucks der Domfassade. Begründet wurde diese Skepsis mit der Tatsache, daß in der berühmten Eingabe aus seinem letzten Lebensjahr die Bitte des Meisters um Steuerfreiheit nur mit seinen Verdiensten um den Dombau motiviert wurde, während alle seine anderen Werke nicht erwähnt sind. Dagegen kann angeführt werden, daß auch noch fast 150 Jahre später die verschiedenen Ehrungen, die man dem Brunelleschi zudachte, seine lebenslängliche Anstellung[840], sein Grab im Dom[841] ausschließlich mit seinen »großen Erfindungen« für den Dombau begründet werden. Noch immer nennt man keine der vielen anderen Arbeiten, die er unternommen hat. Für das Zeitalter Arnolfos ist es eine Selbstverständlichkeit, daß ein Baumeister Festungen, Paläste und Stadttore gut und zuverlässig emporführt. Man sah in dem Entwurf für den Palazzo Vecchio keine künstlerische Leistung. Wenige Jahrzehnte früher hatten ähnliche Bauten die Maurermeister noch ohne Entwurf frei nach den Anweisungen ihrer Auftraggeber emporgeführt. Der Wortlaut des Dokumentes von 1301 sagt gegen Arnolfos Beteiligung an allen diesen

---

839. Vasari-Milanesi, I, 284; auch die Zuschreibung von San Giovanni Val d'Arno, die die Lokaltradition übernommen hat, geht auf Vasari zurück. Baldinucci, IV, 106, weist als die städtischen Beamten, die den Bau geleitet haben, Segna da Buona und Ser Petracculum de Ancisa, den Vater Petrarcas nach. Von hier übernimmt es eine anonyme Biographie Petrarcas, die Gherardi Dragomani, San Giovanni Val d'Arno, Firenze 1834, als die ursprüngliche Quelle fälschlich zitiert. Aus Dragomani hat die Nachricht Repetti, VIII, 513, Fontani, VII, 187 und Maina Richter, op. cit. Möglich freilich, daß die Bezeichnung des Haupttores als »Torre d'Arnolfo« vorvasarianisch ist.

840. Siehe unten Dok. Nr. 30.

841. Guasti, Cupola, Nr. 119–120, p. 55 ff.

Bauten nicht das geringste aus. Das Bild, das Vasari von Arnolfo gibt, stimmt mit dem überein, das uns eine genauere Durchsicht der Dokumente vermittelt. Del Migliore zitiert ein Ratsprotokoll von 1294, dessen Urschrift sich nicht erhalten hat, in dem Arnolfo als »capomaestro del nostro comune« bezeichnet wird[842]. Arnolfo muß, ähnlich wie nach ihm Lorenzo Maitani in Orvieto und Lando in Siena, ein umfangreiches Baubüro besessen haben, in dem gleichzeitig an Modellen und Plananweisungen für so verschiedenartige Aufgaben gearbeitet wurde, wie sie der Dombau, der Palastbau, der Bau von San Giovanni Val d'Arno darstellen.

Arnolfos Auftreten in Florenz fällt mit den großen Reformen der Jahre 1283/84 zusammen. Wir haben dieses Datum, an dem man gleichzeitig Dom, Palast und Stadtmauer plante, wiederholt hervorgehoben. Durch seine Urheberschaft an dem Neubau der Badia, einem Werk, das damals so sehr beachtet wurde, daß es von allen Chronisten erwähnt wird, ist seine Anwesenheit am Arno für dieses Jahr gesichert. Die neuere Forschung hat Vasaris Aussage auch hier zuletzt bestätigen müssen[843]. Es ist denkbar, daß der Meister, der später in der Lage war, Dom, Palast und Franziskanerkirche gleichzeitig emporzuführen, auch damals schon an den Plänen der Stadtregierung Anteil genommen und vielleicht ihnen den Weg gewiesen hat. Arnolfo war ein kühner, ja revolutionärer Geist, der mit jedem seiner Werke einen neuen Typus schafft. Alle seine Bauten und alle seine Skulpturen sind erstaunlich neuartige Gebilde und unverhofft frei in ihrer Gestaltung. Wenn manches von den Plänen von 1284 später nur zögernd in Fluß kam, so kann man einen Grund dafür auch in der Tatsache suchen, daß der Meister zunächst nicht in Florenz blieb.

Brunelleschi.

War Arnolfo der erste Stadtbaumeister von Florenz, dessen Lebenswerk sich deutlich nachzeichnen läßt, so ist schon Brunelleschi der letzte. Von den späteren Künstlern könnte man bestenfalls noch Vasari und Amannati in dieser Reihe aufführen. 1377 geboren, als Goldschmied erzogen, technischen, mathematischen, vielleicht auch archäologischen Studien zugewandt, war Bauen zunächst nicht seine Sache. Auch Brunelleschis Laufbahn als Baumeister beginnt erst, nachdem er das vierzigste Lebensjahr überschritten hatte, 1418 mit seinem ersten Kuppelmodell, wenn man von einer kurzen Tätigkeit als Berater der Dombauhütte von 1404–1406 absieht. Sein Interesse am Bauen erwuchs zunächst aus der Anteilnahme, die er, wie jeder

842. Del Migliore, p. 6.
843. U. Middeldorf u. W. Paatz, in Mitteilungen d. Kunsthist. Instituts in Florenz, III, 1932, 492ff. Toesca, Il Trecento (1950), p. 15, Anm. 8 hält die originalen Bestandteile des Bauwerks für eine Zuschreibung nicht ausreichend.

Bürger der Stadt, an dem großen Gemeinschaftswerk der Domkuppel nahm, und über deren technische Durchführbarkeit man sich nicht klar werden konnte. Der Dombau hat ihn dann Zeit seines Lebens nicht mehr losgelassen. War er anfangs nur als ein freier Berater in technischen Fragen der Domopera verbunden, so tritt er seit 1426 mit dem schon für Giotto festgesetzten Jahresgehalt von 100 Goldstücken ganz in ihren Dienst. Bis 1426 war er von Fall zu Fall für jedes Modell und jede Erfindung besonders bezahlt worden. Wie schon in der vorangehenden Baugeschichte des Domes, etwa in den Akten über die Tätigkeit des Giovanni di Lapo Ghini in den sechziger und siebziger Jahren des Trecento[844] – so fällt auch hier auf, daß technische Einrichtungen höher geachtet und demnach besser bezahlt wurden als künstlerische Entwürfe. Gleichzeitig mit den ersten Arbeiten für den Dom fließen Brunelleschi von allen Seiten Bauaufträge zu. Es gehört zu den Wundern seiner reichen Natur und ist zugleich ein Kennzeichen des Zeitalters, daß technische und künstlerische Einfälle aus der gleichen Phantasie erwachsen. Seit 1418 entsteht der Palast der Parte Guelfa, seit 1419 das Ospedale degli Innocenti, seit 1420 die alte Sakristei von San Lorenzo und seit 1421 diese Kirche selbst, seit 1429 die Pazzi-Kapelle, seit 1434 Santa Maria degli Angeli, seit 1444 Santo Spirito, ohne die zahlreichen anderen Bauten zu erwähnen, die ihm zugeschrieben werden können oder auf deren Gestaltung er Einfluß genommen hat. Darüber hinaus wird seine Tätigkeit am Dom ständig durch außerkünstlerische Arbeiten unterbrochen. Wir nannten schon sein Marmortransportschiff, für das er ein Patent sich ausstellen ließ. Immer wieder kommt er bei der Domopera um Urlaub ein, um Festungs- oder Hafenbauarbeiten im Dienst der Republik übernehmen zu können. 1424 war er in Pistoia, 1426 im Auftrag der »sei ufficiali del Mare« in Pisa tätig, im gleichen Jahr noch um das Kastell von Lastra da Signa bemüht, 1427 in Volterra, 1430/31 im Lager vor Lucca und so geht es bis an sein Lebensende fort. »Wer immer irgendein bedeutendes Werk innerhalb oder außerhalb der Stadt beginnen wollte, sei es ein öffentliches oder privates Gebäude, sakrale oder profane Bauten, Festungen oder irgendwelche andere Mauerarbeiten, Maschinen und ähnliche Dinge, der schickte nach ihm«, schreibt schon sein erster Biograph Manetti[845].

Äußerlich unterscheidet sich seine Stellung am Dom nicht von jener früherer Meister, die seit über einem Jahrhundert den Bau geleitet haben. Aber ähnlich wie Arnolfo und Giotto wächst er kraft seiner Persönlichkeit über den Rahmen des Herkömmlichen hinaus. Giotto ausgenommen, ist er der erste Künstler in Florenz, der nie im Tagelohn gearbeitet hat. Man weiß in den Kreisen der Domopera, daß ohne seine Mitwirkung, seine Plananweisungen

844. Guasti, p. 24, Nr. 231.
845. Op. cit. p. 101.

und seine Kenntnisse die Kuppel nicht vollendet werden könne, und spricht es ausdrücklich aus[846]. Für alles sei seine »provisio« und sein »ingenium« nötig. Als »inventor« und »gubernator« der Kuppel bezeichnet ihn schon eine Notiz von 1423[847]. Einen Mann des scharfen Geistes (»ingenii perspicacis«) nennt ihn ein späteres Dokument[848]. Von seinem Wirken am Dom schreiben die Zeitgenossen, daß es nicht nur Schmuck und Ehre der Kirche mehre, sondern auch das Ansehen der ganzen Stadt[849]. Am Ende seiner Laufbahn beschließt man, ihn lebenslänglich anzustellen. Brunelleschi ist der erste Künstler in Florenz, dem diese Auszeichnung erteilt wurde. Giovanni Pisano in Pisa, Lorenzo Maitani in Orvieto und Lando di Pietro in Siena waren vorausgegangen. Wir haben das Dokument, in dem dem Meister diese oberste Stellung auf Lebenszeit zugebilligt wird, im Anhang beigefügt. Es unterscheidet sich äußerlich nur wenig von dem Anstellungsbescheid Giottos. Auch hier wird betont, daß der Baumeister »gelehrt« sei, freilich »gelehrt« vor allem im Bau und der Konstruktion von Kuppeln. Auch er wird zum »provisor« und darüber hinaus zum »constructor« der Kuppel und ihrer Laterne ernannt. An anderen Stellen freilich kündet eine veränderte Wortwahl den neuen Sinn für die Eigenart der künstlerischen Leistung an. Zweimal in unserem Dokument wird von Brunelleschis »ingenium« gesprochen, von seinem »kühnen« und von seinem »klarblickenden« Geist. Sowohl als Erfinder wie auch als Künstler ist er im Bewußtsein seiner Zeitgenossen über das Handwerk hinausgewachsen. Er ist mehr als ein »artifex«, ein »artista«. Er ist in neuerem Sinn Baumeister. »Filippus Architector«, sonst nichts, schrieb man auf seine Grabplatte, die man zu seinem ewigen Ruhm[850] im Dom anbringen ließ, und gab in dieser Isolierung – bewußt sollte das »magister« in Wegfall kommen – dem Begriff einen neuen Sinn.

Brunelleschis Rechte und Vollmachten waren nicht größer, sein Aufgabenbereich nicht weiter gespannt als der Arnolfos, Lorenzo Maitanis oder Lando di Pietros. Schon der Stadtingenieur Albertus von Bologna hatte ein ähnlich großes Arbeitsgebiet. Die Entwicklung vom 13. bis zum 15. Jahrhundert verlief nicht in Richtung einer allmählichen Zunahme der Aufgaben, die man dem ersten Baumeister übertrug. Den geistigen Anteil in seiner Arbeit jedoch lernte man erst allmählich von dem handwerklichen unterscheiden. Man kann den mühevollen Weg der bildenden Künste, also Malerei, Skulptur und Baukunst aus den Kreisen der niederen »artes mechanicae« zu den Bereichen, in

846. Guasti, Cupola, Nr. 79, Eingabe vom 21. Juli 1429. Aus diesem Dokument geht hervor, daß während Brunelleschi zum Dombaumeister mit einem Gehalt von 100 Gulden aufrücken konnte, Ghiberti Berater mit dem 36-Gulden-Gehalt geblieben war.

847. Ebd., Nr. 177, Eingabe vom 27. August 1423.

848. Siehe Anhang Dok. Nr. 30.

849. Ebd.

850. Guasti, Cupola, p. 57, Nr. 120.

denen die »artes liberales« heimisch waren, durch das ganze 13. und 14. Jahrhundert verfolgen. Giovanni Pisanos Wirken in Siena und Pisa, Arnolfos und Giottos Lebenswerke in Florenz, die Stellung Maitanis in Orvieto und Antonio di Vincenzos in Bologna bezeichnen die Etappen in der Geschichte der Emanzipation der Künste, nicht aus der Vormundschaft der Kirche, die sie immer gefördert hatte, sondern aus den Bindungen der Zünfte. Giovanni Pisanos Lebensweg wird verdüstert durch die geringe Achtung, die man seinen geistigen Leistungen entgegengebracht hat. Noch Manetti glaubt im Namen Brunelleschis Grund zur Klage zu haben. Man habe ihn anfangs zu gering bezahlt. Aber in der Eingabe, durch die ihm die Bürgerschaft das Ehrengrab im Dom erwirkt hat, findet man völlig neue Worte, um seine Verdienste herauszuheben. Er wird als »eloquentissimus et ingeniosus vir« gepriesen[851]. Man betont seine Tatkraft, seinen Fleiß, seine »virtus«. Noch Vasari hebt seine Gelehrsamkeit hervor, obwohl er ein »uomo senza lettere« sei, ein Mann ohne rhetorische Bildung. Auch Leonardo sollte sich zugleich stolz und bescheiden als einen solchen bezeichnen[852]. Aber mit einem Attribut aus dem Bereich der Rhetorik, neben der Musik der einzigen Disziplin, die man seit der Antike und bis auf den heutigen Tag als Kunst hervorgehoben hat, werden seine Verdienste betont. Man spricht von seiner Beredsamkeit. und der für die Renaissance so bedeutsame Begriff der »virtus« dient hier dazu, freilich auch hier nicht zum erstenmal – Villani hatte Giottos virtù erwähnt – die geistige Bedeutung eines Künstlers hervorzuheben. Wo man in dem Giotto-Dokument von »experentia, scienza« und »doctrina« spricht, heißt es hier »eloquentia«, »ingeniositas« und »virtus«. Die Einsicht, daß die Tätigkeit des Künstlers über die Erfahrungen des Handwerkers hinausgehe, drängt sich dem Zeitalter auf.

Es muß auffallen, daß in Florenz zwischen Giotto und Brunelleschi in über achtzig Jahren kein einzelner Meister sich eine allbeherrschende Stellung im Bauwesen der Stadt erringen konnte. Im engeren Sinne hat Florenz in seiner langen Geschichte nur zwei Stadtbaumeister besessen, Arnolfo di Cambio und Filippo di Ser Brunelleschi. Nur diese beiden haben in einem Kranz von Bauten der Stadt das Gepräge ihres Geistes aufprägen können. Giotto war zu alt, als er das hohe Amt antrat, um noch Entscheidendes vollenden zu können. Von seinen Nachfolgern hat jeder nur ein oder bestenfalls zwei große Bauaufgaben in Angriff genommen, Francesco Talenti Turm und Langhausjoche des Domes und vielleicht Or San Michele, Neri di Fioravanti den großen Saal im Bargello, Benci di Cione zusammen mit Neri San Carlo dei Lombardi die Via Calzaioli, die Loggia dei Lanzi, Giovanni di Lapo Ghini die Gewölbe

851. Ebd., p. 56.

852. Diese Stelle aus dem Mailänder Codex Atlanticus, f. 119 v bildet den Titel der schönen Leonardo-Antologie von Guiseppina Fumagalli, Florenz 1938.

des Domlanghauses und das Haus der Kaufleute an der Piazza della Signoria. Gerade die beiden Dombaumeister im engeren Sinne, Francesco Talenti und Giovanni di Lapo Ghini, waren vor allem Hüttenfachleute, die nicht gern über die Schranken der ihnen anvertrauten Bauaufgaben am Dom hinausgeblickt haben, zudem Vertreter einer gotisch-gezierten Bauart, die mehr und mehr in Florenz kritisiert wurde. Ihr Projekt für den Kuppelraum und die Chortribünen wurde von einer überwältigenden Mehrheit der Bürgerschaftsvertreter zugunsten eines zweiten abgelehnt, das von Außenseitern, einer Kommission von Malern und Bildhauern 1367 fertiggestellt worden war und eine neue Baugesinnung verrät.

Wir haben an anderer Stelle den Nachweis zu erbringen versucht, daß der geistige Urheber dieses Modells Orcagna gewesen ist[853]. In der Reihe der Stadtbaumeister von Florenz muß auch sein Name genannt werden, obwohl er nachweislich nichts gebaut hat. Dieser Künstler, der schon als junger Meister zwischen Ambrogio Lorenzetti und der Florentiner Tradition vermittelnd einen neuen epischen Malstil geschaffen hat, der uns in den Werken eines seiner Nachahmer, des Meisters vom Campo Santo in Pisa, am reinsten entgegentritt, der später dann als Bildhauer, noch nicht vierzig Jahre alt, mit seinem Tabernakel von Or San Michele höchsten Ruhm erlangen konnte, um als ständiger Berater der Domopera zu enden, ist der Schöpfer eines neuen Monumentalstiles in Florenz, der seinen Ausdruck in den Chortribünen des Domes und in der Loggia dei Lanzi gefunden hat. Die Persönlichkeit Orcagnas im Kreise der immer schwächeren Giottoepigonen und der Bildhauer aus der Nachfolge Andrea Pisanos gewinnt neue Bedeutung als der einzige echte Vertreter jenes Sinns für die monumentale Form zwischen Giotto und Brunelleschi, der die größten Künstler von Florenz ausgezeichnet hat. Hier hat die Florentiner Lokaltradition besser geurteilt als die neuere Kunstgeschichte. Orcagnas Werk, das Kommissionsmodell des Domes, steht vermittelnd zwischen dem Palazzo Vecchio als dem Hauptwerk des ersten Stadtbaumeisters Arnolfo und der gegenüber dem ehemals festgelegten Plan noch überhöhten Domkuppel Brunelleschis.

Schlußbetrachtung.

Dombaumeister sind Stadtbaumeister. Dieses Ergebnis läßt uns erneut auf die Bedeutung der Dome für ihre Städte zurückkommen. Wo man heute die Städteplaner unter jenen Architekten suchen muß, die sich auf das Verkehrswesen und den Siedlungsbau verstehen, da wird man ihn im Mittelalter unter den Hüttenmeistern finden. Vom Dom her gewinnen die Städte ihr Maß, ihre

853. W. Braunfels, Der Dom von Florenz, Olzen s. a. (1965), 29 ff.

Form, ihren Sinn. Die Bettelorden mögen ähnliche Kirchen in vielen und ganz verschiedenen Städten bauen. Am Dom erweist die italienische Stadt ihre Individualität. Dort entwickelt sich der Lokalstil und von dort her wirkt er auf die ganze Stadt zurück. Die Dome sind das große Meisterwerk der Stadt, Zeichen ihres Wohlstandes, ihrer Macht, auch ihrer Freiheit. Krönung und Gipfel einer Künstlerlaufbahn, höchste Ehre und Erfüllung allen Strebens war die Stellung des Dombaumeisters. Giovanni Pisano, Arnolfo, Giotto, Lorenzo Maitani, Lando di Pietro, Brunelleschi und zuletzt auch Michelangelo enden als Dombaumeister.

Nicht einen Dom zu besitzen, ihn zu bauen gibt der Stadt Spannkraft und höheres Ansehen. Das Vollenden war weniger wichtig, wo selbst Paulus sich einem weisen Architekten vergleicht, der die Fundamente fest gefügt hat, auf denen andere weiterbauen werden (1. Cor. III, 10). Dombau ist immer Kennzeichen der Blütezeit. Nur solange sie Dome bauen, sind die Städte des Mittelalters groß. Das gilt für Pisa, Lucca, Siena, Arezzo wie für Florenz. Es gilt auch für Köln. Man mag die wirtschaftlichen Gründe hervorheben, bedeutsamer sind die politischen und mit ihnen verbunden die geistigen. Wo die Arbeit am Dom erlahmt, beginnt der Verfall. Wer die Baugeschichte der mittelalterlichen Städte schreiben will, muß die Baugeschichte ihrer Dome schreiben.

Die Dome wachsen mit ihren Städten. Sobald eine neue Stadtmauer vollendet ist, faßt man auch die Vergrößerung des Domes ins Auge. Und solange das Volk im Dombau sein wichtigstes Anliegen sieht, gelingt es auch, der ganzen Stadt ein einheitliches Gepräge zu geben. Im einzelnen sind wir immer wieder auf die Tatsache gestoßen, daß es die Meister, die am Dom die erste Stellung einnahmen, gewesen sind, denen man auch alle anderen großen Bauaufgaben übertragen hat. In Florenz sind der Bargello, der Palazzo Vecchio, Or San Michele und die Loggia dei Lanzi das Werk von Dombaumeistern. War es die Aufgabe der Regierung, »der ganzen Stadt Regel und Ordnung zu geben« (Dok. Nr. 6), so mußten die Werkleute, die am Dombau geschult waren, ihren Beschlüssen zuletzt Gestalt verleihen. Während in den Städten des Barock, in denen das Schloß das Stadtbild beherrscht, die Wohnstraßen der Untertanen die genaue Abhängigkeit aller von dem einen Herrn anzeigen, sammeln sich die Bürgerhäuser um den Dom wie das Volksheer um seine Fahne. Sie schützend empfängt es Schutz von ihr. Waren die »heiligen« Städte der Frühzeit, diese Kompositionen aus Kirchen und Gnadenstätten, abstrakte Gebilde, die nur für eine auf das Jenseits gerichtete Vorstellung sich zur Einheit zusammenschlossen, so ist die Ordnung in der gotischen sinn- und augenfällig. Straßen, Plätze, Häuser und Paläste sind sichtbar geworden. Das irdische Element ist zu seinem Recht gekommen. Es entsteht ein Gebilde, in dem Diesseits und Jenseits in eine gute Harmonie gebracht sind: die gotische Stadt.

Dabei erweist sich der italienische Kunstsinn als vor allem produktiv. Alles Abstrakte, das man in den Kerngebieten des Abendlandes zwischen Seine und Rhein wohl zu werten wußte, blieb den Italienern fremd. Die Überwindung der Einflüsse von Byzanz und der nördlichen Gotik kam zuletzt der italienischen Natürlichkeit zugute, die sich jetzt rascher entfalten konnte. Alles edel Geformte, jedes neue Gebilde, aus welchen Notwendigkeiten immer es entstanden sein mochte, griff man in den toskanischen Städten mit leichter Hand auf und gab ihm eine augenfälliger schöne Gestalt. In den monumentalen Gruppen der italienischen Städte vereinigen sich Bauwerke verschiedener Zeiten und Stile zu einem geglückten Ganzen. Der italienische Formsinn bindet byzantinische, gotische, antike Elemente mit vollkommener Desinvoltura zusammen. Nirgendwo ist der Bruch zwischen Renaissance und Mittelalter ein schroffer. Michelangelos Marmordavid konnte nur in dem gewaltigen Quaderwerk des Palazzo Vecchio einen Rahmen von angemessenem Pathos finden.

Die Städte der Toskana sind Werke des Mittelalters. Der Hintergrund für die Feste des 15. und 16. Jahrhunderts stammt aus der Zeit der Stadtstaaten. Wer in der Kultur der toskanischen Kommunen im 13. und 14. Jahrhundert nur eine Vorstufe der Renaissance sieht, verkennt sowohl diese wie jene. Das Kunstgeschehen von Antélami zu Michelangelo, von Giotto zu Tiepolo und von Arnolfo zu Bernini besitzt keinen Bruch. Die Stilbegriffe der Kunstgeschichte verunklären hier den Sachverhalt. Die Stadtstaaten bilden die Voraussetzung und Grundlage für alles spätere. Diese Städte der Gotik stellen den Beitrag Italiens zum Mittelalter dar, wie die Kathedralen den Beitrag Frankreichs, die Kaiserdome den Beitrag Deutschlands. Mag dort der Geistesflug mittelalterlicher Gottessehnsucht uns höher tragen, mag hier die Machtgebärde von noch kühnerer Größe sein: Italiens Städte zahlen mit ihrer edlen Natürlichkeit, ihrer unbefangenen Gestaltungskraft und ihrem stärkeren Lebenssinn.

ANHANG

DOKUMENTE ZUR KOMMUNALEN BAUPFLEGE

I. Bestimmungen zur Gestaltung von Straßen und Plätzen

Dok. 1 Bestimmung von 1297 über die gleichmäßige Gestaltung der Fenster rings des Campo von Siena.

Dok. 2 Bestimmung von 1297 über die Vorbauten und Balkons rings des Campo von Siena.

Dok. 3 Beschluß von 1297 der sechs Beamten der Florentiner Baubehörde über den Bau einer Straße zwischen Or San Michele und dem Bargello.

Dok. 4 Erlaß von 1299 über die Ernennung der sechs Beamten über den Straßenbau in Florenz.

Dok. 5 Verordnung von 1339 über Bodenregulierungen an den Zufahrtstraßen zum Dom von Florenz mit dem Ziele, diesen besser sichtbar zu machen.

Dok. 6 Protokoll einer Rede von 1357 im Sieneser Stadtrat über die Aufgaben der Bürger, das Ihre zur Verschönerung der Stadt beizutragen.

Dok. 7 Eingabe von 1363 der Kaufmannszunft von Florenz mit Bestimmungen über die regelmäßige Gestaltung der Häuser rings der Piazza San Giovanni.

Dok. 8 Entwurf von 1398 zu einem Erlaß über die Verschönerung der Hauptstraße von Siena durch eine bessere Scheidung der Zünfte voneinander.

Dok. 9 Antrag des Amtes für Schönheit, einem Sieneser Bürger ein hohes Amt zu geben, um ihn dadurch materiell in die Lage zu versetzen, die Balkons an seinem Hause zu entfernen.

Dok. 10 Eingabe des Amtes für Schönheit mit der Bitte, einem Sieneser Bürger ein Amt zu geben, damit er dadurch in die Lage versetzt werde, eine schöne Fassade zu bauen.

Dok. 11 Eingabe des Amtes für Schönheit um Schuldennachlaß für einen armen Bürger, damit dieser die Vorbauten an seinem Hause entfernen kann. Dok. 9–11 stammen aus der ersten Hälfte des Quattrocento.

Dok. 12 Eingabe des Amtes für Schönheit an die Stadtregierung mit dem Rat, einen von ihr begonnenen Palast nicht weiter zu vergrößern, sondern statt dessen einen schönen öffentlichen Platz zu bauen. Mitte 15. Jahrhundert.

Dok. 13 Eingabe eines Bürgers an das Amt für Schönheit mit der Bitte um Genehmigung eines Bogens über die Straße. Als Gegenleistung wird der Bau einer Fassade mit zwei Geschossen Triforienfenster auf Säulchen versprochen. Datiert 1466.

II. Verordnungen über den Kirchenbau

Dok. 14 Bestimmungen zur Bauordnung am Sieneser Dom von 1262.

Dok. 15–17 Bestimmungen von 1296 und 1297 über den Neubau des Sieneser Baptisteriums und des Stadtpalastes.

Dok. 18–19 Bestimmungen von 1296 und 1297 zur Bauordnung der Dombauhütte von Siena.

III. Verträge mit Stadtbaumeistern

I. Bestimmungen zur Gestaltung von Straßen und Plätzen

Dokument Nr. 1

Bestimmung über die gleichmäßige Gestaltung der Fenster rings des Campo von Siena vom 10. Mai 1297. Die Verordnung findet sich in den Statuten Nr. 5 von 1297 und Nr. 20 von 1309/10, Dist. III, Rubr. 37. Ich gebe die italienische Fassung aus dem Statut von 1309/10.

Che in ciascuna casa, la quale si facesse di nuovo d'intorno al Campo del mercato, tutte le finestre si facciano a colonnelli.

Anco, statuimo et ordiniamo che se mai averrà che alcuna casa o vero casamento, dintorno al Campo del mercato s'edificassero di nuovo, che tutte et ciascune finestre di cotale casamento et casa, le quali avessero aspetto nel Campo del mercato, si debiano fare a colonnelli et senza alcuni ballatoi fare. Et questo la podestà far fare sia tenuto. Et qualunque, el quale cotali case o vero casamenta edificasse, le predette cose tutte non servasse, sia condannato per missere la podestà di Siena in XXV. libre di denari. Et se missere la podestà, li contrafacenti non condannasse, perda del suo salario in simile modo XXV. libre di denari, le quali el camarlèngo et iiij. del suo salario debiano ritenere. Et fatta è questa agionta, cioè: Et qualunque el quale cotali case etc., in anno Domini Mcclxxxxvij. Inditione X, del mese di magio.

Dokument Nr. 2

Zugehörig zu den Bestimmungen über die Fenster sind die Verordnungen über die Vorbauten rings des Sieneser Campo. Auch sie finden sich in den Statuten Nr. 5 und Nr. 20, 1309/10, Dist. III, Rubr. 261.

Di non fare ballatoia d'intorno al campo del mercato.

Anco, con ciò sia cosa che si contenga in uno capitolo del costoduto del comune di Siena che qualunque hedificarà casa allato al Campo del mercato, debia fare le finestre a colonnelli et non ballatoio, et non si contenga in esso capitolo che ne l'altre case le quali sono d'intorno al Campo del mercato non si facciano ballatoia, statuto et ordinato è, che neuno possa, da chinci inanzi, hedificare o vero rinnovare o vero fare alcuno ballatoio o vero solaio d'intorno al Campo del mercato, in alcuna casa, torre o vero palazo fuore de le mura. Et chi contrafarà sia punito et condannato in XXV. libre di denari. Et nientemeno sia constretto el ballatoio o vero palco, el quale farà disfare et levare via. Et fatto è questo capitolo in anno Domini Mcclxxxxvij. Inditione X, del mese di magio.

Dokument Nr. 3

Der Beschluß der sechs Beamten der obersten Florentiner Baubehörde über den Bau einer Straße zwischen Or San Michele und dem Bargello. Diese Straße, die heutige Via dei Cimatori, die über das Gebiet der Mönche der Badia führen sollte, blieb infolge des Widerstands dieser Mönche unvollendet. Wir geben einen Auszug aus einem Schreiben der Stadt an die Badia. Florenz, Staatsarchiv, Badia fiorentina, 7. Jan. 1927, vgl. M. Barbi, Studi Danteschi 1921, S. 113f.

Die septimo mensis januarii porrecta fuit coram dictis officialibus petitio infrascripta, cuius tenor talis est: – Coram vobis dominis officialibus pro comuni et populo florentino constitutis super reinveniendis iuribus comunis et populi florentini et ad dirizandum et de novo fieri faciendum stratas et vicus in civitate et comitatu Florentie ad honorem et pulcritudinem et actationem dicte civitatis et populi florentini precatur atque supplicatur cum maxima reverentia quod vobis placeat ordinare et facere cum effectu quod quedam pulcerima via micti debeat atque fieri a platea Orti Sancti Michaelis usque ad palatium comunis et populi florentini, incipiendo hoc modo: per domos Galligshariorum, que sunt supra plateam Orti Sancti Michaelis, et per domos heredum Actaviani Alberti eiusdem amplitudinis que vobis videbitur convenire; et per terrena domini Lapi de Circulis prope et infra palatium novum dicti domini Lapi ex una parte, et ex alia parte ut trahit recta linea versus viam logie de Circulis, ponendo cordam ad cantum pilastrelli porte palatii filiorum quondam domini Gherardini de Circulis ex alia parte vie; et per domos domini Niccole et per loggiam et plateam de Cerchis, ponendo cordam ad cantum palatii domini Lapi predicti, usque ad cantum palatii dicti domini Niccole ex una parte, et ab alia parte sicut vobis videbitur convenire; et per domos filiorum domini Consigli de Cerchiis iuxta palatium domini Niccole usque in viam que obstat domui Circulorum et Cionis del Bello, ponendo cordam ad portam palatii dicti domini Niccole recta linea usque ad drictam viam, et ab alia parte sicut vobis videbitur convenire; et per domos de Cerchiis et Cionis del Bello, que protenduntur usque ad terrenum Abbatie, et per domos et terrenum Abbatie Florentie prope campanile usque ad viam pallatii comunis et populi florentini; cum hac intentione quod supra ipsam viam sic de novo ordinandum et construendam non possit fieri sporticus neque pons nec aliquod aliud hedificium nisi forte tectum, sub certa pena et tale hedificium debeat destrui.

Dokument Nr. 4

Die Ernennung der sechs Beamten für den Straßenbau in Florenz vom 27. Juli 1299. Florenz, Staatsarchiv, Provv. X, 75–78. Das Dokument wurde unter anderen von Barbi, loc. cit. S. 102 und Barbadoro, op. cit. S. 265 benutzt. Aus dem sehr umfangreichen Schriftstück gebe ich einen Auszug.

Priores et vexillifer possint eisque liceat, teneantur et debeant una cum quatuor bonis et sapientibus viris popularibus pro quolibet sextu, per eos eligendis et ad hoc habendis, eligere, ponere et deputare sex offitiales unum videlicet per sextum, viros utique bonos, legales et optimos populares, et unum notarium cum eis, quos voluerint et trediderint et cognoverint fore magis ydoneos, ad reinveniendum, inquirendum, exigendum et recuperandum iura bona, iurisdictiones et honores dicti communis Florentie ... per tempus sex futurum mensium ... Item quod ipsi sex offitiales ut predicitur eligendi possint eisque liceat libere et impune, et absque eorum preiuditio et gravamine, muros domos hediffitia et terrena et de muris domibus hediffitiis et terrenis comunis Florentie, ac etiam singularium personarum collegiorum et universitatum, solummodo in civitate Florentie burgis et suburgis reddigere et ponere et reddigi et poni facere ad plateas et vias et in plateis et viis, et exinde et per inde facere mittere et diriçare et ampliare et fieri mitti diriçare et ampliari facere vias et plateas in illis locis et partibus civitatis burgorum et suburgorum et in ea amplitudine et longitudine et eo modo et forma et prout et sicut eisdem offitialibus placuerit et videbitur convenire, et ad commodum et decorem civitatis Florentíe pertinere viderint et spectare, dummodo hoc faciant et fieri faciant de voluntate et expresso consensu dominorum Priorum Artium et Vexilliferi Justitie populi florentini pro tempore existentium et aliorum sapientum virorum, si quos ipsi Priores et Vexillifer habere voluerint ad predicta; et huiusmodi domos muros hediffitia et terrena seu partem ípsorum domorum murorum hediffitiorum et terrenorum singularium personarum collegiorum et universitatum que in ipsis plateis seu viis reddigerentur et ponerentur, ut dictum est, extimare seu per illas personas quas ad hoc deputare et ponere voluerint extimari facere, et de pretio ipsarum domorum murorum hediffitiorum et terrenorum illis personis quorum sunt vel erunt satisfacere seu satisfieri facere ab illis personis seu universitatibus que commodum utilitatem seu melioramentum haberent vel consequerentur ex inde, seu aliter vel alio modo, et in quantitate et quantitatibus et prout et sicut eisdem offitialibus placuerit et videbitur convenire. Item quod ipsi sex offitiales possint et liceat ac etiam teneant et debeant providere sub cursu et derivatione aquarum, quolibet inundantium.

Dokument Nr. 5

Verordnung über Bodenregulierungen an den Zufahrtsstraßen zum Domplatz von Florenz vom 7. Juni 1339. (Florenz, Staatsarchiv, Provv. XXIX, 22–25, vgl. Gaye, I, S. 489; Guasti, S. 51 ff., Nr. 53.)

In Dei nomine amen.

Anno sue salutifere incarnationis millesimo trecentesimo trigesimonono indictione septima die septimo mensis iunii ... In Consilio domini Capitanei et populi Florentini ... infrascripte provisiones pro evidenti comunis Florentie utilitate per dominos Priores artium et Vexilliferum iustitie ... edite et facte ... et lecta fuerunt ...

Item, infrascripta petitio, predictis dominis Prioribus artium et Vexillifero iustitie porrecta et facta, ac etiam infrascripta provisio super ipsa petitione et contentis in ea edita et facta ..., lecte et lecta fuerunt modo et forma inferius annotatis ...

Coram vobis dominis Prioribus artium et Vexillifero iustitie populi et comunis Florentie exponitur pro parte operariorum opere ecclesie Sancti Johannis Baptiste et operariorum opere ecclesie Sancte Reparate de Florentia, quod cum via sita iuxta plateam dictarum ecclesiarum ex parte versus ecclesiam S. Cristophori, videlicet a domibus filiorum olim domini Biligiardi de la Tosa usque ad domum de Rochis presideat dictam plateam, et sit adeo altior dicta platea quod, propter ipsam altitudinem vie, dicta platea et dicte ecclesie Sancti Johannis et Sancte Reparate videntur ita basse, precipue in discessu vie del Corso, quod decor ipsarum ecclesiarum multipliciter diminuitur et celatur; et *quod si dicta via et via Cursus Adimariorum debassarentur ac etiam debassaretur platea predicta ex latere dictarum viarum decor dictarum ecclesiarum multum augeretur, et ipse ecclesie apparerent satis altiores;* quare pro parte dictorum operariorum cum reverentia petitur quatenus, pro honore comunis Florentie et decoratione dictarum ecclesiarum, placeat vobis, una cum offitio Duodecim bonorum virorum, deliberare et per Consilia populi et comunis Florentie stantiari provideri ordinari et reformari facere: quod per offitium dominorum Priorum artium et Vexilliferi iustitie ... eligantur nominentur et deputentur ... offitiales pro comuni Florentie quos et quot et quotiens ipsi domini Priores et Vexillifer eligere voluerint ad debassandum et debassari faciendum dictas vias et plateam et alias vias circumstantes, si expedierit vel ipsis offitialibus videbitur, et ad dirigendum et mutandum cursum aquarum viarum circumstantium dictam plateam ...: dummodo predicte vie et platea debassentur, et predicta omnia fiant omnibus expensis dictarum operarum ecclesiarum Sancti Johannis et Sancte Reparate, et quod ad predicta vel predictorum occasione nullus alius cogi possit invitus ad solvendum aliquam pecunie quantitatem vel contribuendum in expensis propterea faciendis et dummodo expense fiende in predictis et circa predicta et eorum occasione fiant et fieri debeant de consensu et deliberatione operariorum dictarum operarum pro tempore existentium, et aliter non – domini Priores et Vexillifer iustitie ... providerunt ordinaverunt et stantiaverunt quod ipsa iamdicta petitio et omnia et singula in ea contenta totaliter a populo et per populum et comune Florentie approbentur acceptentur admittantur et firmentur.

Die Eingabe wurde in beiden Räten der Stadt mit großer Mehrheit angenommen.

Dokument Nr. 6

Protokoll über eine Rede im Sieneser Stadtrat über die Aufgabe der Bürger, das Ihre zur Verschönerung der Stadt beizutragen aus Anlaß einer Straßenregulierung von 1357. Siena, Staatsarchiv, Consiglio Generale, Deliberationi, vol. 160, c. 37.

In nomine Domini Amen.

Anno eiusdem incarnationis MCCCLVII indicatione XI die XXII mensis decembris. Convocato et congregato generali Consilio Communis Senarum in consueto Palatio dicti Communis ad sonum campane vocemque preconis ut moris est de mandato nobilis militis domini Niccole de Iulianis de Esculo honorabilis potestatis Communis Senarum facta prius de infrascriptis imposita apud palatium dicti Communis de assensu et voluntate trium de dominis quatuor provisoribus dicti Communis sapiens vir dominus Niccolaus de Regio Iudex collateralis et vicarius dicti domini Potestatis dixit et proposuit:

Cum in presenti Consilio fuerit lecta vulgari sermone petitio infrascripta videlicet, Dinanzi a voi Magnifici Signori Signori dodici Governatori della città e comune di Siena con riverentia si dice che quelli huomini sono degni d'onorevoli lodi e commendationi li quali con operatione s'inframettono ai belli e honorevoli acconci de la città e maximamente quando sono molti utili e sono senza alcuna spesa di comune, e cosi si può dire che sia degno del contrario che di ciò è guastatore e pertanto li huomini vicini e conferenti a la fonte del Casato e a la via che si debba fare da la piaza di Maestri e va verso la Postierla volendo esse commendationi meritevolmente avere ciò e volere dare compimento e perfectione a la detta fonte e via, e ciò rimane perchè in ciò per lo presente non è ordine alcuno, e *senza ordine non si fa alcuna cosa buona*, e considerato che *voi sete coloro che avete a dare a tucta la città ordine e regola* si vi si prega riverentemente che voi ordiniate per voi e per li bisognevoli consigli che misser lo Giudice de lappellagione il quale è et sarà per li tempi, sia tenuto, a pena di cento libre di fare e di curare si che i Capitani de le Compagne a la detta via e fonte conferenti, deghano avere curato e fatto cosi per loro come per altri in cui ciò volessero commettere che la detta via sia fatta e tratta a fine, da chi a calende maggio proximo che viene et in ciò abbino pieno arbitrio cosi di fare fare come di vendare e di comprare e dimponere denari e transmutare e fare vedere o vedere ogni ragione che a ciò sapartenesse, e ogni e ciascuna cosa che acciò sarà bisognevole insino che la detta via e fonte saranno compiute e fatte a perfectione sempre inteso che per lo comune alcuna cosa in ciò non si paghi. E se misser lo Iudice de lappellagione in ciò fosse negligente, la sopradetta pena di cento libre gli sia ritenuta per lo Camarlengo e quattro de la Biccherna, e ciò faccino per loro saramento. Iddio in questo e nellaltre cose vi dia bene a fare.

Dokument Nr. 7

Eingabe der Kaufmannszunft vom 27. 2. 1363 zur Gestaltung der Häuser rings der Piazza San Giovanni. Die Antragstellerin hatte die Bauhütte des Baptisteriums zu betreuen. Florenz, Staatsarchiv, Provv. LII, Gaye, I, S. 72.

Pro parte consulum artis-kallimale de florentia officialium opere seu fabrice ecclesie sci. Johannis batiste de florentia-exponitur, quod cum, factis domibus opere supradicte positis iuxta plateam dicte ecclesie, remanent quaedam domunculae – iuxta plateam predictam adeo incepte, quod deturpant faciem et pulcritudinem totius platee predicte; placeat reformari, quod omnes, ad quos ipsae domus positae florentie in populo Sce. Reparatae iuxta dictam plateam ex uno latere, et via, quae appellatur via spatariorum, ex àlio latere, et domus Lapi Donati Viviani et fratrum eius ex alio latere, et quelibet vel aliqua ipsarum pertinent, teneantur et debeant infra unum annum proxime secuturum – elevasse seu elevari fecisse totaliter omnia sporta dictarum domorum et cuiuslibet ipsarum ad se pertinentium, (Que sporta sunt versus dictam plateam, seu ex latere dicte platee), et murasse seu murari fecisse ex latere antedicto muro pulcro, intonicato et raso, vulgariter vocabulis intellectis altitudinis saltem sedecim brachiorum, et eius pulcritudinis, cuius est murus noviter factus in domibus opere antedicte ex latere dicte platee, et cum hostiis et fenestris conpetentibus ad predicta.

Dokument Nr. 8

Entwurf vom 27. November 1398 zu einem Erlaß über die Verschönerung der Hauptstraße von Siena durch die säuberliche Scheidung der Zünfte von einander. Borghesi e Banchi gibt das Dokument in Anm. p. 76 mit Auslassungen unter falschem Datum und mit falscher Herkunftsbezeichnung. Siena, Staatsarchiv, Concistoro 2111, c. 197.

Item providero, che in ogni buona cità si provede a l'adorno et aconcio de la cità, e voi avete questa vostra piaza del Campo che è la più bela che si truovi, ed aveva questa adorneza de la strada da'Banchi che cominciava da la piaza de'Tolomei e veniva giù in fino a porta Solaia, che, nè in Vinegia, nè in Firenze nè in nessuna altra tera in questo paese avene una più bela via. Ora è guasta, che vi so'tornati calzolari, calzetari, sartori: ed è guasta. Providero che per li nostri Signori s'alega 4 citadini, ed abino adornarla si che è banchieri stieno in sieme dal ta' lato al tale è drapieri e orafi da ta' lato al tale e peliciari e armaiuoli dal ta' lato al tale, che infra que' confini non vi posano stare d'altri mestieri che di que' che sarano ordenati per chesti 4, e cosi partito la strada come a questi 4 eleti parà, si torni aprovare al detto consiglio.

Dokument Nr. 9

Antrag des Amtes für die Schönheit der Stadt, einem Sieneser Bürger ein hohes Amt zu geben, um ihn dadurch in die Lage zu versetzen, die Vorbauten an seinem Haus zu entfernen. Die Eingabe ist nicht datiert. Sie stammt aus den ersten Jahren des 15. Jahrhunderts. Siena, Staatsarchiv, Concistoro 2125, Nr. 4.

Dinanzi da voi Magnifici e Potenti Signori e Capitano dal Popolo.

Li vostri servitori Officiali de l'Ornato de la vostra città expongono che essendo grande ornato de la decta città el levare de ballatoi et atteso quanto fra l'altre contrade quella di santo Giusto e diventata ornata per essere levati quelli ballatoi cioè da la fonte a santo Giusto a la porta Peruzzini et che più bella sarebe ancora levando quelle che ci restano, fra le quali è uno ballatoio di Giovanni Dominici vostro cictadino, el quale ballatoio è nuovo e la casa è piccola, per modo che levandolo lui oltre a la spesa ricevarà grande mancamento. Et la decta spesa etiam al decto Giovanni e molto difficile per essere lui impotente et considerato essere cosa discreta fare qualche susidio al decto Giovanni come a più altri per la V.M.S. è stato facto, ricordano e decti vostri servitori che la V.M.S. si degni per li suoi oportuni consigli fare provedere e deliberare che al detto Giovanni sia concesso l'officio del Vicariato di Montechiello per tempo duno anno da cominciarsi in Kalende gennaio proximo con salario et modi consueti; con questo che per tucto octobre proximo lui habi levato el decto ballatoio e rimessa la faccia.

Ricomendandosi sempre a la V.M.S. la quale Dio conservi in felicissimo stato.

Dokument Nr. 10

Eingabe des Amtes für die Schönheit der Stadt, einem Sieneser Bürger ein hohes Amt zu geben, damit er dadurch in die Lage versetzt werde, die Vorbauten an seinem Haus zu beseitigen und eine vornehme Fassade zu erbauen. Das Dokument stammt aus dem frühen 15. Jahrhundert. Es ist nicht datiert. Siena, Staatsarchiv, Concistoro 2125, Nr. 29.

Dinanzi da voi Magnifici ed Eccellentissimi Signori Priori et Capitano di Popolo dela città di Siena.

Exponsi per li vostri servidori officiali de lornato della città vostra che havendo el officio loro facto comandamento a lo spectabile vostro cittadino misser Augustino Dato e fratelli che dovessero levare el ballatoio dela casa loro; li hanno trovati optimamente disposti offerendosi parati di bona voglia levarlo, e già vanno dato principio; e vogliano fare tutta la facciata di fondo honorevolmente come homini obedienti et desiderosi del honore della città, aonde li decti vostri servi cognoscano manifestamente per tale cagione li prefati cittadini ricevare grande disagio con molta spesa: prima perchè lo ristregne la casa in modo che guasta la sala principale, secundo facendo quella facciata honorata come hanno preparato ci spendaranno bona somma di danari, come ciascuno po intendare. Il perochè desiderosi che la fide e obedientia di decti vostri cittadini insieme con tanta spesa sia in qualche parte remunerata, atteso maxime che bona parte di quelli che hanno levati li ballatoi hanno dalare p.v. hauto potestarie e castellanati; ricordano con reverentia a le S.V. che sarebbe conveniente e giusto provedere per li vostri oportuni consigli et deliberare che a Domenico, uno di decti fratelli, s'intenda essere concesso el vicariato di Petroio col suo officio per tempo duno anno da incominciare immediate, finito el tempo del presente Vicario, con questo che per esso officio non dia nè riceva alcuna vacatione, sennonchè durante lo decto anno lui non possi havere altro officio, et con questa dichiaratione che quando si facesse alcuna remuneratione generale a quelli che avesseno rifacto le facciate, li decti misser Augustino e fratelli sintendino da tale remuneratione exclusi.

A le S.V. sempre si raccomandano che Dio le facci gloriose e felici in prospero stato.

Dokument Nr. 11

Eingabe des Amtes für Schönheit um Schuldennachlaß für einen Sieneser Bürger, damit dieser dadurch in die Lage versetzt werde, die Balkone an seinem Haus zu entfernen. Das Dokument aus dem 15. Jahrhundert ist nicht datiert. Siena, Staatsarchiv, Concistoro 2125, Nr. 50.

Dinanzi da voi magnifici et potenti Signori, signor Priori Governatori del Comune e Capitano del Popolo dela città di Siena, signori nostri.

Exponsi con ogni debita reverentia per li vostri figluoli e servidori officiali dell'ornato, come avendo comandato a Bindoccio di Veri lanaiuolo, che gitti a terra il suo ballatoio perchè in quella strada che è bellissima, non vè restato altro, il perochè intesa la sua povertà e volontà dell'obbedire, e anco considerato che lui a più fanciulle et quanto nerimane guasta la sua casa per lo levare di tale ballatoio per rispetto delle scale et dell-altre habitationi, che tutte gliele bisogna con molta spesa rimutare. Di che per conscientia et conpassione dessa sua disutile familia, ricordano adessa V.M.S. si degnino di fare usare qualche umanità ad esso Bindoccio et conreverentia ricordarebbero che esso Bindoccio fusse acceso creditore in Bicherna di lire cento di denari per conpassione et rispetto desse fanciulle e figluoli piccioli e disutili, et da tanto lavorio e constretto da necessità affare per lo guastamento dessa sua casa. Et affatiga che esse lire cento bastino solo a guastare del ballatoio et rifare il muro. Et maxime perchè non le potrà avere di quanto longo tempo come ve noto. Et mille volte perdono di si lungo et inetto sermone. Che l'Altissimo vi feliciti quanto desiderate.

Dokument Nr. 12

Eingabe des Amtes für Schönheit an die Stadtregierung mit dem Rat, einen von ihr begonnenen Palast nicht weiter zu vergrößern, sondern statt dessen einen schönen öffentlichen Platz für den Getreidemarkt durch Abbruch eines zusätzlichen Häuserblockes zu schaffen. Das Dokument von etwa 1450 ist nicht datiert. Siena, Staatsarchiv, Concistoro 2125, c. 68.

Dinanzi ad voi Magnifici et potenti Signori, Signori Priori et Capitano di popolo della Magnifica Ciptà di Siena.

E vostri minimi figliuoli et servitori et Uffiziali dello Ornato della vostra Ciptà, con debita reverentia et per honore et utilità del vostro Comuno dicano et expongano che desiderosi dello ornato della vostra città, al quale sonno preposti, che havendo loro sentito per li vostri consigli essersi deliberato di comperare una buttiga o vero casa, la quale è delli heredi di Pavolo di Donato carnaiuolo, posta nella contrada di Salicotto di sotto et allato al palazzo, il quale nuovamente fa fare la Signoria Vostra per lo vostro Capitano de la Iustitia, per acrescimento et ornamento del detto palazzo, essi vostri servidori sonno stati con li operari deputati per la Signoria Vostra a fare detto palazzo, et insieme l'uno et l'altro et con più altri ciptadini anno veduto questa essere spesa disutile et non recessaria a tale effecto, si per che lo detto palazzo già cominciato è capacissimo et sarà assai di maggiore ricepto che non bisogna a la famiglia d'esso Capitano, si ancora per che sarebbe spesa, fra la muraglia et compera d'essa casa, di fiorini millequattrocento o più, unde essi vostri servidori, con debita reverentia, ricordarebbero alla Signoria Vostra che molto maggiore ornato rendarà alla vostra Ciptà et comodo che la Signoria Vostra per li suoi opportuni consigli facci solennemente deliberare che sia commesso a quelli uffiziali o ciptadini parrà et piacerà alla S. V., e quali abbino piena auctorità, quanta à il vostro Comuno, a fare et ordinare che dal chiasso, che vulgarmente si chiama delle Scotte, a l'altro chiasso di sotto, che si chiama il chiasso de'Machoni, si faccia et ordini una piazza da grano et da farina, che vadi in fino di sopra a San Martino et riesca di sotto a la via della prigione mettendo in essa piazza la detta casa delli heredi d'esso Pavolo et potendo comperare tutte le case et buttighe o fondachi che sonno dall'uno chiasso all'altro per iusto et honesto prezzo, et avendo auctorità di fare pagare a quelli che di tale aconcime meglio-rassero quello lo parrà discreto perochè già molti si sonno offerti volere che lo costi, et potendo ordinare et fare fare la detta piazza in quello modo et forma lo parrà et con quelli emolumenti da pagarsi al vostro Comune lo parerà honesto et discreto, avendo, come è detto, circa le predette cose piena et libera commissione, non potendo spendare de denari del vostro Comune in tutto più che fiorini duomilia de lire quattro a fiorino in tutto, et cosi facendo la S. V. farà uno bello ornato alla vostra Ciptà et uno grandissimo commodo, et il palazzo il quale fa la S. V., sara di maggiore bellezza et dignità che non sarebbe et farassi poca più spesa che a seguitare quello che per li vostri consigli è stato deliberato.

Se questo è cosa che piaccia alla S. V. l'è caro, sennò demandamo perdono alla S. V., la quale Idio feliciti quanto desidera.

Dokument Nr. 13

Eingabe eines Bürgers vom 18. Oktober 1466 an das Amt für die Schönheit der Stadt mit der Bitte um Genehmigung eines Bogens über die Straße. Als Gegenleistung wird der Bau einer Fassade mit zwei Geschossen Triforienfenster auf Säulen versprochen. Siena, Staatsarchiv, Concistoro 2125, c. 39.

Dinanzi da voi spectatissimi officiali del ornato de la Cictà di Siena.

Pavolo di Francio Ptolomei vostro servitore con reverentia expone che havendo lui una casa ne la strada de la piazza Ptolomei sul canto del chiasso decto Chiasso corto, el quale chiasso viene fra el palazzo de Pthalomei et la decta casa di Pavolo predecto, la qual sua casa e bassa e strecta desiderrebbe quella crescere et alsare in questo modo che lui vor-rebbe potere voltare uno arco o vero volta da la decta sua casa al decto palazzo nel quale sono le imposte antiche et li gangari, si che la decta volta venisse sopra esso chiasso per braccia sedici in circa comenciandosi da la strada. Et pertanto suplica a la Vostra Signoria che si degnino per autorità concessa alloro officio solennamente deliberare et dichiarire chel dicto Pavolo possi et a lui sia lecito fare el decto arco o vero volta in la dicta sua casa et appoggiarla al decto palazzo nel modo decto et lui vuole essere obligato a fare una bella facciata dinanzi dal canto del decto palazzo per fino a quanto verà a tenere la sua casa et farvi due filaia di finestre a colonnelli che sarà grande ornato di quello luogho senza occupare alcuna cosa d'altri con cio sia cosa che'l decto chiasso anti-quamente è stato de Ptolomei, et lo decto Pavolo se lo reputarà a gratia singulare. Et lo decto chiasso verrà a remanere sotto la decta volta vacuo et expedito et potrassi usare per chi vorrà passare.

Recomandandosi sempre a le Vostre Spectabili etc.

Anno Domini MCCCCLXVI., indicatione XV., die vero XVIII. octobris.

II. Verordnungen über den Kirchenbau

Dokument Nr. 14

Bestimmungen zur Bauordnung am Sieneser Dom von 1262. Siena, Statut von 1262, Dist. I, Rubr. 13.

De deliberando, et ordinando quomodo in dicto opere procedatur.

Et de mense Januarii tenear ego potestas, et capitaneus teneatur, una cum consulibus utriusque mercancie et prioribus XXIIII^{or} deliberare et videre et ordinare super facto operis Sancte Marie, quomodo et qualiter in dicto opere procedatur, et quot magistri in ipso opere debeant laborare et quomodo laborent ibi assidue, sine interpolatione alterius operis, et super salario eorum, et utrum debeant dicti magistri retinere ibi gignora vel non, et super operariis ibidem statuendis, et super actationibus dicti operis, et super faciendo fieri sedilia sive gradus lapidum circum circa plateam episcopatus per magistros dicti operis, ut, cum fit contio sive parlamentum, gentes possint sedere et morari super ipsis gradibus; et generaliter super omnibus et singulis supradictis et eorum occasione et super omnibus et singulis utilitatibus faciendis pro dicto opere, sicut eis videbitur. Et quicquid de predictis fecerint et statuerint, sit ratum et firmum. Non obstante aliquo constituto.

Dokument Nr. 15–17

Bestimmungen über den Neubau des Baptisteriums von Siena aus den großen Bausitzungen vom 8. Mai 1296 und vom 10. Mai 1297 mit einem Nachtrag aus den Stadtratprotokollen vom 2. und 4. Juli 1297. Die ersten beiden Bestimmungen fanden im Statut Nr. 5, Dist. III, f 38 t und in der Übersetzung im Statut Nr. 20 von 1309/10 Aufnahme, Dist. III, Rubr. 282 und 268. Wir geben sie in dieser Übersetzung. Der Nachtrag vom 2. Juli 1298 im Staatsarchiv in Siena Cons. Generale Nr. 54, f. 23 f. ist unveröffentlicht. Bacci, Documenti e commenti per la storia dell'arte, Florenz 1944, gibt einen Auszug aus dem Sitzungsprotokoll vom 4. Juli 1297, hier Dok. 17 a.

Nr. 15.

Che l'operaio dell'uopera Sancte Marie compri la chasa di Cione Bagnesi per rifare el San Giovanni.

Conciò sia cosa che lo muro de la chiesa di Sancto Giovanni presso al Vescovado di Siena, in molti luoghi sia crepato et fesso, si che chinato et piegato è a la parte de la via, la quale è allato a la detta chiesa, et minaccia ruina; et di necessità inde la detta chiesa si debia levare per belleza del vescovado di Siena; statuto et ordinato è, che per l'operaio dell'uopera Sancte Marie da Siena et de la pecunia de la detta uopera Sancte Marie, si debia comprare la casa la quale fu di Cione Bagnesi, la quale è a rincontra al palazo del vescovo, et tutte le altre case le quali sono in quella ruga, da la via di poscia de le dette case infino a la via denanzi. Et se lo predetto operaio non avesse pecunia sufficiente per le dette case comprare, sia proveduto allui de la pecunia del comune di Siena, infino in quantità di C. libre di denari, acciò che la detta uopera non rimanga che non si faccia; la quale cosa fatta, le dette case inde si debiano levare et in esso luogo si debia edificare la chiesa in onore del beato Giovanni, secondo che disegnato è di fare, o vero si disegnarà per lo maestro Giovanni capomaestro dell'uopera Sancte Marie, o vero per altri maestri. Et le dette case si debiano comprare secondo la stima la quale inde si debia fare per tre maestri, cioè, due di pietra et uno di legname; e' quali s'elegano per lo camarlèngo et iiij. Et le predette cose el detto operaio fare sia tenuto, si che la detta chiesa sia cominciata a fondare per tutto el mese di settembre. Et fatto è questo capitolo, anno Domini Mcclxxxxvij. Inditione viiij, del mese di magio.

Nr. 16

Di fare consèllio per reponere la chiesa di Sancto Giovanni. Conciò sia cosa che sia uno capitolo di costoduto del comune di Siena, che la chiesa di Sancto Giovanni si debia levare del luogo 've è et ponere nel luogo 've è la casa di Baldo Bagnesi et de'sui vicini, et che esse case et altre si debiano comprare per l'oparaio de l'uopera Sancte Marie et de la pecunia de la detta uopera, secondo che nel detto capitolo si contiene; et la detta uopera et l'oparaio non sia sufficiente a comprare le dette case, le quali nel costoduto si contengono, se lo comune di Siena non facesse aiuto ne le predette cose: statuto et ordinato è, che missere la podestà di Siena, del mese di lullio prossimo che verrà, sia tenuto et debia far fare generale consèllio di Campana et del popolo et di L. per Terzo de la radota et in esso proponere che sia da fare de la detta chiesa di Sancto Giovanni levare del detto luogo 've ora è et in quale luogo si riponga et s'edifichi la detta chiesa, et de l'expese necessarie per le case comprare per cagione de la detta chiesa riponere et altre expese, per la detta cagione, necessarie di fare: et ciò che lo detto consèllio allora statuirà et ordinarà de le predette cose et d'intorno a le predette cose, missere la podestà sia tenuto et debia ad essecutione mandare, nonostante alcuno capitolo di costoduto. Et fatto è questo capitolo in anno Domini Mcclxxxxvij. Inditione x del mese di magio.

Nr. 17.

(Pro palatio faciendo)

Et super facto palatiis et domorum comunis et super hiis que in capitulo continentur dixit et consuluit quod palatium Comunis Senarum inceptum proficiatur et trahatur ad finem et in hoc casu expensa fiat pro comuni Senarum, alia autem expensa pro palatio et domibus comunis et alia novitas de palatio et domibus faciendis supersedeat et maneat in suspenso.

(Pro Ecclesia Sancti Johannis)

Super facto Ecclesie Sancti Johannis et super hiis que in capitulo continentur dixit et consuluit quod totum dictum negotium sit et remaneat libere et in provisione dominorum novem, et sicut ipsi domini novem providentur providendo, semper ad custodiam averis comunis Senarum, ita fiat et executioni mandetur.

Nr. 17a.

Super facto ecclesia sancti Johannis dominus Nerus Renaldi judex dixit et consuluit quod ecclesia dicta fiat et reponatur, et quod Domini Novem de reponendo ipsam ecclesiam de domibus emendis et expensis faciendis provideant et ordinent sicut voluerint et viderint convenice.

Dokument Nr. 18 und 19

Zwei Bestimmungen zur Bauordnung der Dombauhütte von Siena vom 9. Mai 1296 und 10. Mai 1297. Die ältere lateinische Fassung aus dem Statut Nr. 5 im Sieneser Staatsarchiv Dist. I, c. XIII[t] und Dist. III, c. XXVI von 1298 hat Bacci, Documenti e commenti per la storia dell'Arte, Firenze 1944, S. 41 f. veröffentlicht, die jüngere italienische findet sich im Statut Nr. 20 von 1309/10, Dist. I, Rubr. 57 und Dist. III, Rubr 282. Wir geben die lateinischen Fassungen.

Nr. 18.

Item, ad hoc ut opus inceptum ad honorem et reverentiam beate et gloriose Marie Virginis vadat de bono in melius et fine laudabili compleatur, statutum et ordinatum est quod de mense iulii proxime venturo per dominos Novem gubernatores et defensoires comunis et populi Senensis et per Consules Mercantie eligatur unus bonus et legalis Operarius in dicto Opere qui sciat legere et scribere, cum dicatur quod presens Operarius nescit legere vel scribere, propter quod dictum opus defectum recipit et non modicam lesionem. Et etiam per dictos dominos Novem et Consules Mercantie tam in capomagistris quam de omnibus occurrentibus circa opus et laborerium supra dictum provideatur sicut ad utilitatem et statum dicti Operis crediderint et congnoverint pertinere. Et factum est hoc capitulum anno domini millesimo CCLXXXXVI., indictione VIIII., de mense maii. — Et dictus Operarius teneatur et debeat scribere intratas et expensas dicti Operis eo modo et forma quibus faciet scriptor Operis supradicti. Et facta est hec additio, scilicet et dictus Operarius etc., anno domini millesimo CCLXXXXVII., indictione X., de mense maii.

Nr. 19.

Item, cum Operarius et consiliarii Operis Sancte Marie de Senis in non modica confusione et admissione temporis et pecunie invenerint ipsum opus; et facta inquisitione per magistros eiusdem Operis et fide viderint oculata quod de laborerio pro ipso Opere facto et posito in Ecclesia episcopatus et locis aliis iam est diu, perdita est pecunia non in modica quantitate ex lapidibus conciis et ibidem ruptis et fractis. Et etiam quia non fracti non cognoscuntur per magistros in quo loco dicti operis debeant operari tantum temporis est quod conci fuerunt ita quod totum concimen ipsorum lapidum perditum est. Et opportet quod illico idem laborerium alias factum et multi costi per manus magistrorum a capite remictatur. Et quod peius est, multi ex ipsis lapidibus conciis non poterunt in aliquo operari quod multum dampnosum est, et intentioni Comunis Senensis contrarium. Idcirco statutum et ordinatum est quod capomagister, sive capomagistri omnis Operis Sancte Marie, qui sunt in dicto opere, et qui pro tempore fuerint, vinculo iuramenti teneantur et debeant munire in dicte Opere Sancte Marie maioris ecclesie episcopatus senensis totum laborerium et concimen lapidum factum et concium pro dicto Opere infra unum mensem post approbationem huius statuti, ad petitionem et voluntatem Operarii et consiliariorum Operis Sancte Marie de Senis qui sunt vel pro tempore fuerint. Et nichilominus teneantur subsequenter totum laborerium et concimen quod fecerint sive factum fuerit pro dicto Opere de uno mense infra alium mensem proxime subsequentem murare in dicto Opere ipsius Ecclesie ad voluntatem et requisitionem dictorum Operarii et consiliariorum dicti Operis, ut ipsum opus melius, citius et salubrius perfectionem recipiat que optatur, quod si capomagister, sive capomagistri et magistri dicti Operis non fecerint ut dictum est, qui sunt vel pro tempore fuerint in dicto Opere liceat dictis Operario et consiliariis dicti Operis qui sunt et pro tempore fuerint, una cum dominis Novem gubernatoribus et defensoribus Comunis et Populi Senensis, in dicto et super dicto Opere providere et ordinare sicut et quomodo eis visum fuerit, tam de capomagistro, seu capomagistris et magistris, quam de aliis omnibus que pro bono, utilitate et expeditione dicti Operis viderint convenire. Et totum et quicquid super predictis et circa ea prividerint et ordinaverint optineat plenum robur. Et factum est hoc capitulum anno domini MCCLXXXXVII, indictione X, de mense maii.

III. Verträge mit Stadtbaumeistern

Dokument Nr. 20–22

Giovanni Pisano wurde zwischen Oktober 1284 und September 1285 Sieneser Bürger und gleichzeitig von allen Steuern und Dienstleistungen befreit (Siena, Staatsarchiv, Consiglio Gen., Nr. 28, c. 10 und c. 12). In das Statut Nr. 5 von 1287, Dist. Iv., c. 7 und in das Statut von 1309/10, Dist. IV., Rubr. 48 wurde die Verordnung aufgenommen. Der lateinische Text wurde zuerst von Rumohr, Ital. Forsch. S. 314 veröffentlicht. Frey, Vasari S. 752 bezweifelt das Datum. G. N. Fasola. Nicola Pisano S. 226 weist seine Zuverlässigkeit nach. In einem Nachtrag des Statuts Nr. 8 von 1319 wird diese Bestimmung gestrichen, da Giovanni tot sei. Sämtliche Dokumente jetzt bei Bacci (1944) S. 17 und S. 46.

Nr. 20.

De immunitate magistri Johannis quondam magistri Nicchole.

Item statutum et ordinatum est quod magister Johannes flius quondam magistri Nicchole qui fuit de civitate pisana pro cive et tanquam civis Senarum habeatur et defendatur, et toto tempore vite sue sit immunis ab omnibus et singulis honeribus Comunis Senarum et datiis et collectis et exactionibus et factionibus et exercitibus faciendis et aliis quibuscunque.

Nr. 21.

De la immunità del maestro Giovanni del maestro Niccola. Anco, statuto et ordinato è, che lo maestro Giovanni filliuolo che fu del maestro Nicola, el quale fue de la città di

Pisa, per cittadino et si come cittadino di Siena, sia avuto et difeso; tutto il tempo di sua vita, sia franco da tutti et ciascuni incharichi del Comune di Siena, cioè, dazi et colte et exactioni et factioni et osti fare et altre qualiunque cose.

Nr. 22.

Capitulum sub rubrica »De immunitate magistri Johannis magistri Nicchole« est cassum in totum, cum dictus magister Johannes sit mortuus.

Dokument Nr. 23

Giovanni Pisano erhält das Recht, bei Streitigkeiten mit dem diensthabenden Domhüttenleiter von Pisa sich unmittelbar an den Stadtrat zu wenden und wird auf Lebenszeit angestellt. Pisa, Breve von 1313, Lib. I, Rubr. 265.

De manutenendo magistrum Johannem capomagistrum Opere sancte Marie maiores Ecclesie.

Et nos Pisanorum Potestas et Antiani populi teneamur manutenere magistrum Johannem condam magistri Nichole, capomagistrum Opere sancte Marie maioris Ecclesie et sancti Johannis Baptiste, et ei promissa non minuere; et si quod promissum fuerit ei, pro meliore dictorum Operum firma tenere et teneri facere Et si aliqua discordia foret inter ipsum magistrum et operarios sive operarium dictarum operum, tunc unum bonum et legalem virum, seu plures, ad voluntatem et electionem Anthianorum, ponemus, qui loco illius operarii qui discordaret cum dicto magistro Johanne faciat perfici illud opus super quo discordaret. Et spetialiter, de pervio quod de novo constituitur in maiori Ecclesia; vel alio modo providendo, prout Anthianis et sapientibus viris videbitur, satisfaciendo suprascripto magistro Johanni, ad hoc ut dictum opus pervii perficiatur. Et semper remaneat in dicto offitio capomagistratus in civitate pisana.

Dokument Nr. 24

Arnolfo di Cambio wird auf eigenen Antrag durch eine Verordnung des Rates der Hundert von Steuern und Kriegsdiensten befreit. (Staatsarchiv Florenz, Provv. X, 235; Gaye, Bd. I, p. 445 f.; Guasti, S. 20, Nr. 24; Frey, Loggia dei Lanzi, p. 192.)

In Dei nomine amen.

Anno sue salutifere incarnationis millesimo trecentesimo indictione tertiadecima die primo mensis aprilis. Consilium centum virorum populi Florentini . . .

Item infrascripta provisio ut supra dictum est super infrascriptis edita et facta; cuius quidem provisionis tenor talis est. – Visa et diligenter examinata quadam petitione dominis Prioribus artium et Vexillifero iustitie populi Florentini per magistrum Arnolphum de Colle, filium olim Cambii super infrascriptis porrecta et facta; et considerato, quod idem magister Arnolphus est capudmagister laborerii et operis ecclesie Beate Reparate maioris ecclesie Florentine, et quod ipse est famosior magister et magis expertus in hedificationibus ecclesiarum aliquo alio, qui in vicinis partibus cognoscatur, et quod per ipsius industriam experientiam et ingenium comune et populus Florentie ex magnifico et visibili principio dicti operis ecclesie iamdicte, inchoacti per ipsum magistrum Arnolphum habere sperat venustius et honorabilius templum aliquo alio quod sit in partibus Tuscie; prehabita etiam in hiis deliberatione solempni per iamdictos dominos Priores artium et Vexilliferum iustitie, ipsius magistri personam honorare volentes; super hiis facto et celebrato inter eos solempni et secreto scruptinio ad pissides et palloctas secundum formam statutorum, eorum offitii auctoritate et vigore provisum, deliberatum et firmatum fuit: Quod iamdictus magister Arnolphus, donec vixerit cessetur a libris et aliis factionibus comunis Florentie, et ab eis et earum solutione exemptus sit totaliter et immunis, et quod nunquam solvere libras et factiones in comuni vel pro comuni Florentie cogatur vel cogi possit vel debeat personaliter vel in rebus; dum tamen talis immunitas et exemptio ad heredes ipsius magistri Arnolphi aliquatenus non transcendat. In hiis statuto vel ordine aliquo non obstante.

Dokument Nr. 25

Berufung Lorenzo Maitanis aus Siena zum Dom- und Stadtbaumeister von Orvieto 1310. (Archivio del Comune di Orvieto, Rif. ad. an. 1310, c. 67t. Abgedruckt bei Milanesi, Doc. I, p. 172, Nr. 25, und Fumi, Duomo di Orvieto, p. 21.)

In Dei nomine amen.

Coram vobis dominis septem Consulibus de septem artibus nunc ad officium deputatis pro parte fabrice maioris Ecclesie Urbevetane et officialium ipsius, proponitur quod magister Lorenzius olim magistri vitalis de Senis universalis caputmagister ad fabricam supradictam pro parte comunis Urbisveteris multoties requisitus venit ad civitatem Urbevetanam ad reparandam ipsam fabricam que quasi minabatur ruinam et ad hedificandam eandem, quam ut reparavit et hedificavit in cospectu Urbevetani populi evidenter apparet. Tunc quia continuus et expertus fuit et est in speronibus, tecto et pariete pulcritudine figuratis, qui paries debet fieri ex parte anteriori et cum omnibus aliis magisteriis et ornamentis ipsi fabrice oportunis, tunc quia sollicitus ad faciendum predicta, expensas minuendo et temperando non in modicam quantitatem, et quod plus est, ipsius et amore populi Urbevetani commotus, in dicta civitate cunctis temporibus vite sue intendat cum eius familia permanere; quare supplicatur vobis nomine quo supra, quatenus bonitatem et industriam, eiusdem magistri Lorenzi et utilitate dicte fabrice et comunis de solita benignitate officii providentes, velitis in consilio Consulum statuere et ordinare et vestro decreto et auctoritate firmare pro evidenti utilitate predicte fabrice et comunis, ut dictus magister Lorenzius habeat et habere debeat de avere et pecunia dicti comunis, dum serviverit in dicta fabrica quolibet anno duodecim florenos auri boni et puri et iusti ponderis ... ac etiam quod dictus magister Lorenzius possit quelibet arma portare sine pena per civitatem predictam et burgos quando voluerit, et quod si quis eum offenderit in persona vel rebus puniatur prout puniretur si offenderet aliquem civem urbevetanum secundum formam capituli constituti civitatis predicte. Et quod possit etiam discipulos quos voluerit expensis dicte fabrice retinere ad designandum, figurandum et faciendum lapides pro pariete supradicto, et quod ipse magister Lorenzius sit ex nunc civis urbevetanus, et pro cive urbevetano habeatur ipse et sua famila, et quod habeat immunitatem quindecim annis proxime venturis ab omni datio, servitio et collecta et ab omni honere reali et personali, et ipse magister Lorenzius offert se paratum dare in acquisto in civitate et comitatu urbevetano quatuorcentas libras denariorum currentium et videre pontes et alia hedificia dicti comunis et specialium personarum et consulere quidquid super predictis fuerit faciendum pro vestre beneplacito voluntaris.

Dokument Nr. 26

Auszug aus einem Stadtratsprotokoll über die Tätigkeit Lorenzo Maitanis als Stadtbaumeister vom 11. September 1327. Fumi, Duomo di Orvieto, p. 24f.

Quod cum rupes civitatis Urbisveteris in pluribus locis sint scarcate et destructe et etiam porte civitatis Urbisveteris et dicte rupes indigeant reparatione et acconcimine pro fortificatione, custodia et defensione dicte civitatis, quid videtur et placeat dicto consilio providere et ordinare super acconcimine actatione et reparatione rupium et portarum dicte civitatis Urbisveteris, et quo modo qualiter et per quos et cujus expensas tales rupes et porte, que acconcimine indigent, attentur et reparentur et unde quomodo qualiter et per quem modum et ordinem habeatur et veniat in communi sufficiens pecunie quantitas pro dictis acconciminibus faciendis, et etiam pro acconcimine et reparatione palatii comunis predicti generaliter proponendo.

Bonutius domini Petri unus de consiliariis dicti consilii surgens in ipso consilio arengando dixit et consuluit super prima proposita de acconcimine et reparatione palatii comunis dicte civitatis et super aliis contentis et declaratis in proposita predicta, quod dictum palatium comunis attetur reparetur et reficiatur, et actari reparari et refici debeat et in ipso fiant omnia acconcimina opportuna expensas et de pecunia et avere comunis Urbisveteris, et quod magister Laurenzius magistri Maytani sit et esse debeat caput et superstitis super acconcimine reparatione et refectione palatii memorati ... et quod omnes et singuli magistri lapidum macinegnorum dicte civitatis teneantur et debeant laborare et facere lapides macinengnos pro dicto palatio et dare pro illo pretio, quo dantur comuniter aliis personis et aliud opus vel laboritium facere non possint vel debeant nisi pro palatio memorato ...

Item consuluit super proposita et acconcimine et reparatione rupium et portarum civitatis Urbisveteris, quod dicte rupes et porte attentur et reparentur modo infrascripto. silicet quod unus homo de qualibet domo civitatis Urbisveteris det et prestet unam operam et stet uno die ad scarcandum et abassandum terram, que est extra civitatem Urbisveteris iuxta rupes civitatis eiusdem in locis omnibus opportunis ad sensum, voluntatem et deliberationem magistri Laurenzii magistri Maytani et duorum superstitum per dominos septem eligendorum, et quod omnes et singuli homines et persone habentes griptas, fenestras sive aliqua foramina in rupibus memoratis sive hostia teneantur et debeant et compellantur cum effectu per dominum capitaneum populi dicte civitatis tales griptas, fenestras, hostia vel foramina actare murare et claudere ...

Item quod homines et persone cujuslibet quarterii dicte civitatis teneantur et debeant eorum expensis actare et reparare portas ipsorum quarterii ubicumque fuerit opportunum ...

Item quod magister Laurenzius predictus faciat et facere possit scarcari et dirui illas spalmulas de rupibus dicte civitatis, quas viderit convenire, et de ipsis lapides fieri faciat, et pars que comuni obvenerit de ipsis lapidibus muretur in opere rupium predictarum, et si qui lapides essent superflui ab opere comunis vendantur tales lapides superflui et pretium convertatur in opere rupium predictarum, et nulla persona possit vel debeat aliquos alios lapides tufi facere quousque lapides de spalmulis supradictis facte fuerint ...

Dokument Nr. 27

Die Berufung Giottos zum Dom- und Stadtbaumeister von Florenz vom 12. April 1334.
Florenz, Staatsarchiv, Provv. XXVI, 84.; Guasti, S. 43, Nr. 44.

In Dei nomine amen.

Anno sue salutifere incarnationis millesimo trecentesimo trigesimoquarto indictione secunda die duodecimo mensis aprilis, Consilio domini Capitanei et populi Florentini ...; et tertiodecimo eiusdem mensis aprilis, Consilio domini Potestatis et comunis Florentie ...; totaliter approbate acceptate admisse et firmate fuerunt provisiones infrascripte ...

Domini Priores artium et Vexillifer iustitie una cum offitio Duodecim bonorum virorum, cupientes ut laboreria que fiunt et fieri expedit in civitate Florentie pro comuni Florentie honorifice et decore procedant, quod esse commode perfecte nequit nisi aliquis expertus et famosus vir preficiatur et preponatur in magistrum huiusmodi laboreriorum, et in universo orbe non reperiri dicatur quemquam qui sufficientior sit in hiis et aliis multis magistro Giotto Bondonis de Florentia pittore, et accipiendus sit in patria sua velut magnus magister, et carus reputandus in civitate predicta; et ut materiam habeat in ea moram continuam contrahendi, ex cuius mora quamplures ex sua scientia et doctrina proficient, et decus non modicum resultabit in civitate premissa: habita prius super hiis diligenti deliberatione, et demum inter ipsos Priores et Vexilliferum et dictum offitium Duodecim bonorum virorum, secundum formam Statutorum, premisso facto et obtento partito et secreto scruptinio ad fabas nigras et albas, eorum offitii auctoritate et vigore, et omni modo et iure quibus melius potuerunt, providerunt ordinaverunt et stantiaverunt: Quod ipsi domini Priores artium et Vexillifer iustitie, una cum offitio Duodecim bonorum virorum, possint eisque liceat pro comuni Florentie eligere et deputare dictum magistrum Giottum in magistrum et gubernatorem laborerii et operis ecclesie Sancte Reparate, et constructionis et perfectionis murorum civitatis Florentie, et fortificationis ipsius civitatis, ac aliorum operum dicti Comunis que ad laborerium vel fabricam cuiuscumque magisterii pertinere dicerentur vel possent; pro eo tempore et termino et cum eo salario solvendo eidem de quacumque pecunia deputata vel que deputaretur seu que debeat vel deberet expendi seu converti in quocumque vel pro quocumque laborerio opere vel fabrica quod vel que construeretur vel fieret in civitate Florentie per illum et illos offitiales et personas, et eo modo et forma et tempore per quem quos vel quas et pro quo et cum quo et quibus et prout et sicut eisdem dominis Prioribus et Vexillifero iustitie et offitio Duodecim bonorum virorum vel duabus partibus ex eis, etiam alio et aliis absentibus et inrequisitis, videbitur et placebit.

Dokument Nr. 28

Die Berufung des Lando di Pietro zum Stadtbaumeister von Siena 1338. Milanesi, Doc., Bd. I, Nr. 50, S. 228/29.

In nomine Domini amen. Anno ejusdem MccccxxxVIII, indictione VIII, die veneris, tertia mensis Decembris.

Convocato et congregato generali consilio campane comunis et populi, et quinquaginta per Terzerium de radota, capitaneorum et vexilliferorum et consiliariorum Sotietatum et Vicariatuum civitatis Sen: – dominus Johannes de Luschis de Regio, judex collateralis, et vicarius domini potestatis proposuit in dicto consilio.

Quod cum notorium sit, et certum in civitate Sen: quod providus vir magister Landus aurifex, est homo legalissimus, et non solum in arte sua predicta, sed in multis aliis, preter dictam suam artem, est homo magne subtilitatis et adinventionis, tam his que spectant ad edificationes ecclesiarum, quam etiam in his, que spectant ad edificationes palatiorum et domorum comunis et viarum, et pontium et fontium, et aliorum operum comunis Sen: et ipse magister Landus moram seu habitationem contrahat ad presens in civitate Neapolitana, ut ibidem suum honorem augeat et profectum: et convenientius et utilius esset pro comuni Sen: quod homo tante bonitatis, non absens et longinquus a civitate Sen: set potius in ipsa civitate continue permaneret, ut suum consilium et juvamen impenderet tam operibus fiendis in maiori ecclesia Sen: quam comuni Sen: in omnibus aliis supradictis, quando et quotiescumque ab operario operis sancte Marie, et ejus consiliariis pro factis spectantibus ad operam S. Marie, vel constructionis dicte majoris ecclesie, fuerit requisitus; vel pro parte comunis Sen: pro operibus spectantibus ad ipsum comune Sen: requireretur, ut utilius et sapientius in hoperibus fiendis, tam pro dicte opere S. Marie, quam pro Comuni Sen: etiam cautius procedatur. Et ut predicta laudabiliter fieri possint, si dicto presenti consilio videtur – firmare et solempniter reformare quod – pro suo specificato et expresso salario dictus magister Landus habeat – ducentas lib: den: sen: pro quolibet anno quo steterit personaliter in civitate Sen: pro mandando, et mandare faciendo executioni ea omnia et singula que ordinabuntur et imponentur, quod faciat ipse magister Landus, tam in operibus et pro operibus comunis Sen: in civitate et comitatu Sen: quam in operibus, et pro operibus edificationis dicte maioris ecclesie . . .

Im weiteren Verlauf der Sitzung wird festgelegt, daß die Domopera die Hälfte und die Stadt die andere Hälfte des Gehaltes zu zahlen habe.

Dokument Nr. 29

Die Berufung des Antonio di Vincenzo zum Baumeister von San Petronio in Bologna am 3. Juni 1390. (Bologna, Archivo della Fabbrica, Convencioni e composicioni, Fol. 11 recto; Gualandi, Serie III, 1842, S. 92–94; A. Gatti, La Basilica Petroniana, S. 295 ff.) Ich gebe einen Auszug.

Considerantes quod ad fabricam et constructionem Ecclesie predicte necessario est habere virum probum expertum praticum famoxum et subtili ministerio edotatum qui circa huiusmodi fabricam et constructionem continua vigilatione et cogitamine intendat . . . et advertentes et cogitantes virum probum et discretum magistrum Antonium Vicencii muratorem hiis omnibus supra enaratis et aliis esse plenissime eruditum, qui etiam sua Industria arte et ingenio una cum reverendo patre et domino fratre Andrea Generale Servorum beate Marie Virginis prefatam Ecclesiam et ipsius Ecclesie fiende ordinationem compositionem et staturam comprehendidit et ordinavit. Et volentes in predictis plenissime providere vigore et auctoritate eorum officii et omni modo via forma et ordine quibus magis et melius potuerunt elligerunt nominaverunt et deputaverunt prefatum magistrum Antonium ibidem presentem audientem inteligentem volentem et aceptantem in principale capud et magistrum totius fabrice et constructionis laborerii ecclesie predicte incipiendo ... cum salario decem solidorum bononinorum pro qualibet die qua ad dictum laborerium laborabitur et laboratum fuit. Volentes et exprese mandantes quod liceat dicto magistro Antonio ponere et deputare ad laborerium Ecclesie predicte omnes et quoscumque magistros qui videbuntur ydonei ad laborerium predictum laborandum. Et salaria magistrorum predictorum taxare et declarare tamen cum licentia officialium et superstitum predictorum.

Dokument Nr. 30

Beschluß der Aufsichtsbehörde über den Dombau von Florenz, den Baumeister Filippo Brunelleschi lebenslänglich anzustellen. Diesem Entscheid vom 7. Dezember 1445 war ein nahezu gleichlautender vom 12. April 1443 vorausgegangen. Er bildet das letzte Dokument in der langen Reihe Verfügungen, die sich mit der Dienststellung Brunelleschis beschäftigen, und die durch die Veröffentlichung von C. Guasti, La Cupola die Santa Maria del Fiore, Firenze 1857, p. 49 f, Nr. 95, seit langem der Forschung bekannt sind. C. A. L. Delib. Nr. 51, fol. 118v und 119.

Intellecto atque percepto a quampluribus fide dignis intelligentibus praticis et expertis et maxime architecture magistris, ac etiam publico aliorum quamplurium eloquio, quantum vir ingenii perspicacis Filippus ser Bruneleschi, civis florentinus, tam in ordinando et hedificando, quam in costructione Cupule maioris et etiam tribunarum cathedralis ecclesie Sancte Marie del Fiore, quam et in preparamentis pro construendo et hedificari et construi faciendo Lanternam super maiori Cupola predicta, sit doctus, experientia magistra docuit et demostravit: que non solum cedunt ad ornatum et decus dicte ecclesie sed etiam magnifici Communis Florentie: et ulterius maximes sunptibus et innumerabilibus expensis Communis et Opere predicte suis arduis ingeniis atque laboribus peperat, et idem etiam asseritur in agendis facere velle; et volentes de ipsius salario et provisione pro futuro tempore providere: habita tamen primo super predictis et infrascriptis omnibus et singulis ad invicem deliberatione solenpni, et demum inter eos invicem in palatio dicte Artis et in eorum solita audientia more solito collegialiter in sufficienti numero congregatos, premisso et facto solenpni et secreto scruptineo ad fabas nigras et albas, et obtento partito secundum formam ordinamentorum dicti Artis; providerunt, delibaraverunt et ordinaverunt: quod domini consules dicte Artis, una cum provisoribus et seu operariis opere Sancte Marie del Fiore predicte, et due partes ipsorum omnium, aliis etiam absentibus et inrequisitis, vel presentibus et contradicentibus, non acceptantibus, mortuis, remotis vel aliter impeditis, possint hinc ad per totum mensem augusti proxime futuri, et infra ipsum tempus et terminum quandocumque eligere adsumere et deputare dictum Filippum ser Bruneleschi in provisorem magistrum seu hedificatorem et constructorem Lanterne Cupole maioris dicte ecclesie Sancte Marie del Fiore, pro tempore et termino duraturo, durante vita dicti Filippi et dum vivet, cum exercitio predicto et aliis exercitiis et more hactenus consuetis; cum salario et provisione florenorum centum auri quolibet anno, solvendo eidem, vel alii pro eo legiptime recipienti, sunptibus et de pecuniis dicte Opere, per camerarium opere predictum, ad stantiamentum duntaxat offitii dictorum provisorum et seu operariorum dicte opere pro tempore existentium, durante ipsius Filippi vita, ut supra. Item, quod dictus Filippus a dicto exercitio et ministerio seu laborerio, et a salario et provisione predictis, non possit cassari vel removeri aliquo modo nisi solum et duntaxat per deliberationem et cassationem de eo fiendam per consules dicte Artis et operarios seu provisores opere predicte, una cum consiliariis consilii dicte Artis, pro tempore existentes et in sufficientibus numeris congregatos, premisso scruptineo et obtento partito ad minus per duas partes eorum vel ultra. Et quod aliter fieret, pro infecto penitus habeatur, et exequi non possit ullo modo.

QUELLEN UND SCHRIFTTUM

Die Veröffentlichungen zur Geschichte und Kunstgeschichte der toskanischen Städte sind so zahlreich und ungleichwertig, daß eine Liste aller benutzten oder im Text genannten Werke sich verbietet. Die mehrfach und abgekürzt zitierte Literatur folgt nach Sachgruppen geordnet, a) und b) nach Städten, c), d), e) und f) nach Autoren.

a) Stadtstatute

Ascoli-Piceno, Statut von 1377 =
Ludovico Zdekauer, Ascoli-Piceno, statuti di 1377, in Fonti per la storia d'Italia, Roma 1910.

Bologna, Statut von 1250 =
Luigi Frati, Statuti del comune di Bologna dell'anno 1245 all'anno 1267, 3 Bde, Bologna 1869–1877.

Città di Castello, Statut von 1261 =
G. Magherini-Graziani, Framenti di Statuti del 1261 di Città di Castello, Perugia 1909.

Cortona, Statut von 1325 =
Statuta Cortonae antiqua (1325) Ms. im Staatsarchiv in Florenz.

Faenza, Statut von 1410–1414 =
Giuseppe Rossini, Statuta Faventiae (1410–1414) bei Muratori, N. E., Bd. XXVIII, V, Bologna 1929.

Florenz, Statut des Volkskapitäns =
Romolo Caggese, Statuto del Capitano del Popolo degli anni 1322–1325, Firenze 1910.

Florenz, Statut des Podestà =
Romolo Caggese, Statuto del Podestà dell'anno 1325, Firenze 1921.

Forli, Statut von 1359 =
Evelina Rinaldi, Statuto di Forli dell'anno 1359, in Corpus Statutorum Italicorum, Roma 1913.

Gambassi, Statut von 1322 =
Angiolo Latini, Statut della Lega di Gambassi di 1322, in Corpus Statutorum Italicorum, Roma 1914.

Imola, Statut von 1334 =
S. Gaddoni, Statuti di Imola del anno 1334, in Corpus Statutorum Italicorum, Milano 1932.

Lucca, Statut von 1308 =
Statutum Lucani Communis, in Memorie e documenti per servire alla Storia di Lucca, Bd. 3, Lucca 1867.

Montagutolo, Statut von =
Filippo Luigi Polidori, Statuti Senesi, scritti in volgare nei secoli XIII e XIV, Bologna 1863.
Parma, Statut von 1255 =
A. Ronchini, Statuta communis Parmae anno 1255, Parma 1856.
Perugia, Statut von 1342 =
Giustiniano degli Azzi, Lo statuto del 1342 del comune di Perugia, in Corpus Statutorum Italicorum, Bd. I, Roma 1913, Bd. II, Roma 1916.
Pisa, Breve von 1162 usw. bis 1330 =
F. Bonaini, Statuti inedite della città di Pisa, 3 Bde, Firenze 1854–57.
Pistoia, Statut des 12. Jahrh. =
Berlan, Statuti di Pistoia del sec. XII, Bologna 1882.
Pistoia, Statut von 1284 =
Ludovico Zdekauer Breve et Ordinamenta Populi Pistorii 1284, Milano 1891.
Pistoia, Statut von 1296 =
Ludovico Zdekauer, Statutum potestatis comunis Pistorii 1296, Milano 1888.
Ravenna, Statut des 13. Jh. =
Andrea Zeli e Silvio Bernicoli, Statuto del secolo XIII del comune di Ravenna, in Monumenti istorii per servire alle Provincie di Romagna, Ravenna 1904.
Reggio Emilia, Statut von 1242–1311 =
A. Cerlini, Statuti di Reggio Emilia, in Corpus Statutorum Italicorum, Milano 1933.
Siena, Statut von 1250 =
L. Banchi, Breves officialium comunis Senensis (1250), in Archivio Storico Italiano, III, ii, 1864 und IV, ii, 1865.
Siena, Statut von 1267–1270 =
Ludovico Zdekauer, Il framento degli ultimi libri del piu antico constituto senese (1267–70), in Boll.Senese di Storia Patrie I, 1894.
Siena, Statut von 1262 =
Ludovico Zdekauer, Il constituto del Comune di Siena dell'Anno 1262, Mailand 1897.
Siena, Statut von 1296/97 =
Statut Nr. 5 im Sieneser Staatsarchiv.
Siena, Statut von 1309/10 =
Alessandro Lisini, Il Costituto del Comune di Siena volgarizzato nel 1309/10, Siena 1903.
Verona, Statut von 1228 =
B. Campagnola, Liber juris civilis urbis Veronae (1228), Verona 1728.
Verona, Statut von 1276 =
Gino Sandri, Gli Statuti Veronesi del 1276, colle correzioni e le aggiunte fino al 1323, Venezia 1938.
Vicenza, Statut von 1264 =
F. Lampertica, Statuti del Comune di Vicenza (1264), Venezia 1886.
Viterbo, Statut von 1251/52 =
Vincenzo Federici, Statuti di Viterbo, in Statuti della Provincia Romana, Fonti per la Storia d'Italia VIII, Roma 1930.
Volterra, Statut von 1216–1232 =
Statute Nr. G 2 und G 4 im Staatsarchiv von Volterra.

b) Stadtratsprotokolle und Rechnungsbücher

Florenz, Consigli =
Bernardino Barbadoro, Consigli della repubblica fiorentina 1301–1315, Bologna 1921.
Florenz, Consulte =
Alessandro Gherardi, Le consulte della repubblica fiorentina dell'anno 1280–1298, 2 Bde, Florenz 1896–1898.

Prato, Consigli =
Renato Piattoli, Consigli del Comune di Prato, 15. Okt. 1252 bis 24. Febr. 1285, Bologna 1940.

Siena, Biccherna I–XVII =
Libri dell'Entrata e dell'Uscita del Comune di Siena, detti della Biccherna, a cura della Direzione del R. Archivio di Stato di Siena, Bd. I–XII, Florenz 1912–1935; Bd. XIII–XVII, Siena 1939–1942.

c) Stadtchroniken

Agnolo di Tura .... Agnolo di Tura, Cronaca Senese, in Muratori, N. E. XV, vi, 286–564.

Burselli .... Hyronimo de Burselli, Cronica festorum ac factorum memorabile civitas Bononie ab urbe condita ad a. 1497, in Muratori, N. E. XXII, ii, 1921.

Caffaro .... Annali Genovesi di Caffaro e de' suoi continatori, a cura del Municipio di Genova, 9 Bde, 1923–1930.

Compagni .... Dino Compagni, Cronaca, a cura di Isidoro del Lungo, in Muratori, N. E. IX, ii, 1913.

Dati .... Goro Dati, Istoria di Firenze dall'anno 1380–1405, Florenz 1735.

Donato di Neri .... Cronaca Senese di Donato di Neri und seinem Sohn Neri di Donato, in Muratori, N. E. XV, vi, p. 568–685.

Jacopo de Voragine ..... Chronica civitatis Januensis ab Origini urbis usque ad annum 1297, in Fonti per la storia d'Italia, Rom 1941.

Malespini .... R. Malespini, Croniche, Ed. Tellini, Florenz 1818.

Maragone .... Bernardo Maragone, Annales Pisani, in Muratori, N. E. VI, ii. Bologna s. a.

Parma, Chronicon ...... Chronicon Parmense, ab anno 1038–1338, a cura di Giuliani Bonazzi, in Muratori, N. E. IX, ix, 1912.

Pistoia, Chronik .... Storie Pistoresi, 1300–1348, a cura di S. A. Barbi, in Muratori. N. E. XI, v, 1930.

Pucci .... Antonio Pucci, Cronica di Giov. Villani, ridotta in terza rima, in Delizie degli Eruditi Toscani, V, 1774.

Salimbene .... Salimbene d'Adam, in M. G. SS, XXXII ii. Für die Übersetzungen: Alfred Doren, Salimbene d'Adam, Leipzig 1914.

Sercambi .... Giovanni Sercambi, Le Chroniche, in Fonti per la storia d'Italia, Bd. 19–21.

Simone della Tosa ...... Annali di Simone della Tosa (1196–1343), Ed. Manni, Florenz 1733.

Stefani .... Marchionne di Coppo Stefani, Cronaca Fiorentina, in Muratori, N. E. XXX, i, Città di Castello, 1903.

G. Villani .... Giovanni Villani, Cronica, Ed. Gherardi-Dragomani, Florenz 1844/45.

M. Villani .... Matteo Villani, Cronica, Ed. Gherardi-Dragomani, Florenz 1846.

d) Quellensammlungen zur Kunstgeschichte

Bacci, Doc. .... Pèleo Bacci, Documenti Toscani per la Storia dell'Arte, 2 Bde, Florenz 1912.

Bacci, Doc. e. Com. ..... Pèleo Bacci, Documenti e Commenti per la storia dell'Arte, Firenze 1944.

Borghese e Banchi ...... Borghese e Banchi, Nuovi Documenti per la Storia dell'Arte Toscana del XII al XV sec., Florenz 1901

Frey, Loggia .... Carl Frey, Loggia dei Lanzi, Berlin 1885.

Gaye .... Giovanni Gaye, Carteggio inedito d'Artisti dei Secoli XIV, XV, XVI, 3 Bde, Florenz 1840.

Guasti .... Cesare Guasti, Santa Maria del Fiore, Florenz 1887.

Guasti, Cupola .... Cesare Guasti, La Cupola di Santa Maria del Fiore, Florenz 1857.

Lehmann-Brockhaus .... Otto Lehmann-Brockhaus, Schriftquellen zur Kunstgeschichte für Deutschland, Lothringen und Italien, Berlin 1910.

Milanesi, Doc. .... Gaetano Milanesi, Documenti per la storia dell'Arte Senese, 3 Bde, Siena 1854–56.

Milanesi, Nuovi Doc. .... Gaetano Milanesi, Nuovi Documenti per la storia dell'Arte Toscana, Firenze 1901.

e) *Älteres Schrifttum (bis 1800)*

Alberti .... X libri de re aedificatoria, Straßburg 1541. Für die Übersetzung des lateinischen Textes wurde benutzt Max Theuer, L. B. Alberti, Zehn Bücher von der Baukunst, Wien 1912.

Ammirato .... Scipione Ammirato, Istorie Fiorentine con l'aggiunte di Scip. Ammirato il Giovanne, Firence 1846.

Baldinucci .... Filippo Baldinucci, Notizie dei professori del disegno da Cimabue in qua, Firenze 1767–1775.

Filarete .... Antonio Averlino gen. Filarete, Trattato d'Architettura, Ausgabe W. v. Oettingen, in Eitelbergers Quellenschriften N. F., Bd. III, Wien 1896.

Ghiberti .... J. v. Schlosser, Lorenzo Ghibertis Denkwürdigkeiten, 2 Bde, Berlin 1912.

Giordano .... Fra Giordano da Rivalto, Prediche recitate in Firenze dal 1303–1306, Florenz 1830.

Lami .... Giovanni Lami, Lezioni di Antichità Toscane e spezialmente della Città di Firenze, 2 Bde, Florenz 1766.

Manetti .... Antonio Manetti, Filippo Brunelleschi, in Carl Frey, Le Vite di Filippo Brunelleschi, Berlin 1887.

Del Migliore .... Ferdinando Leopoldo del Migliore, Firenze, Città Nobilissima, Florenz 1684.

Muratori, Antiquitates .. Muratori, Antiquitates italicae medii aevi, 6 Bde, Mailand 1738 bis 1743.

Nelli .... Giovanni B. Nelli, Discorsi di Architettura, Florenz 1753.

Richa .... Giuseppe Richa, Notizie Istoriche delle Chiese Fiorentine, 10 Bde. Florenz 1754–1762.

Vasari-Milanesi .... Giorgio Vasari, Le vite de più eccelenti pittori ecc. ed. G. Milanesi, 9 Bde, Florenz 1878–1885.

f) *Neueres Schrifttum*

Barbadoro .... Bernardino Barbadoro, Le Finanze della Repubblica Fiorentina, Florenz 1929.

Bargagli-Petrucci ...... F. Bargagli-Petrucci, Le Fonti di Siena ed i loro acquedotti, note storiche delle origini fino al 1355, Siena, Florenz und Rom, 1906.

Biccherna .... s. Siena, Biccherna in Gruppe b.

Castaldi .... E. Castaldi, La Vita in San Gimignano ai tempi di Dante, in Rassegna d'Arte Senese, XIV, 1921, p. 38 ff.

Ciasca .... Raffaele Ciasca, L'arte dei medici e speziali, nella storia e nel commercio fiorentino, Florenz 1927.

Davidsohn, Forsch. ..... Robert Davidsohn, Forschungen zur Geschichte von Florenz, Bd. I, Berlin 1896; Bd. II, 1900; Bd. III, 1901; Bd. IV, 1908.

Davidsohn, Gesch. v. Florenz	Robert Davidsohn, Geschichte von Florenz, Bd. I, Berlin 1896; Bd. II, Berlin 1908; Bd. III u. Bd. IV, Teil 1, Berlin 1922, Bd. IV, Teil 2 u. 3, Berlin 1925 u. 1927.
Doren	Alfred Doren, Florentiner Wirtschaftsgeschichte, Bd. II, Das Florentiner Zunftwesen, Berlin 1908.
Fabriczy	C. v. Fabriczy, Filippo Brunelleschi, Stuttgart 1892.
Fumi	Luigi Fumi, Il Duomo di Orvieto, Rom 1891.
Gatti	Angelo Gatti, La Basilica Petroniana, Bologna 1913.
Hartwig	Otto Hartwig, Quellen und Forschungen zur ältesten Geschichte der Stadt Florenz, Marburg 1875 und Halle 1880.
Keller, Bauplastik	Harald Keller, Die Bauplastik des Sieneser Doms. Studien zu Giovanni Pisano und seiner künstlerischen Nachfolge. Kunstgesch. Jahrb. d. Bibl. Hertziana I, 1937, 139–222.
Lavedan	P. Lavedan, Histoire de l'Urbanisme, 2 Bde, Paris 1926.
Lusini	V. Lusini, Il Duomo di Siena, Siena 1911.
Mengozzi	G. Mengozzi, La citta italiana nell' alto medioevo, Florenz 1931.
Ottokar	Nicola Ottokar, Il comune di Firenze alla fine del dugento, Florenz 1926.
Paatz, Kirchen	Walter und Elisabeth Paatz, Die Kirchen von Florenz, Bd. I–III, Frankfurt 1941/51.
Paatz, Trecento-Architektur	Walter Paatz, Werden und Wesen der Trecento-Architektur in Toscana, Burg b. M. 1937.
Piattoli	s. Prato, Consigli in Gruppe b.
Ridolfi	Enrico Ridolfi, L'Arte in Lucca studiata nella sua cattedrale, Lucca 1882.
Repetti	E. Repetti, Dizionario Geografico Fisico Storico della Toscana, 6 Bde, Florenz 1833–1845.
Rohault de Fleury	G. Rohault de Fleury, Lettres sur la Toscane en 1400, Architecture civili et militaire, 2 Bde, Paris 1874.
Schneider	Fedor Schneider, Die Entstehung der Burg- und Landgemeinden in Italien, Berlin 1924.
Tanfani	Leopoldo Tanfani, Della chiesa di S. Maria del Pontenovo detta la Spina e di alcuni uffizi della repubblica Pisana, notizie inedite, Pisa 1871.
Volpe	Giovanni Volpe, Medioevo Italiano, Florenz 1923.

VERZEICHNIS DER ABBILDUNGEN

Textabbildungen.

Tafeln.

32. Florenz, Domplatz mit Dom, Bigallo, Baptisterium und Bischofspalast nach einem Stich von J. Zocchi.
33. Florenz, Piazza della Signoria mit Pal. Vecchio, Loggia dei Lanzi und der Mauer der »Pisaner« nach einem Stich von J. Zocchi.
34. Florenz, Piazza della Signoria mit der Verbrennung der Leiche Savanololas.
35. Florenz, Die Via del Proconsole mit Bargello und Badia nach einem Stich von J. Zocchi.
36. Florenz, Mercato Vecchio (vor 1870).
37. Florenz, Ponte alle Grazie.
38. Siena, Fonte d'Ovile.
39. Siena, Fonte Branda.
40. Florenz, Bargelo, Innenhof.
41. Florenz, Bargelo, Der große Saal.
42. Florenz, Palazzo Vecchio.
43. Siena, Palazzo Pubblico.
44. Florenz, Or San Michele.
45. Florenz, Obergeschoß von Or San Michele.
46. Florenz, Loggia dei Lanzi.
47. Florenz, Campanile und eine sieneser Variante des Entwurfs von Giotto.
48. Florenz, Domchor und Kuppel.
49. Orvieto, Dom.

NAMEN- UND ORTSREGISTER

NACHWORT

Seit dem Erscheinen dieses Buches sind Baugeschichte der Städte (storia urbana) und Stadtbaukunst zu Disziplinen geworden, für die namentlich in Italien auf Architekturakademien und Universitäten eigene Lehrstühle eingerichtet wurden. Der Erforschung der Städte, ihres Wachstums, ihrer baulichen Struktur, der Soziologie ihrer Bevölkerung, den Gesetzen ihrer ökonomischen Entfaltung wurde neue Aufmerksamkeit zugewandt. Es seien auf die Werke über Turin von A. Cavalleri-Murat (Ritratto urbanistico di Torino, Turin 1956 und Forma Urbana ed Architettura nella Torino Barocca, 3 Bde., Turin 1968) und das Schrifttum über Rom, Mailand, Genua hingewiesen, das sich schwerlich in eine Übersicht zur Forschungslage einordnen läßt. Auch ich habe mich noch einmal in einem zusammenfassenden Werk zu Wort gemeldet: W. Braunfels, Abendländische Stadtbaukunst, Herrschaftsform und Baugestalt, Köln 1976.

Gleichzeitig wurde die Schönheit der mittelalterlichen wie auch der barocken Stadt, ihrer Plätze, Kommunalpaläste, monumentalen Gruppen in überaus zahlreichen Bildbänden hervorgehoben, in denen sich die neue Kultur des Farb- und Luftfotos in kühnen Panoramaaufnahmen ebenso kundtut, wie eine neue Technik der zeichnerischen Wiedergabe von ganzen Stadtteilen. Vom Kapitol in Rom, dem Vatikan, dem Markusplatz in Venedig, von Florenz, Siena, Pisa, kleinen toskanischen Städten liegen Aufnahmen und Zeichnungen vor, die alles weit in den Schatten rücken, was mir bei der Niederschrift des Textes bekannt war. Man kann sagen, namentlich Italien und die italienische Forschung haben die innere Ordnung der alten Städte im gleichen Ausmaße erkannt und gepriesen, wie es sie durch die Umbauung der alten Kerne und durch einzelne Eingriffe in das monumentale Gefüge gestört hat. Man lebt als Reisender wie als Einheimischer nicht mehr beflügelt von dem Drang nach Entdeckung, vielmehr bedrückt durch das Ausmaß der Demütigungen, der Gefährdung auch des geschützten Bestandes durch den chemischen Zersetzungsprozeß, der den Verkehr ebenso auslöste, wie er jede gesammelte Betrachtung erschwert. Schon sind die meisten Skulpturen von außen ins Innere verbracht worden, bald werden ihnen die letzten, darunter die Florentiner Baptisteriumstüren, folgen. Zwar sind die Städte Italiens noch immer weit besser erhalten als die irgend eines anderen Landes in Europa. Doch schon wird es von Tag zu Tag dringlicher, die Außenwände alter Gebäude zu sichern und das Innere den neuen Wohn- und Arbeitsbedingungen anzupassen. So ist es weit weniger dringlich, die Schönheit der alten Städte verständlich zu machen, als ihre Pflege zu sichern.

Immer genauere zeichnerische und fotografische Aufnahmen des Bestandes wurden durch eben diese Bedrohung ausgelöst. So besitzen wir, wenn auch zunächst nur in einem ersten Band, die Grundrisse des historischen Domviertels von Florenz und sie begleitend Beschreibungen und Fotowiedergaben von unübertreffbarer Genauigkeit in: San Paolesi (Hrsg.), Firenze, Studi e Ricerche sul Centro Antico, Florenz 1974. Vergleichbare Werke sind für Siena in Vorbereitung – so ein Corpuswerk seiner Kirchen durch das Deutsche Kunsthistorische Institut in Florenz – und werden für Pistoia, Pisa, Lucca geplant und durch Einzelveröffentlichungen vorbereitet. Dabei laufen historisch-soziologische Studien mit baugeschichtlichen parallel. Als Musterbeispiele seien genannt David Herlihy, Medieval and Renaissance Pistoia, the social history of an Italian Town, 1200–1430, New Haven und London 1967; Emilio Tolaini, Forma Pisana, problemi e ricerche per una storia urbanistica della città di Pisa, Pisa 1967; Anna Rosa Masetti, Pisa, Storia urbana, Pisa 1970.

In Pistoia ist ein Centro di Studi Storici entstanden, das in regelmäßigen Tagungen auch Fragen der Stadtbaukunst behandelt. In Lucca wurde aus privater Initiative ein ›Centro internazionale per lo studio delle Cerchia Urbana‹, eine Forschungsstelle für Stadtbaukunst, gegründet, dessen Kongresse und Veröffentlichungen Ansehen genießen.

Neben den Städten haben die ehemaligen Herrschaftsbereiche, die immer auch Kultureinheiten bildeten, ihr besonderes Selbstbewußtsein zurückgewonnen. Man macht die Sonderformen der Romanik, Gotik, zuweilen auch des Barock für die Regionen von Arezzo, Volterra, Massa Maritima, Pistoia ebenso bekannt wie von Lucca, Pisa, Siena und endlich Florenz. Für jede dieser Städte gibt es urbanistische Studien. Für alle wurden die Geschichte ihres Werdens, ja die Gesetze ihrer Bildung untersucht. Die Spezialuntersuchungen erweisen sich in vielen Fällen als den allgemeinen Darstellungen überlegen. Beeindruckt ist man, um nur ein Beispiel zu nennen, von dem Forschungsaufwand und der Darstellungskraft in den beiden Arbeiten von Bruno Toscano über seine Heimatstadt Spoleto (Cattedrale e Città: Studi di un Esempio, Spoleto 1975 und Spoleto in Pietre 1977).

Indes, der Weg, den wir in diesem Buch genommen haben, der Nachweis der Abhängigkeit alles Baugeschehens von den Baugesetzen, die in den Stadtstatuten ihren Niederschlag gefunden haben und der Einfluß der ästhetischen Begriffe aus der Antike, die man dem Codex Juris des Justinian und seinen Glossatoren entnehmen konnte, haben geringe Nachfolge, auch keine Vertiefung gefunden. Ganz vereinzelt sind jüngere Veröffentlichungen von Statuten und Hinweise auf ihre städtebauliche Bedeutung wie Domenico Corsi, Statuti Urbanistici Medievali di Lucca, Venedig 1960. Von rechtshistorischer Seite sind mir keine Arbeiten bekannt geworden, die den Gedanken aufgriffen und was dringend notwendig ist, auch präzisiert, vertieft, durch neue Belege in seiner ganzen Bedeutung dargelegt hätten. Die Forschungsarbeit in diesem Bereich steht nach wie vor unerledigt vor uns.

Wenige Präzisierungen seien nachgetragen. Die ersten beiden betreffen die Mauern von Florenz und Siena. Die neuere Literatur spricht gern von den sieben Mauern von Florenz, während wir nur drei benannt haben. Es schien uns weniger bedeutsam zwischen die I. römischen Mauern als II. ihre Verkleinerung in byzantinischer Zeit (541–545), ferner als III. ihre Erweiterung zum Arno hin im 10. Jahrhundert anzuführen. Doch war es ein Irrtum die »cerchia antica« Dantes mit der römischen Mauer gleichzusetzen. Dieser IV. Mauerring wurde erst unter der Markgräfin Mathilde um 1078 erbaut oder wiederhergestellt und umfaßte erst wieder die ganze römische Mauer mit der karolingischen Erweiterung. Auch der zweite Mauerring unseres Textes wurde in zwei Abschnitten erbaut, der V. und VI. Mauer. Der erste umfaßte die ganze Strecke auf der rechten Arnoseite, doch nur einen weit kleineren Teil als wir angaben auf der linken. Dieser Gesamtaktion von 1173–75 folgte eine Erweiterung 1258, aus den Steinen zerstörter Türme und Paläste von Ghibellinen, die erst den auf S. 55 gezeigten Verlauf erreichte. Damit wäre die grandiose Planung von 1284, die im wesentlichen nach den Entwürfen Arnolfo di Cambios 1299 bis 1333 ausgeführt wurde, erst der VII. Ring.

In Siena besitzen wir keine Kenntnis von dem Mauerverlauf des römischen Kastells um den heutigen Domhügel. Im frühen und hohen Mittelalter war wohl auch nur dieser Domhügel befestigt. Bis zur Mitte des 12. Jahrhunderts hatte man lediglich das langgestreckte Siedlungsgebiet auf beiden Seiten der Straße nach Florenz abgesichert. Der ganze Süden blieb offen. Es entstanden zunächst nur die Torburgen, die mit seitlichen Schutzmauern versehen waren, im Verlauf des 12. und 13. Jahrhunderts. Erst 1326 wurde die Absicherung des gesamten Bereichs geplant. Bis ins 15. Jahrhundert war man damit beschäftigt. Gleichzeitig war man bestrebt, die Zahl der Tore zu verringern, um die Durchführung der Zollbestimmungen zu sichern. Gegen 1430 waren der Gesamtring geschlossen, die Tore auf sieben reduziert. Die Mauer legte sich nunmehr wie ein Maßanzug über das ganze besiedelte Gelände, wobei die Fixpunkte jene sieben stattlichen Torburgen bildeten, von denen wir eine der beiden berühmtesten, die Porta Romana (Abb. 9), wiedergeben.

Noch ein Letztes scheint mir wichtig hervorzuheben: Bei der Ableitung des Wortes Fonte Gaia von dem Wort »gioia«, Freude, sind wir einer volkstümlichen Ableitung gefolgt. Heute nimmt man an, daß sich in der alten Bezeichnung für eine Quelle ein etruskisches Wort erhalten habe, Zeuge des etruskischen Ursprungs auch dieser Hügelstadt.

ABBILDUNGEN

1. Siena, Domgruppe.

2. Duccio, Versuchung Christi.

3. Utrechtpsalter, Stadtdarstellung.

4. Egbert-Codex, Stadtdarstellung.

5. Giotto, Arenakapelle, Die Ungerechtigkeit vor dem Stadttor.

6. Taddeo di Bartolo, San Gimigniano mit seiner Stadt.

7. Ambrogio Lorenzetti, Das gute Regiment gibt dem Land Sicherheit, Siena, Palazzo Pubblico.

8. Sano di Pietro, Maria empfiehlt ihre Stadt Gott,
von dem Deckel eines Steuerhauptbuches in Siena.

9. Florenz, Porta San Frediano.

10. Siena, Porta Romana.

11. Madonna zwischen St. Peter und St. Paul von der Porta Romana in Florenz.

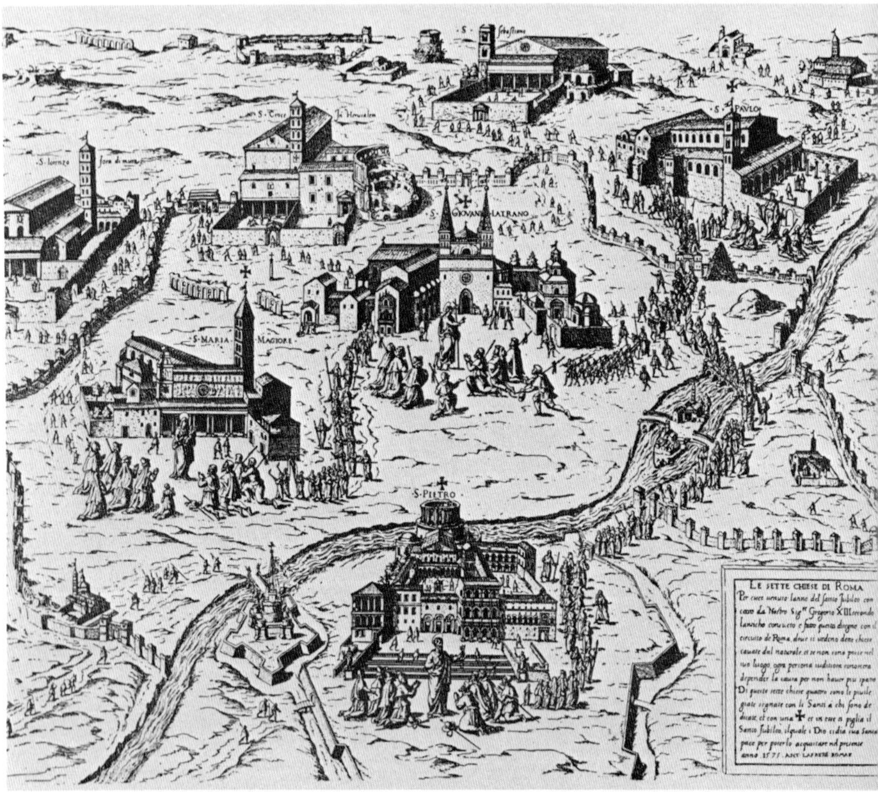

12. Rom, Pilgerkarte von 1575.

13. Pisa, Piazza del Duomo mit Campo Santo, Stadtmauer und Judenfriedhof.

14. Pisa, Piazza del Duomo mit der Straße zur Stadt.

15. Pisa, Baptisterium und Dom.

16. Pisa, Campo Santo.

17. Lucca, San Michele.

18. Lucca, Dom und Domplatz.

19. Lucca, Der gotische Innenraum des Domes.

20. Florenz, Baptisterium.

21. Florenz, Baptisterium, System des Innenraums.

22. Florenz, San Miniato (vor den modernen Restaurationen).

23. Siena, Der alte Dom mit der Fassade Giovanni Pisanos.

24. Siena, Dom von der Fassade des neuen Baptisteriums her gesehen.

25. Siena, Der alte und der neue Dom.

26. Siena, Palazzo Pubblico mit dem alten und dem neuen Dom.

27. Venedig, Dogenpalast.

28. Siena, Blick von der Fassade des neuen Domes auf den Campo.

29. Volterra, Piazza dei Priori.

30. Pistoia, Piazza del Duomo.

31. Pistoia, Piazza del Duomo mit Campanile, Baptisterium, Pal. Pretorio und Pal. Communale.

32. Florenz, Domplatz mit Dom, Bigallo, Baptisterium und Bischofspalast nach einem S
von J. Zocchi.

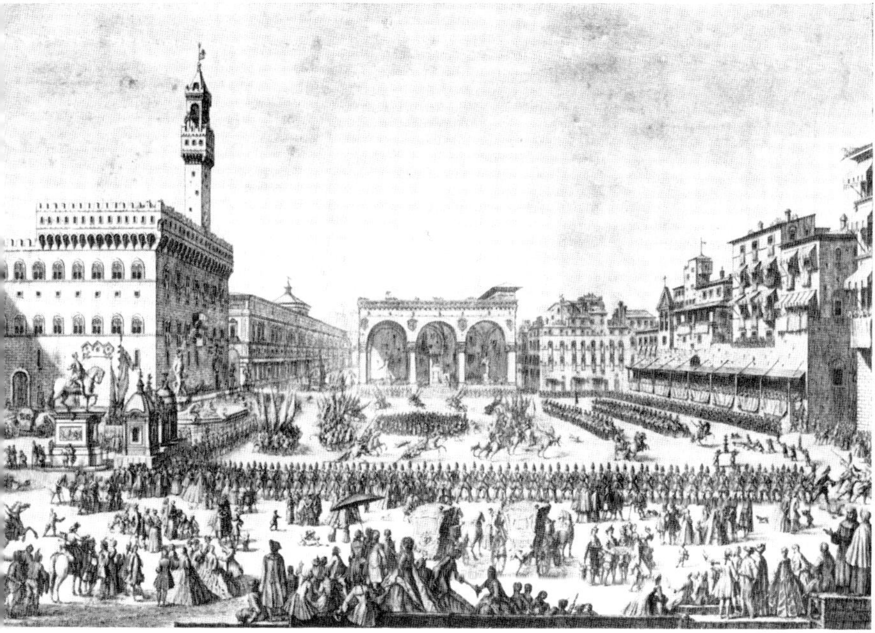

3. Florenz, Piazza della Signoria mit Pal. Vecchio, Loggia dei Lanzi und der Mauer der »Pisaner« nach einem Stich von J. Zocchi.

34. Florenz, Piazza della Signoria mit der Verbrennung der Leiche Savanololas.

Florenz, Die Via del Proconsole mit Bargello und Badia nach einem Stich von J. Zocchi.

36. Florenz, Mercato Vecchio (vor 1870).

37. Florenz, Ponte alle Grazie.

38. Siena, Fonte d’Ovile.

39. Siena, Fonte Branda.

40. Florenz, Bargelo, Innenhof.

41. Florenz, Bargelo, Der große Saal.

42. Florenz, Palazzo Vecchio.

43. Siena, Palazzo Pubblico.

44. Florenz, Or San Michele.

45. Florenz, Obergeschoß von Or San Michele.

46. Florenz, Loggia dei Lanzi.

47. Florenz, Campanile und eine sieneser Variante des Entwurfs von Giotto.

48. Florenz, Domchor und Kuppel.

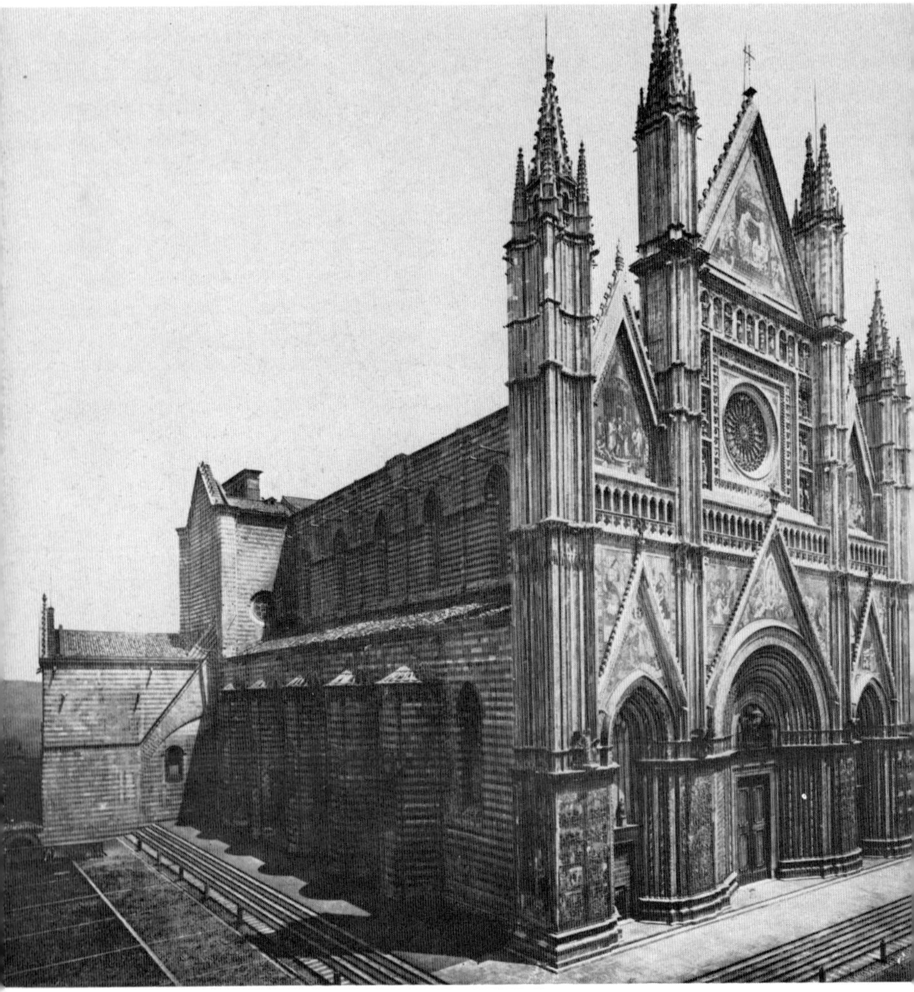

49. Orvieto, Dom.